中華古籍保護計劃

ZHONG HUA GU JI BAO HU JI HUA CHENG GUO

·成果·

吉林市圖書館古籍普查登記目錄

全國古籍普查登記目錄

國家圖書館出版社
National Library of China Publishing House

全國古籍普查登記目錄

圖書在版編目(CIP)數據

吉林市圖書館古籍普查登記目録/《吉林市圖書館古籍普查登記目録》編委會編. --
北京:國家圖書館出版社,2019.6
（全國古籍普查登記目録）
ISBN 978 – 7 – 5013 – 6662 – 0

Ⅰ.①吉…　Ⅱ.①吉…　Ⅲ.①公共圖書館—古籍—圖書館目録—吉林市　Ⅳ.①Z838

中國版本圖書館 CIP 數據核字（2019）第 044074 號

書　　名	吉林市圖書館古籍普查登記目録
著　　者	《吉林市圖書館古籍普查登記目録》編委會　編
責任編輯	趙　嫄

出　　版	國家圖書館出版社（100034　北京市西城區文津街 7 號）
	（原書目文獻出版社　北京圖書館出版社）
發　　行	010 – 66114536　66126153　66151313　66175620
	66121706（傳真）　66126156（門市部）
E-mail	nlcpress@ nlc. cn（郵購）
Website	www. nlcpress. com→投稿中心
經　　銷	新華書店
印　　裝	河北三河弘翰印務有限公司
版　　次	2019 年 6 月第 1 版　2019 年 6 月第 1 次印刷

開　　本	787 × 1092（毫米）　1/16
印　　張	21.75
字　　數	430 千字

| 書　　號 | ISBN 978 – 7 – 5013 – 6662 – 0 |
| 定　　價 | 220.00 圓 |

《全國古籍普查登記目錄》
工作委員會

主　任：周和平

副主任：張永新　詹福瑞　劉小琴　李致忠　張志清

委　員（按姓氏筆畫排序）：

于立仁	王水喬	王　沛	王紅蕾	王筱雯
方自今	尹壽松	包菊香	任　競	全　勤
李西寧	李　彤	李忠昊	李春來	李　培
李曉秋	吳建中	宋志英	努　木	林世田
易向軍	周建文	洪　琰	倪曉建	徐欣禄
徐　蜀	高文華	郭向東	陳荔京	陳紅彦
張　勇	湯旭岩	楊　揚	賈貴榮	趙　嫄
鄭智明	劉洪輝	歷　力	鮑盛華	韓　彬
魏存慶	鍾海珍	謝冬榮	謝　林	應長興

《全國古籍普查登記目録》

序　言

全國古籍普查登記工作是"中華古籍保護計劃"的首要任務,是全面開展古籍搶救、保護和利用工作的基礎,也是有史以來第一次由政府組織、参加收藏單位最多的全國性古籍普查登記工作。

2007年國務院辦公廳發布《關於進一步加强古籍保護工作的意見》(國辦發〔2007〕6號),明確了古籍保護工作的首要任務是對全國公共圖書館、博物館和教育、宗教、民族、文物等系統的古籍收藏和保護狀况進行全面普查,建立中華古籍聯合目録和古籍數字資源庫。2011年12月,文化部下發《文化部辦公廳關於加快推進全國古籍普查登記工作的通知》(文辦發〔2011〕518號),進一步落實了全國古籍普查登記工作。根據文化部2011年518號文件精神,國家古籍保護中心擬訂了《全國古籍普查登記工作方案》,進一步規範了古籍普查登記工作的範圍、内容、原則、步驟、辦法、成果和經費。目前進行的全國古籍普查登記工作的中心任務是通過每部古籍的身份證——"古籍普查登記編號"和相關信息,建立古籍總臺賬,全面瞭解全國古籍存藏情况,開展全國古籍保護的基礎性工作,加强各級政府對古籍的管理、保護和利用。

《全國古籍普查登記工作方案》規定了全國古籍普查登記工作的三個主要步驟:一、開展古籍普查登記工作;二、在古籍普查登記基礎上,編纂出版館藏古籍普查登記目録,形成《全國古籍普查登記目録》;三、在古籍普查登記工作基本完成的前提下,由省級古籍保護中心負責編纂出版本省古籍分類聯合目録《中華古籍總目》分省卷,由國家古籍保護中心負責編纂出版《中華古籍總目》統編卷。

在黨和政府領導下,在各地區、各有關部門和全社會共同努力下,古籍普查登記工作得以扎實推進。古籍普查已在除臺、港、澳之外的全國各省級行政區域開展,普查內容除漢文古籍外,還包括各少數民族文字古籍,特别是於2010年分别啓動了新疆古籍保護和西藏古籍保護專項,因地制宜,開展古籍普查登記工作;國家古籍保護中心研製的"全國古籍普查登記平臺"已覆蓋到全國各省級古籍保護中心,并進一步研發了"中華古籍索引庫",爲及時展現古籍普查成果提供有力支持;截至目前,已有11375部古籍進入《國家珍貴古籍名録》,浙江、江蘇、山東、河北等省公布了省級《珍貴古籍名録》，古籍分級保護機制初步形成。

《全國古籍普查登記目録》是古籍普查工作的階段性成果，旨在摸清家底，揭示館藏，反映古籍的基本信息。原則上每申報單位獨立成册，館藏量少不能獨立成册者，則在本省範圍內幾個館目合并成册。無論獨立成册還是合并成册，均編製獨立的書名筆畫索引附於書後。著録的必填基本項目有：古籍普查登記編號、索書號、題名卷數、著者（含著作方式）、版本、册數及存缺卷數。其他擴展項目有：分類、批校題跋、版式、裝幀形式、叢書子目、書影、破損狀況等。有條件的收藏單位多著録的一些擴展項目，也反映在《全國古籍普查登記目録》上。目録編排按古籍普查登記編號排序，內在順序給予各古籍收藏單位較大自由度，可按分類排列古籍普查登記編號，也可按排架號、按同書名等排列古籍普查登記編號，以反映各館特色。

此次全國古籍普查登記工作，克服了古籍數量多、普查人員少、普查難度大等各種困難，也得到了全國古籍保護工作者的極大支持。在古籍普查登記過程中，國家古籍保護中心、各省古籍保護中心爲此舉辦了多期古籍普查、古籍鑒定、古籍普查目録審校等培訓班，全國共1600餘家單位參加了培訓，爲古籍普查登記工作培養了大量人才。同時在古籍普查登記工作中，也鍛煉了普查員的實踐能力，爲將來古籍保護事業發展奠定了良好的基礎。

《全國古籍普查登記目録》的出版，將摸清我國古籍家底，爲古籍保護和利用工作提供依據，也將是古籍保護長期工作的一個里程碑。

國家古籍保護中心

2013 年 10 月

《全國古籍普查登記目録》

編纂凡例

一、收録範圍爲我國境内各收藏機構或個人所藏,産生於 1912 年以前,具有文物價值、學術價值和藝術價值的文獻典籍,包括漢文古籍和少數民族文字古籍以及甲骨、簡帛、敦煌遺書、碑帖拓本、古地圖等文獻。其中,部分文獻的收録年限適當延伸。

二、以各收藏機構爲分册依據,篇幅較小者,適當合并出版。

三、一部古籍一條款目,複本亦單獨著録。

四、著録基本要求爲客觀登記、規範描述。

五、著録款目包括古籍普查登記編號、索書號、題名卷數、著者、版本、册數、存缺卷等。古籍普查登記編號的組成方式是:省級行政區劃代碼—單位代碼—古籍普查登記順序號。

六、以古籍普查登記編號順序排序。

《吉林市圖書館古籍普查登記目録》

編委會

主　　編：石繼禹

副主編：馬志杰　　劉　樂

編　　委：王雪晶　曲懷林　朴景愛

《吉林市圖書館古籍普查登記目録》

前　言

吉林市圖書館於清宣統元年（1909）六月初一日（西曆 7 月 17 日）奉到朱批敕建，跨越了百年春秋，現館藏古籍綫裝圖書共有近 12 萬册。

我館館藏來源分四個部分：一爲建館時各省調撥；二爲宣統三年（1911）奉天（今遼寧瀋陽）圖書館館藏副本移充；三爲歷年來藏書家捐贈；四爲老一輩圖書館人采購。館藏最早的古籍爲元刻本《增廣注釋音辯唐柳先生集》四十三卷，唐柳宗元撰，宋童宗説注釋，宋張敦頤音辯。曾爲“天禄琳琅”收藏，經乾隆御覽，鈐有“五福五代堂寶”“八徵耄念之寶”“太上皇帝之寶”“天禄繼鑑”“乾隆御覽之寶”“天禄琳琅”等印，尤爲珍貴，是我館鎮館之寶。至 2018 年 10 月，我館已先後有 17 部古籍入選第一至五批《國家珍貴古籍名録》，28 部古籍入選《吉林省珍貴古籍名録》。

我館收藏以明清古籍爲重點。其中有明嘉靖三年（1524）司禮監刻本《文獻通考》三百四十八卷，明閔振業、閔振生刻三色套印本《古詩歸》十五卷《唐詩歸》三十六卷，清查昇家抄本《賜題備選》，清乾隆内府寫南三閣《四庫全書》本《玉楮集》八卷等近百部國家一、二級珍貴古籍。

《文獻通考》三百四十八卷，元馬端臨撰，明嘉靖三年（1524）司禮監刻本。書的内容起自上古，終於南宋寧宗嘉定年間，是我國古代典章制度方面的集大成之作。

《古詩歸》十五卷《唐詩歸》三十六卷，明鍾惺、譚元春輯，明閔振業、閔振生刻三色套印本。有“吴德興”“振業”“瞻臺”“樗月閒雲”等印。天頭有藍、朱兩色眉批。本書用朱、藍、墨三色套印，刻印精美，書品亦佳，具有很高的文獻價值。

《賜題備選》，清查昇家抄本。此書的若干條上有朱筆圈記，其條下浮貼“賜某某”小簽，皆爲康熙間人，如徐乾學、沈荃、于成龍等，當係題賜後所作標志。據此可知本書爲原始材料，非一般抄本。

《玉楮集》八卷，宋岳珂撰，清乾隆内府寫南三閣《四庫全書》本。邊欄、行界綫、魚尾均爲朱色。卷端鈐有“古稀天子之寶”印，第一册卷末鈐有“乾隆御覽之寶”印。

我館藏明代珍貴古籍有 275 部 3652 册。其中，明汲古閣本有 48 種，如《李文公集》十八卷、《韓内翰別集》一卷、《宋六十名家詞》、《鮑溶詩》六卷《集外詩》一卷、《倪雲林先生詩集》六卷《附録》一卷《集外詩》一卷等。明朱墨套印本有 7 種，如《空同詩選》、《王摩詰詩集》七卷、《春秋左傳》十五卷、《文選後集》四卷等。

清代古籍中內府刻本有 16 種,如清康熙內府刻本《欽定春秋傳說彙纂》三十八卷《首》二卷,清乾隆內府刻本《欽定周官義疏》四十八卷《首》一卷、《皇清職貢圖》九卷、《文獻通考紀要》二卷等。抄本 20 種,如清康熙三十五年(1696)抄本《功臣傳》一卷,清抄本《安溪李文貞公文粹》、《兵錄》四卷等。寫本 10 種,如清乾隆五十年(1785)寫本《瑤華道人山水畫册》、清同治五年(1866)趙之謙寫本《趙之謙書翰墨迹》等。

由於地處東北,我館有許多滿族特色館藏,如清稿本《欽定滿洲源流考》二十卷、清刻本《滿洲名臣傳》四十八卷《漢名臣傳》三十二卷、清光緒三十二年(1906)京師學部官書局鉛印本《滿洲財力論》四編等。

我館所藏碑帖拓本有 200 餘種 700 餘册。較具代表性的有《吉林萬壽宮記》,此碑是清嘉慶二十一年(1816)刻石并拓本,係清代最著名的滿族書法家鐵保所書。還有 70 餘種具有地方特色的碑帖,如《金完顏希尹碑》《金摩崖碑》《好大王碑》等。

我館自建館初期就建有古籍目録卡片,幾經整理形成了 3 套讀者目録、1 套工作目録,并建立了完善的古籍規章制度。經過幾代古籍工作者共同努力,我館先後參與或獨立完成了以下古籍目録的編纂整理工作:《全國古籍善本書總目》(吉林市圖書館館藏部分,1979 年)、《吉林市圖書館館藏善本書目》(1980 年)、《中國叢書綜録》(吉林市圖書館館藏部分,1980 年)、《吉林市圖書館館藏少數民族古籍目録》(1984 年)、《東北地區古籍綫裝書聯合目録》(吉林市圖書館館藏部分,2003 年)、《吉林市圖書館古籍文獻目録·善本圖書目録》(2005 年)、《吉林省少數民族古籍總目提要·滿族卷》(吉林市圖書館館藏部分,2015 年)。

隨着 2007 年“中華古籍保護計劃”的實施,我館積極參與國家古籍保護中心、吉林省古籍保護中心組織的各項古籍工作,先後被授予“全國古籍重點保護單位”“吉林省古籍重點保護單位”榮譽稱號。2009 年,我館調配館內古籍工作人員,成立古籍工作小組,對館藏古籍進行清點、記録,至 2013 年全部登記在全國古籍普查登記平臺之上。

《吉林市圖書館古籍普查登記目録》收録館藏 1912 年以前古籍共 5076 部 73087 册,其中善本有 916 部 14099 册。館藏古籍涵蓋經、史、子、集、叢五大類,品類豐富。本書按照普查編號、索書號、題名卷數、作者、版本、册數、存卷等依次規範著録,編排順序爲先善本古籍後普通古籍。書後還編製有書名筆畫索引,方便讀者使用。

本書的編纂是我館特藏部所有工作人員共同努力的成果,在編纂過程中,我們也得到了國家古籍保護中心、吉林省古籍保護中心及國家圖書館出版社的大力支持,在此一并致謝!

吉林市圖書館

2019 年 4 月 23 日

目　錄

目 录

220000－0803－0000001　經 1/9

六經圖二十四卷　（清）鄭之僑編輯　清乾隆九年（1744）刻本　十二冊

220000－0803－0000002　經 1/25

羣經宮室圖二卷　（清）焦循撰　清乾隆揚州焦氏半九書塾刻本　二冊

220000－0803－0000003　經 1/29.2

經典釋文三十卷　（唐）陸德明撰　清乾隆五十六年（1791）抱經堂刻本　十二冊

220000－0803－0000004　經 2/2

易傳十七卷　（唐）李鼎祚集解　（唐）陸德明音義　清乾隆二十一年（1756）德州盧見曾雅雨堂刻本　五冊

220000－0803－0000005　經 2/6

易象意言一卷　（宋）蔡淵撰　清乾隆三十九年（1774）武英殿木活字印本　一冊

220000－0803－0000006　經 2/7

易緯乾坤鑿度二卷　（漢）鄭玄注　清乾隆三十八年（1773）刻本　一冊

220000－0803－0000007　經 2/8

易緯通卦驗二卷附辨終備一卷乾元序制記一卷坤靈圖一卷是類謀一卷　（漢）鄭玄注　清乾隆三十八年（1773）刻本　一冊

220000－0803－0000008　經 2/9

易緯稽覽圖二卷　（漢）鄭玄注　清乾隆刻本　一冊

220000－0803－0000009　經 2/16.4

周易本義四卷　（宋）朱熹撰　明末刻本　六冊

220000－0803－0000010　經 2/16.5

周易十卷易圖一卷上下篇義一卷易五贊一卷易筮儀一卷易說綱領一卷　（宋）程頤傳（宋）朱熹本義　明正統刻本　十冊

220000－0803－0000011　經 2/17

鄭氏周易三卷　（宋）王應麟輯　（清）惠棟增補　清乾隆二十一年（1756）雅雨堂刻本　一冊

220000－0803－0000012　經 2/19

周易經傳二十四卷附周易五贊一卷筮儀一卷卦象一卷朱子圖說一卷　（宋）程頤傳　（宋）朱熹本義　明刻本　十二冊

220000－0803－0000013　經 2/21.2

周易述四十卷　（清）惠棟集注並疏　清乾隆雅雨堂刻本　六冊　缺二卷（八、二十一）

220000－0803－0000014　經 2/24

御纂周易折中二十二卷首一卷　（清）李光地等撰　清康熙五十四年（1715）刻本　六冊

220000－0803－0000015　經 2/26

周易函書約存十五卷首三卷　（清）胡煦撰　清乾隆葆璞堂刻本　十冊

220000－0803－0000016　經 2/27

周易函書約註十八卷　（清）胡煦纂　清乾隆葆璞堂刻本　十冊

220000－0803－0000017　經 2/28

周易函書別集十六卷　（清）胡煦著　清乾隆葆璞堂刻本　六冊

220000－0803－0000018　經 2/37

郭氏傳家易說十一卷首一卷　（北周）衛元嵩述　元包數總義二卷　（宋）張行成述　清乾隆武英殿木活字印本　八冊

220000－0803－0000019　經 2/38.2

楊誠齋先生易傳（誠齋易傳）二十卷　（宋）楊萬里著　明嘉靖二十一年（1542）刻本　十冊

220000－0803－0000020　經 3/12

尚書釋天六卷　（清）盛百二撰　清乾隆三十九年（1774）刻本　二冊

220000－0803－0000021　經 3/19

尚書離句六卷　（清）劉梅垞鑒定　（清）錢在培輯解　清雍正三元堂刻本　二冊

220000－0803－0000022　經 3/20.1－1

尚書後案三十卷尚書後辨附一卷　（清）王鳴盛學　清乾隆四十五年（1780）禮堂刻本　八冊

220000－0803－0000023　經 3/20.1－2

尚書後案三十卷尚書後辨附一卷　（清）王鳴盛學　清乾隆四十五年（1780）禮堂刻本　十冊

220000－0803－0000024　經 3/21
禹貢指南四卷　（宋）毛晃撰　清乾隆三十九年（1774）武英殿木活字印本　二冊

220000－0803－0000025　經 3/22.1－1
禹貢錐指二十卷禹貢圖一卷　（清）胡渭撰　清康熙四十四年（1705）漱六軒刻本　八冊

220000－0803－0000026　經 3/22.1－2
禹貢錐指二十卷禹貢圖一卷　（清）胡渭撰　清康熙四十四年（1705）漱六軒刻本　十二冊

220000－0803－0000027　經 3/22.1－3
禹貢錐指二十卷禹貢圖一卷　（清）胡渭撰　清康熙四十四年（1705）漱六軒刻本　八冊

220000－0803－0000028　經 3/26.1－12
書經六卷　（宋）蔡沈集傳　清康熙四十一年（1702）敬業堂刻本　四冊

220000－0803－0000029　經 3/40
桂林書響十卷　（明）顧懋樊編著　明崇禎十年（1637）刻本　四冊

220000－0803－0000030　經 4/1
詩序一卷　（宋）朱熹撰　明崇禎毛氏汲古閣刻本　一冊

220000－0803－0000031　經 4/20
詩經叶音辨譌八卷首一卷　（清）劉維謙編次　清乾隆三年（1738）壽峰書屋刻本　四冊

220000－0803－0000032　經 4/24
詩經集成三十一卷詩經圖考一卷　（宋）朱熹集傳　（清）趙燦英彙輯　清康熙刻本　十六冊

220000－0803－0000033　經 4/36
潁濱先生詩集傳十九卷　（宋）蘇轍撰　明萬曆刻本　三冊　存十五卷（一至十五）

220000－0803－0000034　經 4/37.1
詩外傳十卷　（漢）韓嬰撰　明嘉靖刻本　四冊

220000－0803－0000035　經 5/3.1－1
五禮通考二百六十二卷總目二卷首四卷　（清）秦蕙田編輯　清乾隆秦氏味經窩刻本　一百二十冊

220000－0803－0000036　經 5/3.1－2
五禮通考二百六十二卷總目二卷首四卷　（清）秦蕙田編輯　清乾隆秦氏味經窩刻本　九十冊

220000－0803－0000037　經 5/3.2
五禮通考二百六十二卷總目二卷首四卷　（清）秦蕙田編輯　讀禮通考一百二十卷　（清）徐乾學撰　清乾隆刻本　一百冊

220000－0803－0000038　經 5/9
讀禮通考一百二十卷　（清）徐乾學撰　清康熙三十五年（1696）刻本　四十冊

220000－0803－0000039　經 5.1/1
考工記圖二卷　（清）戴震撰　清乾隆四十四年（1779）微波榭刻本　一冊

220000－0803－0000040　經 5.1/8.1
欽定周官義疏四十八卷首一卷　（清）允祿等監理　（清）鄂爾泰等總裁　清乾隆內府刻本　三十二冊

220000－0803－0000041　經 5.2/9.2
儀禮十七卷　（漢）鄭玄注　（清）張爾岐句讀　（清）顧炎武訂正　清乾隆八年（1743）刻本　四冊

220000－0803－0000042　經 5.3/1
大戴禮記十三卷　（漢）戴德撰　（北周）盧辯注　清乾隆刻本　二冊

220000－0803－0000043　經 5.3/13
附釋音禮記註疏六十三卷　（漢）鄭玄註　（唐）孔穎達等疏　（唐）陸德明釋文　清乾隆六十年（1795）刻本　二十四冊

220000－0803－0000044　經 5.3/15.4
禮記十卷　（元）陳澔集說　清康熙四十一年（1702）敬業堂刻本　十冊

220000－0803－0000045　經 5.3/16.2

禮記十六卷 （元）陳澔集說 明刻本 十六冊

220000－0803－0000046 經6/1

春秋辨疑四卷 （宋）蕭楚撰 清乾隆三十八年(1773)武英殿木活字印本 二冊

220000－0803－0000047 經6/2.1

董子春秋繁露十七卷附錄一卷 （漢）董仲舒撰 （明）王道焜閱 明天啓五年(1625)刻本 二冊

220000－0803－0000048 經6/3.1－1

春秋大事表五十卷附錄一卷 （清）顧棟高輯 春秋輿圖一卷 （清）顧棟高著 清乾隆十三年至十四年(1748－1749)萬卷樓刻本 二十四冊

220000－0803－0000049 經6/3.1－2

春秋大事表五十卷附錄一卷 （清）顧棟高輯 春秋輿圖一卷 （清）顧棟高著 清乾隆十二年至十四年(1747－1749)萬卷樓刻本 二十四冊

220000－0803－0000050 經6/12

春秋困學錄十二卷春秋綱領一卷 （清）楊宏聲著 清乾隆刻本 四冊

220000－0803－0000051 經6/13

學春秋隨筆十卷附錄一卷 （清）萬斯大撰 清乾隆二十六年(1761)刻本 一冊

220000－0803－0000052 經6/14

欽定春秋傳說彙纂三十八卷首二卷 （清）王掞等總裁 （清）張廷玉等校對 清康熙內府刻本 二十四冊

220000－0803－0000053 經6/15.1

春秋經傳集解三十卷 （晉）杜預註 （唐）陸德明釋文 明嘉靖刻本 十冊

220000－0803－0000054 經6/15.2

春秋經傳集解三十卷 （晉）杜預註 清乾隆四十八年(1783)刻本 二十七冊 缺一卷（二）

220000－0803－0000055 經6/17

春秋傳說例一卷 （宋）劉敞撰 儀禮識誤三卷 （宋）張淳撰 清乾隆武英殿木活字印本 一冊

220000－0803－0000056 經6/18.1－1

春秋左傳十五卷 （明）孫鑛批點 明萬曆四十四年(1616)刻朱墨套印本 十二冊

220000－0803－0000057 經6/18.1－2

春秋左傳十五卷 （明）孫鑛批點 明萬曆四十四年(1616)刻朱墨套印本 七冊 存八卷（一至八）

220000－0803－0000058 經6/18.1－3

春秋左傳十五卷 （明）孫鑛批點 明萬曆四十四年(1616)刻朱墨套印本 十二冊

220000－0803－0000059 經6/19.8

春秋左傳五十卷 （晉）杜預 （宋）林堯叟註釋 （唐）陸德明音義 （明）鍾惺評閱 明崇禎刻本 十冊

220000－0803－0000060 經6/21.1－1

春秋左傳集解三十卷首一卷 （晉）杜預原本 （宋）林堯叟附注 （唐）陸德明音義 （清）馮李驊增訂 清康熙五十九年(1720)善成堂刻本 十六冊

220000－0803－0000061 經6/28.2

春秋胡傳三十卷首一卷 （宋）胡安國撰 （宋）林堯叟音註 明刻本 六冊

220000－0803－0000062 經6/31

左傳選十四卷 （清）儲欣評 清雍正維經堂刻本 八冊

220000－0803－0000063 經7/1.2

御註孝經一卷 （清）世祖福臨註 清初刻本 一冊

220000－0803－0000064 經7/3

孝經集註一卷 （清）世宗胤禛纂 清雍正五年(1727)刻本 一冊

220000－0803－0000065 經8/2

大學或問一卷 （宋）朱熹撰 明刻本 一冊

220000－0803－0000066 經8/3

003

大學章句一卷　（宋）朱熹章句　明刻本
一冊

220000－0803－0000067　經8/7

四書人物考訂補四十卷　（明）薛應旂輯
（明）朱焯註釋　（明）許胥臣訂補　明天啓七
年(1627)刻本　六冊

220000－0803－0000068　經8/15

四書典故辨正二十卷附錄一卷　（清）周柄中
著　清乾隆四十九年(1784)刻本　六冊

220000－0803－0000069　經8/22

四書考異七十二卷　（清）翟灝撰　清乾隆三
十四年(1769)無不宜齋刻本　十四冊

220000－0803－0000070　經8/25

四書疏註撮言大全三十七卷　（宋）朱熹章句
（清）紀昀鑒定　（清）吳冠山校正　清乾隆
二十八年(1763)刻本　二十四冊

220000－0803－0000071　經8/29

增訂龍門四書圖像人物備考大學十二卷圖一
卷　（明）陳仁錫增定　（明）陳禮錫等參訂
清康熙五十六年(1717)刻本　五冊

220000－0803－0000072　經8/41.1

論語集解義疏十卷　（三國魏）何晏集解　（南
朝梁）皇侃義疏　清乾隆王亶望刻本　五冊

220000－0803－0000073　經8/46

御製繙譯四書六卷　（清）鄂爾泰等譯　清乾
隆二十年(1755)寶名堂刻本　六冊

220000－0803－0000074　經8/54

慎詒堂四書體註旁訓（四書體註）十九卷
（清）范翔參訂　清康熙三十一年(1692)聚盛
堂刻本　六冊

220000－0803－0000075　經10/1.1

澤存堂五種五十卷　（清）張士俊輯　清康熙
吳郡張氏刻本　六冊　存三種十五卷（佩觿
三卷、字鑑五卷、群經音辨七卷）

220000－0803－0000076　經10.1/4

別雅五卷　（清）吳玉搢撰　清乾隆七年
(1742)新安程氏督經堂刻本　五冊

220000－0803－0000077　經10.2/6.2－2

六書通十卷　（明）閔齊伋撰　（清）畢弘述篆
訂　清刻本　五冊

220000－0803－0000078　經10.2/6.2－3

六書通十卷　（明）閔齊伋撰　（清）畢弘述篆
訂　清乾隆刻本　六冊

220000－0803－0000079　經10.2/14

大廣益會玉篇三十卷　（南朝梁）顧野王撰　清
康熙四十三年(1704)張士俊澤存堂刻本　六冊

220000－0803－0000080　經10.2/24

字鑑五卷　（元）李文仲編　清康熙四十八年
(1709)張士俊澤存堂刻本　三冊

220000－0803－0000081　經10.2/29.2

字林考逸八卷　（清）任大椿撰　清乾隆四十
七年(1782)刻本　四冊

220000－0803－0000082　經10.2/34

佩觿二卷　（五代）郭忠恕撰　清康熙四十九
年(1710)張士俊澤存堂刻本　二冊

220000－0803－0000083　經10.2/35

增訂金壺字考十九卷　（宋）釋適之原編
（清）田朝恒增訂　金壺字考二集二十一卷附
補錄一卷補註一卷　（清）田朝恒續編　清乾
隆貽安堂刻本　四冊

220000－0803－0000084　經10.2/39.1－1

康熙字典十二集三十六卷總目一卷檢字一卷
辨似一卷等韻一卷補遺一卷備考一卷　（清）
張玉書等纂修　清康熙五十五年(1716)刻本
四十冊

220000－0803－0000085　經10.2/39.1－2

康熙字典十二集三十六卷總目一卷檢字一卷
辨似一卷等韻一卷補遺一卷備考一卷　（清）
張玉書等纂修　清康熙五十五年(1716)刻本
四十冊

220000－0803－0000086　經10.2/40

復古編二卷校正一卷附錄一卷　（宋）張有撰
安陸集一卷　（宋）張先撰　清乾隆刻本
三冊

220000 - 0803 - 0000087　經 10.2/47.1 - 1

說文解字十五卷　（漢）許慎撰　（宋）徐鉉等校定　清初汲古閣刻本　十五冊

220000 - 0803 - 0000088　經 10.2/47.1 - 2

說文解字十五卷　（漢）許慎撰　（宋）徐鉉等校定　清初汲古閣刻本　十六冊

220000 - 0803 - 0000089　經 10.2/47.2

說文解字十二卷　（漢）許慎撰　明萬曆刻本　六冊

220000 - 0803 - 0000090　經 10.2/80.2

隸辨八卷　（清）顧藹吉撰　清乾隆八年(1743)刻本　十二冊

220000 - 0803 - 0000091　經 10.2/83

類篇十五卷　（宋）司馬光等撰　清康熙四十五年(1706)揚州使院刻本　十五冊

220000 - 0803 - 0000092　經 10.2/98

摭古遺文二卷　（明）李登撰　明萬曆二十二年(1594)刻本　二冊

220000 - 0803 - 0000093　經 10.2/113.1

御製增訂清文鑑四十九卷　（清）高宗弘曆撰　清乾隆三十六年(1771)刻本　四十九冊

220000 - 0803 - 0000094　經 10.3/5

六書音均表五卷　（清）段玉裁撰　清乾隆四十一年(1776)段氏經韻樓刻本　四冊

220000 - 0803 - 0000095　經 10.3/17

古今韻略五卷　（清）邵長蘅纂　清康熙三十五年(1696)刻本　五冊

220000 - 0803 - 0000096　經 10.3/24.1 - 1

音學五書三十八卷　（清）顧炎武纂　（清）徐乾學參閱　（清）張紹校訂　清初刻本　十冊

220000 - 0803 - 0000097　經 10.3/24.1 - 2

音學五書三十八卷　（清）顧炎武纂　（清）徐乾學參閱　（清）張紹校訂　清初刻本　十二冊

220000 - 0803 - 0000098　經 10.3/25

音韻闡微十八卷韻譜一卷　（清）允祿　（清）允禮監修　（清）李光地承修　（清）王蘭生編纂　清雍正武英殿刻本　六冊

220000 - 0803 - 0000099　經 10.3/30

洪武正韻十六卷　（明）樂韶鳳等撰　明萬曆三年(1575)司禮監刻本　十冊

220000 - 0803 - 0000100　經 10.3/37

羣經音辨七卷　（宋）賈昌朝撰　清康熙五十三年(1714)張氏澤存堂刻本　二冊

220000 - 0803 - 0000101　經 10.3/43.1 - 1

廣韻五卷　（宋）陳彭年等撰　清康熙四十三年(1704)張氏澤存堂刻本　六冊

220000 - 0803 - 0000102　經 10.3/43.1 - 2

廣韻五卷　（宋）陳彭年等撰　清康熙四十三年(1704)張氏澤存堂刻本　五冊

220000 - 0803 - 0000103　經 10.3/43.1 - 3

廣韻五卷　（宋）陳彭年等撰　清康熙四十三年(1704)張氏澤存堂刻本　十冊

220000 - 0803 - 0000104　經 10.3/43.1 - 4

廣韻五卷　（宋）陳彭年等撰　清康熙四十三年(1704)張氏澤存堂刻本　五冊

220000 - 0803 - 0000105　經 10.3/45

附釋文互註禮部韻略五卷　（宋）□□撰　清康熙四十五年(1706)揚州使院刻本　五冊　卷一至二末有缺葉

220000 - 0803 - 0000106　史 1/1.1

二十四史　（漢）司馬遷等撰　清乾隆四年(1739)刻本　一千二十四冊　缺四十五卷(三國志二十一至六十五)

220000 - 0803 - 0000107　史 2.1/18.1

欽定四庫全書總目二百卷首一卷　（清）紀昀等纂　清乾隆六十年(1795)刻本　一百十二冊

220000 - 0803 - 0000108　史 2.1/37.1

直齋書錄解題二十二卷　（宋）陳振孫撰　清乾隆三十九年(1774)武英殿木活字印本　十二冊

220000 - 0803 - 0000109　史 2.1/37.2

直齋書錄解題二十二卷　（宋）陳振孫撰　清

乾隆三十九年(1774)武英殿木活字印本
八冊

220000－0803－0000110　史2.1/77.2
經義考三百卷目錄二卷　(清)朱彝尊編
(清)李濤　(清)朱昆田校　清乾隆刻本　六
十三冊　缺五卷(一百六十八至一百七十、二
百九十九至三百)

220000－0803－0000111　史3.1/11.1
石墨鐫華八卷　(明)趙崡著　明萬曆四十六
年(1618)刻本　四冊

220000－0803－0000112　史3.1/11.2
石墨鐫華八卷　(明)趙崡著　清乾隆三十九
年(1774)知不足齋刻本　四冊

220000－0803－0000113　史3.1/29
亦政堂重修考古圖十卷　(宋)呂大臨輯　**亦
政堂重考古玉圖二卷**　(元)朱德潤輯　清乾
隆十七年(1752)黃曉峰亦政堂刻本　六冊

220000－0803－0000114　史3.1/35.2－2
京畿金石考二卷　(清)孫星衍撰　清乾隆刻
本　二冊

220000－0803－0000115　史3.1/84.2－1
淳化秘閣法帖考正十卷附二卷釋文二卷
(清)王澍著　清乾隆三十三年(1768)蘭言齋
刻本　十六冊

220000－0803－0000116　史3.1/84.2－2
淳化秘閣法帖考正十卷附二卷釋文二卷
(清)王澍著　清乾隆三十三年(1768)刻本
六冊

220000－0803－0000117　史3.1/145
金石圖四卷　(清)褚峻摹　(清)牛運震說
清乾隆刻並拓本　四冊

220000－0803－0000118　史3.1/147.1
泊如齋重修宣和博古圖錄三十卷　(宋)王黼
等撰　明萬曆十六年(1588)泊如齋刻本　三
十冊

220000－0803－0000119　史3.1/147.2
重修宣和博古圖錄三十卷　(宋)王黼等撰

(明)于承祖等校正　明嘉靖七年(1528)刻本
三十冊

220000－0803－0000120　史4/2
史記一百三十卷　(漢)司馬遷撰　(南朝宋)
裴駰集解　明末刻本　二十五冊　存七十五
卷(年表八至十、世家八至三十、列傳二十二
至七十)

220000－0803－0000121　史4/3.1
史記一百三十卷　(漢)司馬遷撰　(南朝宋)
裴駰集解　明崇禎十四年(1641)毛氏汲古閣
刻本　十冊

220000－0803－0000122　史4/3.2
史記一百三十卷　(漢)司馬遷撰　(南朝宋)
裴駰集解　明萬曆二十四年(1596)刻本　二
十四冊

220000－0803－0000123　史4/3.3
史記一百三十卷　(漢)司馬遷撰　(南朝宋)
裴駰集解　(明)柯維熊校正　明嘉靖四年
(1525)汪諒刻本(卷六十四至六十五補配明
萬曆三年北京國子監刻本)　六十四冊

220000－0803－0000124　史4/6.1
前漢書一百卷　(漢)班固撰　(唐)顏師古注
明萬曆二十五年(1597)刻本　三冊　存九
卷(二十八至三十六)

220000－0803－0000125　史4/6.2－1
前漢書一百卷　(漢)班固撰　(唐)顏師古注
明崇禎十五年(1642)琴川毛氏刻本　二十
二冊

220000－0803－0000126　史4/6.2－2
前漢書一百卷　(漢)班固撰　(唐)顏師古注
明崇禎十五年(1642)琴川毛氏刻本　二十
四冊

220000－0803－0000127　史4/6.2－3
前漢書一百卷　(漢)班固撰　(唐)顏師古注
明崇禎十五年(1642)琴川毛氏刻本　十
六冊

220000－0803－0000128　史4/6.10

孫月峰先生批評漢書一百卷　（漢）班固撰
（明）孫鑛批評　明末馮元仲天益山刻本　二
十冊

220000－0803－0000129　史4/8.1

後漢書一百二十卷　（南朝宋）范曄撰　（唐）
李賢注　（南朝梁）劉昭注補　明萬曆二十四
年(1596)刻本　十一冊　存六十一卷(二至
四十七、八十九至一百三)

220000－0803－0000130　史4/8.2－1

後漢書九十卷　（南朝宋）范曄撰　（唐）李賢
注　志三十卷　（晉）司馬彪撰　（南朝梁）劉
昭注補　明崇禎十六年(1643)琴川毛氏刻本
十八冊

220000－0803－0000131　史4/8.2－2

後漢書九十卷　（南朝宋）范曄撰　（唐）李賢
注　志三十卷　（晉）司馬彪撰　（南朝梁）劉
昭注補　明崇禎十六年(1643)琴川毛氏刻本
二十四冊

220000－0803－0000132　史4/8.8－1

後漢書九十卷　（南朝宋）范曄撰　（唐）李賢
注　志三十卷　（晉）司馬彪撰　（南朝梁）劉
昭注補　明天啓刻本　二十冊

220000－0803－0000133　史4/8.8－2

後漢書九十卷　（南朝宋）范曄撰　（唐）李賢
注　志三十卷　（晉）司馬彪撰　（南朝梁）劉
昭注補　明天啓刻本　二十冊

220000－0803－0000134　史4/8.9

後漢書九十卷　（南朝宋）范曄撰　（唐）李賢
注　志三十卷　（晉）司馬彪撰　（南朝梁）劉
昭注補　明刻本　二十冊

220000－0803－0000135　史4/10.1

三國志六十五卷　（晉）陳壽撰　（南朝宋）裴
松之注　明毛氏汲古閣刻本　二十四冊

220000－0803－0000136　史4/11.1

晉書一百三十卷　（唐）太宗李世民撰　明毛
氏汲古閣刻本　三十二冊

220000－0803－0000137　史4/11.2

晉書一百三十卷　（唐）太宗李世民撰　晉書
音義三卷　（唐）何超撰　明正德至清順治刻
本　三十八冊

220000－0803－0000138　史4/12.1

宋書一百卷　（南朝梁）沈約撰　明崇禎七年
(1634)琴川毛氏汲古閣刻本　十四冊

220000－0803－0000139　史4/13.1

南齊書五十九卷　（南朝梁）蕭子顯撰　明萬
曆三十三年(1605)刻本　十二冊

220000－0803－0000140　史4/13.2

南齊書五十九卷　（南朝梁）蕭子顯撰　明崇
禎十年(1637)琴川毛氏刻本　六冊

220000－0803－0000141　史4/14.1

梁書五十六卷　（唐）姚思廉撰　明毛氏汲古
閣刻本　六冊

220000－0803－0000142　史4/15.1

陳書三十六卷　（唐）姚思廉撰　明崇禎四年
(1631)琴川毛氏汲古閣刻本　四冊

220000－0803－0000143　史4/15.2

陳書三十六卷　（唐）姚思廉撰　（明）趙用賢
（明）余孟麟校　明萬曆十六年(1588)刻本
四冊

220000－0803－0000144　史4/16.1

魏書一百十四卷　（北齊）魏收撰　明崇禎九
年(1636)琴川毛氏刻本　十八冊

220000－0803－0000145　史4/17.1

北齊書五十卷　（唐）李百藥撰　明崇禎十一
年(1638)琴川毛氏刻本　六冊

220000－0803－0000146　史4/18

西魏書二十四卷　（清）謝啓昆撰　清乾隆六
十年(1795)樹經堂刻本　六冊

220000－0803－0000147　史4/19.1

周書五十卷　（唐）令狐德棻等撰　明崇禎五
年(1632)琴川毛氏刻本　五冊

220000－0803－0000148　史4/20.1

隋書八十五卷　（唐）魏徵撰　明崇禎八年
(1635)琴川毛氏刻本　二十冊

220000－0803－0000149　史 4/21.1

南史八十卷　（唐）李延壽撰　明崇禎十三年（1640）琴川毛氏刻本　十六冊

220000－0803－0000150　史 4/22.1

北史一百卷　（唐）李延壽撰　明崇禎十二年（1639）琴川毛氏刻本　二十四冊

220000－0803－0000151　史 4/23.5

唐書二百卷　（五代）劉昫等修　（明）聞人詮校刻　明嘉靖十八年（1539）聞人詮刻本（卷一百五十末三葉補配手抄聞人詮刻本）　四十八冊

220000－0803－0000152　史 4/24.1

唐書二百二十五卷　（宋）歐陽修　（宋）宋祁刊修　（宋）范鎮等編修　明毛氏汲古閣刻本　四十冊

220000－0803－0000153　史 4/26.1

五代史七十四卷　（宋）歐陽修撰　（明）吳士元等重修　明萬曆二十八年（1600）刻本　十二冊

220000－0803－0000154　史 4/26.2

五代史七十四卷　（宋）歐陽修撰　（宋）徐無黨注　明崇禎三年（1630）琴川毛氏刻本　六冊

220000－0803－0000155　經 4/27.1－1

詩緝三十六卷　（宋）嚴粲述　明趙府味經堂刻本　十六冊

220000－0803－0000156　經 4/27.1－2

詩緝三十六卷　（宋）嚴粲述　明趙府味經堂刻本　十六冊

220000－0803－0000157　史 4/31.1

元史二百十卷目錄二卷　（明）宋濂等修　明嘉靖、崇禎刻本　三十七冊

220000－0803－0000158　史 4/34

元史類編四十二卷　（清）邵遠平學　（清）席世臣校刊　清乾隆六十年（1795）掃葉山房刻本　十六冊

220000－0803－0000159　史 4.1/2.1－1

五代史纂誤三卷　（宋）吳縝撰　清乾隆武英殿木活字印本　二冊

220000－0803－0000160　史 4.1/2.1－2

五代史纂誤三卷　（宋）吳縝撰　清乾隆武英殿木活字印本　二冊

220000－0803－0000161　史 4.1/3

五代史補五卷　（宋）陶岳撰　**五代史闕文一卷**　（宋）王禹偁撰　明毛氏汲古閣刻本　二冊

220000－0803－0000162　史 4.1/7

史記索隱三十卷　（唐）司馬貞撰　明毛氏汲古閣刻本　四冊

220000－0803－0000163　史 5/1

少微通鑑節要五十卷外紀四卷　（宋）江贄撰　明正德九年（1514）司禮監刻本　二十冊

220000－0803－0000164　史 5/2

御批資治通鑑綱目前編十八卷舉要三卷　（宋）金履祥撰　（清）宋犖校刊　清康熙四十六年（1707）武英殿刻本　八冊

220000－0803－0000165　史 5/3

御批資治通鑑綱目五十九卷首一卷　（宋）朱熹撰　（清）宋犖校刊　清武英殿刻本　三十冊

220000－0803－0000166　史 5/4

御批續資治通鑑綱目二十七卷　（明）商輅撰　（清）宋犖校刊　清康熙四十六年（1707）刻本　十二冊

220000－0803－0000167　史 5/5

御撰資治通鑑綱目三編二十卷　（清）張廷玉等編　清乾隆十一年（1746）武英殿刻本　四冊

220000－0803－0000168　史 5/6

資治通鑑二百九十四卷　（宋）司馬光編集　**通鑑釋文辯誤十二卷**　（元）胡三省攷訂　（明）吳勉學校正　**宋元資治通鑑六十四卷**　（明）王宗沐編　**通鑑前編十八卷首一卷舉要三卷**　（宋）金履祥編集　明萬曆二十年

(1592)刻本　一百二十六冊

220000－0803－0000169　史 5/7
資治通鑑綱目五十九卷　（宋）朱熹撰　明成化九年（1473）刻本　七十二冊

220000－0803－0000170　史 5/35.1
司馬溫公稽古錄二十卷　（宋）司馬光撰　明嘉靖范氏天一閣刻本　四冊

220000－0803－0000171　史 5.1/19
國朝翰詹源流編年二卷國朝館選爵里謚法考二卷國朝館職補選爵里謚法考一卷　（清）吳鼎雯著並輯　清乾隆五十八年（1793）刻本　四冊

220000－0803－0000172　史 6/2.1
通鑑紀事本末二百三十九卷　（宋）袁樞編（明）張溥論正　（清）張永錫重校　清康熙二十四年（1685）刻本　五十六冊

220000－0803－0000173　史 6/2.3
通鑑紀事本末四十二卷　（宋）袁樞編　（明）李梴校刊　明萬曆二年（1574）刻本　八十四冊

220000－0803－0000174　史 6/3
宋史紀事本末十卷　（明）馮琦編　（明）陳邦瞻纂輯　明萬曆三十三年（1605）刻本　十冊

220000－0803－0000175　史 6/9.1
繹史一百六十卷世系圖一卷年表一卷　（清）馬驌撰　清康熙九年（1670）刻本　四十八冊

220000－0803－0000176　史 7/2.1－1
十六國春秋一百卷　（北魏）崔鴻撰　清乾隆四十六年（1781）汪氏欣記山房刻本　十六冊

220000－0803－0000177　史 7/2.1－2
十六國春秋一百卷　（北魏）崔鴻撰　清乾隆四十六年（1781）汪氏欣記山房刻本　二十冊

220000－0803－0000178　史 7/2.3
十六國春秋一百卷　（北魏）崔鴻撰　清乾隆四十六年（1781）刻本　二十四冊

220000－0803－0000179　史 7/3.1－1
明史稿三百十卷目錄二卷　（清）王鴻緒編撰

清雍正刻本　八十冊

220000－0803－0000180　史 7/3.1－2
明史稿三百十卷目錄二卷　（清）王鴻緒編撰　清雍正刻本　八十冊

220000－0803－0000181　史 7/13
弘簡錄二百五十四卷　（明）邵經邦撰　（清）邵遠平校　清康熙二十七年（1688）刻本　七十八冊

220000－0803－0000182　史 8/26
明季南略十八卷　（清）計六奇編輯　清都城琉璃廠半松居士木活字印本　十二冊

220000－0803－0000183　史 8/56.1
路史四十七卷　（宋）羅泌纂　明萬曆三十九年（1611）喬可傳寄寄齋刻本　十六冊

220000－0803－0000184　史 9/4
元朝名臣事略十五卷　（元）蘇天爵撰　清乾隆武英殿木活字印本　八冊

220000－0803－0000185　史 9/12
功臣傳一卷　（清）□□撰　清康熙三十五年（1696）抄本　二冊

220000－0803－0000186　史 9/20
錢牧齋先生列朝詩集小傳十卷目錄一卷　（清）錢謙益撰　清康熙三十七年（1698）誦芬堂刻本　十六冊

220000－0803－0000187　史 9/25
宋朝事實二十卷　（宋）李攸撰　清乾隆武英殿木活字印本　十冊

220000－0803－0000188　史 9/29.1－1
明儒學案六十二卷　（清）黃宗羲輯著　（清）賈潤閱　清雍正十三年（1735）紫筠齋刻本　十六冊

220000－0803－0000189　史 9/29.1－2
明儒學案六十二卷　（清）黃宗羲著　清乾隆刻本　四冊　存八卷（五十二至五十八、六十二）

220000－0803－0000190　史 9/31
修史試筆二卷　（清）藍鼎元纂　清雍正六年

（1728）刻本　二冊

220000－0803－0000191　史9/50

濟美錄四卷　（明）鄭燁編　明嘉靖十四年（1535）刻本　一冊

220000－0803－0000192　史9/52

續藏書二十七卷目錄一卷　（明）李贄撰　明萬曆三十九年（1611）刻本　二十八冊

220000－0803－0000193　史9/57

皇明同姓諸王傳三卷同姓初王表二卷附異姓三王傳孔氏世家傳一卷　（明）鄭曉撰　明嘉靖四十三年（1564）刻本　二冊

220000－0803－0000194　史9/66

歷代循吏傳八卷　（清）朱軾訂　歷代名臣傳續編五卷　（清）蔡世遠訂　清雍正七年（1729）刻本　六冊

220000－0803－0000195　史9/67

古懽錄八卷　（清）王士禛撰　清康熙三十九年（1700）快宜堂刻本　四冊

220000－0803－0000196　史9.1/10.1－1

朱子［熹］年譜四卷考異四卷附錄二卷　（清）王懋竑纂　清乾隆十七年（1752）王氏白田草堂刻本　八冊

220000－0803－0000197　史9.1/10.1－2

朱子［熹］年譜四卷考異四卷附錄二卷　（清）王懋竑纂　清乾隆十七年（1752）王氏白田草堂刻浙江書局補刻本　四冊

220000－0803－0000198　史9.1/35

培風集四卷首一卷附先君遺稿一卷　（清）沈歸愚評定　（清）任雲錦彙輯　清乾隆二十五年（1760）刻本　四冊

220000－0803－0000199　史9.2/2

欽定八旗氏族通譜輯要二卷　（清）阿桂（清）和珅編輯　清乾隆五十七年（1792）武英殿刻本　二冊

220000－0803－0000200　史9.2/15.1

尚友錄二十二卷　（明）廖用賢編纂　（明）張伯琮補輯　清康熙五年（1666）刻本　二十

二冊

220000－0803－0000201　史9.2/30

歷代名賢列女氏姓譜一百五十七卷　（清）蕭智漢纂輯　清刻本　一百二十冊

220000－0803－0000202　史10/5

公羊傳鈔一卷穀梁傳鈔一卷國策鈔（戰國策鈔）二卷國語鈔二卷　（清）高塘集評　清乾隆五十三年（1788）雙桐書屋刻本　六冊

220000－0803－0000203　史10/6

史記纂十二卷　（明）凌稚隆校閱　明萬曆七年（1579）刻本　十二冊

220000－0803－0000204　史10/16

諸史品節四十卷　（明）陳深編　明萬曆二十一年（1593）刻本　四十冊

220000－0803－0000205　史10/21

左國腴詞八卷　（明）凌迪知輯　明萬曆四年（1576）刻本　二冊

220000－0803－0000206　史10/22

兩漢雋言十六卷　（宋）林鉞輯　（明）凌迪知校　明萬曆四年（1576）刻本　五冊

220000－0803－0000207　史10/23

太史華句八卷　（明）凌迪知輯　明萬曆五年（1577）凌氏桂芝館刻本　二冊

220000－0803－0000208　史11/1

日涉編十二卷　（明）陳堦編輯　（清）艾白輝補輯　清康熙二十七年（1688）刻本　十二冊

220000－0803－0000209　史11/3

月令輯要二十四卷　（清）李光地等纂　清康熙五十五年（1716）武英殿刻本　四十冊

220000－0803－0000210　史12/1

元豐九域志十卷　（宋）王存撰　清乾隆五十三年（1788）刻本　四冊

220000－0803－0000211　史12.1/7

元和郡縣志四十卷　（唐）李吉甫撰　清乾隆四十四年（1779）武英殿木活字印本　十六冊

220000－0803－0000212　史12.118/1

[乾隆]貴州通志四十六卷首一卷　（清）靖道
謨等纂　（清）鄂爾泰等修　清乾隆六年
(1741)刻本　三十二冊

220000－0803－0000213　史12.12/2

[乾隆]欽定盛京通志一百三十卷首一卷
(清)阿桂等總裁　（清）劉謹之　（清）程維
嶽總纂　清乾隆四十三年(1778)武英殿刻本
六十四冊

220000－0803－0000214　史12.123/2

澳門紀略二卷　（清）印光任　（清）張汝霖纂
清乾隆刻本　二冊

220000－0803－0000215　史12.14/1

[乾隆]口北三廳志十六卷首一卷　（清）黃可
潤纂　清乾隆二十三年(1758)刻本　八冊

220000－0803－0000216　史12.14/4

[乾隆]永清縣志二十五卷文徵五卷　（清）周
震榮主修　（清）章學誠纂修　清乾隆四十四
年(1779)刻嘉慶十八年(1813)補刻本　四冊

220000－0803－0000217　史12.14/5

[乾隆]直隸通州志二十二卷　（清）王繼祖修
（清）夏之蓉纂　清乾隆刻本　十五冊　存
十七卷(五至二十一)

220000－0803－0000218　史12.14/13

[乾隆]天津縣志二十四卷　（清）朱奎揚等修
（清）吳廷華等纂　清乾隆四年(1739)刻本
八冊

220000－0803－0000219　史12.15/2

[乾隆]山東通志三十六卷首一卷　（清）岳濬
等總裁　（清）杜詔等采輯　清乾隆元年
(1736)刻本　四十二冊

220000－0803－0000220　史12.15/3

齊乘六卷　（元）于欽纂　附釋音一卷　（元）
于潛撰　清乾隆四十六年(1781)刻本　八冊

220000－0803－0000221　史12.17/2

[乾隆]太谷縣志八卷　（清）郭晉修　（清）
管粵秀纂　清乾隆六十年(1795)刻本　八冊

220000－0803－0000222　史12.18/1

[雍正]陝西通志一百卷首一卷　（清）查郎阿
（清）劉於義監修　（清）沈青崖編輯　清雍
正十三年(1735)刻本　一百冊

220000－0803－0000223　史12.18/2.2

[正德]武功縣志三卷首一卷　（明）康海撰次
清乾隆二十六年(1761)刻本　二冊

220000－0803－0000224　史12.18/3

[乾隆]朝邑縣志十一卷首一卷　（清）金嘉琰
等修　（清）錢坫纂　清乾隆四十五年(1780)
刻本　四冊

220000－0803－0000225　史12.18/4

[康熙]朝邑縣後志八卷　（清）王兆鰲修　清
康熙五十一年(1712)刻本　三冊

220000－0803－0000226　史12.18/5

[萬曆]續朝邑縣志八卷　（明）王學謨纂　清
康熙五十一年(1712)刻本　二冊

220000－0803－0000227　史12.18/6

[正德]朝邑縣志二卷　（明）王道修　（明）
韓邦靖纂　清康熙五十一年(1712)刻本
一冊

220000－0803－0000228　史12.19/2

[乾隆]五涼考治六德集全誌五卷　（清）張之
浚等纂修　清乾隆十四年(1749)刻本　六冊

220000－0803－0000229　史12.2/1.1

水經注四十卷　（漢）桑欽撰　（北魏）酈道元
注　山海經十八卷　（晉）郭璞傳　清康熙五
十三年(1714)項絪群玉書堂刻本　十冊

220000－0803－0000230　史12.2/1.2

水經注四十卷　（漢）桑欽撰　（北魏）酈道元
注　清乾隆十八年(1753)刻本　十六冊

220000－0803－0000231　史12.2/1.4

水經注四十卷　（北魏）酈道元撰　（清）戴震
校　清乾隆刻本　十四冊

220000－0803－0000232　史12.2/2.1－1

水經注釋四十卷首一卷附錄二卷水經注箋刊
誤十二卷　（清）趙一清錄　清乾隆趙氏小山
堂刻本　二十冊

220000－0803－0000233　　史 12.2/2.1－2

水經注釋四十卷首一卷附錄二卷水經注箋刊誤十二卷　（清）趙一清錄　清乾隆五十三年(1788)趙氏小山堂刻本　十二冊

220000－0803－0000234　　史 12.2/2.1－3

水經注釋四十卷首一卷附錄二卷　（清）趙一清錄　清乾隆五十九年(1794)趙氏小山堂刻本　十六冊

220000－0803－0000235　　史 12.2/7.2－1

水道提綱二十八卷　（清）齊召南編錄　清乾隆四十一年(1776)刻本　八冊

220000－0803－0000236　　史 12.3/9

籌海圖編十三卷　（明）胡宗憲輯議　明天啓四年(1624)刻本　八冊

220000－0803－0000237　　史 12.4/1

[康熙]九華山志十二卷　（清）喻成龍（清）李燦重輯　清乾隆十四年(1749)刻本　三冊

220000－0803－0000238　　史 12.4/7.1－1

[雍正]西湖志四十八卷　（清）李衛　（清）程元章總裁　（清）傅王露總修　清雍正十三年(1735)刻本　二十冊

220000－0803－0000239　　史 12.4/7.2－1

[雍正]西湖志四十八卷　（清）李衛　（清）程元章總裁　（清）傅王露總修　清雍正九年(1731)刻本　十五冊

220000－0803－0000240　　史 12.4/7.2－2

[雍正]西湖志四十八卷　（清）李衛　（清）程元章總裁　（清）傅王露總修　清雍正兩浙鹽驛道庫刻本　二十冊

220000－0803－0000241　　史 12.4/11.1

洛陽伽藍記五卷　（北魏）楊衒之撰　洛陽名園記一卷　（宋）李廌撰　明汲古閣刻本　一冊

220000－0803－0000242　　史 12.4/12

浯溪新志十四卷首一卷　（清）宋溶輯　清乾隆三十八年(1773)刻本　四冊

220000－0803－0000243　　史 12.4/13

浯溪考二卷附補遺一卷　（清）王士禎撰　清康熙四十年(1701)刻本　一冊

220000－0803－0000244　　史 12.4/18

清凉山新志十卷　（清）喇嘛老藏丹巴纂　清康熙四十年(1701)鴻臚寺朱圭刻本　四冊

220000－0803－0000245　　史 12.4/23

焦山志十二卷　（清）盧見曾錄　清乾隆二十七年(1762)德州盧見曾雅雨堂刻本　六冊

220000－0803－0000246　　史 12.4/29

龍井見聞錄十卷宋僧元淨外傳二卷　（清）汪孟鋗纂　清乾隆刻本　八冊

220000－0803－0000247　　史 12.4/33

三輔黃圖六卷　（□）□□撰　（清）畢沅校　清乾隆四十九年(1784)靈巗山館刻本　二冊

220000－0803－0000248　　史 12.4/38

清凉山志十卷　（明）釋鎮澄撰　清乾隆二十年(1755)淮陰祁豐元刻本　四冊

220000－0803－0000249　　史 12.6/4.1

六朝事蹟編類二卷　（宋）張敦頤編　（明）吳琯校　明刻本　四冊

220000－0803－0000250　　史 12.6/9.1

欽定日下舊聞考一百六十卷附譯語總目一卷　（清）寶光鼐等總纂　清乾隆刻本　四十冊

220000－0803－0000251　　史 12.6/9.2

欽定日下舊聞考一百六十卷　（清）寶光鼐等總纂　清乾隆刻本　六冊　存三十六卷(一至三十六)

220000－0803－0000252　　史 12.6/17.1

東京夢華錄十卷　（宋）孟元老撰　靈寶真靈位業圖一卷　（南朝梁）陶弘景纂　明毛氏汲古閣刻本　一冊

220000－0803－0000253　　史 12.6/19.1－1

帝京景物略八卷　（明）劉侗　（明）于奕正撰　明崇禎八年(1635)刻本　十六冊

220000－0803－0000254　　史 12.6/19.1－2

帝京景物略八卷　（明）劉侗　（明）于奕正撰

明崇禎八年(1635)刻本　十六冊

220000－0803－0000255　史 12.6/37
黔書二卷　(清)田雯編　清初刻本　二冊

220000－0803－0000256　史 12.6/38
歸潛志十四卷　(元)劉祁撰　清乾隆四十四年(1779)武英殿木活字印本　四冊

220000－0803－0000257　史 12.8/2
大唐西域記十二卷　(唐)釋玄奘譯　(唐)釋辯機撰　明刻本　六冊

220000－0803－0000258　史 12.8/40
皇清職貢圖九卷　(清)傅恒等撰　清乾隆內府刻本　八冊

220000－0803－0000259　史 13/6.1
文獻通考三百四十八卷　(元)馬端臨撰　明嘉靖三年(1524)司禮監刻本　一百二十冊

220000－0803－0000260　史 13/9
文獻通考紀要二卷　(□)□□撰　清乾隆內府刻本　二冊

220000－0803－0000261　史 13/14
五代會要三十卷　(宋)王溥撰　清乾隆三十九年(1774)武英殿木活字印本　六冊

220000－0803－0000262　史 13/15.1
西漢會要七十卷　(宋)徐天麟撰　清乾隆三十九年(1774)武英殿木活字印本　十六冊

220000－0803－0000263　史 13/19.1
東漢會要四十卷　(宋)徐天麟撰　清乾隆三十九年(1774)武英殿木活字印本　六冊

220000－0803－0000264　史 13/20
幸魯盛典四十卷　(清)孔毓圻總裁　(清)金居敬等纂修　清康熙刻本　十二冊

220000－0803－0000265　史 13/21.1
南巡盛典一百二十卷　(清)高晉等纂輯　清乾隆三十六年(1771)刻本　四十八冊

220000－0803－0000266　史 13/26.1－1
唐會要一百卷　(宋)王溥撰　清乾隆三十九年(1774)武英殿木活字印本　二十四冊

220000－0803－0000267　史 13/26.1－2
唐會要一百卷　(宋)王溥撰　清乾隆武英殿木活字印本　二十八冊

220000－0803－0000268　史 13/28.1－1
通典二百卷　(唐)杜佑纂　清乾隆十二年(1747)刻本　二十九冊　存一百九十四卷(七至二百)

220000－0803－0000269　史 13/31.1
通志二十略五十一卷　(宋)鄭樵撰　清乾隆十四年(1749)刻本　二十四冊

220000－0803－0000270　史 13/31.2
通志二十略五十一卷　(宋)鄭樵撰　(明)陳宗夔校　清乾隆十三年(1748)刻本　四十冊

220000－0803－0000271　史 13/41
麟臺故事五卷　(宋)程俱撰　清乾隆四十一年(1776)武英殿木活字印本　一冊

220000－0803－0000272　史 13/59
司馬氏書儀十卷　(宋)司馬光撰　清雍正二年(1724)刻本　二冊

220000－0803－0000273　史 13.1/6.1－1
硃批諭旨三百六十卷　(清)世宗胤禛批　(清)鄂爾泰等編　清雍正十年至乾隆三年(1732－1738)內府刻朱墨套印本　一百十二冊

220000－0803－0000274　史 13.1/6.1－2
硃批諭旨三百六十卷　(清)世宗胤禛批　(清)鄂爾泰等編　清雍正十年至乾隆三年(1732－1738)內府刻朱墨套印本　一百十二冊

220000－0803－0000275　史 13.2/15
東征集六卷　(清)藍鼎元撰　(清)王者輔評　清雍正刻本　二冊

220000－0803－0000276　史 13.2/25.2
唐陸宣公集二十二卷　(唐)陸贄撰　(清)年羹堯重訂　清康熙六十一年(1722)刻本　十冊

220000－0803－0000277　史 13.2/44

陽明先生別錄十四卷　(明)王守仁撰　明刻本　十二冊

220000－0803－0000278　史13.2/46
唐陸宣公翰苑集二十四卷　(唐)陸贄撰　明萬曆刻本　五冊　存十七卷(奏議七卷、奏草七卷、制誥一至三)

220000－0803－0000279　史13.2/47
唐陸宣公翰苑集注二十四卷　(唐)陸贄撰　(清)張佩芳注釋　清乾隆三十三年(1768)希音堂刻本　八冊

220000－0803－0000280　史13.6/10
欽定康濟錄四卷附錄一卷　(清)倪國璉撰　清乾隆五年(1740)武英殿木活字印本　六冊

220000－0803－0000281　史14/1.3
十七史商榷一百卷目錄一卷　(清)王鳴盛述　清乾隆五十二年(1787)洞涇草堂刻本　二十四冊

220000－0803－0000282　史14/6.3－1
史通通釋二十卷　(清)浦起龍釋　清乾隆十七年(1752)求放心齋刻本　十二冊

220000－0803－0000283　史14/6.3－2
史通通釋二十卷　(清)浦起龍釋　清乾隆十七年(1752)求放心齋刻本　四冊　存九卷(一至九)

220000－0803－0000284　史14/10
史記一百三十卷　(漢)司馬遷撰　明萬曆二十四年(1596)刻本　十四冊

220000－0803－0000285　史14/11
空山堂史記評註十二卷　(清)牛運震評　清乾隆五十八年(1793)刻本　七冊

220000－0803－0000286　史14/12.2
史記論文一百三十卷　(清)吳見思評點　(清)吳興祚參訂　清乾隆四十五年(1780)尺木堂刻本　十六冊

220000－0803－0000287　史14/20
唐書直筆四卷　(宋)呂夏卿撰　清乾隆武英殿木活字印本　四冊

220000－0803－0000288　史14/22.1
東萊先生音註唐鑑二十四卷　(宋)范祖禹撰　(宋)呂祖謙註　明刻本　六冊

220000－0803－0000289　史14/25
班馬異同三十五卷　(宋)倪思編　(宋)劉辰翁評　明永樂二十年(1422)刻本　四冊

220000－0803－0000290　史14/31
漢書評林一百卷　(明)凌稚隆輯校　明萬曆十一年(1583)刻本　三十二冊

220000－0803－0000291　子1/1
二十子一百六十七卷　(明)吳勉學校　明萬曆刻本　四十八冊

220000－0803－0000292　子1/4
忠經一卷　(漢)馬融撰　素書一卷　(漢)黃石公撰　獨斷二卷　(漢)蔡邕撰　申鑑五卷　(漢)荀悅撰　明新安程榮刻本　五冊

220000－0803－0000293　子1/11
老子道德真經二卷附音義一卷　(三國魏)王弼注　(唐)陸德明音義　莊子南華真經四卷附音義一卷列子沖虛真經八卷附音義一卷　(唐)陸德明音義　明刻朱墨套印本　十冊

220000－0803－0000294　子1/12
南華真經十卷　(晉)郭象注　老子道德經二卷　明世德堂刻本　十二冊

220000－0803－0000295　子2/1.1－3
七修類稿五十一卷附續稿七卷　(明)郎瑛著述　清乾隆四十年(1775)刻本　十冊

220000－0803－0000296　子2/2.1－1
子史精華一百六十卷　(清)允祿等監修　(清)吳襄等纂修　清雍正五年(1727)刻本　六十四冊

220000－0803－0000297　子2/2.1－2
子史精華一百六十卷　(清)允祿等監修　(清)吳襄等纂修　清雍正五年(1727)刻本　四十八冊

220000－0803－0000298　子2/2.2
子史精華一百六十卷　(清)允祿等監修

(清)吳襄等纂修　清雍正刻本　四十冊

220000－0803－0000299　子2/3

小學紺珠十卷　(宋)王應麟纂輯　明毛氏汲古閣刻本　十冊

220000－0803－0000300　子2/4

山堂肆考二百四十卷　(明)彭大翼編著　明萬曆刻本　六十冊

220000－0803－0000301　子2/6

文選錦字錄二十一卷　(明)凌迪知輯　明萬曆五年(1577)凌氏桂芝館刻本　八冊

220000－0803－0000302　子2/11

天中記六十卷　(明)陳耀文纂　明萬曆刻本　六十冊

220000－0803－0000303　子2/12

分類字錦六十四卷　(清)何焯等纂　(清)張廷玉等校勘　清康熙六十一年(1722)刻本　六十冊

220000－0803－0000304　子2/13

丹鉛總錄二十七卷目錄一卷　(明)楊慎著集　明萬曆刻本　二十冊

220000－0803－0000305　子2/29.1

初學記三十卷　(唐)徐堅等纂　明嘉靖十年(1531)錫山安氏桂坡館刻本　二十四冊

220000－0803－0000306　子2/30.1

事類賦三十卷　(宋)吳淑撰　(明)華麟祥校　明嘉靖十一年(1532)劍光閣刻本　四冊

220000－0803－0000307　子2/30.3

事類賦三十卷　(宋)吳淑撰　(明)華麟祥校　清乾隆五十八年(1793)劍光閣刻本　六冊

220000－0803－0000308　子2/30.4

事類賦三十卷　(宋)吳淑撰　清乾隆二十九年(1764)劍光閣刻本　六冊

220000－0803－0000309　子2/32

卓氏藻林八卷　(明)卓明卿編輯　明萬曆十一年(1583)周對峯刻本　八冊

220000－0803－0000310　子2/34

記纂淵海一百卷目錄一卷　(宋)潘自牧纂集　明萬曆七年(1579)刻本　四十一冊

220000－0803－0000311　子2/38.1

淵鑑類函四百五十卷　(清)張英等撰　清康熙四十九年(1710)刻本　一百四十冊

220000－0803－0000312　子2/38.2－1

淵鑑類函四百五十卷　(清)張英等撰　清康熙四十九年(1710)古香齋刻本　一百四十冊

220000－0803－0000313　子2/38.2－3

淵鑑類函四百五十卷　(清)張英等撰　清康熙四十九年(1710)古香齋刻本　一百四十冊

220000－0803－0000314　子2/40.1－1

通俗編三十八卷　(清)翟灝撰　清乾隆十六年(1751)無不宜齋刻本　十二冊

220000－0803－0000315　子2/40.1－2

通俗編三十八卷　(清)翟灝撰　清乾隆十六年(1751)無不宜齋刻本　十二冊

220000－0803－0000316　子2/41

喻林一葉二十四卷　(明)徐元太撰　清初刻本　十二冊

220000－0803－0000317　子2/42

古今萬姓統譜一百四十卷歷代帝王姓氏統譜六卷　(明)凌迪知輯　**氏族博考十四卷**　(明)凌迪知纂　明萬曆刻本　三十二冊

220000－0803－0000318　子2/43

新刻天如張先生精選石渠彙要萬寶全書三十二卷　(明)張溥彙編　清乾隆二十三年(1758)會友堂刻本　二冊

220000－0803－0000319　子2/48.1

廣事類賦四十卷　(清)華希閔撰　(清)鄒兆升參　清康熙三十八年(1699)劍光閣刻本　八冊

220000－0803－0000320　子2/50

賦彙錄要二十八卷附補遺二卷補題注一卷　(清)吳光昭箋署　(清)陳書全輯　清乾隆二十三年(1758)汲古齋刻本　八冊

220000－0803－0000321　子2/52.1

御定駢字類編二百四十卷　（清）張廷玉等編
清雍正四年(1726)刻本　一百二十冊

220000－0803－0000322　子2/54
麗句集六卷　（明）許之吉選　明天啓刻本
八冊

220000－0803－0000323　子2/55.1
藝文類聚一百卷　（唐）歐陽詢撰　明刻本
三十一冊　缺二卷(一至二)

220000－0803－0000324　子2/56.1
讀書紀數略五十四卷　（清）宮夢仁編輯　清
康熙刻本　八冊

220000－0803－0000325　子2/62
格致鏡原一百卷　（清）陳元龍編纂　清雍正
刻本　二十四冊

220000－0803－0000326　子2/63
類林新詠三十六卷　（清）姚之駰譔注　清康
熙四十六年(1707)刻本　十六冊

220000－0803－0000327　子2/64
賜題備選不分卷　（清）□□撰　清查昇家抄
本　四冊

220000－0803－0000328　子2/73
古今類傳四卷　（清）董穀士　（清）董炳文輯
清康熙三十一年(1692)刻本　四冊

220000－0803－0000329　子2.2/1.1
佩文韻府一百六卷　（清）張玉書等彙閱
（清）蔡升元等纂修兼校勘　韻府拾遺一百六
卷　（清）汪灝等纂修　（清）張廷玉等校勘
清康熙武英殿刻本　一百三十五冊

220000－0803－0000330　子2.2/9
新增說文韻府羣玉二十卷　（宋）陰時夫編輯
（宋）陰中夫編注　清乾隆二十四年(1759)
刻本　十冊

220000－0803－0000331　子3/2.2
蕺山先生人譜一卷人譜類記二卷　（明）劉宗
周撰　清雍正四年(1726)刻本　四冊

220000－0803－0000332　子3/10.2－1
中說十卷　（隋）王通撰　（宋）阮逸注　明嘉

靖世德堂刻本　四冊

220000－0803－0000333　子3/10.2－2
文中子中說十卷　（隋）王通撰　（宋）阮逸注
明刻本　四冊

220000－0803－0000334　子3/18.1－1
日知薈說四卷　（清）高宗弘曆撰　清乾隆元
年(1736)刻本　四冊

220000－0803－0000335　子3/18.1－2
日知薈說四卷　（清）高宗弘曆撰　清乾隆元
年(1736)刻本　二冊

220000－0803－0000336　子3/28.1
朱子家禮八卷　（宋）朱熹撰　（明）丘濬輯
清康熙四十年(1701)刻本　四冊

220000－0803－0000337　子3/36.1－1
明本釋三卷　（宋）劉荀撰　清乾隆三十九年
(1774)武英殿木活字印本　三冊

220000－0803－0000338　子3/36.1－2
明本釋三卷　（宋）劉荀撰　清乾隆三十九年
(1774)武英殿木活字印本　三冊

220000－0803－0000339　子3/38.2
呻吟語六卷　（明）呂坤撰　明萬曆二十一年
(1593)刻本　六冊

220000－0803－0000340　子3/42
周子全書六卷　（宋）周敦頤等著　明萬曆二
十四年(1596)刻本　二冊

220000－0803－0000341　子3/43
周子全書二十二卷　（宋）周敦頤撰　（清）董
榕輯　清乾隆二十一年(1756)刻本　六冊

220000－0803－0000342　子3/49.2－1
荀子二十卷　（唐）楊倞注　明世德堂刻本
八冊　存十六卷(一至五、八至十二、十五至
二十)

220000－0803－0000343　子3/49.2－2
荀子二十卷　（唐）楊倞注　明世德堂刻本
六冊

220000－0803－0000344　子3/49.8

荀子二十卷附校勘補遺一卷　（唐）楊倞注
清乾隆五十一年(1786)安雅堂刻本　四冊

220000－0803－0000345　子3/56

張子全書十五卷　（宋）張載撰　（宋）朱熹注
釋　清康熙五十八年(1719)刻本　六冊

220000－0803－0000346　子3/62.1－1

新纂門目五臣音註揚子法言十卷　（漢）揚雄
撰　（唐）李軌等註　明世德堂刻本　六冊

220000－0803－0000347　子3/62.1－2

新纂門目五臣音註揚子法言十卷　（漢）揚雄
撰　（唐）李軌等註　明世德堂刻本　四冊

220000－0803－0000348　子3/75.1－1

聖學宗傳十八卷　（明）周汝登編測　明萬曆
三十四年(1606)刻本　八冊

220000－0803－0000349　子3/75.1－2

聖學宗傳十八卷　（明）周汝登編測　明萬曆
三十四年(1606)刻本　八冊

220000－0803－0000350　子3/79.1

劉向說苑二十卷　（漢）劉向撰　明吳勉學刻
本　四冊

220000－0803－0000351　子3/83

嘉懿集初鈔四卷續鈔四卷　（清）高塘輯　清
乾隆五十四年(1789)刻本　八冊

220000－0803－0000352　子3/94

雙節堂庸訓六卷　（清）汪輝祖撰　清乾隆五
十九年(1794)刻本　一冊

220000－0803－0000353　子3/97.3

鹽鐵論十卷　（漢）桓寬撰　明刻本　四冊

220000－0803－0000354　子3/100

御製勸善要言不分卷　（清）世祖福臨撰　清
順治十二年(1655)內府刻本　一冊

220000－0803－0000355　子5/5.1

商子五卷　（戰國）商鞅撰　（明）程榮校　明
刻本　二冊

220000－0803－0000356　子5/7.1

管子二十四卷管子之評一卷　（春秋）管仲撰

（唐）房玄齡注　明刻本　八冊

220000－0803－0000357　子5/7.2

管子二十四卷　（唐）房玄齡注　明刻本
四冊

220000－0803－0000358　子5/11.1

韓非子二十卷　（戰國）韓非撰　明萬曆刻本
六冊

220000－0803－0000359　子6/3.1

農桑輯要七卷　（元）司農司撰　清乾隆三十
八年(1773)武英殿木活字印本　三冊

220000－0803－0000360　子7.1/5

新刊東垣十書醫經溯洄集一卷　（元）王履著
明初刻本　一冊

220000－0803－0000361　子7.1/6.1

御纂醫宗金鑑九十卷　（清）吳謙等編纂　清
乾隆七年(1742)刻本　六十四冊

220000－0803－0000362　子7.3/4

傷寒六書六卷　（明）陶華述　明正統十年
(1445)敦化堂刻本　四冊

220000－0803－0000363　子7.3/9

傷寒論類方不分卷　（清）徐大椿編輯　清乾
隆二十四年(1759)刻本　一冊

220000－0803－0000364　子7.3/14

傷寒論辨正六卷　（□）□□撰　清乾隆五十
五年(1790)刻本　六冊

220000－0803－0000365　子7.4/1

丹溪先生心法五卷附論一卷　（元）朱震亨撰
明成化十八年(1482)刻本　五冊

220000－0803－0000366　子7.4/7

蘭臺軌範八卷　（清）徐大椿撰　清乾隆二十
九年(1764)刻本　四冊

220000－0803－0000367　子7.6/4

洞天奧旨十六卷　（清）陳士鐸撰　清乾隆五
十五年(1790)刻本　六冊

220000－0803－0000368　子7.7/5.1

濟陰綱目五卷　（明）武之望編　明萬曆四十

八年(1620)刻本　十五冊

220000－0803－0000369　子7.8/1.1

錢氏小兒藥證直訣三卷附方一卷　（宋）錢乙撰　（宋）閻孝忠集　錢仲陽傳一卷　（宋）劉跂撰　董氏小兒斑疹備急方論一卷　（宋）董汲論次　明刻本　四冊

220000－0803－0000370　子7.10/2.2

千金翼方三十卷目錄一卷　（唐）孫思邈撰　清乾隆二十八年(1763)保元堂刻本　十六冊

220000－0803－0000371　子7.10/6

急救良方二卷　（明）張時徹集　明嘉靖二十九年(1550)刻本　二冊

220000－0803－0000372　子7.11/1

古今醫案按十卷　（清）俞震輯　清乾隆四十三年(1778)酌古堂刻本　六冊　存六卷（一至六）

220000－0803－0000373　子7.11/2

名醫類案十二卷　（明）江瓘輯　清乾隆三十五年(1770)知不足齋刻本　八冊

220000－0803－0000374　子7.12/1.1

鍼灸甲乙經十二卷　（晉）皇甫謐集　（明）吳勉學校　明刻本　六冊

220000－0803－0000375　子8/11

五經算術二卷　（北周）甄鸞撰　清乾隆武英殿木活字印本　一冊

220000－0803－0000376　子8/29

算經十書十種　（清）孔繼涵輯　清乾隆曲阜孔氏微波榭刻本　十一冊

220000－0803－0000377　子9/11

欽定協紀辨方書三十六卷　（清）允祿等編撰　清乾隆六年(1741)刻本　十五冊

220000－0803－0000378　子9/48

元包經傳五卷　（北周）衛元嵩述　元包數總義二卷　（宋）張行成述　清初汲古閣刻本　四冊

220000－0803－0000379　子10.2/53

瑤華道人山水畫冊不分卷　（清）弘旿畫並題

清乾隆五十年(1785)寫本　一冊

220000－0803－0000380　子10.2/64

藍瑛仿古山水畫冊不分卷　（明）藍瑛繪　明藍瑛彩繪絹本　一冊

220000－0803－0000381　子10.3/1

王澍篆書不分卷　（清）王澍書　清初寫本　一冊

220000－0803－0000382　子10.3/49

唐國史補三卷　（唐）李肇撰　明汲古閣刻本　一冊

220000－0803－0000383　子10.3/60

安溪李文貞公文粹不分卷　（清）李光地撰　題(清)文端公手錄　清抄本　三冊

220000－0803－0000384　子10.3/129－1

淳化祕閣法帖考正十二卷　（清）王澍詳定　（清）汪玉球參正　清雍正八年(1730)詩鼎齋刻本　六冊

220000－0803－0000385　子10.3/129－2

淳化祕閣法帖考正十二卷　（清）王澍詳定　（清）汪玉球參正　清雍正八年(1730)詩鼎齋刻本　四冊

220000－0803－0000386　子10.3/130

文字會寶不分卷　（明）朱文治輯　明萬曆三十六年(1608)刻本　十冊

220000－0803－0000387　子10.4/5

三公碑　（漢）□□書　東漢元初四年(117)刻石清拓本　一冊

220000－0803－0000388　子10.4/8

孔宙碑　（漢）□□書　東漢延熹七年(164)刻石清拓本　一冊

220000－0803－0000389　子10.4/12

景君銘　（漢）□□書　東漢永初元年(107)刻石清拓本　一冊

220000－0803－0000390　子10.4/13

鄭君碑　（漢）□□書　東漢延熹元年(158)刻石清拓本　一冊

220000 – 0803 – 0000391　子 10.4/15

衡方碑　（漢）□□書　東漢刻石清拓本
一冊

220000 – 0803 – 0000392　子 10.4/17

受禪碑　（三國魏）□□書　三國魏正始元年
(240)刻石清拓本　一冊

220000 – 0803 – 0000393　子 10.4/21

齊太公呂望表　（晉）穆子容書　（清）李震跋
西晉太康十年(289)刻石清拓本　一冊

220000 – 0803 – 0000394　子 10.4/28

報德像碑　（南朝齊）釋仙書　北齊天保六年
(555)刻石清拓本　一冊

220000 – 0803 – 0000395　子 10.4/35

高植墓誌銘　（北魏）□□書　北魏正光元年
(520)刻石清拓本　一冊

220000 – 0803 – 0000396　子 10.4/39

敬使君碑　（東魏）□□書　東魏興和二年
(540)刻石清拓本　一冊

220000 – 0803 – 0000397　子 10.4/40

鞠彥雲墓誌附隋碑二種　（東魏）□□書　北
魏正光四年(523)刻石清拓本　一冊

220000 – 0803 – 0000398　子 10.4/41.1 – 1

嵩高靈廟碑　（北魏）寇謙之撰並書　北魏太
安二年(493)刻石清拓本　一冊

220000 – 0803 – 0000399　子 10.4/42

龍門二十品　（北魏）朱義章等書　北魏太和
刻石明拓本　二冊

220000 – 0803 – 0000400　子 10.4/62

衛公李靖碑　（唐）□□書　唐刻石清拓本
一冊

220000 – 0803 – 0000401　子 10.4/112

敕封誥命碑　（清）索尼撰　清順治十三年
(1656)刻石並拓本　一冊

220000 – 0803 – 0000402　子 10.4/144.1 – 4

御刻三希堂石渠寶笈法帖三十二卷　（清）梁
詩正等編　清乾隆十三年(1748)刻石並拓本
三十二冊

220000 – 0803 – 0000403　子 10.4/146.1 – 2

快雪堂記　（清）馮銓輯　清乾隆四十四年
(1779)刻石並拓本　五冊

220000 – 0803 – 0000404　子 10.4/162.1 – 1

寶賢堂集古法帖十二卷　（明）朱奇源編　清
康熙十九年(1680)拓本　十二冊

220000 – 0803 – 0000405　子 10.4/162.1 – 2

寶賢堂集古法帖十二卷　（明）朱奇源編　清
康熙十九年(1680)拓本　八冊　存八卷(二
至七、九至十)

220000 – 0803 – 0000406　子 10.4/162.1 – 3

寶賢堂集古法帖十二卷　（明）朱奇源編　清
康熙十九年(1680)拓本　十冊　缺二卷(一、
六)

220000 – 0803 – 0000407　子 10.4/165

艸字彙十二卷　（清）石梁集　清乾隆五十三
年(1788)刻本　十二冊

220000 – 0803 – 0000408　子 10.4/166

禹碑　（清）毛會建摹刻　清康熙五年(1666)
刻石並拓本　一冊

220000 – 0803 – 0000409　子 10.4/171.2

陽冰篆書　（唐）李陽冰書　唐刻石明拓本
一冊

220000 – 0803 – 0000410　子 10.4/186

易州脩學記　（晉）王羲之書　（明）孫承宗撰
（明）黃衍相集　明萬曆三十五年(1607)刻
石並拓本　一冊

220000 – 0803 – 0000411　子 10.5/1.1

御製三希堂石渠寶笈法帖十六卷　（清）梁詩
正等編　清乾隆刻本　六冊

220000 – 0803 – 0000412　子 10.5/3

虛舟題跋十三卷竹雲題跋四卷　（清）王澍撰
清乾隆五十四年(1789)吳舒帷刻本　十
二冊

220000 – 0803 – 0000413　子 10.5/8.1

**石刻鋪敍(翁覃溪手校石刻鋪敍)二卷附錄一
卷**　（宋）曾宏父纂述　清乾隆刻本　二冊

220000－0803－0000414　子10.5/15.1－1
東觀餘論二卷附錄一卷 （宋）黃伯思撰　明毛氏汲古閣刻本　六冊

220000－0803－0000415　子10.5/15.1－2
東觀餘論二卷 （宋）黃伯思撰　明毛氏汲古閣刻本　四冊

220000－0803－0000416　子10.5/16.2
佩文齋書畫譜一百卷 （清）孫岳頒等纂輯（清）王世繩等校刊　清康熙四十七年(1708)內府刻本　六十四冊

220000－0803－0000417　子10.5/29.1
畫禪室隨筆四卷 （明）董其昌著　清康熙五十九年(1720)刻本　二冊

220000－0803－0000418　子10.5/37
漢溪書法通解八卷 （清）戈守智纂著　清乾隆十五年(1750)刻本　六冊

220000－0803－0000419　子10.5/38.1
廣川書跋十卷 （宋）董逌撰　（明）毛晉訂　明毛氏汲古閣刻本　八冊

220000－0803－0000420　子10.5/40
墨池編二十卷 （宋）朱長文纂次　**印典八卷** （清）朱象賢編　清雍正十一年(1733)就閒堂刻本　八冊

220000－0803－0000421　子10.5/42
劉雪湖梅譜二卷 （明）劉世儒著　（明）王思任編輯　明萬曆二十三年(1595)刻本　二冊

220000－0803－0000422　子10.5/43.2
清河書畫舫十二卷 （明）張丑撰　清乾隆二十八年(1763)池北草堂刻本　十二冊

220000－0803－0000423　子10.5/49
山谷題跋九卷 （宋）黃庭堅撰　（明）毛晉訂　明毛氏汲古閣刻本　四冊

220000－0803－0000424　子10.5/50
江邨銷夏錄三卷 （清）高士奇輯　清康熙三十二年(1693)刻本　三冊

220000－0803－0000425　子10.5/51
庚子銷夏記八卷 （清）孫承澤著　清乾隆二

十六年(1761)刻本　四冊

220000－0803－0000426　子10.6/14.2
篆刻鍼度八卷 （清）陳克恕述　清乾隆五十一年(1786)刻本　四冊

220000－0803－0000427　子10.6/22
印典八卷 （清）朱象賢撰　清康熙六十一年(1722)刻本　二冊

220000－0803－0000428　子10.7/6
五知齋琴譜八卷 （清）周魯封彙輯　清乾隆二年(1737)刻本　六冊

220000－0803－0000429　子10.7/14
五知齋琴譜八卷 （清）周魯封彙輯　清乾隆十一年(1746)刻本　六冊

220000－0803－0000430　子10.9/13
文房肆考圖說八卷 （清）唐秉鈞纂　清乾隆四十三年(1778)金陵周品儒刻本　八冊

220000－0803－0000431　子11.2/2
二如亭群芳譜三十卷 （明）王象晉纂輯　明崇禎二年(1629)刻本　三十冊

220000－0803－0000432　子11.2/3
秘傳花鏡三卷 （清）陳淏子輯　清康熙二十七年(1688)刻本　一冊

220000－0803－0000433　子12.1/5.4
淮南子二十一卷 （漢）劉安撰　（漢）高誘注　清乾隆五十三年(1788)刻本　四冊

220000－0803－0000434　子12.1/6.2
淮南鴻烈解二十一卷 （漢）高誘注　（明）茅坤評　明刻本(清乾隆農整抄補十八卷)　六冊　存五卷(一、五至六、十四、十八)

220000－0803－0000435　子12.1/19
劉子新論十卷 （南朝梁）劉勰撰　明刻本　二冊

220000－0803－0000436　子12.2/3
文道十書四種 （清）陳景雲撰　清乾隆十九年(1754)刻本　四冊

220000－0803－0000437　子12.2/5.1

日知錄三十二卷 （清）顧炎武撰 清康熙三
十四年(1695)刻本 十二冊

220000－0803－0000438 子12.2/7

古今釋疑十八卷 （清）方中履學 清康熙刻
本 八冊

220000－0803－0000439 子12.2/9

欽定四庫全書考證一百卷 （清）王太岳等纂
輯 清乾隆三十九年(1774)武英殿木活字印
本 五十二冊

220000－0803－0000440 子12.2/10.1－1

白虎通四卷附校勘補遺一卷 （漢）班固等撰
白虎通義攷一卷 （清）莊述祖撰 白虎通
闕文一卷 （清）莊述祖輯 （清）盧文弨訂
清乾隆四十九年(1784)抱經堂刻本 四冊

220000－0803－0000441 子12.2/10.1－2

白虎通四卷附校勘補遺一卷 （漢）班固等撰
白虎通闕文一卷 （清）莊述祖輯 清乾隆
四十九年(1784)抱經堂刻本 三冊

220000－0803－0000442 子12.2/12

白虎通義攷一卷 （清）莊述祖撰 白虎通闕
文一卷 （清）莊述祖輯 清乾隆四十九年
(1784)刻本 一冊

220000－0803－0000443 子12.2/13.1

全謝山先生經史問答十卷 （清）全祖望撰
清乾隆三十年(1765)刻本 二冊

220000－0803－0000444 子12.2/15.1－1

述記二卷(三代兩漢遺書) （清）任兆麟述
清乾隆五十三年(1788)忠敏家塾刻本 六冊

220000－0803－0000445 子12.2/15.1－2

述記二卷(三代兩漢遺書) （清）任兆麟纂
清乾隆五十三年(1788)映雪草堂刻本 六冊

220000－0803－0000446 子12.2/19.1

容齋隨筆十六卷續筆十六卷三筆十六卷四筆
十六卷五筆十卷 （宋）洪邁撰 明崇禎三年
(1630)馬元調刻清康熙補刻本 十四冊

220000－0803－0000447 子12.2/19.2－1

容齋隨筆十六卷續筆十六卷三筆十六卷四筆

十六卷五筆十卷 （宋）洪邁撰 清初刻本
十四冊

220000－0803－0000448 子12.2/19.2－2

容齋隨筆十六卷續筆十六卷三筆十六卷四筆
十六卷五筆十卷 （宋）洪邁撰 明崇禎三年
(1630)馬元調刻本 二十四冊

220000－0803－0000449 子12.2/20

陔餘叢考四十三卷 （清）趙翼撰 清乾隆五
十五年(1790)湛貽堂刻本 十二冊

220000－0803－0000450 子12.2/25

雲谷雜記四卷末一卷 （宋）張淏撰 清乾隆
三十九年(1774)武英殿木活字印本 四冊

220000－0803－0000451 子12.2/30

羣書拾補三十七種 （清）盧文弨撰 清乾隆
五十二年(1787)抱經堂刻本 八冊

220000－0803－0000452 子12.2/31

敬齋古今黈八卷 （元）李冶撰 清乾隆四十
年(1775)武英殿木活字印本 三冊

220000－0803－0000453 子12.2/36

說儲八卷 （明）陳禹謨撰 明萬曆三十七年
(1609)刻本 二冊

220000－0803－0000454 子12.2/41.1－1

潛邱劄記六卷 （清）閻若璩撰 清乾隆十年
(1745)眷西堂刻本 六冊

220000－0803－0000455 子12.2/44

學林十卷 （宋）王觀國撰 清乾隆四十七年
(1782)武英殿木活字印本 十冊

220000－0803－0000456 子12.2/45

鍾山札記四卷 （清）盧文弨撰 清乾隆五十
五年(1790)抱經堂刻本 二冊

220000－0803－0000457 子12.3/30

智囊二十八卷 （明）馮夢龍撰 明刻本 十
四冊

220000－0803－0000458 子12.3/31

龍輔女紅餘志二卷 （元）龍輔撰 明汲古閣
刻本 一冊

220000－0803－0000459　子12.3/37

鬱岡齋筆塵四卷　（明）王肯堂撰　明萬曆三十年(1602)刻本(四庫底本)　四冊　缺一卷(三)

220000－0803－0000460　子13/20

北夢瑣言二十卷　（宋）孫光憲撰　清乾隆二十一年(1756)雅雨堂刻本　三冊

220000－0803－0000461　子13.1/7

文昌雜錄六卷補遺一卷　（宋）龐元英撰　清乾隆二十一年(1756)雅雨堂刻本　二冊

220000－0803－0000462　子13.1/8

五色線二卷　（明）毛晉訂　明汲古閣刻本　一冊

220000－0803－0000463　子13.1/9.1

太平廣記五百卷目錄十卷　（宋）李昉等編纂　清乾隆二十年(1755)槐蔭草堂刻本　六十四冊

220000－0803－0000464　子13.1/13

分甘餘話四卷　（清）王士禛撰　清康熙四十八年(1709)刻本　一冊

220000－0803－0000465　子13.1/14.1

世說新語六卷　（南朝宋）劉義慶撰　（南朝梁）劉孝標注　明刻本　二冊

220000－0803－0000466　子13.1/14.6

世說新語八卷　（南朝宋）劉義慶撰　（南朝梁）劉峻注　世說新語補四卷　（明）何良俊撰　明刻本　六冊

220000－0803－0000467　子13.1/16

甘澤謠一卷　（唐）袁郊撰　（明）毛晉訂　本事詩一卷　（唐）孟啓撰　明汲古閣刻本　一冊

220000－0803－0000468　子13.1/22

池北偶談二十六卷　（清）王士禛撰　清康熙三十九年(1700)刻本　八冊

220000－0803－0000469　子13.1/24

西京雜記六卷　（晉）葛洪撰　（明）毛晉訂　佛國記(法顯傳)一卷　（宋）釋法顯撰　明汲古閣刻本　一冊

220000－0803－0000470　子13.1/27.1

酉陽雜俎二十卷續集十卷　（唐）段成式撰　（明）毛晉訂　誠齋雜記二卷　（元）林坤輯　明毛氏汲古閣刻本　五冊

220000－0803－0000471　子13.1/28

卻掃編三卷　（宋）徐度撰　明汲古閣刻本　一冊

220000－0803－0000472　子13.1/31

何氏語林三十卷　（明）何良俊撰　（明）茅坤評注　明天啓刻本　十六冊

220000－0803－0000473　子13.1/38

居易錄三十四卷　（清）王士禛撰　清康熙刻本　十冊

220000－0803－0000474　子13.1/41

鐵圍山叢談一卷　（宋）蔡絛撰　聞見雜錄一卷　（宋）蘇舜欽纂　金華遊錄一卷　（宋）方鳳撰　北戶錄一卷　（唐）段公路撰　（明）陶宗儀輯　明刻本　二冊

220000－0803－0000475　子13.1/52.1

唐摭言十五卷　（唐）王定保撰　清乾隆二十一年(1756)雅雨堂刻本　三冊

220000－0803－0000476　子13.1/52.2

唐摭言十五卷　（唐）王定保撰　清乾隆二十一年(1756)雅雨堂刻本　六冊

220000－0803－0000477　子13.1/65

湧幢小品三十二卷　（明）朱國禎輯　明末刻本　二十冊

220000－0803－0000478　子13.1/69.1

搜神記二十卷　（晉）干寶撰　搜神後記十卷　（晉）陶潛撰　明刻本　六冊

220000－0803－0000479　子13.1/71

觚賸八卷續編四卷　（清）鈕琇撰　清康熙三十九年(1700)臨野堂刻本　六冊

220000－0803－0000480　子13.1/73

瑯嬛記三卷　（元）伊世珍輯　明汲古閣刻本　一冊

220000－0803－0000481　子 13.1/80

輟耕錄三十卷　（明）陶宗儀撰　明刻本
八冊

220000－0803－0000482　子 13.1/82.1

鶴林玉露十六卷　（宋）羅大經撰　鶴林玉露
補八卷　（明）謝天瑞撰　明刻本　八冊

220000－0803－0000483　子 13.1/104

能改齋漫錄十八卷　（宋）吳曾纂　清乾隆四
十年(1775)木活字印本　十六冊

220000－0803－0000484　子 13.2/19.4

東周列國全志二十三卷一百八回　（清）蔡奡
批評　清乾隆十七年(1752)刻本　十二冊
存十一卷(一至十一)

220000－0803－0000485　子 13.2/43.2

皋鶴堂批評第一奇書金瓶梅一百回　（明）蘭
陵笑笑生撰　（清）謝頤批評　清康熙三十四
年(1695)皋鶴堂刻本　二十四冊

220000－0803－0000486　子 14/28.1

弘明集十四卷　（南朝梁）釋僧佑輯　明萬曆
十四年(1586)刻本　六冊

220000－0803－0000487　子 14/109.1

廣弘明集三十卷　（唐）釋道宣撰　明刻本
十八冊

220000－0803－0000488　子 14/124

宗鏡錄一百卷　（宋）釋延壽撰　清雍正刻本
二十冊

220000－0803－0000489　子 14/124.1－2

宗鏡錄一百卷　（宋）釋延壽撰　清雍正刻本
十六冊　存八十卷(一至四十五、五十一至
六十、七十一至七十五、八十一至一百)

220000－0803－0000490　子 14/158

梵文阿彌陀經義釋三卷　（南朝梁）釋法護述
清乾隆五十九年(1794)刻本　四冊

220000－0803－0000491　子 14/160

梵文阿彌陀經諸譯互證不分卷　（南朝梁）釋
法護纂　（南朝梁）釋諦濡校　清乾隆五十九
年(1794)刻本　一冊

220000－0803－0000492　子 15/4.1

文子纘義十二卷　（宋）杜道堅撰　清乾隆四
十五年(1780)武英殿木活字印本　六冊

220000－0803－0000493　子 15/9.1－1

沖虛至德真經八卷　（晉）張湛注　明世德堂
刻本　四冊

220000－0803－0000494　子 15/9.1－2

沖虛至德真經八卷　（晉）張湛注　明世德堂
刻本　四冊

220000－0803－0000495　子 15/9.2

列子八卷　（晉）張湛注　明刻本　四冊

220000－0803－0000496　子 15/10.2

老子道德經二卷　（三國魏）王弼注　清乾隆
四十年(1775)武英殿木活字印本　二冊

220000－0803－0000497　子 15/28

太上三元賜福赦罪解厄消災延生保命妙經不
分卷　（□）□□撰　明成化十六年(1480)刻
本　二十二張

220000－0803－0000498　子 15/29

太上洞玄靈寶無量度人品妙經不分卷　（□）
□□撰　明成化十二年(1476)刻本　二十
七張

220000－0803－0000499　子 15/30

太上玄靈北斗本命延生真經不分卷　（□）
□□撰　明成化刻本　十九張

220000－0803－0000500　子 15/60.1

性命圭旨四卷　（清）尹真人弟子編　清康熙
四十四年(1705)刻本　二冊　存二卷(一、
四)

220000－0803－0000501　集 1/1.1－1

楚辭十七卷　（漢）王逸章句　（宋）洪興祖補
注　清初毛氏汲古閣刻本　四冊

220000－0803－0000502　集 1/1.1－2

楚辭十七卷　（漢）王逸章句　（宋）洪興祖補
注　清初毛氏汲古閣刻本　八冊

220000－0803－0000503　集 1/2.1

楚辭集註八卷　（宋）朱熹集註　清初聽雨齋

刻朱墨套印本　六冊

220000－0803－0000504　集1/9
楚騷綺語六卷　（明）張之象輯　明萬曆四年
（1576）刻本　三冊

220000－0803－0000505　集2/1.1
陸士衡集十卷　（晉）陸機撰　（明）汪士賢校
　陸士龍文集十卷　（晉）陸雲撰　（明）汪士
賢校　明正德十四年（1519）刻本　四冊

220000－0803－0000506　集2/5.2
文選六十卷　（南朝梁）蕭統輯　（唐）李善注
　明刻本　三冊　存二十一卷（二十至四十）

220000－0803－0000507　集2/5.4－3
文選六十卷　（南朝梁）蕭統輯　（唐）李善注
　清乾隆三十七年（1772）刻朱墨套印本　十
二冊

220000－0803－0000508　集2/6.1－1
六臣註文選六十卷　（南朝梁）蕭統編　（唐）
李善等註　明刻本　二十三冊　存四十六卷
（十五至六十）

220000－0803－0000509　集2/6.1－2
六臣註文選六十卷　（南朝梁）蕭統編　（唐）
李善等註　明刻本　十冊　存十卷（一至八、
十二至十三）

220000－0803－0000510　集2/6.3
六臣註文選六十卷　（南朝梁）蕭統編　（唐）
李善等註　清初述古堂刻本　六十冊

220000－0803－0000511　集2/7.1－1
文選六十卷　（南朝梁）蕭統編　（唐）李善注
　清乾隆三十七年（1772）海錄軒刻朱墨套印
本　十四冊

220000－0803－0000512　集2/7.1－2
文選六十卷　（南朝梁）蕭統編　（唐）李善注
　清海錄軒刻朱墨套印本　十二冊　存三十
一卷（二十一至二十二、三十二至六十）

220000－0803－0000513　集2/7.1－4
文選六十卷　（南朝梁）蕭統編　（唐）李善注
　清羊城翰墨園刻朱墨套印本　十二冊

220000－0803－0000514　集2/7.2－1
文選六十卷　（南朝梁）蕭統編　（唐）李善注
　清初毛氏汲古閣刻本　十六冊

220000－0803－0000515　集2/7.2－2
文選六十卷　（南朝梁）蕭統編　（唐）李善注
　明毛氏汲古閣刻本　十二冊

220000－0803－0000516　集2/7.2－3
文選六十卷　（南朝梁）蕭統編　（唐）李善注
　清乾隆二十五年（1760）珠樹堂刻本　十
五冊

220000－0803－0000517　集2/8
文選後集四卷　（南朝梁）蕭統選　（明）郭正
域評　明閔於忱刻朱墨套印本　四冊

220000－0803－0000518　集2/10
文選音義八卷　（清）余蕭客輯著　清乾隆刻
本　四冊

220000－0803－0000519　集2/12
西山先生真文忠公文章正宗二十四卷　（宋）
真德秀編　明正德、嘉靖刻本　二十五冊

220000－0803－0000520　集2/16
諸儒箋解古文真寶前集五卷後集五卷　（宋）
黃堅輯　（明）神宗朱翊鈞編　明萬曆十一年
（1583）司禮監刻本　四冊

220000－0803－0000521　集2/22.1
初唐四傑集三十七卷　（清）項家達輯　清乾
隆四十六年（1781）星渚項氏刻本　八冊

220000－0803－0000522　集2/24
建安七子集二十八卷　（明）楊德周輯　（清）
陳朝輔訂　清乾隆二十三年（1758）刻本
六冊

220000－0803－0000523　集2/25
南邦黎獻集十六卷　（清）鄂爾泰撰輯　（清）
鄂容安校字　清雍正三年（1725）刻本　六冊

220000－0803－0000524　集2/27
悅心集四卷　（清）世宗胤禛編　清雍正四年
（1726）武英殿刻本　二冊

220000－0803－0000525　集2/35

詞科掌錄十七卷餘話七卷　（清）杭世駿編輯
　清乾隆道古堂刻本　八冊

220000－0803－0000526　集2.1/28.1－1
古文淵鑒六十四卷　（清）聖祖玄燁選　（清）
徐乾學等編注　清康熙二十四年(1685)刻四
色套印本　二十四冊

220000－0803－0000527　集2.1/28.1－2
古文淵鑒六十四卷　（清）聖祖玄燁選　（清）
徐乾學等編注　清康熙刻五色套印本　四十
八冊

220000－0803－0000528　集2.1/28.1－3
古文淵鑒六十四卷　（清）聖祖玄燁選　（清）
徐乾學等編注　清康熙二十四年(1685)刻四
色套印本　二十四冊

220000－0803－0000529　集2.1/28.1－4
古文淵鑒六十四卷　（清）聖祖玄燁選　（清）
徐乾學等編注　清康熙二十四年(1685)刻四
色套印本　二十四冊

220000－0803－0000530　集2.1/32
古文披金二十四卷　（清）常安評選　清刻本
　二十冊

220000－0803－0000531　集2.1/33.1－1
古文眉詮七十九卷　（清）浦起龍論次　清乾
隆三吳書院刻本　二十二冊　存七十二卷
(一至三十七、四十一至四十七、五十二至七
十九)

220000－0803－0000532　集2.1/33.1－2
古文眉詮七十九卷　（清）浦起龍論次　清乾
隆三吳書院刻本　十六冊

220000－0803－0000533　集2.1/38
文章正宗鈔四卷　（宋）真德秀編　（明）胡汝
嘉節選　明萬曆刻本　八冊

220000－0803－0000534　集2.1/40
欽定四書文選不分卷　（清）方苞選編　清乾
隆武英殿刻本　十六冊

220000－0803－0000535　集2.1/45
欽定全唐文姓氏韻編一卷　（清）董誥等編

清武英殿刻本　一冊

220000－0803－0000536　集2.1/57.1－1
御選唐宋文醇五十八卷　（清）高宗弘曆選
清乾隆三年(1738)武英殿刻四色套印本　二
十八冊

220000－0803－0000537　集2.1/57.1－2
御選唐宋文醇五十八卷　（清）高宗弘曆選
清乾隆三年(1738)武英殿刻四色套印本　二
十冊

220000－0803－0000538　集2.1/57.2－3
御選唐宋文醇五十八卷　（清）高宗弘曆選
清乾隆六年(1741)刻本　十九冊　存五十五
卷(一至四十八、五十二至五十八)

220000－0803－0000539　集2.1/64
秦漢文四卷　（明）胡纘宗輯　明師儉堂刻本
　二冊

220000－0803－0000540　集2.1/65
秦漢文定十二卷　（明）倪元璐輯　明刻本
十二冊

220000－0803－0000541　集2.1/98
三蘇先生文粹七十卷　（宋）蘇洵等撰　明刻
本　十二冊

220000－0803－0000542　集2.1/105
續古文奇賞三十四卷　（明）陳仁錫選評　明
天啓刻本　十六冊

220000－0803－0000543　集2.1/107
新刊迂齋先生標註崇古文訣三十五卷　（宋）
樓昉標註　（明）吳邦楨校　明刻本　十冊

220000－0803－0000544　集2.1/114
古文約選不分卷　（清）方苞選　清雍正十一
年(1733)刻本　十二冊

220000－0803－0000545　集2.2/5
八代詩乘四十五卷吳詩一卷總目一卷末一卷
　（明）梅鼎祚編校　明萬曆刻本　二十四冊

220000－0803－0000546　集2.2/8
八家詩選八卷　（清）吳之振選定　清康熙十
一年(1672)刻本　八冊

220000－0803－0000547　集2.2/9
山左明詩鈔三十五卷　（清）宋弼選　清乾隆
三十六年(1771)刻本　八冊

220000－0803－0000548　集2.2/12.1－1
千叟宴詩三十四卷首二卷　（清）高宗弘曆等
撰　（清）允祿等編　清乾隆刻本　三十六冊

220000－0803－0000549　集2.2/12.1－2
千叟宴詩三十四卷首二卷　（清）高宗弘曆等
撰　（清）允祿等編　清乾隆刻本　三十六冊

220000－0803－0000550　集2.2/13.1－1
元詩選初集不分卷二集不分卷三集不分卷
（清）顧嗣立輯　清康熙三十三年(1694)秀野
草堂刻本　四十冊

220000－0803－0000551　集2.2/13.1－2
元詩選初集不分卷二集不分卷三集不分卷
（清）顧嗣立輯　清康熙三十三年(1694)秀野
草堂刻本　二十六冊　缺十四冊(初集四、七
至九,二集一至三、六至八、十,三集一、九至
十)

220000－0803－0000552　集2.2/17.1－1
中州集十卷中州樂府一卷　（金）元好問集
明汲古閣刻本　二十冊

220000－0803－0000553　集2.2/17.1－2
中州集十卷中州樂府一卷　（金）元好問集
明汲古閣刻本　二十一冊

220000－0803－0000554　集2.2/19
古詩歸十五卷唐詩歸三十六卷　（明）鍾惺
(明)譚元春編　明閔振業、閔振生刻三色套
印本　二十四冊

220000－0803－0000555　集2.2/20
采菽堂古詩選三十八卷補遺四卷　（清）陳祚
明評選　清乾隆十三年(1748)刻本　二十
四冊

220000－0803－0000556　集2.2/27.1
列朝詩集八十一卷　（清）錢謙益選　清初刻
本　四十八冊

220000－0803－0000557　集2.2/30.1

220000－0803－0000557　集2.2/30.1
全唐詩九百卷　（清）曹寅校刊　（清）彭定求
等校對　清康熙四十六年(1707)武英殿刻本
一百二十冊

220000－0803－0000558　集2.2/30.2
全唐詩九百卷　（清）曹寅校刊　（清）彭定求
等校對　清康熙四十六年(1707)刻本　八十
四冊　缺二百七十三卷

220000－0803－0000559　集2.2/31.1－1
御定全唐詩錄一百卷　（清）徐倬　（清）徐元
正校刊　清康熙四十五年(1706)刻本　二十
四冊

220000－0803－0000560　集2.2/31.1－2
御定全唐詩錄一百卷　（清）徐倬　（清）徐元
正校刊　清康熙四十五年(1706)刻本　四
十冊

220000－0803－0000561　集2.2/32.1－1
宋詩鈔初集不分卷　（清）吳之振等選　清康
熙刻本　三十二冊

220000－0803－0000562　集2.2/32.1－2
宋詩鈔初集不分卷　（清）吳之振等選　清康
熙刻本　二十七冊　殘本

220000－0803－0000563　集2.2/32.1－3
宋詩鈔初集不分卷　（清）吳之振等選　清康
熙刻本　二十冊

220000－0803－0000564　集2.2/34.1－1
宋詩紀事一百卷　（清）厲鶚輯　清乾隆十一
年(1746)刻本　二十四冊

220000－0803－0000565　集2.2/34.1－2
宋詩紀事一百卷　（清）厲鶚輯　清乾隆刻本
二十四冊

220000－0803－0000566　集2.2/35
宋詩百一鈔（宋詩別裁集）八卷　（清）張景星
等點閱　清乾隆二十六年(1761)刻本　四冊

220000－0803－0000567　集2.2/44
唐詩百名家全集　（清）席啟寓輯　清康熙四
十一年(1702)琴川書屋刻本　三冊　存六卷
(李山甫詩集一卷、許琳詩集一卷、邵謁詩集

一卷、章碣詩集一卷、周見素詩集一卷、秦韜玉詩集一卷)

220000－0803－0000568　集2.2/46.1－1

明詩綜一百卷　(清)朱彝尊錄　(清)汪森等輯評　清康熙清來堂刻本　三十二冊

220000－0803－0000569　集2.2/46.1－2

明詩綜一百卷　(清)朱彝尊錄　(清)汪森等輯評　清刻本　二十六冊

220000－0803－0000570　集2.2/46.1－3

明詩綜一百卷　(清)朱彝尊錄　(清)汪森等輯評　清刻本　三十二冊

220000－0803－0000571　集2.2/46.1－4

明詩綜一百卷　(清)朱彝尊錄　(清)汪森等輯評　清康熙四十四年(1705)刻本　四十八冊

220000－0803－0000572　集2.2/48.1

明詩別裁集十二卷　(清)沈德潛　(清)周準輯　清乾隆三年(1738)刻本　四冊

220000－0803－0000573　集2.2/49

明詩百一鈔十二卷　(清)郭其炳纂輯　清乾隆三十四年(1769)刻本　六冊

220000－0803－0000574　集2.2/55

南宋群賢小集　(宋)陳起輯　清嘉慶讀畫齋刻本　三十二冊

220000－0803－0000575　集2.2/58

唐人選唐詩八種二十三卷　(明)毛晉編　明崇禎元年(1628)毛氏汲古閣刻本　十冊

220000－0803－0000576　集2.2/61.1

御選唐宋詩醇四十七卷目錄二卷　(清)高宗弘曆選　清乾隆武英殿刻四色套印本　三十二冊

220000－0803－0000577　集2.2/61.3

御選唐宋詩醇四十七卷　(清)高宗弘曆選　清乾隆二十五年(1760)珊城遺安堂刻朱墨套印本　十八冊　存三十四卷(一至十二、二十六至四十七)

220000－0803－0000578　集2.2/61.6

御選唐宋詩醇四十七卷　(清)高宗弘曆選　清乾隆二十五年(1760)刻本　二十四冊

220000－0803－0000579　集2.2/62.1－1

唐詩百名家全集　(清)席啓寓編錄　清康熙琴川書屋刻本　四十八冊

220000－0803－0000580　集2.2/68

唐詩紀一百七十卷目錄三十四卷　(明)黃德水彙編　(明)吳琯校訂　明萬曆刻本　六十冊

220000－0803－0000581　集2.2/69.1

唐詩紀事八十一卷　(宋)計有功撰　明崇禎五年(1632)汲古閣刻本　十六冊

220000－0803－0000582　集2.2/70.1

重訂唐詩別裁集二十卷　(清)沈德潛選　清乾隆二十八年(1763)教忠堂刻本　十冊

220000－0803－0000583　集2.2/70.2

唐詩別裁集十卷　(清)沈德潛　(清)陳培脈選　清康熙五十六年(1717)碧梧書屋刻本　十冊

220000－0803－0000584　集2.2/71.1－1

御選唐詩三十二卷目錄三卷　(清)聖祖玄燁選　清康熙五十二年(1713)內府刻朱墨套印本　十五冊

220000－0803－0000585　集2.2/71.1－2

御選唐詩三十二卷目錄三卷　(清)聖祖玄燁選　清康熙五十二年(1713)內府刻朱墨套印本　十五冊

220000－0803－0000586　集2.2/71.1－3

御選唐詩三十二卷目錄三卷　(清)聖祖玄燁選　清康熙五十二年(1713)內府刻朱墨套印本　十六冊

220000－0803－0000587　集2.2/76.2

唐四家詩集八卷　(清)汪立名輯　清康熙刻本　六冊

220000－0803－0000588　集2.2/79

唐雅二十六卷　(明)張之象編　明嘉靖二十年(1541)長水書院刻本　十六冊

220000－0803－0000589　集2.2/88

詩紀一百五十六卷目錄三十六卷　（明）馮惟訥彙編　明吳氏刻本　七十冊

220000－0803－0000590　集2.2/89

詩詞雜俎九種　（明）毛晉輯　明毛氏汲古閣刻本　八冊

220000－0803－0000591　集2.2/92.2

感舊集十六卷　（清）王士禛選　（清）盧見曾補傳　清乾隆刻本　八冊

220000－0803－0000592　集2.2/95.1－1

樂府詩集一百卷　（宋）郭茂倩輯　明毛氏汲古閣刻本　十六冊

220000－0803－0000593　集2.2/95.1－2

樂府詩集一百卷　（宋）郭茂倩輯　明毛氏汲古閣刻本　二十冊

220000－0803－0000594　集2.2/95.1－3

樂府詩集一百卷　（宋）郭茂倩輯　明毛氏汲古閣刻本　二十冊

220000－0803－0000595　集2.2/97

御定歷代題畫詩類一百二十卷　（清）陳邦彥校刊　清康熙四十六年(1707)內府刻本　二十四冊

220000－0803－0000596　集2.2/103

館閣賦十二卷　（清）葉抱崧　（清）程琰編　清乾隆二十九年(1764)刻本　八冊　存十卷（一至六、八至十、十二）

220000－0803－0000597　集2.2/107.2

才調集十卷　（後蜀）韋縠集　清初刻本　六冊

220000－0803－0000598　集2.2/108

國朝六家詩鈔八卷　（清）劉執玉選　清乾隆三十二年(1767)詒燕樓刻本　六冊

220000－0803－0000599　集2.2/113

才調集選三卷　（後蜀）韋縠編　（清）王士禛刪纂　清刻本　一冊

220000－0803－0000600　集2.2/114

元詩選六卷補遺一卷　（清）顧奎光選輯　清

028

乾隆十六年(1751)刻本　四冊

220000－0803－0000601　集2.2/115

二家詩鈔二十卷　（清）邵長蘅選　清康熙三十四年(1695)刻本　十冊

220000－0803－0000602　集2.2/117

古詩箋三十二卷　（清）王士禛選　（清）聞人倓箋　清乾隆芷蘭堂刻本　十冊

220000－0803－0000603　集2.2/118

古詩歸十五卷　（明）鍾惺　（明）譚元春選　明萬曆四十五年(1617)吳郡寶翰樓刻本　三冊

220000－0803－0000604　集2.2/123

吳會英才集二十四卷　（清）畢沅編　清刻本　十冊

220000－0803－0000605　集2.2/124

宛雅初編八卷二編八卷三編二十四卷　（清）施念曾　（清）張汝霖輯　清乾隆十四年(1749)五羊達朝堂刻本　十冊

220000－0803－0000606　集2.2/125

松陵集（松陵唱和集）十卷　（唐）皮日休（唐）陸龜蒙撰　明毛氏汲古閣刻本　八冊

220000－0803－0000607　集2.2/132

國朝詩別裁集三十六卷　（清）沈德潛纂評清乾隆二十四年(1759)刻本　十二冊

220000－0803－0000608　集2.2/133

濂洛風雅九卷　（清）張伯行輯　清康熙四十七年(1708)刻本　四冊

220000－0803－0000609　集2.2/134.1－1

歷朝名媛詩詞十二卷　（清）陸昶評選　清乾隆三十八年(1773)紅樹樓刻本　四冊

220000－0803－0000610　集2.2/134.1－2

歷朝名媛詩詞十二卷　（清）陸昶評選　清乾隆三十八年(1773)紅樹樓刻本　四冊

220000－0803－0000611　集2.2/135

選詩三卷　（明）楊慎音注　明刻本　三冊

220000－0803－0000612　集2.2/140

五大家詩鈔三十八卷 （清）錢謙益等撰 （清）鄒漪輯 清康熙十九年（1680）刻本 十六冊

220000－0803－0000613 集3(1)/1.1

江文通文集十卷 （南朝梁）江淹撰 （明）汪士賢校 明刻本 四冊

220000－0803－0000614 集3(1)/2.1

江文通集四卷 （南朝梁）江淹撰 （清）梁賓輯 清乾隆二十四年（1759）梁氏刻本 四冊

220000－0803－0000615 集3(1)/3

阮嗣宗集二卷 （三國魏）阮籍撰 （明）汪士賢校 明嘉靖二十二年（1543）范氏刻本 二冊

220000－0803－0000616 集3(1)/8.1－1

庾子山集注十六卷 （北周）庾信撰 （清）倪璠注釋 庾子山年譜一卷 （清）倪璠編 清崇岫堂刻本 十二冊

220000－0803－0000617 集3(1)/8.1－2

庾子山集注十六卷 （北周）庾信撰 （清）倪璠注釋 庾子山年譜一卷 （清）倪璠編 清崇岫堂刻本 十二冊

220000－0803－0000618 集3(1)/11.1－1

陶淵明集十卷 （晉）陶潛撰 清李文韓刻朱墨套印本 五冊

220000－0803－0000619 集3(1)/11.9

陶靖節集十卷 （晉）陶潛撰 明萬曆十五年（1587）休陽程氏刻本 四冊

220000－0803－0000620 集3(1)/16.1

鮑明遠集十卷 （南朝宋）鮑照撰 明刻本 四冊

220000－0803－0000621 集3(1)/17

醴陵集十卷 （南朝梁）江淹撰 清乾隆群雅堂刻本 四冊

220000－0803－0000622 集3(2)/1.1－1

元氏長慶集六十卷補遺六卷 （唐）元稹撰 明萬曆三十二年（1604）刻本 八冊

220000－0803－0000623 集3(2)/1.1－2

元氏長慶集六十卷補遺六卷 （唐）元稹撰 白氏長慶集七十一卷目錄二卷 （唐）白居易撰 明萬曆三十四年（1606）刻本 二十冊

220000－0803－0000624 集3(2)/3.1－2

王右丞集（王右丞集箋註）二十八卷首一卷附錄一卷 （唐）王維撰 （清）趙殿成箋註 清乾隆刻本 八冊

220000－0803－0000625 集3(2)/3.1－3

王右丞集（王右丞集箋註）二十八卷首一卷附錄一卷 （唐）王維撰 （清）趙殿成箋註 清乾隆刻本 四冊

220000－0803－0000626 集3(2)/10

集千家註杜工部詩集二十卷文集二卷 （唐）杜甫撰 （明）許自昌校 明刻本 二十四冊

220000－0803－0000627 集3(2)/15.1－1

李太白文集三十卷附錄二卷 （唐）李白撰 （清）王琦輯註 清乾隆二十三年（1758）寶笏樓刻本 十二冊

220000－0803－0000628 集3(2)/15.1－2

李太白文集三十卷附錄二卷 （唐）李白撰 （清）王琦輯註 清乾隆二十三年（1758）寶笏樓刻本 十二冊

220000－0803－0000629 集3(2)/15.1－3

李太白文集三十六卷 （唐）李白撰 （清）王琦輯註 清乾隆二十四年（1759）聚錦堂刻本 二十冊

220000－0803－0000630 集3(2)/16.1

李衛公文集二十卷別集十卷外集四卷補遺一卷 （唐）李德裕撰 清刻本 十二冊

220000－0803－0000631 集3(2)/16.2

李文饒文集二十卷別集十卷外集四卷 （唐）李德裕撰 明刻本 五冊 存十七卷（文集十八至二十、別集十卷、外集四卷）

220000－0803－0000632 集3(2)/18.1

唐柳河東集四十五卷外集五卷附錄一卷 （唐）柳宗元撰 （明）蔣之翹輯注 明末三徑草堂刻本 十二冊

220000 - 0803 - 0000633　集3(2)/20.1
增廣註釋音辯唐柳先生集四十三卷　（唐）柳宗元撰　（宋）童宗説註釋　（宋）張敦頤音辯　元末刻本　一冊　存三卷（十八至二十）

220000 - 0803 - 0000634　集3(2)/27.1
重刊校正笠澤叢書四卷補遺一卷　（唐）陸龜蒙撰　清大疊山房刻本　五冊

220000 - 0803 - 0000635　集3(2)/27.2
重刊校正笠澤叢書四卷補遺一卷　（唐）陸龜蒙撰　清碧筠草堂刻本　二冊

220000 - 0803 - 0000636　集3(2)/29
玉谿生詩箋註三卷樊南文集箋註八卷　（唐）李商隱撰　（清）馮浩註　清乾隆三十三年（1768）德聚堂刻本　八冊

220000 - 0803 - 0000637　集3(2)/34.1
唐韓昌黎集四十卷外集十卷遺文一卷附錄一卷　（唐）韓愈撰　（明）蔣之翹輯注　明崇禎六年（1633）蔣氏三徑草堂刻本　二十四冊

220000 - 0803 - 0000638　集3(2)/34.2
重刊五百家註音辯昌黎先生文集四十卷（唐）韓愈撰　（宋）魏仲舉編　清乾隆刻本　十六冊

220000 - 0803 - 0000639　集3(2)/35
昌黎先生集考異十卷　（宋）朱熹撰　（宋）張洽校訂　清康熙四十七年（1708）刻本　四冊

220000 - 0803 - 0000640　集3(2)/37
羅昭諫集八卷　（唐）羅隱著　（清）張瓚輯　清康熙刻本　四冊

220000 - 0803 - 0000641　集3(2)/38
靈隱子六卷　（唐）駱賓王撰　（明）陳魁士注　明萬曆二十四年（1596）陳大科刻本　六冊

220000 - 0803 - 0000642　集3(2)/40.1
杜詩鏡銓二十卷附錄一卷年譜一卷　（唐）杜甫撰　（清）楊倫箋註　**讀書堂杜工部文集註解二卷**　（清）張溍評註　清乾隆五十八年（1793）廣州登雲閣刻本　十二冊

220000 - 0803 - 0000643　集3(3)/9
文恭集四十卷　（宋）胡宿撰　清乾隆四十年（1775）武英殿木活字印本　六冊　存二十三卷（一至三、八至二十七）

220000 - 0803 - 0000644　集3(3)/10.1
新刻臨川王介甫先生詩集一百卷　（宋）王安石撰　（明）李光祚校　明萬曆四十年（1612）刻本　二十冊

220000 - 0803 - 0000645　集3(3)/11.4
南豐先生元豐類稿五十三卷　（宋）曾鞏撰　明萬曆刻本　八冊

220000 - 0803 - 0000646　集3(3)/12
元憲集三十六卷　（宋）宋庠撰　清乾隆四十六年（1781）武英殿木活字印本　十二冊

220000 - 0803 - 0000647　集3(3)/13.2
水心文集二十九卷　（宋）葉適撰　（明）黎諒編　明末刻本　十六冊

220000 - 0803 - 0000648　集3(3)/16.1－1
司馬文正公傳家集八十卷　（宋）司馬光撰　清乾隆六年（1741）陳宏謀刻本　十二冊

220000 - 0803 - 0000649　集3(3)/16.1－2
司馬文正公傳家集八十卷附錄一卷年譜一卷　（宋）司馬光撰　（清）陳宏謀輯　清乾隆六年（1741）培遠堂刻本　二十冊

220000 - 0803 - 0000650　集3(3)/16.1－3
司馬文正公傳家集八十卷　（宋）司馬光撰　清乾隆六年（1741）陳宏謀刻本　十五冊

220000 - 0803 - 0000651　集3(3)/17.1
司馬溫公文集八十二卷　（宋）司馬光撰　清康熙刻本　二十四冊

220000 - 0803 - 0000652　集3(3)/17.4
司馬文正公集八十二卷　（宋）司馬光撰　清乾隆九年（1744）百祿堂刻本　十六冊

220000 - 0803 - 0000653　集3(3)/17.6
司馬溫公文集八十二卷　（宋）司馬光撰　明崇禎刻本　五十冊

220000 - 0803 - 0000654　集3(3)/22.1
攻媿集一百十二卷　（宋）樓鑰撰　清乾隆四

十五年(1780)武英殿木活字印本　四十册

220000－0803－0000655　集3(3)/26.1
趙文敏公松雪齋全集十卷外集一卷續集一卷
附行狀一卷謚文一卷　（元）趙孟頫撰　（清）
曹培廉校　清城書室刻本　八册

220000－0803－0000656　集3(3)/26.2
松雪齋集十卷外集一卷　（元）趙孟頫撰　清
刻本　八册

220000－0803－0000657　集3(3)/29.1
牧庵集三十六卷附錄一卷　（元）姚燧撰　清
乾隆三十九年(1774)武英殿木活字印本
八册

220000－0803－0000658　集3(3)/32.1
范文正公全集四十八卷　（宋）范仲淹撰　**范**
忠宣公全集二十五卷　（宋）范純仁撰　清康
熙四十六年(1707)范氏歲寒堂刻本　二十
四册

220000－0803－0000659　集3(3)/45.1
陸放翁全集六種一百五十七卷　（宋）陸游撰
明汲古閣刻本　四十二册

220000－0803－0000660　集3(3)/55.1
絜齋集二十四卷　（宋）袁燮撰　清乾隆武英
殿木活字印本　八册

220000－0803－0000661　集3(3)/55.2
絜齋集二十四卷　（宋）袁燮撰　清乾隆四十
年(1775)武英殿木活字印本　九册

220000－0803－0000662　集3(3)/56
彭城集四十卷　（宋）劉攽撰　清乾隆四十七
年(1782)武英殿木活字印本　十六册

220000－0803－0000663　集3(3)/59
景文集六十二卷　（宋）宋祁撰　清乾隆四十
六年(1781)武英殿木活字印本　二十四册

220000－0803－0000664　集3(3)/66.5
歐陽文忠公全集一百五十三卷附錄五卷
（宋）歐陽修撰　清乾隆十一年(1746)孝思堂
刻本　四十册

220000－0803－0000665　集3(3)/66.6

歐陽文忠公居士集一百五卷　（宋）歐陽修撰
清康熙十一年(1672)刻本　二十四册

220000－0803－0000666　集3(3)/75.1－1
蘇學士文集十六卷　（宋）蘇舜欽撰　清康熙
三十八年(1699)白華書屋刻本　六册

220000－0803－0000667　集3(3)/75.1－2
蘇學士文集十六卷　（宋）蘇舜欽撰　清康熙
三十八年(1699)白華書屋刻本　六册

220000－0803－0000668　集3(3)/77.3
欒城集五十卷後集二十四卷三集十卷應詔集
十二卷　（宋）蘇轍撰　明嘉靖刻本　四十册

220000－0803－0000669　集3(3)/80
訂補坡仙集(訂補坡仙集鈔)三十八卷　（宋）
蘇軾撰　（明）陳繼儒訂補　明刻本　十二册

220000－0803－0000670　集3(3)/81
南澗甲乙稿二十二卷　（宋）韓元吉撰　清乾
隆四十六年(1781)武英殿木活字印本　十
二册

220000－0803－0000671　集3(3)/82
范忠宣公集十卷　（宋）范純仁撰　（明）毛一
鷺彙編　明萬曆三十六年(1608)刻本　十
一册

220000－0803－0000672　集3(4)/1.1
九靈山房集三十卷　（元）戴良撰　清乾隆三
十七年(1772)戴氏刻本　十二册

220000－0803－0000673　集3(4)/2
文清公薛先生文集二十四卷　（明）薛瑄撰
明萬曆四十二年(1614)刻本　十二册

220000－0803－0000674　集3(4)/5
白沙子全集十卷首一卷末一卷　（明）陳獻章
撰　清乾隆三十六年(1771)刻本　九册

220000－0803－0000675　集3(4)/7
宋布衣集三卷清平閣倡和一卷　（明）宋登春
撰　清乾隆二十一年(1756)誠意堂刻本
一册

220000－0803－0000676　集3(4)/9
何大復先生集三十八卷附錄一卷　（明）何景

明撰　清乾隆十五年(1750)刻本　十二册

220000－0803－0000677　集3(4)/10.1－1
空同子集六十六卷總目三卷附錄二卷　(明)李夢陽撰　明萬曆三十年(1602)梅墅石渠閣刻本　二十四册

220000－0803－0000678　集3(4)/10.1－2
空同子集六十六卷總目三卷　(明)李夢陽撰　明萬曆三十年(1602)梅墅石渠閣刻本　二十四册

220000－0803－0000679　集3(4)/11
青邱高季迪先生詩集十八卷首一卷遺詩一卷扣舷集一卷附錄一卷鳧藻集五卷　(明)高啓撰　(清)金檀輯注　清雍正六年至七年(1728－1729)文瑞樓刻本　二十四册

220000－0803－0000680　集3(4)/12
弇州山人四部稿一百七十四卷　(明)王世貞撰　明萬曆五年(1577)世德堂刻本　三十六册

220000－0803－0000681　集3(4)/18
凌谿先生集十八卷　(明)朱應登著　清康熙刻本　四册　存十二卷(七至十八)

220000－0803－0000682　集3(4)/19
康對山先生文集十卷　(明)康海撰　清乾隆二十六年(1761)刻本　五册　存九卷(一至九)

220000－0803－0000683　集3(4)/20.1－1
新刻張太岳先生詩集四十七卷　(明)張居正撰　(明)雷思霈　(明)馬啓圖校　明萬曆唐國達刻本　十六册

220000－0803－0000684　集3(4)/20.1－2
新刻張太岳先生詩集四十七卷　(明)張居正撰　(明)雷思霈　(明)馬啓圖校　明萬曆唐國達刻本　七册　存四十二卷(一至四十二)

220000－0803－0000685　集3(4)/20.1－3
新刻張太岳先生詩集四十七卷　(明)張居正撰　(明)雷思霈　(明)馬啓圖校　明萬曆唐國達刻本　二十册

220000－0803－0000686　集3(4)/20.3
新刻張太岳先生詩集四十七卷　(明)張居正撰　(明)雷思霈　(明)馬啓圖校　明萬曆唐國達刻本　十六册

220000－0803－0000687　集3(4)/22.1
陽明先生集要十五卷年譜一卷　(明)王守仁著　(明)施邦曜評輯　清乾隆五十二年(1787)濟美堂刻本　十册

220000－0803－0000688　集3(4)/24.1－1
滄溟先生集三十卷附錄一卷　(明)李攀龍撰　明隆慶六年(1572)刻本　十二册

220000－0803－0000689　集3(4)/24.1－2
滄溟先生集三十卷附錄一卷　(明)李攀龍撰　明萬曆三年(1575)刻本　十六册

220000－0803－0000690　集3(4)/24.1－3
滄溟先生集三十卷附錄一卷　(明)李攀龍撰　明隆慶六年(1572)刻本　十六册

220000－0803－0000691　集3(4)/24.1－4
滄溟先生集三十卷附錄一卷　(明)李攀龍撰　明隆慶六年(1572)刻本　十六册

220000－0803－0000692　集3(4)/24.2
滄溟先生集三十卷　(明)李攀龍撰　(明)楊日賓校　明萬曆二十六年(1598)刻本　六册

220000－0803－0000693　集3(4)/24.3
滄溟先生集三十卷　(明)李攀龍撰　(明)張弘道校　明書林龔氏刻本　十二册

220000－0803－0000694　集3(4)/25.1－1
太師誠意伯劉文成公集二十卷　(明)劉基著　清雍正八年(1730)刻本　十二册

220000－0803－0000695　集3(4)/26.1
升菴先生文集八十一卷目錄四卷　(明)楊慎著　(明)楊有仁編輯　明萬曆二十九年(1601)刻本　二十四册

220000－0803－0000696　集3(4)/26.2－1
太史升菴全集八十一卷目錄二卷　(明)楊慎撰　(明)陳大科校　清乾隆六十年(1795)周參元養拙山房刻本　二十册

220000－0803－0000697　　集 3(4)/26.2－2

太史升菴全集八十一卷　（明）楊慎撰　清乾隆六十年(1795)養拙山房刻本　二十四冊

220000－0803－0000698　　集 3(4)/26.2－3

升菴全集八十一卷　（明）楊慎撰　（明）陳大科校　清乾隆六十年(1795)周參元養拙山房刻本　六冊　存二十卷(一至十八、五十六至五十七)

220000－0803－0000699　　集 3(4)/29.4

方正學先生遜志齋集二十四卷首一卷　（明）方孝孺撰　（明）張紹謙纂定　（明）盧演輯訂
方正學先生年譜一卷　（明）盧演　（明）翁明英輯纂　明崇禎刻本　二十六冊

220000－0803－0000700　　集 3(4)/34

歸先生文集三十二卷　（明）歸有光撰　明萬曆十六年(1588)刻本　十二冊

220000－0803－0000701　　集 3(4)/41

宋學士全集三十二卷　（明）宋濂撰　（清）彭始搏校　清康熙四十八年(1709)刻本　十六冊

220000－0803－0000702　　集 3(5)/3.1

小倉山房文集三十二卷外集七卷詩集三十五卷詩集補遺二卷　（清）袁枚撰　清刻本　二十六冊

220000－0803－0000703　　集 3(5)/5.1－1

切問齋集十六卷　（清）陸耀撰　清乾隆五十七年(1792)暉吉堂刻本　八冊

220000－0803－0000704　　集 3(5)/5.1－2

切問齋集十六卷切問齋文鈔三十卷　（清）陸耀撰　清乾隆五十七年(1792)刻本　十八冊

220000－0803－0000705　　集 3(5)/7.1－3

午亭文編五十卷　（清）陳廷敬撰　（清）林佶輯錄　清乾隆四十三年(1778)刻本　十二冊

220000－0803－0000706　　集 3(5)/7.1－4

午亭文編五十卷　（清）陳廷敬撰　（清）林佶輯錄　清康熙四十七年(1708)刻本　十六冊

220000－0803－0000707　　集 3(5)/14

安雅堂詩一卷文集二卷未刻稿八卷入蜀集二卷　（清）宋琬撰　清乾隆三十一年(1766)刻本　十二冊

220000－0803－0000708　　集 3(5)/15.2

西堂文集二十四卷詩集三十卷　（清）尤侗撰　清康熙二十三年(1684)刻本　十冊　存三十卷(文集二十四卷、詩集一至六)

220000－0803－0000709　　集 3(5)/28.1－1

邵子湘全集三十卷　（清）邵長蘅撰　清康熙刻本　十二冊

220000－0803－0000710　　集 3(5)/28.1－2

邵子湘全集三十卷　（清）邵長蘅撰　（清）顧景星批點　清康熙青門草堂刻本　八冊

220000－0803－0000711　　集 3(5)/29

松桂堂全集三十七卷延露詞三卷南涀集三卷　（清）彭孫遹撰　清乾隆八年(1743)刻本　十六冊

220000－0803－0000712　　集 3(5)/30

忠雅堂詩集二十七卷補遺二卷詞集二卷文集十二卷　（清）蔣士銓撰　清乾隆二十七年(1762)刻本　十八冊

220000－0803－0000713　　集 3(5)/31.1

牧齋初學集一百十卷目錄二卷　（清）錢謙益撰　明崇禎十六年(1643)刻本　四十八冊

220000－0803－0000714　　集 3(5)/32.1

牧齋有學集五十卷　（清）錢謙益撰　清康熙三年(1664)刻本　十六冊

220000－0803－0000715　　集 3(5)/35

施愚山先生全集九十七卷　（清）施閏章著　清康熙至乾隆刻本　二十冊

220000－0803－0000716　　集 3(5)/45

香樹齋文集二十八卷續鈔三卷詩集十八卷續集三十二卷　（清）錢陳羣著　清乾隆二十九年(1764)刻本　二十二冊

220000－0803－0000717　　集 3(5)/57.1－1

梅崖居士文集三十卷外集八卷　（清）朱仕琇著　清乾隆四十七年(1782)刻本　十二冊

220000－0803－0000718　集3(5)/57.1－2

梅崖居士文集三十卷外集八卷 （清）朱仕琇
著　清乾隆四十七年(1782)刻本　十二冊

220000－0803－0000719　集3(5)/64.1－1

道古堂文集四十八卷詩集二十六卷 （清）杭
世駿著　清乾隆五十七年(1792)刻本　十
六冊

220000－0803－0000720　集3(5)/68

飴山詩集二十卷文集十二卷附錄一卷 （清）
趙執信著　清乾隆十七年(1752)刻本　十冊

220000－0803－0000721　集3(5)/73

銅鼓書堂遺稿三十二卷 （清）查禮撰　清乾
隆五十七年(1792)刻本　四冊

220000－0803－0000722　集3(5)/74

廣飀集四卷 （清）胡會恩撰　清康熙五十年
(1711)刻本　四冊

220000－0803－0000723　集3(5)/95.1－1

曝書亭集八十卷 （清）朱彝尊撰　清康熙五
十三年(1714)刻本　三十二冊

220000－0803－0000724　集3(5)/95.1－2

曝書亭集八十卷 （清）朱彝尊撰　清康熙四
十七年(1708)刻本　十五冊

220000－0803－0000725　集3(5)/99

嚴太僕先生集十二卷 （清）嚴虞惇撰　清乾
隆元年(1736)刻本　六冊

220000－0803－0000726　集3(5)/114

帶經堂集九十二卷 （清）王士禎撰　（清）程
哲校編　清康熙五十一年(1712)刻本　二十
四冊

220000－0803－0000727　集3(5)/116.1

寒松堂全集十二卷 （清）魏象樞撰　清康熙
四十七年(1708)刻本　十二冊

220000－0803－0000728　集3(5)/117

湖海樓全集五十一卷 （清）陳維崧撰　清乾
隆六十年(1795)浩然堂刻本　二十四冊

220000－0803－0000729　集3(5)/124

樂善堂全集四十卷 （清）高宗弘曆撰　清乾

隆二年(1737)刻本　二十冊

220000－0803－0000730　集3.1(1)/1.1

漢丞相諸葛忠武侯集二十一卷 （三國蜀）諸
葛亮撰　（明）諸葛羲基編輯　清刻本　六冊

220000－0803－0000731　集3.1(1)/2.1

蔡中郎集八卷 （漢）蔡邕著　（明）汪士賢校
　明刻本　八冊

220000－0803－0000732　集3.1(2)/2.1

李義山文集(李義山文集箋注)十卷 （清）徐
炯注　清康熙刻本　六冊

220000－0803－0000733　集3.1(2)/3.2

李文公集十八卷 （唐）李翱撰　明毛晉汲古
閣刻本　二冊

220000－0803－0000734　集3.1(2)/10.1－1

樊南文集詳註八卷 （唐）李商隱撰　（清）馮
浩輯註　清乾隆三十年(1765)刻本　六冊

220000－0803－0000735　集3.1(2)/14

魯公文集十五卷 （唐）顏真卿撰　明刻本
四冊

220000－0803－0000736　集3.1(3)/1

玉楮集八卷 （宋）岳珂撰　清乾隆內府寫南
三閣四庫全書本　二冊

220000－0803－0000737　集3.1(3)/2

司馬文正公集八十二卷首一卷 （宋）司馬光
撰　清乾隆九年(1744)百祿堂刻本　十一冊
　存十八卷(六十二至六十五、六十九至八十
二)

220000－0803－0000738　集3.1(3)/5

東坡文選十四卷 （宋）蘇軾撰　（明）鍾惺選
定　明萬曆四十八年(1620)刻本　八冊

220000－0803－0000739　集3.1(3)/8

道園學古錄不分卷 （元）虞集著　清乾隆六
年(1741)刻本　十二冊

220000－0803－0000740　集3.1(3)/9

宋大家歐陽文忠公文抄三十二卷 （宋）歐陽
修撰　（明）茅坤批評　明刻本　三冊　存十
卷(二十三至三十二)

220000－0803－0000741　集3.1(3)/12

文恭集四十卷　(宋)胡宿撰　清王世鈞刻本
六冊

220000－0803－0000742　集3.1(4)/2

東里文集二十五卷　(明)楊士奇撰　明萬曆
四十六年(1618)刻本　六冊

220000－0803－0000743　集3.1(4)/5

補註李滄溟先生文選四卷　(明)李攀龍撰
(明)宋祖駿　(明)宋祖驊補註　明刻本　十
六冊

220000－0803－0000744　集3.1(4)/7

翠娛閣評選張侗初先生小品二卷　(明)張鼐
著　(明)丁允和選　(明)陸雲龍評　明崇禎
五年(1632)刻本　二冊

220000－0803－0000745　集3.1(5)/17

忠雅堂文集十二卷　(清)蔣士銓撰　清乾隆
五十一年(1786)刻本　六冊

220000－0803－0000746　集3.1(5)/26

思綺堂文集十卷　(清)章藻功撰註　清康熙
六十一年(1722)刻本　十冊

220000－0803－0000747　集3.1(5)/34

侯朝宗文鈔八卷　(清)侯方域撰　(清)宋犖
選　(清)邵長蘅訂　清康熙三十三年(1694)
刻本　四冊

220000－0803－0000748　集3.1(5)/41.1－1

湛園未定藁六卷　(清)姜宸英撰　清刻本
四冊

220000－0803－0000749　集3.1(5)/50

道古堂文集四十八卷　(清)杭世駿撰　清乾
隆四十一年(1776)刻本　十二冊

220000－0803－0000750　集3.1(5)/51.1

戴東原集十二卷　(清)戴震撰　覆校札記一
卷戴東原先生年譜一卷　(清)段玉裁撰　清
乾隆五十七年(1792)經韻樓刻本　七冊

220000－0803－0000751　集3.1(5)/54

漁洋山人文略十四卷　(清)王士禛撰　清康
熙三十四年(1695)刻本　四冊

220000－0803－0000752　集3.1(5)/59

歸愚文續十二卷　(清)沈德潛撰　(清)厲鶚
評點　清乾隆刻本　四冊

220000－0803－0000753　集3.1(5)/70.1

御製盛京賦一卷　(清)高宗弘曆撰　清乾隆
刻朱墨套印本　一冊

220000－0803－0000754　集3.2(1)/1

陶淵明全集四卷　(晉)陶潛撰　明刻本
二冊

220000－0803－0000755　集3.2(2)/2

王摩詰詩集七卷　(唐)王維撰　(宋)劉辰翁
(明)顧璘評　明刻朱墨套印本　一冊　存
一卷(一)

220000－0803－0000756　集3.2(2)/4.1

**王右丞集(王右丞集箋註)二十八卷首一卷附
錄一卷**　(唐)王維撰　(清)趙殿成箋註　清
乾隆刻本　十二冊

220000－0803－0000757　集3.2(2)/8.1

白香山詩集四十卷　(唐)白居易撰　(清)汪
立名編訂　清康熙四十二年(1703)一隅草堂
刻本　二十冊

220000－0803－0000758　集3.2(2)/8.2

白香山詩集四十卷　(唐)白居易撰　(清)汪
立名編訂　清康熙一隅草堂刻本　八冊

220000－0803－0000759　集3.2(2)/10.1

宋之問集二卷　(唐)宋之問撰　明刻本
二冊

220000－0803－0000760　集3.2(2)/10.2

宋之問集二卷　(唐)宋之問撰　明江都黃埻
刻本　二冊

220000－0803－0000761　集3.2(2)/11

分類補註李太白詩二十五卷　(唐)李白撰
(宋)楊齊賢集註　(明)蕭士贇補註　明嘉靖
二十五年(1546)玉几山人刻重修本　十二冊

220000－0803－0000762　集3.2(2)/12

李太白詩集二十二卷　(唐)李白著　(宋)嚴
羽評點　明刻本　八冊

220000－0803－0000763　集 3.2(2)/13

昌谷集四卷　(唐)李賀撰　(明)曾益釋　明刻本　四冊

220000－0803－0000764　集 3.2(2)/14

李長吉歌詩四卷外集一卷首一卷　(唐)李賀撰　(宋)吳正子箋註　(宋)劉辰翁評點　明刻本　四冊

220000－0803－0000765　集 3.2(2)/15.1

李長吉歌詩四卷外集一卷首一卷　(唐)李賀撰　(清)王琦編輯　清乾隆二十五年(1760)刻本　六冊　缺外集後幾葉

220000－0803－0000766　集 3.2(2)/18.1

李義山集三卷　(唐)李商隱撰　明毛氏汲古閣刻本　三冊

220000－0803－0000767　集 3.2(2)/20.2

李義山詩集十六卷　(唐)李商隱撰　(清)姚培謙箋　清乾隆四年(1739)松桂讀書堂刻本　二冊

220000－0803－0000768　集 3.2(2)/25.1－1

杜工部集二十卷　(唐)杜甫撰　(清)錢謙益箋註　清康熙六年(1667)刻本　七冊

220000－0803－0000769　集 3.2(2)/25.1－2

杜工部集二十卷　(唐)杜甫撰　(清)錢謙益箋註　清康熙六年(1667)刻本　十冊　存十一卷(十至二十)

220000－0803－0000770　集 3.2(2)/26.1

杜詩詳註二十五卷　(唐)杜甫撰　(清)仇兆鰲輯註　清康熙三十二年(1693)刻本　十四冊

220000－0803－0000771　集 3.2(2)/27

杜工部詩集二十卷末一卷　(唐)杜甫撰　(清)朱鶴齡輯註　清康熙刻本　二十一冊

220000－0803－0000772　集 3.2(2)/28

杜工部草堂詩箋四十卷補遺十卷外集一卷　(唐)杜甫撰　(宋)蔡夢弼會箋　清遵義黎氏刻本　八冊

220000－0803－0000773　集 3.2(2)/29.1

220000－0803－0000763　集 3.2(2)/13

杜詩鏡銓二十卷　(唐)杜甫撰　(清)楊倫編輯　清乾隆五十七年(1792)刻本　十四冊

220000－0803－0000774　集 3.2(2)/33

讀杜心解六卷首二卷　(清)浦起龍講解　清雍正二年(1724)刻本　八冊

220000－0803－0000775　集 3.2(2)/36.2

孟東野詩集十卷　(唐)孟郊撰　清刻本　四冊

220000－0803－0000776　集 3.2(2)/37

韓昌黎詩集編年箋註十二卷　(唐)韓愈撰　(清)方世舉考訂　清乾隆二十三年(1758)刻本　六冊

220000－0803－0000777　集 3.2(2)/61

韓內翰別集一卷　(唐)韓偓撰　明毛晉汲古閣刻本　一冊

220000－0803－0000778　集 3.2(2)/62

鮑溶詩六卷集外詩一卷　(唐)鮑溶撰　明毛晉汲古閣刻本　一冊

220000－0803－0000779　集 3.2(2)/63

唐王右丞詩集六卷　(唐)王維撰　(明)顧可久註說　(明)董其昌評點　明刻本　六冊

220000－0803－0000780　集 3.2(3)/6

玉山草堂集二卷　(元)顧阿瑛撰　明汲古閣刻本　二冊

220000－0803－0000781　集 3.2(3)/7.1

白石道人詩集二卷外集一卷歌曲四卷歌曲別集一卷首一卷　(宋)姜夔撰　清乾隆刻本　二冊

220000－0803－0000782　集 3.2(3)/10

吳淵穎先生集十二卷　(元)吳萊撰　(清)王邦采箋註　清康熙六十年(1721)刻本　十冊

220000－0803－0000783　集 3.2(3)/12

東坡詩選十二卷附東坡年譜一卷　(宋)蘇軾撰　(明)譚元春選　明天啓元年(1621)刻本　六冊

220000－0803－0000784　集 3.2(3)/13

東坡詩鈔一卷　(宋)蘇軾撰　清康熙刻本

二冊

220000－0803－0000785　集 3.2(3)/17.1
蘇東坡詩集註三十二卷　（宋）蘇軾撰　（宋）
王十朋纂輯　清康熙三十七年(1698)刻本
十三冊

220000－0803－0000786　集 3.2(3)/18.1－1
施註蘇詩四十二卷續補遺二卷　（宋）蘇軾撰
（宋）施元之註　（清）顧嗣立刪補　清康熙
刻本　十二冊

220000－0803－0000787　集 3.2(3)/18.1－2
施註蘇詩四十二卷續補遺二卷　（宋）蘇軾撰
（宋）施元之註　（清）顧嗣立刪補　清康熙
刻本　十冊

220000－0803－0000788　集 3.2(3)/18.1－3
施註蘇詩四十二卷續補遺二卷　（宋）蘇軾撰
（宋）施元之註　（清）顧嗣立刪補　清康熙
刻本　十冊

220000－0803－0000789　集 3.2(3)/19.1
蘇詩補註八卷　（清）翁方綱學　**志道集一卷**
（宋）顧禧撰　清乾隆四十七年(1782)蘇齋
刻本　二冊

220000－0803－0000790　集 3.2(3)/22.1－1
金臺集二卷　（元）迺賢學　（元）危素編　明
汲古閣刻本　二冊

220000－0803－0000791　集 3.2(3)/22.1－2
金臺集二卷　（元）迺賢學　（元）危素編　明
汲古閣刻本　二冊

220000－0803－0000792　集 3.2(3)/24.1－1
石湖居士詩集三十四卷　（宋）范成大撰
（清）顧嗣皋等重訂　清康熙二十七年(1688)
刻本　八冊

220000－0803－0000793　集 3.2(3)/24.1－2
石湖居士詩集三十四卷　（宋）范成大撰
（清）顧嗣皋等重訂　清康熙二十七年(1688)
刻本　六冊

220000－0803－0000794　集 3.2(3)/29
茶山集八卷　（宋）曾幾撰　清乾隆武英殿木

活字印本　四冊

220000－0803－0000795　集 3.2(3)/30
草窗韻語六卷　（宋）周密撰　清影印宋精刻
本　一冊

220000－0803－0000796　集 3.2(3)/31.1
倪雲林先生詩集六卷附錄一卷集外詩一卷
（元）倪瓚撰　（明）毛晉訂　明海虞毛晉汲古
閣刻本　四冊

220000－0803－0000797　集 3.2(3)/32
清閟閣全集十二卷　（元）倪瓚撰　清康熙五
十二年(1713)刻本　十二冊

220000－0803－0000798　集 3.2(3)/36
翠寒集一卷嘯噫集一卷　（元）宋无撰　明汲
古閣刻本　四冊

220000－0803－0000799　集 3.2(3)/41
石湖詩集一卷　（宋）范成大撰　**月泉吟社一
卷**　（元）吳渭編　明汲古閣刻本　一冊

220000－0803－0000800　集 3.2(4)/1
空同詩選不分卷　（明）李夢陽撰　（明）楊慎
評　明閔齊伋刻朱墨套印本　二冊

220000－0803－0000801　集 3.2(4)/4.1
高季迪先生大全集十八卷　（明）高啟撰　清
初竹素園刻本　八冊

220000－0803－0000802　集 3.2(4)/14
隴首集一卷　（明）王與胤撰　**歷仕錄一卷**
（明）王之垣述　清康熙刻本　二冊

220000－0803－0000803　集 3.2(4)/18
韓五泉詩集四卷附錄二卷　（明）韓邦靖撰
韓安人遺詩一卷　（明）屈氏撰　明萬曆四十
年(1612)刻本　四冊

220000－0803－0000804　集 3.2(5)/15
玉池生稿十卷　（清）岳端撰　清康熙刻本
五冊

220000－0803－0000805　集 3.2(5)/16
古歡堂詩集十五卷　（清）田雯撰　清康熙刻
本　四冊

220000－0803－0000806　集3.2(5)/21
有正味齋集十六卷　(清)吳錫麒撰　清刻本
　四冊

220000－0803－0000807　集3.2(5)/30.1－2
吳詩集覽二十卷　(清)吳偉業撰　(清)靳榮
藩輯　清乾隆四十年(1775)刻本　十八冊
存十八卷(一、三至十三、十五至二十)

220000－0803－0000808　集3.2(5)/31
芝庭詩稿十六卷　(清)彭啓豐撰　清乾隆刻
本　四冊

220000－0803－0000809　集3.2(5)/42.1－1
**板橋詩鈔三卷詞鈔一卷小唱一卷題畫一卷家
書一卷**　(清)鄭燮撰　清乾隆刻本　四冊

220000－0803－0000810　集3.2(5)/45
固哉草亭詩不分卷　(清)高斌撰　清乾隆五
年(1740)刻本　二冊

220000－0803－0000811　集3.2(5)/46.1－1
味和堂詩集六卷　(清)高其倬撰　清乾隆十
二年(1747)刻本　四冊

220000－0803－0000812　集3.2(5)/46.1－2
味和堂詩集六卷　(清)高其倬撰　清乾隆五
年(1740)刻本　六冊

220000－0803－0000813　集3.2(5)/48
青柯館集三卷　(清)陳朗撰　清乾隆二十六
年(1761)刻本　二冊

220000－0803－0000814　集3.2(5)/53
**南華山人詩鈔十五卷南華山房詩鈔五卷續一
卷**　(清)張鵬翀撰　清乾隆刻本　八冊

220000－0803－0000815　集3.2(5)/61
苑西集十二卷　(清)高士奇撰　清康熙二十
九年(1690)刻本　一冊

220000－0803－0000816　集3.2(5)/62
香屑集十八卷　(清)黃之雋撰　清雍正十二
年(1734)刻本　六冊

220000－0803－0000817　集3.2(5)/63
香樹齋詩集十八卷　(清)錢陳群撰　清乾隆
十六年(1751)刻本　六冊

220000－0803－0000818　集3.2(5)/74
荔裳集不分卷　(清)宋琬撰　清順治七年
(1650)刻本　二冊

220000－0803－0000819　集3.2(5)/77
清吟堂集九卷　(清)高士奇撰　清康熙三十
九年(1700)刻本　四冊

220000－0803－0000820　集3.2(5)/93
棟亭詩鈔六卷　(清)曹寅撰　清刻本　四冊

220000－0803－0000821　集3.2(5)/94.3
敬業堂詩集五十卷　(清)查慎行撰　清刻本
　十六冊

220000－0803－0000822　集3.2(5)/95
敬業堂詩續集六卷　(清)查慎行撰　清刻本
　二冊

220000－0803－0000823　集3.2(5)/100
愛日堂詩集二十七卷　(清)陳元龍撰　清乾
隆元年(1736)刻本　六冊

220000－0803－0000824　集3.2(5)/101.1
漁洋山人精華錄十卷　(清)王士禛撰　(清)
林佶編　清康熙三十九年(1700)刻本　八冊

220000－0803－0000825　集3.2(5)/102.1－1
漁洋山人精華錄箋注十二卷附年譜一卷
(清)王士禛撰　(清)金榮箋注　(清)徐淮
纂輯　清乾隆二年(1737)刻本　十二冊

220000－0803－0000826　集3.2(5)/102.1－2
漁洋山人精華錄箋注十二卷附年譜一卷
(清)王士禛撰　(清)金榮箋注　(清)徐淮
纂輯　清乾隆二年(1737)刻本　十四冊

220000－0803－0000827　集3.2(5)/106.1
夢月巖詩集二十卷詩餘一卷　(清)呂履恒撰
　清康熙三十四年(1695)刻本　六冊

220000－0803－0000828　集3.2(5)/106.2
夢月巖詩集二十卷詩餘一卷　(清)呂履恒撰
　清雍正三年(1725)刻本　十冊

220000－0803－0000829　集3.2(5)/107
夢樓詩集二十四卷　(清)王文治撰　清乾隆
六十年(1795)刻本　六冊

220000－0803－0000830　集3.2(5)/112

樊榭山房集二十卷 （清）厲鶚撰　清乾隆四年(1739)刻本　四冊

220000－0803－0000831　集3.2(5)/113.1

蓮洋集二十卷 （清）吳雯著　清乾隆三十九年(1774)荊圃草堂刻本　八冊

220000－0803－0000832　集3.2(5)/113.2－1

蓮洋集二十卷補遺一卷 （清）吳雯撰　清乾隆五十五年(1790)刻本　六冊

220000－0803－0000833　集3.2(5)/113.2－2

蓮洋集二十卷補遺一卷 （清）吳雯撰　清乾隆十七年(1752)刻本　十二冊

220000－0803－0000834　集3.2(5)/114

吳徵君蓮洋詩鈔不分卷 （清）吳雯撰　清乾隆三十二年(1767)刻本　四冊

220000－0803－0000835　集3.2(5)/118

賴古堂詩集四卷 （清）周亮工撰　清刻本　四冊

220000－0803－0000836　集3.2(5)/120

隨園詩草八卷 （清）邊連寶撰　清乾隆四十年(1775)刻本　八冊

220000－0803－0000837　集3.2(5)/122

傅徵君霜紅龕詩鈔不分卷 （清）傅山著　清乾隆三十二年(1767)刻本　二冊

220000－0803－0000838　集3.2(5)/140

漁洋山人續集十六卷 （清）王士禛撰　清康熙二十三年(1684)刻本　四冊

220000－0803－0000839　集3.2(5)/149

南海集二卷 （清）王士禛撰　清刻本　二冊

220000－0803－0000840　集3.2(5)/160

帶經堂集第一編漁洋詩集二十二卷 （清）王士禛著　（清）程哲校編　清刻本　四冊

220000－0803－0000841　集3.2(5)/162

圓明園御製詩一卷 （清）高宗弘曆撰　清刻本　二冊

220000－0803－0000842　集3.2(5)/166.2－1

甌北詩鈔五種二十卷 （清）趙翼撰　清乾隆五十六年(1791)刻本　十二冊

220000－0803－0000843　集3.2(5)/169

類林學步詩集二卷 （清）吳玉斗著　清刻本　二冊

220000－0803－0000844　集4/1

小石帆亭著錄六卷 （清）翁方綱撰　清乾隆五十七年(1792)刻本　二冊

220000－0803－0000845　集4/2.1

劉子文心雕龍二卷註二卷 （南朝梁）劉勰撰　（明）楊慎評點　（明）梅慶生音註　明萬曆四十年(1612)刻五色套印本　六冊

220000－0803－0000846　集4/2.2－1

文心雕龍十卷 （南朝梁）劉勰撰　（清）黃叔琳註　（清）紀昀評點　清乾隆六年(1741)刻本　四冊

220000－0803－0000847　集4/2.2－2

文心雕龍十卷 （南朝梁）劉勰撰　（清）黃叔琳輯註　清乾隆六年(1741)刻本　四冊

220000－0803－0000848　集4/2.2－3

文心雕龍十卷 （南朝梁）劉勰撰　（清）黃叔琳輯註　清乾隆六年(1741)養素堂刻本　四冊

220000－0803－0000849　集4/6

四溟詩話四卷 （明）謝榛撰　清乾隆十九年(1754)耘雅堂刻本　四冊

220000－0803－0000850　集4/7

白沙子古詩教解二卷 （明）陳獻章著　清乾隆三十六年(1771)碧玉樓刻本　一冊

220000－0803－0000851　集4/8.1

全唐詩話八卷 （宋）尤袤撰　明萬曆三十六年(1608)刻本　六冊　存六卷(一至六)

220000－0803－0000852　集4/8.2

全唐詩話八卷 （宋）尤袤撰　清乾隆三十九年(1774)清芬堂刻本　八冊

220000－0803－0000853　集4/16

浩然齋雅談三卷 （宋）周密撰　清乾隆四十

年(1775)武英殿木活字印本 一冊

220000－0803－0000854 集4/23

陳眉公訂正文則二卷 （宋）陳騤撰 **詩式五卷** （唐）釋皎然撰 明刻本 一冊

220000－0803－0000855 集4/24.1－1

詩人玉屑二十卷 （宋）魏慶之撰 清初刻本 八冊

220000－0803－0000856 集4/24.1－2

詩人玉屑二十卷 （宋）魏慶之撰 清初刻本 十二冊

220000－0803－0000857 集4/26

漁隱叢話前集六十卷後集四十卷 （宋）胡仔撰 清乾隆耘經樓仿宋刻本 十冊

220000－0803－0000858 集4/28

漁洋山人詩問二卷 （清）王士禛著 清乾隆三十五年(1770)刻本 一冊

220000－0803－0000859 集4/31

廣聲調譜二卷 （清）李汝襄集 清乾隆四十二年(1777)刻本 二冊

220000－0803－0000860 集4/49

文苑英華辨證十卷 （宋）彭叔夏撰 清乾隆四十二年(1777)武英殿木活字印本 二冊

220000－0803－0000861 集5/4.1

宋六十名家詞不分卷 （明）毛晉編 明毛晉汲古閣刻本 二十五冊

220000－0803－0000862 集5/10

景汲古閣鈔宋金詞七種 （明）毛晉輯 清影刻明汲古閣抄本 二冊

220000－0803－0000863 集5/17.1

花間集十卷 （後蜀）趙崇祚編 明毛氏汲古閣刻本 一冊

220000－0803－0000864 集5/18

花菴絕妙詞選二十卷 （宋）黃昇編集 明汲古閣刻本 五冊

220000－0803－0000865 集5/19

姑蘇楊柳枝詞二卷 （清）周枝枒編次 （清）

周靖箋注 清刻本 一冊

220000－0803－0000866 集5/22

草堂詩餘四卷 （明）楊慎批點 清抄本 二冊

220000－0803－0000867 集5/25

梅苑十卷 （宋）黃大輿編 **新編錄鬼簿二卷** （元）鍾嗣成編 清揚州使院刻本 六冊

220000－0803－0000868 集5/27

詞苑英華四十三卷 （明）毛晉輯 清乾隆十七年(1752)刻本 十六冊

220000－0803－0000869 集5.1/1.1

山中白雲詞八卷附錄一卷 （宋）張炎著 清雍正四年(1726)刻本 二冊

220000－0803－0000870 集5.1/16

迦陵詞全集三十卷 （清）陳維崧撰 清康熙二十九年(1690)刻本 六冊

220000－0803－0000871 集5.2/2

新鐫古今大雅北宮詞紀六卷 （明）陳所聞選 （明）陳邦泰輯次 明萬曆三十二年(1604)刻本 六冊

220000－0803－0000872 集5.2/5.2

詞律二十卷 （清）萬樹論次 （清）姜垚 （清）吳秉鈞仝參 （清）呂洪烈等校閱 清康熙萬氏堆絮園刻本 六冊 存十一卷(十至二十)

220000－0803－0000873 集5.2/6

詞學全書六種十四卷 （清）查培繼編輯 清康熙十八年(1679)刻本 十二冊

220000－0803－0000874 集6/10

殺狗記二卷 （明）徐畹撰 **運甓記二卷** （明）吾丘瑞撰 **幽閨記二卷** （元）施惠撰 明汲古閣刻本 六冊

220000－0803－0000875 集6/13

廿一史彈詞註十卷 （明）楊慎編著 （清）張三異增定 （清）張仲璜註 **明紀彈詞註一卷** （清）張三異著 （清）張仲璜註 清雍正五年(1727)樹玉堂刻本 八冊

220000－0803－0000876　集6.1/4.1

懷永堂繪像第六才子書(西廂記)八卷 （元）
王實甫撰　清康熙五十九年(1720)刻本
六冊

220000－0803－0000877　集6.1/5.2

芝龕記六卷 （清）董榕撰　清乾隆十六年
(1751)刻本　十四冊

220000－0803－0000878　集6.1/7.1

長生殿傳奇四卷 （清）洪昇撰　清康熙十八
年(1679)刻本　八冊

220000－0803－0000879　集6.1/10.1

桃花扇傳奇二卷 （清）孔尚任撰　清康熙三
十八年(1699)刻本　八冊

220000－0803－0000880　集6.1/13.2

成裕堂繪像第七才子書六卷 （元）高明撰
清雍正十三年(1735)刻本　六冊

220000－0803－0000881　集6.1/15.1－1

蔣鉛山九種曲(清容外集)十四卷 （清）蔣士
銓撰　清乾隆刻本　十二冊

220000－0803－0000882　集6.1/15.1－2

蔣鉛山九種曲(清容外集)十四卷 （清）蔣士
銓撰　清乾隆刻本　十二冊

220000－0803－0000883　集6.1/18

勸善金科二十卷首一卷 （清）張照等撰　清
刻五色套印本　二十冊

220000－0803－0000884　集6.2/1

**一笠菴北詞廣正譜(一笠菴北詞廣正九宮譜)
十八卷** （明）徐于室撰　（清）鈕少雅樂句
(清)李玄玉更定　（清）朱素臣閱　清康熙青
蓮書屋刻本　八冊

220000－0803－0000885　集6.2/6.1－1

納書楹玉茗堂四夢曲譜八卷 （清）葉堂訂譜
（清）王文治參訂　清乾隆五十七年(1792)
納書楹刻本　八冊

220000－0803－0000886　集6.2/6.1－2

納書楹玉茗堂四夢曲譜八卷 （清）葉堂訂譜
（清）王文治參訂　清乾隆五十七年(1792)

納書楹刻本　八冊

220000－0803－0000887　集6.2/7.1－1

納書楹曲譜正集四卷續集四卷外集二卷
(清)葉堂訂譜　（清)王文治參訂　清乾隆五
十七年(1792)刻本　十冊

220000－0803－0000888　集6.2/7.1－2

**納書楹曲譜正集四卷續集四卷外集二卷補遺
四卷** （清）葉堂訂譜　（清）王文治參訂　清
乾隆五十七年至五十九年(1792－1794)刻本
　十四冊

220000－0803－0000889　集6.2/8

納書楹曲譜補遺四卷 （清）葉堂訂譜　（清）
王文治參訂　清乾隆五十九年(1794)刻本
四冊

220000－0803－0000890　集6.3/4

燕蘭小譜五卷 （清）吳長元撰　**海漚小譜一
卷** （清）趙執信撰　清乾隆五十年(1785)刻
本　二冊

220000－0803－0000891　集7/47

秋聲閣尺牘二卷 （清）奚學孔撰　清康熙四
十七年(1708)刻本　四冊

220000－0803－0000892　集7/48

書啓合璧(增訂繡虎軒尺牘全集)十三卷
(清)汪孝鍾　（清）張宗壽校訂　清乾隆二十
七年(1762)務本堂刻本　四冊　存八卷(一
至八)

220000－0803－0000893　集7/52

明人尺牘選四卷 （清）王元勳　（清）程化駥
輯　清康熙四十四年(1705)碧雲樓刻本
四冊

220000－0803－0000894　叢1/9.1

心齋十種 （清）任兆麟撰　清乾隆刻本　十
二冊

220000－0803－0000895　叢1/74.1－1

雅雨堂叢書十三種 （清）盧見曾輯　清乾隆
二十一年(1756)雅雨堂刻本　五十二冊

220000－0803－0000896　叢1/74.1－2

雅雨堂叢書十三種 （清）盧見曾輯 清乾隆
二十一年(1756)雅雨堂刻本 十冊 存五種
六十卷(撫言十五卷,北夢瑣言二十卷,匡謬
正俗八卷,封氏聞見記十卷,文昌雜錄六卷、
補遺一卷)

220000－0803－0000897 叢1/77
貸園叢書初集十二種 （清）周永年輯 清乾
隆五十四年(1789)刻本 十六冊

220000－0803－0000898 叢1/81.1－1
群書治要五十卷 （唐）魏徵等編 清乾隆刻
本 二十五冊

220000－0803－0000899 叢1/81.1－2
群書治要五十卷 （唐）魏徵等編 清乾隆刻
本 二十冊 存四十七卷(一至三、五至十
二、十四至十九、二十一至五十)

220000－0803－0000900 叢1/81.1－3
群書治要五十卷 （唐）魏徵等編 清乾隆刻
本 二十冊

220000－0803－0000901 叢1/85.1－1
增訂漢魏叢書 （清）王謨輯 清乾隆五十六
年(1791)刻本 一百冊

220000－0803－0000902 叢1/85.1－2
增訂漢魏叢書 （清）王謨輯 清乾隆五十六
年(1791)刻本 一百二十冊

220000－0803－0000903 叢1/85.1－3
增訂漢魏叢書 （清）王謨輯 清乾隆五十六
年(1791)刻本 四十一冊

220000－0803－0000904 叢1/102.1－1
檀几叢書三集一百五十七種 （清）王晫
(清)張潮輯 清康熙王氏霞舉堂刻本 十
三冊

220000－0803－0000905 叢1/102.1－2
檀几叢書三集一百五十七種 （清）王晫
(清)張潮輯 清康熙王氏霞舉堂刻本 二十
四冊

220000－0803－0000906 叢3/2.2
二程全書七種六十八卷 （宋）程顥 （宋）程

頤撰 （宋）朱熹編輯 明萬曆三十四年
(1606)刻本 十四冊

220000－0803－0000907 叢3/13.1－1
御纂朱子全書二十種六十六卷 （宋）朱熹撰
（清）李光地等纂修 清康熙五十三年
(1714)武英殿刻本 三十二冊

220000－0803－0000908 叢3/13.2
御纂朱子全書二十種六十六卷 （宋）朱熹撰
（清）李光地等纂修 清康熙五十三年
(1714)武英殿刻本 十八冊 存五十三卷
(一至十九、三十三至六十六)

220000－0803－0000909 叢3/14
杭氏七種十八卷 （清）杭世駿撰 清乾隆五
十七年(1792)刻本 八冊

220000－0803－0000910 叢3/24
徐位山六種 （清）徐文靖撰 清雍正、乾隆
志寧堂刻本 二十冊

220000－0803－0000911 叢3/30
許文正公遺書十二卷首一卷末二卷 （元）許
衡撰 清乾隆五十三年(1788)刻本 八冊

220000－0803－0000912 叢3/48
道古堂外集十種 （清）杭世駿撰 清乾隆五
十三年(1788)刻本 八冊

220000－0803－0000913 叢3/51
楊氏全書三十六卷 （清）楊名時撰 清乾隆五
十九年(1794)江陰葉廷甲水心草堂刻本 八冊

220000－0803－0000914 叢3/54.1－1
漁洋叢書(漁洋全集)三十八種 （清）王士禛撰
清康熙八年(1669)吳郡沂詠堂刻本 九十冊

220000－0803－0000915 叢3/54.1－2
漁洋山人著述三十八種 （清）王士禛撰 清
康熙吳郡沂詠堂刻本 二十五冊

220000－0803－0000916 叢3/65
微波榭叢書三十八種 （清）孔繼涵輯 清乾
隆曲阜孔氏微波榭刻本 七十冊 缺五種十
六卷(雜體文槀七卷、同度記一卷、長行經一
卷、紅榴書屋詩集四卷、嶄冰詞三卷)

220000 – 0803 – 0000917　經 1/1

十三經十三種　（□）□□撰　清同治七年至
光緒二十二年(1868 – 1896)江南書局刻本
五十二冊

220000 – 0803 – 0000918　經 1/2.1

重刊宋本十三經注疏十三種附校勘記十三種
（清）阮元校　（清）盧宣旬摘錄　清光緒十
八年(1892)務本書局刻本　一百三十七冊

220000 – 0803 – 0000919　經 1/2.2 – 1

十三經注疏十三種　（□）□□撰　清同治十
年(1871)廣東書局刻本　一百二十冊

220000 – 0803 – 0000920　經 1/2.2 – 2

重刊宋本十三經注疏十三種　（清）阮元撰
（清）鍾謙鈞校　清同治十年(1871)刻本　一
百十冊　存十一種三百四卷(尚書註疏十九
卷、毛詩註疏三十卷、周禮註疏四十二卷、儀
禮註疏十七卷、禮記註疏六十三卷、周易註疏
四十二卷、孝經註疏九卷、論語註疏二十卷、
孟子註疏十四卷、春秋公羊註疏二十八卷、春
秋穀梁註疏二十卷)

220000 – 0803 – 0000921　經 1/2.2 – 3

爾雅注疏十一卷考證十一卷　（晉）郭璞撰
（宋）邢昺疏　清同治十一年(1872)刻本
五冊

220000 – 0803 – 0000922　經 1/2.3 – 1

宋本十三經注疏附校勘記十三種　（清）阮元
撰　清光緒十三年(1887)脈望仙館石印本
三十二冊

220000 – 0803 – 0000923　經 1/2.3 – 2

宋本十三經注疏附校勘記十三種　（清）阮元
撰　清光緒十三年(1887)脈望仙館石印本
二十九冊

220000 – 0803 – 0000924　經 1/2.3 – 4

宋本十三經注疏附校勘記十三種　（清）阮元
撰　清光緒十三年(1887)脈望仙館石印本
三十二冊

220000 – 0803 – 0000925　經 1/2.3 – 5

宋本十三經注疏附校勘記十三種　（清）阮元

撰　清光緒十三年(1887)脈望仙館石印本
三十二冊

220000 – 0803 – 0000926　經 1/3.1 – 1

十三經古注十三種　（明）金蟠　（明）葛鼐校
清同治八年(1869)浙江書局刻本　四十
八冊

220000 – 0803 – 0000927　經 1/3.1 – 2

十三經古注十三種　（明）金蟠　（明）葛鼐校
清同治八年(1869)浙江書局刻本　四十
八冊

220000 – 0803 – 0000928　經 1/3.1 – 3

十三經古注十三種　（明）金蟠　（明）葛鼐校
清同治八年(1869)浙江書局刻本　十四冊
存五種七十一卷(周禮三十四至四十二,儀
禮十七卷,禮記一至四,書經一至十四,春秋
左傳一至三、七至三十)

220000 – 0803 – 0000929　經 1/3.3

袖珍十三經注十五種　（□）□□撰　清稽古
樓刻本　一百六冊

220000 – 0803 – 0000930　經 1/4

十三經詁答問六卷　（清）馮登府撰　（清）朱
記榮校　清光緒十二年(1886)吳縣朱記榮槐
廬家塾刻本　二冊

220000 – 0803 – 0000931　經 1/5

九經古義十六卷　（清）惠棟撰　清光緒十一
年(1885)朱氏刻本　三冊

220000 – 0803 – 0000932　經 1/6.1

御纂七經五種　（清）李光地等纂　清光緒三
十年(1904)上海育文書局石印本　二十四冊

220000 – 0803 – 0000933　經 1/6.2

御纂七經五種　（清）李光地等纂　清刻本
二百二十冊

220000 – 0803 – 0000934　經 1/6.3

欽定七經三百卷　清光緒二十一年(1895)三
味書局刻本　一百四十二冊

220000 – 0803 – 0000935　經 1/7

欽定七經綱領不分卷　清宣統元年(1909)學

部圖書局鉛印本　一冊

220000－0803－0000936　經1/10
五經五種　（□）□□撰　清光緒七年至二十二年(1881－1896)江南書局、金陵書局刻本　三十二冊

220000－0803－0000937　經1/11
古香齋五經八卷　（□）□□撰　清光緒九年(1883)刻本　八冊

220000－0803－0000938　經1/12
今古學攷二卷　廖平撰　清宣統三年(1911)上海國學扶輪社鉛印本　一冊

220000－0803－0000939　經1/13.1－1
古經解彙函十六種附小學彙函十四種　（清）鍾謙鈞等輯　清同治十二年(1873)粵東書局刻本　三十二冊

220000－0803－0000940　經1/13.1－2
古經解彙函十六種附小學彙函十四種　（清）鍾謙鈞等輯　清同治十二年(1873)粵東書局刻本　六十六冊

220000－0803－0000941　經1/13.1－3
古經解彙函十六種附小學彙函十四種　（清）鍾謙鈞等輯　清同治十二年(1873)粵東書局刻本　六十一冊

220000－0803－0000942　經1/13.2
古經解彙函十六種附小學彙函十四種　（清）鍾謙鈞等輯　清末石印本　八冊

220000－0803－0000943　經1/14
古經解鉤沉三十卷　（清）余蕭客編　清刻本　六冊

220000－0803－0000944　經1/15
四書左國輯要四卷　（清）周龍官輯　清末刻本　四冊　存三卷(一、三至四)

220000－0803－0000945　經1/16
呂涇野經說二十一卷　（明）呂柟撰　（清）李錫齡校　清咸豐八年(1858)刻本　十冊

220000－0803－0000946　經1/17.1－1
味經齋遺書二十八卷　（清）莊存與撰　清光

緒八年(1882)刻本　十冊

220000－0803－0000947　經1/17.1－2
味經齋遺書二十八卷　（清）莊存與撰　清光緒八年(1882)刻本　十冊

220000－0803－0000948　經1/18.1
仿宋相臺五經五種　（宋）岳珂輯　清光緒二年(1876)江南書局刻本　三十二冊

220000－0803－0000949　經1/18.2
相臺五經五種　（宋）岳珂輯　清光緒二十九年(1903)刻本　三十二冊

220000－0803－0000950　經1/19.1
皇清經解一千四百卷首一卷　（清）阮元輯　清道光九年(1829)廣東學海堂刻本　三百六十七冊　存一千二百八十二卷(一至一百九十四、二百五至五百五十三、五百六十二至一千二百六十、一千二百七十九至一千二百八十一、一千二百八十八至一千三百三、一千三百八十至一千四百)

220000－0803－0000951　經1/19.2－1
皇清經解一千四百八卷首一卷　（清）阮元輯　清道光九年(1829)廣東學海堂刻咸豐十一年(1861)補刻本　三百六十冊

220000－0803－0000952　經1/19.2－2
皇清經解一千四百八卷首一卷　（清）阮元輯　清道光九年(1829)廣東學海堂刻咸豐十一年(1861)補刻本　三百六十一冊

220000－0803－0000953　經1/19.3
皇清經解一百八十種　（清）阮元輯　皇清經解編目十六卷　（清）凌忠照編輯　清光緒十三年(1887)上海書局石印本　六十八冊

220000－0803－0000954　經1/20.1
皇清經解續編二百九卷　王先謙輯　清光緒十五年(1889)上海蜚英館石印本　三十二冊

220000－0803－0000955　經1/20.2－1
皇清經解續編一千四百三十卷　王先謙輯　清光緒十四年(1888)江陰南菁書院刻本　四百冊

220000－0803－0000956　經1/20.2－2

皇清經解續編一千四百三十卷　王先謙輯

清光緒十四年(1888)江陰南菁書院刻本　二百五十七冊　存一千一百五十九卷(一至一百三十八、一百五十五至二百三十九、二百四十三至三百一、三百七至三百九、三百十三至四百十、四百十六至六百六十二、六百六十七至七百十、七百四十、七百七十八至八百三十三、八百九十四至九百九十二、一千五至一千一百七十三、一千二百八至一千二百十、一千二百十七至一千二百五十九、一千二百六十五至一千三百四十四、一千三百五十至一千三百六十一、一千三百六十八至一千三百八十九)

220000－0803－0000957　經1/20.2－3

皇清經解續編一千四百三十卷　王先謙輯

清光緒十四年(1888)刻本　三百十七冊　缺十三卷(八百七十四至八百八十六)

220000－0803－0000958　經1/21

皇清經解分經合纂十六種　(清)阮元輯　清光緒二十一年(1895)上洋鴻寶齋石印本　三十二冊

220000－0803－0000959　經1/22.1

通志堂經解一百三十九種　(清)納蘭性德輯　清同治十二年(1873)粵東書局刻本　四百八十冊

220000－0803－0000960　經1/22.2

通志堂經解一百三十九種　(清)納蘭性德輯　清康熙、同治刻本　二百二十二冊

220000－0803－0000961　經1/23

劉貴陽說經殘稿一卷　(清)劉書年撰　**劉氏遺著一卷**　(清)劉禧延撰　清光緒九年(1883)吳縣潘氏刻本　一冊

220000－0803－0000962　經1/24.1－1

群經平議三十五卷　(清)俞樾撰　清光緒刻本　八冊

220000－0803－0000963　經1/24.1－2

群經平議三十五卷　(清)俞樾撰　清光緒刻

本　十六冊　存三十三卷(三至三十五)

220000－0803－0000964　經1/26

萬氏經學五書五種十九卷　(清)萬斯大撰　清嘉慶元年(1796)刻本　六冊

220000－0803－0000965　經1/27

傳經表一卷通經表一卷　(清)畢沅撰　清光緒三十年(1904)刻本　一冊

220000－0803－0000966　經1/28.1

經義述聞三十二卷　(清)王引之撰　清光緒七年(1881)上海文瑞樓鉛印本　十六冊

220000－0803－0000967　經1/28.2－1

經義述聞三十二卷　(清)王引之撰　清道光七年(1827)壽藤書屋刻本　二十四冊

220000－0803－0000968　經1/28.2－2

經義述聞三十二卷　(清)王引之撰　清嘉慶二十二年(1817)刻本　二十四冊

220000－0803－0000969　經1/28.2－3

經義述聞三十二卷　(清)王引之撰　清嘉慶二十二年(1817)刻本　七冊　存十四卷(一至十四)

220000－0803－0000970　經1/31.1

經傳釋詞十卷　(清)王引之撰　清嘉慶二十四年(1819)刻本　四冊

220000－0803－0000971　經1/31.2

經傳釋詞十卷　(清)王引之撰　清嘉慶二十四年(1819)蘇州文學山房刻本　四冊

220000－0803－0000972　經1/32

朱氏經學叢書初編十三種　(清)朱記榮輯　清光緒十二年(1886)吳縣朱氏槐廬刻本　十二冊

220000－0803－0000973　經1/34

經籍籑詁一百六卷首一卷　(清)阮元輯　清刻本　三十九冊　缺一卷(首一卷)

220000－0803－0000974　經1/35

經傳考證八卷　(清)朱彬撰　清道光二年(1822)刻本　四冊

220000－0803－0000975　經1/36.1

經義雜記三十卷　（清）臧琳撰　**敘錄一卷**
（清）臧鏞堂輯　清嘉慶四年（1799）武進臧氏
拜經堂刻本　十六冊

220000－0803－0000976　經1/36.2

經義雜記三十卷　（清）臧琳撰　**敘錄一卷**
（清）臧鏞堂輯　清嘉慶二十一年（1816）刻本
六冊

220000－0803－0000977　經1/37

鄭氏佚書二十三種　（漢）鄭玄撰　（清）袁鈞
輯　清光緒十四年（1888）浙江書局刻本
十冊

220000－0803－0000978　經1/38

鄭志三卷附錄一卷　（三國魏）鄭小同編　清
咸豐三年（1853）刻本　一冊

220000－0803－0000979　經1/39

十一經初學讀本不分卷　（清）萬廷蘭輯　清
嘉慶元年（1796）南昌萬廷蘭芝堂刻本　三十
二冊

220000－0803－0000980　經1/40

五經味根錄五種　關蔚煌輯　清光緒十四年
（1888）同文書局石印本　十五冊　缺一卷
（周易一）

220000－0803－0000981　經1/43

鄉黨圖考十卷　（清）江永撰　清刻本　四冊

220000－0803－0000982　經1/44

傳經表一卷通經表一卷　（清）畢沅撰　清光
緒四年（1878）會稽章氏刻本　二冊

220000－0803－0000983　經1/46

十駕齋養新錄二十卷餘錄三卷　（清）錢大昕
撰　清光緒二年（1876）浙江書局刻本　八冊

220000－0803－0000984　經1/47.1－1

讀書雜誌八十二卷餘編二卷　（清）王念孫撰
清道光十二年（1832）刻本　二十四冊

220000－0803－0000985　經1/47.1－2

讀書雜誌八十二卷餘編二卷　（清）王念孫撰
清道光十二年（1832）刻本　二十四冊

220000－0803－0000986　經1/47.1－3

讀書雜誌八十二卷餘編二卷　（清）王念孫撰
清道光十二年（1832）刻本　二十四冊

220000－0803－0000987　經1/47.1－4

讀書雜誌八十二卷餘編二卷　（清）王念孫撰
清道光十二年（1832）刻本　二十四冊

220000－0803－0000988　經1/47.2

讀書雜誌八十二卷餘編二卷　（清）王念孫撰
清同治九年（1870）金陵書局刻本　二十
四冊

220000－0803－0000989　經2/1

古易音訓二卷　（宋）呂祖謙著　（清）宋咸熙
輯　清嘉慶七年（1802）刻本　一冊

220000－0803－0000990　經2/4

來瞿唐易註十六卷首一卷圖像一卷　（明）來
知德註　清刻本　十二冊

220000－0803－0000991　經2/5.1

周易四卷　（宋）朱熹本義　清文德堂刻本
二冊

220000－0803－0000992　經2/5.2－1

監本易經四卷　（宋）朱熹本義　清光緒六年
（1880）掃葉山房刻本　二冊

220000－0803－0000993　經2/5.2－2

周易四卷　（宋）朱熹集注　清光緒二十四年
（1898）掃葉山房刻本　二冊

220000－0803－0000994　經2/5.2－3

周易四卷　（宋）朱熹集說　清光緒四年
（1878）蘇州掃葉山房刻本　二冊

220000－0803－0000995　經2/5.2－4

周易四卷　（宋）朱熹集說　清光緒十二年
（1886）刻本　二冊

220000－0803－0000996　經2/5.2－5

周易四卷　（宋）朱熹集說　清光緒十二年
（1886）上洋江左書林刻本　三冊

220000－0803－0000997　經2/5.2－6

周易四卷　（宋）朱熹集注　清光緒二十四年
（1898）掃葉山房刻本　二冊

220000 – 0803 – 0000998　經 2/5.3

周易四卷　（宋）朱熹本義　清嘉慶二十三年(1818)芥子園刻本　二冊

220000 – 0803 – 0000999　經 2/6.2 – 1

六書通十卷　（明）閔齊伋撰　（清）畢弘述篆訂　清光緒四年(1878)繡谷留耕堂刻本八冊

220000 – 0803 – 0001000　經 2/10

易經體註大全合參不分卷　（清）李兆賢輯註　周易四卷　（宋）朱熹本義　清刻本　二冊

220000 – 0803 – 0001001　經 2/11

易廣記三卷　（清）焦循撰　清道光六年(1826)刻本　一冊

220000 – 0803 – 0001002　經 2/12

易憲四卷　（明）沈泓疏　清光緒十四年(1888)刻本　三冊

220000 – 0803 – 0001003　經 2/12.1

易憲四卷　（明）沈泓疏　清光緒十四年(1888)刻本　三冊

220000 – 0803 – 0001004　經 2/13

易圖略八卷　（清）焦循撰　清嘉慶十八年(1813)刻本　二冊

220000 – 0803 – 0001005　經 2/14

易話二卷　（清）焦循撰　清道光六年(1826)刻本　一冊

220000 – 0803 – 0001006　經 2/15.4

周易九卷　（三國魏）王弼注　（明）金蟠訂清同治八年(1869)浙江書局刻本　三冊

220000 – 0803 – 0001007　經 2/16.1

周易四卷　（宋）朱熹本義　清同治十年(1871)刻本　二冊

220000 – 0803 – 0001008　經 2/16.2

周易四卷　（宋）朱熹本義　清光緒十六年(1890)務本書局刻本　二冊

220000 – 0803 – 0001009　經 2/16.3

周易四卷　（宋）朱熹本義　清刻本　二冊

220000 – 0803 – 0001010　經 2/20.1 – 1

周易注疏十三卷　（三國魏）王弼注　（唐）陸德明音義　（唐）孔穎達疏　清同治十年(1871)廣東書局刻本　六冊

220000 – 0803 – 0001011　經 2/20.1 – 2

周易注疏十三卷　（三國魏）王弼注　（唐）陸德明音義　（唐）孔穎達疏　清同治十年(1871)廣東書局刻本　五冊

220000 – 0803 – 0001012　經 2/20.2

周易兼義九卷　（三國魏）王弼　（晉）韓康伯注　（唐）孔穎達正義　周易注疏校勘記九卷　（清）阮元撰　周易音義一卷　（唐）陸德明撰　周易釋文校勘記一卷　（清）阮元撰　清嘉慶二十年(1815)江西南昌府學刻本　六冊

220000 – 0803 – 0001013　經 2/22

周易音義一卷　（唐）陸德明撰　清刻本一冊

220000 – 0803 – 0001014　經 2/25

周易傳義音訓八卷首一卷末一卷　（宋）程頤傳　（宋）朱熹本義　（宋）呂祖謙音訓　清光緒十五年(1889)江南書局刻本　八冊

220000 – 0803 – 0001015　經 2/30

周易諸卦合象考一卷周易互體卦變考一卷　(清)任雲倬考　易經象類一卷　（清）丁晏考清南陵徐乃昌刻本　一冊

220000 – 0803 – 0001016　經 2/32

周易詮義十四卷首一卷　（清）汪烜撰　清同治十二年(1873)安徽敷文書局刻本　七冊

220000 – 0803 – 0001017　經 2/34

周易補疏二卷尚書補疏二卷　（清）焦循撰清嘉慶刻本　一冊

220000 – 0803 – 0001018　經 2/35

孫氏周易集解十卷　（清）孫星衍撰　清咸豐五年(1855)刻本　四冊

220000 – 0803 – 0001019　經 2/38.1 – 1

楊氏易傳二十卷首一卷　（宋）楊簡撰　清光緒二十五年(1899)刻本　四冊

220000－0803－0001020　經 2/38.1－2

楊氏易傳二十卷首一卷　（宋）楊簡撰　清光緒二十五年（1899）刻本　四冊

220000－0803－0001021　經 2/38.1－3

楊氏易傳二十卷首一卷　（宋）楊簡撰　清光緒二十五年（1899）刻本　四冊

220000－0803－0001022　經 3/1

今文尚書考證三十卷　（清）皮錫瑞撰　清光緒二十三年（1897）師伏堂刻本　六冊

220000－0803－0001023　經 3/3

尚書古文疏證八卷　（清）閻若璩撰　**朱子古文書疑一卷**　（清）閻詠輯　清嘉慶元年（1796）吳念湖司馬刻本　八冊

220000－0803－0001024　經 3/4

古文尚書撰異三十二卷　（清）段玉裁撰　清刻本　八冊　存二十四卷（九至三十二）

220000－0803－0001025　經 3/5.2

書經六卷　（宋）蔡沈集傳　清光緒十九年（1893）上海江左書林刻本　四冊

220000－0803－0001026　經 3/7.1

尚書注疏十九卷　（漢）孔安國傳　（唐）陸德明音義　（唐）孔穎達疏　清同治十年（1871）刻本　五冊　存十一卷（二至六、十至十三、十八至十九）

220000－0803－0001027　經 3/7.2

尚書注疏二十卷附校勘記二十卷　（唐）孔穎達疏　清光緒十八年（1892）湖南寶慶務本書局刻本　八冊

220000－0803－0001028　經 3/8

尚書今古文注三十卷　（清）孫星衍撰注　清末刻本　四冊

220000－0803－0001029　經 3/9

尚書今古文註疏三十卷　（清）孫星衍撰　清嘉慶二十年（1815）刻本　六冊

220000－0803－0001030　經 3/10.1

尚書古文疏證八卷　（清）閻若璩撰　**朱子古文書疑一卷**　（清）閻詠輯　清嘉慶元年

（1796）吳念湖司馬刻本　八冊

220000－0803－0001031　經 3/10.2

尚書古文疏證八卷　（清）閻若璩撰　**朱子古文書疑一卷**　（清）閻詠輯　清同治六年（1867）錢塘汪氏振綺堂補刻本　八冊

220000－0803－0001032　經 3/11

尚書孔傳參正三十六卷　王先謙撰　清光緒三十年（1904）虛受堂刻本　六冊

220000－0803－0001033　經 3/13

尚書大傳疏證七卷　（清）皮錫瑞疏證　清光緒二十二年（1896）師伏堂刻本　四冊

220000－0803－0001034　經 3/15

尚書商誼三卷　王樹枏撰　清光緒十一年（1885）刻本　一冊

220000－0803－0001035　經 3/15.5

禮記十卷　（元）陳澔集說　清刻本　十冊

220000－0803－0001036　經 3/16

尚書考異六卷　（明）梅鷟撰　清光緒十八年（1892）浙江書局刻本　四冊

220000－0803－0001037　經 3/17

尚書正義二十卷　（漢）孔安國傳　（唐）陸德明音義　（唐）孔穎達疏　清同治十年（1871）刻本　二冊　存四卷（一至四）

220000－0803－0001038　經 3/18

卦本圖考一卷尚書序錄一卷　（清）胡秉虔撰　清同治十二年（1873）潘氏八喜齋刻本　一冊

220000－0803－0001039　經 3/23.1－1

禹貢錐指節要一卷　（清）胡渭撰　（清）汪獻玗節要　清咸豐三年（1853）刻本　一冊

220000－0803－0001040　經 3/23.1－2

禹貢錐指節要一卷　（清）胡渭撰　（清）汪獻玗節要　清咸豐三年（1853）刻本　一冊

220000－0803－0001041　經 3/25

禹貢鄭注釋二卷　（清）焦循撰　清道光八年（1828）刻本　二冊

220000－0803－0001042　經 3/26.1－1
書經六卷　（宋）蔡沈集傳　清光緒十二年
(1886)刻本　四冊

220000－0803－0001043　經 3/26.1－2
書經六卷　（宋）蔡沈集傳　清光緒十二年
(1886)上海江左書林刻本　四冊

220000－0803－0001044　經 3/26.1－3
書經六卷　（宋）蔡沈集傳　清光緒十九年
(1893)上海江左書林刻本　四冊

220000－0803－0001045　經 3/26.1－4
書經六卷　（宋）蔡沈集傳　清光緒元年
(1875)文盛堂刻本　四冊

220000－0803－0001046　經 3/26.1－5
書經六卷　（宋）蔡沈集傳　清光緒二年
(1876)上洋大魁堂刻本　四冊

220000－0803－0001047　經 3/26.1－6
書經六卷　（宋）蔡沈集傳　清光緒十七年
(1891)掃葉山房刻本　四冊

220000－0803－0001048　經 3/26.1－7
書經六卷　（宋）蔡沈集傳　清光緒十三年
(1887)掃葉山房刻本　四冊

220000－0803－0001049　經 3/26.1－8
書經六卷　（宋）蔡沈集傳　清光緒二十六年
(1900)掃葉山房刻本　四冊

220000－0803－0001050　經 3/26.1－9
書經六卷　（宋）蔡沈集傳　清光緒十九年
(1893)上海江左書林刻本　四冊

220000－0803－0001051　經 3/26.1－10
書經六卷　（宋）蔡沈集傳　清光緒文盛堂刻
本　四冊

220000－0803－0001052　經 3/26.1－11
書經六卷　（宋）蔡沈集傳　清光緒二十六年
(1900)掃葉山房刻本　四冊

220000－0803－0001053　經 3/26.1－13
書經六卷　（宋）蔡沈集傳　清同治六年
(1867)三益堂刻本　五冊

220000－0803－0001054　經 3/26.1－14
書經六卷　（宋）蔡沈集傳　清光緒二十三年
(1897)掃葉山房刻本　四冊

220000－0803－0001055　經 3/26.2
書經六卷　（宋）蔡沈集傳　清光緒十六年
(1890)務本書局刻本　四冊

220000－0803－0001056　經 3/26.4
書經六卷　（宋）蔡沈集傳　清刻本　四冊

220000－0803－0001057　經 3/27
書經注十二卷　（宋）金履祥撰　（清）陸心源
校　清光緒五年(1879)吳興陸氏十萬卷樓刻
本　五冊　存十卷(三至十二)

220000－0803－0001058　經 3/28.1
書經體註大全合參六卷　（清）范翔參訂
（清）錢希祥纂輯　**書經六卷**　（宋）蔡沈集傳
　清文錦堂刻本　四冊

220000－0803－0001059　經 3/28.2－1
書經體註大全合參六卷　（清）范翔參訂
（清）錢希祥纂輯　**書經六卷**　（宋）蔡沈集傳
　清光緒十四年(1888)掃葉山房刻本　四冊

220000－0803－0001060　經 3/28.2－2
書經體註大全合參六卷　（清）范翔參訂
（清）錢希祥纂輯　**書經六卷**　（宋）蔡沈集傳
　清光緒二十七年(1901)淮陽成文信刻本
四冊

220000－0803－0001061　經 3/29.1－1
書經圖說五十卷　（清）孫家鼐等撰　清光緒
三十一年(1905)石印本　十六冊

220000－0803－0001062　經 3/29.1－2
書經圖說五十卷　（清）孫家鼐等撰　清光緒
三十一年(1905)石印本　十六冊

220000－0803－0001063　經 3/29.1－3
書經圖說五十卷　（清）孫家鼐等撰　清光緒
三十一年(1905)石印本　十六冊

220000－0803－0001064　經 3/29.1－4
書經圖說五十卷　（清）孫家鼐等撰　清光緒
三十一年(1905)石印本　十六冊

220000 - 0803 - 0001065　經 3/30

書古微十二卷首一卷　(清)魏源撰　清光緒四年(1878)淮南書局刻本　四冊

220000 - 0803 - 0001066　經 3/31

書六卷首一卷　(宋)蔡沈集傳　(元)鄒季友音釋　清光緒十五年(1889)江南書局刻本　六冊

220000 - 0803 - 0001067　經 3/35

楊子書繹六卷　(清)楊文彩撰　清光緒二年(1876)刻本　十冊

220000 - 0803 - 0001068　經 3/36

寫定尚書一卷　(清)吳汝綸校寫　清光緒十八年(1892)桐城吳氏家塾石印本　一冊

220000 - 0803 - 0001069　經 3/39

書經精華六卷　(清)薛嘉穎撰　清同治八年(1869)光霽堂刻本　六冊

220000 - 0803 - 0001070　經 3/41

書經增訂旁訓四卷　(宋)蔡沈集傳　清道光二十二年(1842)掃葉山房刻本　四冊

220000 - 0803 - 0001071　經 3/44

禹貢水道考異南條五卷首一卷北條五卷首一卷　(清)方坦撰　清光緒十七年(1891)務本書局刻本　四冊

220000 - 0803 - 0001072　經 4/2.3

毛詩不分卷　(漢)毛亨傳　清刻本　四冊

220000 - 0803 - 0001073　經 4/3.1 - 1

毛詩稽古編三十卷　(清)陳啓源述　清嘉慶十八年(1813)刻本　十二冊

220000 - 0803 - 0001074　經 4/3.1 - 2

毛詩稽古編三十卷　(清)陳啓源述　(清)龐佑清校　**毛詩稽古編附考一卷**　(清)費雲倬輯　清嘉慶二十年(1815)刻本　八冊

220000 - 0803 - 0001075　經 4/3.1 - 3

毛詩稽古編三十卷　(清)陳啓源述　(清)龐佑清校　清嘉慶十八年(1813)刻本　六冊

220000 - 0803 - 0001076　經 4/4.1

附釋音毛詩注疏二十卷校勘記二十卷　(漢)毛亨傳　(漢)鄭玄箋　(唐)陸德明釋　(唐)孔穎達疏　(清)阮元校勘　(清)盧宣旬摘錄　清光緒十八年(1892)湖南寶慶務本書局刻本　二十一冊

220000 - 0803 - 0001077　經 4/4.2 - 1

毛詩注疏三十卷　(漢)毛亨傳　(漢)鄭玄箋　(唐)陸德明釋　(唐)孔穎達疏　清同治十年(1871)刻本　八冊　存十二卷(十九至三十)

220000 - 0803 - 0001078　經 4/4.2 - 2

毛詩注疏三十卷　(漢)毛亨傳　(漢)鄭玄箋　(唐)陸德明釋　(唐)孔穎達疏　清同治十年(1871)刻本　三冊　存四卷(十七至十八、二十、二十二)

220000 - 0803 - 0001079　經 4/5

毛詩補疏五卷　(清)焦循著　清嘉慶刻本　二冊

220000 - 0803 - 0001080　經 4/7

毛詩禮徵十卷　(清)包世榮述　清道光七年(1827)刻本　六冊

220000 - 0803 - 0001081　經 4/8

毛詩草木鳥獸蟲魚疏二卷　(三國吳)陸璣撰　清光緒十二年(1886)上海聚珍仿宋印書局刻本　一冊

220000 - 0803 - 0001082　經 4/9

毛詩故訓傳定本三十卷　(清)段玉裁撰　清嘉慶二十一年(1816)段氏七葉衍祥堂刻本　六冊

220000 - 0803 - 0001083　經 4/10

毛鄭詩斠議一卷　羅振玉撰　清光緒十六年(1890)鉛印本　一冊

220000 - 0803 - 0001084　經 4/11

呂氏家塾讀詩記三十二卷　(宋)呂祖謙撰　清同治十二年(1873)永康胡氏退補齋刻本　十二冊

220000 - 0803 - 0001085　經 4/12

詩經二十卷　(漢)毛亨傳　(漢)鄭玄箋

（明）金蟠訂　清永懷堂刻浙江書局補刻本
三冊

220000－0803－0001086　經 4/13.1

詩經八卷　（宋）朱熹集傳　清光緒十二年
(1886)掃葉山房刻本　四冊

220000－0803－0001087　經 4/13.1－2

詩經八卷　（宋）朱熹集傳　清光緒十七年
(1891)掃葉山房刻本　四冊

220000－0803－0001088　經 4/13.2

詩經八卷　（宋）朱熹集傳　清光緒二十二年
(1896)金陵書局刻本　四冊

220000－0803－0001089　經 4/13.3

詩經八卷　（宋）朱熹集傳　清光緒六年
(1880)刻本　四冊

220000－0803－0001090　經 4/13.6

詩經八卷　（宋）朱熹集傳　清光緒十九年
(1893)刻本　四冊

220000－0803－0001091　經 4/13.7

詩八卷　（宋）朱熹集傳　清光緒十八年
(1892)成文信記刻本　四冊

220000－0803－0001092　經 4/13.8－2

詩經八卷　（宋）朱熹集傳　清光緒十七年
(1891)掃葉山房刻本　四冊

220000－0803－0001093　經 4/13.8－3

詩經八卷　（宋）朱熹集傳　清光緒十七年
(1891)江左書林刻本　四冊

220000－0803－0001094　經 4/13.8－4

詩經八卷　（宋）朱熹集傳　清光緒十七年
(1891)掃葉山房刻本　四冊

220000－0803－0001095　經 4/16.1－1

詩毛氏傳疏三十卷釋毛詩音四卷毛詩說一卷
毛詩傳義類一卷鄭氏箋攷微一卷　（清）陳奐
學　清光緒十年(1884)校經山房刻本　十
二冊

220000－0803－0001096　經 4/16.1－2

詩毛氏傳疏三十卷　（清）陳奐學　清光緒十
年(1884)掃葉山房刻本　六冊　存十八卷

(一至十八)

220000－0803－0001097　經 4/17

詩異文錄三卷　（清）黃位清撰　清道光十九
年(1839)刻本　三冊

220000－0803－0001098　經 4/18.1

詩古微二卷　（清）魏源撰　清刻本　四冊

220000－0803－0001099　經 4/18.2

詩古微十五卷首一卷　（清）魏源撰　清光緒
掃葉山房刻本　十二冊

220000－0803－0001100　經 4/19

詩說十卷　（宋）劉克撰　清道光八年(1828)
刻本　四冊

220000－0803－0001101　經 4/21.1

詩地理攷六卷　（宋）王應麟撰　明末汲古閣
刻本　六冊

220000－0803－0001102　經 4/21.2

經學輯要二十四卷　（宋）王應麟撰　清光緒
十三年(1887)點石齋石印本　一冊　存三卷
(六至八)

220000－0803－0001103　經 4/23.1－1

欽定詩經傳說彙纂二十一卷首二卷　（清）王
鴻緒等纂　清光緒四年(1878)廣州翰墨園刻
本　十六冊

220000－0803－0001104　經 4/23.1－2

欽定詩經傳說彙纂二十一卷　（清）王鴻緒等
纂　清刻本　二冊　存六卷(十四至十九)

220000－0803－0001105　經 4/25

詩經精華十卷　（清）薛嘉穎輯　清光緒九年
(1883)掃葉山房刻本　八冊

220000－0803－0001106　經 4/26

詩經四卷　（宋）朱熹集注　清仁記書局刻本
四冊

220000－0803－0001107　經 4/27.1－3

詩緝三十六卷　（宋）嚴粲述　清嘉慶十五年
(1810)刻本　十二冊

220000－0803－0001108　經 4/28.1

御纂詩義折中二十卷　（清）傅恒等撰　清道光長蘆鹽運使如山刻本　六冊

220000－0803－0001109　經4/28.3
御纂詩義折中二十卷　（清）傅恒等撰　清掃葉山房刻本　十二冊

220000－0803－0001110　經4/29
詩二十卷詩序一卷詩札記一卷　（宋）朱熹集傳　（元）許謙音釋　（清）羅復纂輯　清咸豐七年(1857)海昌蔣氏衍芬草堂刻本　六冊

220000－0803－0001111　經4/30
詩譜一卷　（漢）鄭玄撰　（清）丁晏編　清嘉慶二十五年(1820)邵武徐氏刻本　一冊

220000－0803－0001112　經4/31
詩譜一卷　（漢）鄭玄撰　（清）丁晏編　清嘉慶二十五年(1820)邵武徐氏刻本　一冊

220000－0803－0001113　經4/34
詩故攷異三十二卷　（清）徐華嶽輯　清道光十二年(1832)刻本　八冊

220000－0803－0001114　經4/35
蜀石經殘字一卷　（清）陳宗彝輯　清道光六年(1826)三山陳氏刻本　一冊

220000－0803－0001115　經4/38
韓詩外傳疏證十卷　（清）陳士珂輯　清嘉慶二十三年(1818)刻本　五冊

220000－0803－0001116　經4/40
遵註義釋詩經離句襯解八卷　（清）朱榛編訂　清刻本　四冊

220000－0803－0001117　經4/41
詩經體注大全合參八卷　（清）高朝瓔撰（清）沈世楷輯　清刻本　四冊

220000－0803－0001118　經4/42
新增詩經補注附考備旨八卷　（清）鄒聖脈纂輯　清刻本　八冊

220000－0803－0001119　經4/43
詩經體注大全體要八卷　（清）高朝瓔纂輯　清光緒五年(1879)刻本　四冊

220000－0803－0001120　經4/44
遵註義釋詩經離句襯解八卷　（清）朱榛編訂　清刻本　四冊

220000－0803－0001121　經4/45
慎詒堂詩經八卷　（宋）朱熹集傳　清慎詒堂刻本　四冊

220000－0803－0001122　經4/46
詩經嫏嬛體注大全八卷　（明）黃文煥輯注　清道光二十七年(1847)刻本　四冊

220000－0803－0001123　經5/2.2
新定三禮圖二十卷　（宋）聶崇義集注　清同治鍾謙鈞刻本　二冊

220000－0803－0001124　經5/3.3
五禮通考二百六十二卷總目二卷首四卷　（清）秦蕙田編輯　清光緒六年(1880)江蘇書局刻本　一百冊

220000－0803－0001125　經5/4
求古錄禮說十六卷補遺一卷鄉黨正義一卷　（清）金鶚撰　清南菁書院刻本　六冊

220000－0803－0001126　經5/5
禮說十四卷附大學說一卷　（清）惠士奇撰　清嘉慶二年(1797)刻本　八冊

220000－0803－0001127　經5/6
禮書綱目八十五卷首三卷　（清）江永編　清嘉慶十五年(1810)刻本　二十冊

220000－0803－0001128　經5/7
禮論略鈔一卷　（清）凌曙撰　清道光六年(1826)刻本　一冊

220000－0803－0001129　經5/8
禮書通故五十卷　（清）黃以周述　清光緒十九年(1893)定海黃氏試館刻本　二十九冊　存四十八卷(一至九、十二至五十)

220000－0803－0001130　經5.1/2
考工記辨證三卷考工記補疏一卷　陳衍證疏　清光緒陳氏石遺室刻本　二冊

220000－0803－0001131　經5.1/3.1
周禮十二卷　（漢）鄭玄注　札記一卷　（清）

黃丕烈撰　清嘉慶二十三年(1818)黃氏士禮居刻本　四冊

220000－0803－0001132　經5.1/4.1

周禮六卷　(漢)鄭玄注　(唐)陸德明音義清嘉慶十一年(1806)順德清芬閣刻本　六冊

220000－0803－0001133　經5.1/4.2

周禮六卷　(漢)鄭玄注　(唐)陸德明音義清同治十三年(1874)湖南書局刻本　六冊

220000－0803－0001134　經5.1/4.3

周禮十二卷　〔漢)鄭玄注　(唐)陸德明音義清光緒三年(1877)永康胡氏退補齋刻本二冊

220000－0803－0001135　經5.1/5.1

周禮注疏四十二卷附考證四十二卷　(漢)鄭玄注　(唐)陸德明音義　清同治十年(1871)刻本　十二冊　存七十二卷(周禮注疏七至四十二、考證七至四十二)

220000－0803－0001136　經5.1/5.2－1

附釋音周禮注疏四十二卷校勘記四十二卷(漢)鄭玄注　(唐)陸德明音義　(唐)賈公彥疏　(清)阮元校勘　清光緒十八年(1892)湖南寶慶務本書局刻本　十六冊

220000－0803－0001137　經5.1/5.2－2

附釋音周禮注疏四十二卷校勘記四十二卷(漢)鄭玄注　(唐)陸德明音義　(唐)賈公彥疏　(清)阮元校勘　清光緒十八年(1892)湖南寶慶務本書局刻本　十八冊

220000－0803－0001138　經5.1/5.3

附釋音周禮注疏四十二卷校勘記四十二卷(漢)鄭玄注　(唐)陸德明音義　(唐)賈公彥疏　(清)阮元校勘　清道光六年(1826)江西南昌府學刻本　十六冊

220000－0803－0001139　經5.1/6.1－1

周禮節訓六卷　(清)黃叔琳原定　(清)姚培謙重訂　(清)王永祺參閱　清光緒十二年(1886)蘇州校經山房刻本　二冊

220000－0803－0001140　經5.1/6.1－2

周禮節訓六卷　(清)黃叔琳原定　(清)姚培謙重訂　(清)王永祺參閱　清光緒十二年(1886)蘇州掃葉山房刻本　二冊

220000－0803－0001141　經5.1/6.2－1

周禮節訓六卷　(清)黃叔琳原定　(清)姚培謙重訂　(清)王永祺參閱　清同治六年(1867)刻本　二冊

220000－0803－0001142　經5.1/6.2－2

周禮節訓六卷　(清)黃叔琳原定　(清)姚培謙重訂　(清)王永祺參閱　清同治六年(1867)刻本　二冊

220000－0803－0001143　經5.1/6.2－3

周禮節訓六卷　(清)黃叔琳原定　(清)姚培謙重訂　(清)王永祺參閱　清同治六年(1867)刻本　二冊

220000－0803－0001144　經5.1/7.1

周禮精華六卷　(清)陳龍標輯　清咸豐元年(1851)刻本　六冊

220000－0803－0001145　經5.1/7.2

周禮精華六卷　(清)陳龍標輯　清光緒十一年(1885)刻本　六冊

220000－0803－0001146　經5.1/8.1－2

欽定周官義疏四十八卷首一卷　(清)鄂爾泰等總裁　清同治七年(1868)浙江李瀚章刻本十八冊　存三十五卷(一至二十六、四十一至四十八,首一卷)

220000－0803－0001147　經5.1/8.2

欽定周官義疏四十八卷首一卷　(清)鄂爾泰等總裁　清同治七年(1868)浙江李瀚章刻本二十四冊

220000－0803－0001148　經5.1/9

周禮折衷四卷師友雅言一卷　(宋)魏了翁撰清望三益齋刻本　二冊

220000－0803－0001149　經5.1/10

繪圖周禮便蒙課本六卷　(清)黃崑圃撰　清光緒三十二年(1906)南洋官書局石印本二冊

220000－0803－0001150　經5.1/11
周禮正義八十六卷　(清)孫詒讓正義　清光緒三十一年(1905)鉛印本　二十冊

220000－0803－0001151　經5.1/12
周禮精義六卷　(清)黃淦纂　清嘉慶十六年(1811)刻本　三冊

220000－0803－0001152　經5.1/13
周禮漢讀考六卷　(清)段玉裁考　清嘉慶刻本　五冊

220000－0803－0001153　經5.1/14
禘祫觶解篇一卷　(清)孔廣林撰　清刻本　一冊

220000－0803－0001154　經5.1/15
吉凶服名用篇八卷敍錄一卷　(清)孔廣林撰　清刻本　一冊

220000－0803－0001155　經5.2/1
六禮或問十二卷首一卷末一卷　(清)汪紱撰　清光緒二十一年(1895)刻本　四冊

220000－0803－0001156　經5.2/2.1
天子肆獻祼饋食禮三卷　(清)任啓運纂　清光緒十一年(1885)浙江書局刻本　一冊

220000－0803－0001157　經5.2/2.2
天子肆獻祼饋食禮纂三卷朝廟宮室考一卷宮室圖一卷田賦考一卷　(清)任啓運纂　清光緒十四年(1888)家塾刻本　二冊

220000－0803－0001158　經5.2/3
任釣臺先生遺書四卷　(清)任啓運纂　清嘉慶十五年(1810)瀨上彭信刻本　四冊

220000－0803－0001159　經5.2/4
制服成誦編不分卷　(清)周保珪撰　清光緒二十一年(1895)武林王氏紅蝠山房石印本　一冊

220000－0803－0001160　經5.2/6.1
儀禮十七卷　(漢)鄭玄注　清刻本　四冊

220000－0803－0001161　經5.2/6.2
儀禮十七卷　(漢)鄭玄注　清同治九年(1870)楚北崇文書局刻本　二冊

220000－0803－0001162　經5.2/6.3
儀禮士冠禮箋一卷　(清)孔廣林箋　清嘉慶十七年(1812)刻本　一冊

220000－0803－0001163　經5.2/7.3
儀禮十七卷　(漢)鄭玄注　清道光十四年(1834)立本齋刻本　四冊

220000－0803－0001164　經5.2/8.1－1
儀禮疏五十卷　(唐)賈公彥等撰　清道光十年(1830)汪氏藝芸書舍刻本　十二冊

220000－0803－0001165　經5.2/8.1－2
儀禮疏五十卷　(唐)賈公彥等撰　清道光十年(1830)汪氏藝芸書舍刻本　十二冊

220000－0803－0001166　經5.2/8.2－1
儀禮疏五十卷校勘記五十卷　(唐)賈公彥等撰　清光緒十八年(1892)湖南寶慶務本書局刻本　二十冊　存九十二卷(儀禮疏一至五、八至四十八,校勘記一至五、八至四十八)

220000－0803－0001167　經5.2/8.2－2
儀禮疏五十卷校勘記五十卷　(唐)賈公彥等撰　清光緒十八年(1892)湖南寶慶務本書局刻本　十六冊

220000－0803－0001168　經5.2/8.3
儀禮注疏十七卷附考證十七卷　(漢)鄭玄注　(唐)陸德明音義　(唐)賈公彥疏　清同治十年(1871)刻本　九冊　存三十二卷(儀禮注疏二至十七、考證二至十七)

220000－0803－0001169　經5.2/9.1－1
儀禮十七卷附唐石經正誤一卷儀禮監本正誤一卷　(漢)鄭玄注　(唐)陸德明音義　(清)張爾岐句讀　清光緒十七年(1891)務本書局刻本　六冊

220000－0803－0001170　經5.2/9.1－2
儀禮十七卷附唐石經正誤一卷儀禮監本正誤一卷　(漢)鄭玄注　(唐)陸德明音義　(清)張爾岐句讀　清光緒十七年(1891)務本書局刻本　六冊

220000－0803－0001171　經5.2/10

儀禮經傳通解三十七卷　（宋）朱熹集注　清
呂氏寶誥堂刻本　十冊

220000－0803－0001172　經5.2/11
儀禮經傳通解續二十九卷　（宋）黃榦　（宋）
楊復撰　清呂氏寶誥堂刻本　八冊　存十卷
（一至三、二十三至二十九）

220000－0803－0001173　經5.2/12
儀禮圖六卷　（清）張惠言撰　清同治九年
（1870）楚北崇文書局刻本　三冊

220000－0803－0001174　經5.2/14
儀禮十七卷　（清）吳廷華章句　清嘉慶三年
（1798）刻本　四冊

220000－0803－0001175　經5.2/15
禮經十七卷　（漢）鄭玄注　王闓運箋　清刻
本　六冊

220000－0803－0001176　經5.3/3
校正孔氏大戴禮記補注十三卷　王樹枏撰
清光緒九年（1883）刻陶廬叢書本　二冊

220000－0803－0001177　經5.3/6
明堂億不分卷　（清）孔廣林說　清刻本
一冊

220000－0803－0001178　經5.3/7.1－1
夏小正戴氏傳四卷附校錄一卷　（宋）傅崧卿
注　清吳縣黃氏刻本　一冊

220000－0803－0001179　經5.3/7.1－2
夏小正戴氏傳四卷附校錄一卷　（宋）傅崧卿
注　清吳縣黃氏刻本　一冊

220000－0803－0001180　經5.3/7.1－3
夏小正戴氏傳四卷附校錄一卷　（宋）傅崧卿
注　清吳縣黃氏刻本　一冊

220000－0803－0001181　經5.3/8
夏小正經傳集解四卷　（宋）傅崧卿注　清道
光元年（1821）刻本　一冊

220000－0803－0001182　經5.3/9
夏小正通釋一卷　（清）梁章鉅輯　清光緒十
三年（1887）浙江書局刻本　一冊

220000－0803－0001183　經5.3/10
夏小正經傳考二卷　（清）雷學淇述　清道光
三年（1823）雷氏亦囂囂齋刻本　一冊

220000－0803－0001184　經5.3/15.1
禮記十卷　（元）陳澔集說　清光緒二年
（1876）掃葉山房刻本　十冊

220000－0803－0001185　經5.3/15.2－1
禮記十卷　（元）陳澔集說　清掃葉山房刻本
十冊

220000－0803－0001186　經5.3/15.2－2
禮記十卷　（元）陳澔集說　清光緒十六年
（1890）務本書局刻本　十冊

220000－0803－0001187　經5.3/15.3
禮記十卷　（元）陳澔集說　清刻本　十冊

220000－0803－0001188　經5.3/17.1
禮記訓纂四十九卷　（清）朱彬輯　清咸豐元
年（1851）朱念祖刻本　十冊

220000－0803－0001189　經5.3/17.2
禮記訓纂四十九卷　（清）朱彬輯　清宣統元
年（1909）學部圖書局石印本　十冊

220000－0803－0001190　經5.3/18.1
附釋音禮記註疏六十三卷　（漢）鄭玄註
（唐）孔穎達等疏　（唐）陸德明釋文　清光緒
十八年（1892）湖南寶慶務本書局刻本　三
十冊

220000－0803－0001191　經5.3/18.2－1
禮記注疏六十三卷　（漢）鄭玄注　（唐）陸德
明音義　（唐）孔穎達疏　清同治十年（1871）
刻本　十五冊　存四十七卷（四至五十）

220000－0803－0001192　經5.3/18.2－2
禮記注疏六十三卷　（漢）鄭玄注　（唐）陸德
明音義　（唐）孔穎達疏　清同治十年（1871）
刻本　三冊　存七卷（一至五、十至十一）

220000－0803－0001193　經5.3/19
禮記章句十卷　（清）汪紱章句　清光緒二十
一年（1895）刻本　十冊

220000－0803－0001194　經5.3/20

禮記或問八卷 （清）汪紱撰 清光緒二十二年(1896)刻本 四冊

220000－0803－0001195 經5.3/22

禮記增訂旁訓六卷 （元）□□撰 清嘉慶九年(1804)刻本 六冊

220000－0803－0001196 經5.3/24

禮記要義三十三卷 （宋）魏了翁撰 清刻本 六冊 存二十八卷(六至三十三)

220000－0803－0001197 經5.3/25

禮記約編啙鳳十卷 （清）汪基改編 （清）江永校纂 清光緒三十四年(1908)上海廣益書局石印本 六冊

220000－0803－0001198 經5.3/26

禮記補疏三卷 （清）焦循撰 清嘉慶刻本 一冊

220000－0803－0001199 經5.3/27

續禮記集說一百卷 （清）杭世駿撰 清光緒二十一年至三十年(1895－1904)浙江書局刻本 四十冊

220000－0803－0001200 經5.3/28.1－1

禮記心典傳本三卷 （清）胡瑤光輯 清光緒六年(1880)刻本 四冊

220000－0803－0001201 經5.3/28.1－2

禮記心典傳本三卷 （清）胡瑤光輯 清光緒六年(1880)掃葉山房刻本 四冊

220000－0803－0001202 經5.3/29

全本禮記體注大全合參（禮記體注大全合參）十卷 （清）徐旦輯 （清）徐瑄補輯 清刻本 十一冊

220000－0803－0001203 經6/2.2

春秋繁露十七卷附錄一卷 （漢）董仲舒撰 清抱經堂刻本 四冊

220000－0803－0001204 經6/2.3

董子春秋繁露十七卷附錄一卷 （漢）董仲舒撰 清光緒二年(1876)浙江書局刻本 二冊

220000－0803－0001205 經6/2.4

春秋繁露注十七卷 （漢）董仲舒撰 （清）凌曙注 清嘉慶二十年(1815)刻本 二冊 存八卷(一至三、十三至十七)

220000－0803－0001206 經6/3.2

春秋大事表五十卷讀春秋偶筆一卷春秋綱領一卷 （清）顧棟高 王先謙輯 清光緒十四年(1888)南菁書院刻本 二十冊

220000－0803－0001207 經6/3.3

春秋大事表五十卷 （清）顧棟高輯 （清）吳光裕參 清同治十二年(1873)刻本 十冊 存十一卷(一至十一)

220000－0803－0001208 經6/3.4

春秋大事表五十卷春秋輿圖一卷附錄一卷春秋綱領一卷讀春秋偶筆一卷 （清）顧棟高輯 （清）吳光裕參 清光緒十四年(1888)陝西求友齋刻本 二十四冊

220000－0803－0001209 經6/4

春秋世族譜一卷 （清）陳厚燿撰 清光緒邵武徐氏刻本 一冊

220000－0803－0001210 經6/5

春秋啖趙集傳纂例十卷 （唐）陸淳撰 清道光刻本 五冊 存八卷(一至八)

220000－0803－0001211 經6/6

春秋增訂旁訓四卷 （宋）胡安國傳 清刻本 二冊

220000－0803－0001212 經6/7

春秋金鎖匙一卷 （元）趙汸撰 清紅欄書屋刻本 一冊

220000－0803－0001213 經6/8

春秋夏正二卷 （清）胡天游著 清道光十年(1830)刻本 一冊

220000－0803－0001214 經6/9

春秋說十六卷首一卷 （清）許揚祖撰 清光緒十六年(1890)刻本 六冊

220000－0803－0001215 經6/10

春秋說略十二卷 （清）郝懿行撰 清光緒七年(1881)趙銘彝刻本 三冊

220000－0803－0001216 經6/11

春秋世族譜一卷補一卷　（清）陳厚燿編
（清）葉蘭補編　清嘉慶五年（1800）刻本
二冊

220000－0803－0001217　經 6/15.3
春秋經傳集解三十卷　（晉）杜預撰　清同治
八年（1869）楚北崇文書局刻本　十六冊

220000－0803－0001218　經 6/15.7
左繡三十卷　（清）馮李驊輯　（清）陸浩評輯
清光緒六年（1880）華川書屋刻本　八冊

220000－0803－0001219　經 6/15.8
左繡三十卷　（清）馮李驊輯　（清）陸浩評輯
清善成堂刻本　十六冊

220000－0803－0001220　經 6/16
春秋經傳闕疑四十五卷　（元）鄭玉撰　清刻
本　十冊

220000－0803－0001221　經 6/19.1－1
春秋左傳五十卷　（晉）杜預注釋　（宋）林堯
叟補注　（唐）陸德明音義　（明）鍾惺等評點
清光緒三十四年（1908）商務印書館石印本
十二冊

220000－0803－0001222　經 6/19.2
春秋左傳五十卷　（晉）杜預注釋　（明）孫鑛
評點　清宣統二年（1910）上海鴻寶齋石印本
十二冊

220000－0803－0001223　經 6/19.3
春秋左傳五十卷　（晉）杜預注釋　（明）孫鑛
評點　清光緒三十年（1904）京都鴻文齋石印
本　十二冊

220000－0803－0001224　經 6/19.4－1
春秋左傳五十卷　（晉）杜預注釋　（宋）林堯
叟補注　（唐）陸德明音義　（明）鍾惺等評點
清刻本　四冊　存二十四卷（二十七至五
十）

220000－0803－0001225　經 6/19.4－2
春秋左傳五十卷　（晉）杜預注釋　（宋）林堯
叟補注　（唐）陸德明音義　（明）鍾惺等評點
清刻本　八冊　存二十四卷（二十七至五
十）

220000－0803－0001226　經 6/19.5
春秋左傳五十卷　（晉）杜預注釋　（宋）林堯
叟補注　（唐）陸德明音義　（明）鍾惺等評點
清刻本　八冊　存二十四卷（二十七至五
十）

220000－0803－0001227　經 6/19.7
春秋左傳五十卷　（晉）杜預注釋　（宋）林堯
叟補注　（唐）陸德明音義　（明）鍾惺等評點
清道光二十年（1840）刻本　十六冊

220000－0803－0001228　經 6/20.1－1
春秋左傳杜注（春秋左傳杜注補輯）三十卷首
一卷　（清）姚培謙學　清光緒十六年（1890）
務本書局刻本　十二冊

220000－0803－0001229　經 6/20.1－2
春秋左傳杜注（春秋左傳杜注補輯）三十卷首
一卷　（清）姚培謙學　清光緒十六年（1890）
務本書局刻本　十二冊

220000－0803－0001230　經 6/20.1－3
春秋左傳杜注（春秋左傳杜注補輯）三十卷首
一卷　（清）姚培謙學　清光緒十六年（1890）
思賢講舍刻本　十一冊　存二十六卷（一至
二十六）

220000－0803－0001231　經 6/20.2
春秋左傳杜注（春秋左傳杜注補輯）三十卷首
一卷　（清）姚培謙學　清光緒十五年（1889）
江南書局刻本　十冊

220000－0803－0001232　經 6/21.1－2
春秋經傳集解（春秋左傳）三十卷　（晉）杜預
集解　（宋）林堯叟補注　（唐）陸德明音義
（清）馮李驊　（清）陸浩評輯　清光緒六年
（1880）掃葉山房刻本　八冊　存十五卷（一
至十五）

220000－0803－0001233　經 6/22.1－1
春秋左傳注疏六十卷校勘記六十卷　（晉）杜
預注　（唐）陸德明音義　（唐）孔穎達疏　清
同治十年（1871）刻本　十五冊　存九十卷
（春秋左傳注疏十至五十四、校勘記十至五十

四)

220000－0803－0001234　經6/22.1－2

春秋左傳注疏六十卷校勘記六十卷　（晉）杜預注　（唐）陸德明音義　（唐）孔穎達疏　清同治十年（1871）刻本　六冊　存二十六卷（春秋左傳注疏三十三至三十五、三十九至四十四、五十一至五十二、五十七至五十八，校勘記三十三至三十五、三十九至四十四、五十一至五十二、五十七至五十八）

220000－0803－0001235　經6/23

欽定春秋左傳讀本（春秋左傳讀本）三十卷　（清）英和　（清）黃鉞輯　清同治十一年（1872）山東書局刻本　十六冊

220000－0803－0001236　經6/24

春秋左傳不分卷　（□）□□撰　清同治六年（1867）汲綆齋刻本　八冊

220000－0803－0001237　經6/25

春秋左氏古義六卷　（清）臧壽恭撰　清同治十三年（1874）刻本　二冊

220000－0803－0001238　經6/26

春秋左氏古經十二卷春秋左氏傳五十凡一卷　（清）段玉裁撰　清道光元年（1821）刻本　四冊

220000－0803－0001239　經6/27

春秋左氏傳地名補注（左傳地名補注）十二卷　（清）沈欽韓撰　清刻本　二冊

220000－0803－0001240　經6/28.1

春秋三十卷　（宋）胡安國傳　清刻本　十二冊

220000－0803－0001241　經6/30.1

春秋左氏傳賈服注輯述二十卷　（漢）賈逵（漢）服虔注　（清）李貽德輯　清同治五年（1866）刻本　六冊

220000－0803－0001242　經6/30.1－2

春秋左氏傳賈服注輯述二十卷　（漢）賈逵（漢）服虔注　（清）李貽德輯　清同治五年（1866）刻本　六冊

220000－0803－0001243　經6/32

曲江書屋新訂批注左傳快讀十八卷　（晉）杜預注　（清）李紹崧選訂　清刻本　八冊　存八卷（十一至十八）

220000－0803－0001244　經6/33

左傳舊疏考正（左傳舊疏）八卷　（清）劉文淇撰　清光緒三年（1877）湖北崇文書局刻本　四冊

220000－0803－0001245　經6/34

左傳事緯十二卷　（清）馬驌撰　（清）潘霨校訂　清光緒三十四年（1908）上海文瑞樓石印本　六冊

220000－0803－0001246　經6/35

春秋左氏傳補注十二卷　（清）沈欽韓撰　清光緒吳縣潘氏刻本　三冊

220000－0803－0001247　經6/36

左通補釋三十二卷　（清）梁履繩撰　清道光九年（1829）刻光緒元年（1875）補刻本　十冊

220000－0803－0001248　經6/37.1

春秋公羊傳十一卷　（漢）何休注　（唐）陸德明音義　清光緒二十一年（1895）寶慶務本書局刻本　四冊

220000－0803－0001249　經6/37.2

春秋公羊傳二十八卷　（漢）何休注　（明）金蟠訂　清浙江書局補刻本　三冊

220000－0803－0001250　經6/38

公羊禮說一卷　（清）凌曙撰　清嘉慶二十四年（1819）刻本　一冊

220000－0803－0001251　經6/39

春秋公羊禮疏十一卷　（清）凌曙撰　清嘉慶二十四年（1819）刻本　三冊

220000－0803－0001252　經6/40

春秋問答二卷　（清）凌曙撰　清道光元年（1821）刻本　一冊

220000－0803－0001253　經6/41

何氏公羊解詁十論一卷續十論一卷再續十論一卷　廖平撰　清宣統三年（1911）國學扶輪

社鉛印本　一冊

220000－0803－0001254　經6/43.1
春秋穀梁傳十二卷　（晉）范甯集解　（唐）陸德明音義　清光緒十二年（1886）湖北官書處刻本　四冊

220000－0803－0001255　經6/43.2
春秋穀梁傳十二卷　（晉）范甯集解　（明）金蟠校訂　清永懷堂刻浙江書局補刻本　三冊

220000－0803－0001256　經6/43.3
春秋穀梁傳十二卷　（晉）范甯集解　（唐）陸德明音義　清光緒二十一年（1895）寶慶務本書局刻本　四冊

220000－0803－0001257　經6/44.1－1
監本附音春秋穀梁註疏二十卷　（晉）范甯集解　（唐）楊士勳疏　**校勘記二十卷**　（清）阮元撰　清光緒十八年（1892）湖南寶慶務本書局刻本　六冊

220000－0803－0001258　經6/44.1－2
監本附音春秋穀梁註疏二十卷　（晉）范甯集解　（唐）楊士勳疏　**校勘記二十卷**　（清）阮元撰　清光緒十八年（1892）湖南寶慶務本書局刻本　六冊

220000－0803－0001259　經6/45.1－1
春秋穀梁經傳補注二十四卷首一卷末一卷　（清）鍾文烝撰　清光緒二年（1876）刻本　八冊

220000－0803－0001260　經6/45.1－2
春秋穀梁經傳補注二十四卷首一卷末一卷　（清）鍾文烝撰　清光緒二年（1876）刻本　八冊

220000－0803－0001261　經6/46
春秋穀梁傳時月日書法釋例四卷　（清）許桂林撰　清咸豐四年（1854）刻粵雅堂叢書本　一冊

220000－0803－0001262　經6/48
點評春秋綱目左傳句解彙雋（增批繪圖左傳句解）六卷　（清）韓菼重訂　清末上海錦章

圖書局石印本　六冊

220000－0803－0001263　經6/49
春秋公羊傳音訓不分卷　（清）楊國楨撰　清刻本　二冊

220000－0803－0001264　經7/1.5
孝經一卷　（唐）玄宗李隆基注　清光緒二十二年（1896）務本書局刻本　一冊

220000－0803－0001265　經7/4.1
孝經注疏九卷孝經正義一卷　（唐）玄宗李隆基注　（宋）邢昺疏　**校勘記九卷**　（清）阮元撰　清光緒十八年（1892）湖南寶慶務本書局刻本　一冊

220000－0803－0001266　經7/4.2
孝經注疏九卷　（唐）玄宗李隆基注　（唐）陸德明音義　（宋）邢昺疏　清同治十年（1871）刻本　一冊

220000－0803－0001267　經8/1
大學衍義四十三卷　（宋）真德秀撰　清同治十三年（1874）金陵書局刻本　八冊

220000－0803－0001268　經8/4
四書義十二卷　（清）陸隴其著　**五經義一卷**　（清）王庭著　清光緒二十七年（1901）上海書局石印本　四冊

220000－0803－0001269　經8/5.2
四子書四卷　（□）□□撰　清同治元年（1862）菜根香館刻本　一冊　存三卷（四書句辦一卷、大學一卷、中庸一卷）

220000－0803－0001270　經8/6
大學一卷中庸一卷論語二卷論語傳問注一卷大學傳問注一卷中庸傳問注一卷　（清）李塨注　清末鉛印本　四冊

220000－0803－0001271　經8/8.1
增廣四書題鏡味根錄三十七卷　（清）金澂輯　清光緒二十一年（1895）上海寶文書局石印本　四冊　缺二十卷（論語二十卷）

220000－0803－0001272　經8/8.2
增廣四書題鏡味根錄三十七卷　（清）金澂輯

清光緒十九年(1893)申江袖海山房石印本
八冊

220000－0803－0001273　經 8/9.1
增廣四書題鏡味根錄三十七卷　(清)金澂輯
清光緒二十一年(1895)上海寶文書局石印
本　八冊

220000－0803－0001274　經 8/9.2
四書味根錄三十七卷　(清)金澂輯　清同治
十三年(1874)刻本　八冊　缺十四卷(孟子
一至十四)

220000－0803－0001275　經 8/9.3
四書味根錄三十七卷　(清)金澂輯　清咸豐
十年(1860)綠雲書舍刻本　十六冊

220000－0803－0001276　經 8/9.4
四書味根錄三十六卷　(清)金澂輯　清光緒
九年(1883)上海點石齋石印本　二冊

220000－0803－0001277　經 8/10.3
四書便蒙十七卷　(宋)朱熹集注　清江南李
光明莊刻本　十九冊

220000－0803－0001278　經 8/10.4－1
校經山房監本四書十九卷　(宋)朱熹集注
清上海校經山房刻本　六冊

220000－0803－0001279　經 8/10.4－2
校經山房監本四書十九卷　(宋)朱熹集注
清上海校經山房刻本　六冊

220000－0803－0001280　經 8/10.6
四書章句便蒙十九卷　(宋)朱熹集注　清道
光二十二年(1842)寶恕堂刻本　十四冊

220000－0803－0001281　經 8/10.8－1
四書十九卷　(宋)朱熹集註　清刻本　十冊

220000－0803－0001282　經 8/10.8－2
四書十九卷　(宋)朱熹集註　清同治十三年
(1874)刻本　十冊

220000－0803－0001283　經 8/10.8－3
四書十九卷　(宋)朱熹集註　清刻本　十冊

220000－0803－0001284　經 8/12.1

新訂四書補注備旨十卷　(明)鄧林著　清上
洋著易堂鉛印本　六冊

220000－0803－0001285　經 8/12.2－1
四書補注備旨十卷　(明)鄧林著　清宣統二
年(1910)掃葉山房石印本　八冊

220000－0803－0001286　經 8/12.2－2
四書補注備旨十卷　(明)鄧林著　清宣統二
年(1910)掃葉山房石印本　八冊

220000－0803－0001287　經 8/12.4
四書備旨遵註詳解七卷　(明)鄧林著　清光
緒七年(1881)精一閣鉛印本　四冊

220000－0803－0001288　經 8/14
**四書釋地補一卷續補一卷又續補一卷三續補
一卷**　(清)閻若璩撰　(清)樊廷枚校補　清
嘉慶二十一年(1816)梅陽海涵堂刻本　六冊

220000－0803－0001289　經 8/16
四書訓義三十六卷　(宋)朱熹集註　(清)王
夫之訓義　**四書稗疏二卷四書考異一卷**
(清)王夫之譔　清光緒十三年(1887)潞河啖
柘山房刻本　二十八冊

220000－0803－0001290　經 8/18
四書改錯二十二卷　(清)毛奇齡撰　清嘉慶
十六年(1811)學圃刻本　六冊

220000－0803－0001291　經 8/19
四書異同商不分卷　(清)黃鶴撰　清光緒二
十九年(1903)大文書局刻本　十六冊

220000－0803－0001292　經 8/20
古香齋四書十九卷　(宋)朱熹集註　清光緒
十年(1884)孔氏三十有三萬卷堂刻本　二冊

220000－0803－0001293　經 8/21
集虛齋四書口義十卷　(清)方楘如撰　清掃
葉山房刻本　八冊

220000－0803－0001294　經 8/23.1
四書合講十九卷　(宋)朱熹集註　(清)翁復
編次　清光緒四年(1878)永康胡氏退補齋刻
本　六冊

220000－0803－0001295　經 8/23.2

四書合講十九卷 （宋）朱熹集註 （清）翁復編次 清光緒八年(1882)刻本 六冊

220000－0803－0001296 經 8/24

四書會解三十六卷 （清）綦澧輯 清嘉慶五年(1800)還醇堂刻本 二十四冊

220000－0803－0001297 經 8/26

四書或問三十九卷考異一卷 （宋）朱熹集註 清同治十二年(1873)霍山劉啓發五忠堂刻本 六冊

220000－0803－0001298 經 8/27

四書經註集證十九卷 （清）吳昌宗撰 清咸豐三年(1853)刻本 二十冊

220000－0803－0001299 經 8/30

中西四書不分卷 （明）顏茂猷較正 清光緒三十年(1904)點石齋石印本 六冊

220000－0803－0001300 經 8/31

孟子音義二卷 （宋）孫奭撰 清嘉慶十八年(1813)吳縣黃丕烈士禮居刻本 一冊

220000－0803－0001301 經 8/32.1－1

增補蘇批孟子二卷附孟子年譜一卷 （宋）蘇洵批點 （宋）趙大浣增補 清嘉慶聚祐堂刻朱墨套印本 二冊

220000－0803－0001302 經 8/32.1－2

增補蘇批孟子二卷附孟子年譜一卷 （宋）蘇洵批點 （宋）趙大浣增補 清嘉慶聚祐堂刻朱墨套印本 二冊

220000－0803－0001303 經 8/33.1

孟子十四卷 （漢）趙岐注 （明）金蟠訂 清永懷堂刻浙江書局補刻本 二冊

220000－0803－0001304 經 8/34.1

孟子注疏解經十四卷 （漢）趙岐注 （宋）孫奭疏 校勘記一卷 （清）阮元撰 清光緒十八年(1892)湖南寶慶務本書局刻本 八冊

220000－0803－0001305 經 8/34.2

孟子注疏解經十四卷 （漢）趙岐注 （宋）孫奭疏 清同治十年(1871)刻本 五冊 存十卷(五至十四)

220000－0803－0001306 經 8/35.1－1

孟子正義三十卷 （清）焦循撰 清道光五年(1825)刻本 十冊

220000－0803－0001307 經 8/35.1－2

孟子正義三十卷 （清）焦循撰 清道光五年(1825)刻本 十冊

220000－0803－0001308 經 8/36

讀孟質疑三卷 （清）施彥士輯 孟子時事略一卷 （清）任兆麟述 弟子職集解一卷 （清）莊述祖著 清光緒十二年(1886)吳縣朱氏槐廬家塾刻本 一冊

220000－0803－0001309 經 8/37

朱子論語集注訓詁攷二卷 （清）潘衍桐輯 清光緒十七年(1891)浙江書局刻本 一冊

220000－0803－0001310 經 8/39.1

論語二十卷附孝經九卷 （三國魏）何晏集解 （明）金蟠較訂 清末永懷堂刻浙江書局補刻本 二冊

220000－0803－0001311 經 8/40.1

論語注疏解經十卷 （三國魏）何晏集解 （宋）邢昺疏 札記一卷 劉世珩撰 清光緒三十年至三十二年(1904－1906)貴池劉氏玉海堂刻朱印本 二冊

220000－0803－0001312 經 8/40.2

論語注疏解經十卷 （三國魏）何晏集解 （宋）邢昺疏 札記一卷 劉世珩撰 清光緒十八年(1892)湖南寶慶務本書局刻本 五冊

220000－0803－0001313 經 8/40.3

孝經注疏九卷 （唐）玄宗李隆基注 （唐）陸德明音義 （宋）邢昺疏 論語集解十六卷 （三國魏）何晏集解 （唐）陸德明音義 （宋）邢昺疏 清同治十年(1871)刻本 五冊

220000－0803－0001314 經 8/42

論語補疏三卷 （清）焦循撰 清道光六年(1826)半九書塾刻本 一冊

220000－0803－0001315 經 8/43.1－1

論語後案二十卷 （清）黃式三學 清光緒九

年(1883)浙江書局刻本　十冊

220000－0803－0001316　經8/43.1－2

論語後案二十卷　(清)黃式三學　清光緒九年(1883)浙江書局刻本　十冊

220000－0803－0001317　經8/43.1－3

論語後案二十卷　(清)黃式三學　清光緒九年(1883)浙江書局刻本　十冊

220000－0803－0001318　經8/44.1－1

論語孔注辨偽二卷　(清)沈濤撰　爾雅補注殘本一卷　(清)劉玉麐著　急就章一卷(漢)史游纂　清道光元年(1821)刻本　一冊

220000－0803－0001319　經8/44.1－2

論語孔注辨偽二卷　(清)沈濤撰　清道光元年(1821)刻本　一冊

220000－0803－0001320　經8/44.2

論語孔注辨偽二卷　(清)沈濤撰　清光緒十二年(1886)吳縣朱記榮槐廬家塾刻本　一冊

220000－0803－0001321　經8/45

論語古訓十卷附一卷　(清)陳鱣述　清光緒九年(1883)浙江書局刻本　二冊

220000－0803－0001322　經8/49

增訂二論詳解四卷　(清)劉忠輯　清光緒二十四年(1898)掃葉山房刻本　四冊

220000－0803－0001323　經8/50

四書圖考十三卷　(清)杜炳學　清光緒十三年(1887)鴻文書局石印本　四冊

220000－0803－0001324　經8/51

四書題鏡不分卷總論一卷　(清)汪鯉翔纂述　清同治三年(1864)刻本　十六冊

220000－0803－0001325　經8/53

四書體註三十卷　(清)范翔參訂　清道光二十五年(1845)刻本　六冊

220000－0803－0001326　經8/55

紫陽四書　(宋)朱熹章句　清黃邑四寶齋刻本　一冊　存二種(大學、中庸)

220000－0803－0001327　經9/2

直省釋奠禮樂記六卷首一卷末一卷　(清)應寶時等輯　清同治十二年(1873)刻本　四冊

220000－0803－0001328　經9/3.1－1

律呂通今圖說不分卷律易不分卷　(清)繆闐述　清咸豐十一年(1861)刻本　一冊

220000－0803－0001329　經9/3.1－2

律呂通今圖說不分卷律易不分卷　(清)繆闐述　清同治三年(1864)刻本　三冊

220000－0803－0001330　經10/1.2

澤存堂五種　(清)張士俊輯　清光緒十年至三十年(1884－1904)蔣氏刻本　三冊　存三種十五卷(佩觿三卷、字鑑五卷、群經音辨七卷)

220000－0803－0001331　經10/2

小學彙函十四種　(清)鍾謙鈞輯　清末刻本　一冊　存三種五卷(干祿字書一卷、五經文字三卷、新加九經字樣一卷)

220000－0803－0001332　經10/5

臧氏述錄五種　(清)臧庸輯　清嘉慶四年(1799)臧氏刻本　十冊

220000－0803－0001333　經10.1/1.1－1

小學鉤沈十九卷　(清)任大椿撰　(清)王念孫校　清光緒十年(1884)龍氏刻本　四冊

220000－0803－0001334　經10.1/1.1－2

小學鉤沈十九卷　(清)任大椿撰　(清)王念孫校　清光緒十年(1884)龍氏刻本　四冊

220000－0803－0001335　經10.1/1.2

小學鉤沈十九卷　(清)任大椿撰　(清)王念孫校　清光緒十年(1884)李氏半畝園刻本　六冊

220000－0803－0001336　經10.1/3

名義備考四卷　(日本)邨山緯纂　清道光十二年(1832)補刻本　二冊

220000－0803－0001337　經10.1/5

急就篇四卷　(漢)史游撰　(唐)顏師古注(宋)王應麟補注　清光緒六年(1880)福山王氏刻本　二冊

220000－0803－0001338　經10.1/6

倉頡篇校證三卷補遺一卷　（清）孫星衍撰
（清）梁章鉅校正並補遺　清光緒五年（1879）
蘇州寶華山房刻本　二冊

220000－0803－0001339　經10.1/7.1－1

廣雅補疏四卷　（三國魏）張揖撰　王樹枏補
疏　清光緒十六年（1890）新城王氏文莫室刻
本　一冊

220000－0803－0001340　經10.1/7.1－2

廣雅補疏四卷　（三國魏）張揖撰　王樹枏補
疏　清光緒十六年（1890）新城王氏文莫室刻
本　一冊

220000－0803－0001341　經10.1/8.1－1

廣雅疏證十卷　（清）王念孫學　（清）王引之
述　**博雅音十卷**　（隋）曹憲撰　清嘉慶刻本
二十四冊

220000－0803－0001342　經10.1/8.1－2

廣雅疏證十卷　（清）王念孫學　（清）王引之
述　**博雅音十卷**　（隋）曹憲撰　清嘉慶元年
（1796）刻本　八冊

220000－0803－0001343　經10.1/8.1－3

廣雅疏證十卷　（清）王念孫學　（清）王引之
述　清光緒五年（1879）淮南書局刻本　七冊

220000－0803－0001344　經10.1/9

廣雅十卷　（三國魏）張揖撰　（隋）曹憲音解
（宋）張栻校刊　清刻本　二冊

220000－0803－0001345　經10.1/10

小爾雅一卷　（漢）孔鮒撰　（清）朱駿聲約注
清光緒八年（1882）刻本　一冊

220000－0803－0001346　經10.1/11

小爾雅疏證八卷　（清）葛其仁撰　（清）王煦
集　清光緒十一年（1885）邵武徐氏刻本
二冊

220000－0803－0001347　經10.1/12.1

爾雅三卷　（晉）郭璞注　（唐）陸德明音義
清光緒九年（1883）遵義黎氏仿宋刻本　三冊

220000－0803－0001348　經10.1/12.2

爾雅十一卷　（晉）郭璞注　（唐）陸德明音義
明永懷堂刻清浙江書局補刻本　三冊

220000－0803－0001349　經10.1/12.3

爾雅三卷　（晉）郭璞注　（唐）陸德明音義
清嘉慶十一年（1806）吳門顧氏思適齋刻本
三冊

220000－0803－0001350　經10.1/12.5－1

爾雅三卷　（晉）郭璞注　（唐）陸德明音義
清光緒十二年（1886）湖北官書局刻本　三冊

220000－0803－0001351　經10.1/12.5－2

爾雅三卷　（晉）郭璞注　（唐）陸德明音義
清同治七年（1868）湖北崇文書局刻本　三冊

220000－0803－0001352　經10.1/13.1

爾雅音圖四卷　（晉）郭璞注　（唐）陸德明音
義　清嘉慶六年（1801）刻本　三冊

220000－0803－0001353　經10.1/13.2

爾雅三卷　（晉）郭璞注　（唐）陸德明音義
清光緒二十二年（1896）文海書局石印本
二冊

220000－0803－0001354　經10.1/14.2

爾雅疏十卷　（宋）邢昺疏　清光緒四年
（1878）吳興陸氏十萬卷樓刻本　二冊

220000－0803－0001355　經10.1/14.3

爾雅疏十卷　（晉）郭璞注　（宋）邢昺疏　**校
勘記一卷**　（清）阮元撰　（清）盧宣旬摘錄
清光緒十八年（1892）湖南寶慶務本堂刻本
六冊

220000－0803－0001356　經10.1/15.2－1

爾雅郭注義疏（爾雅義疏）二十卷　（清）郝懿
行學　清光緒七年（1881）刻本　八冊

220000－0803－0001357　經10.1/15.2－2

爾雅郭注義疏（爾雅義疏）二十卷　（清）郝懿
行學　清光緒十四年（1888）湖北官書處刻本
八冊

220000－0803－0001358　經10.1/15.2－3

爾雅郭注義疏（爾雅義疏）二十卷　（清）郝懿
行學　清同治五年（1866）刻本　六冊

220000－0803－0001359　經 10.1/16
爾雅正義二十卷　（清）邵晉涵撰集　爾雅釋
文三卷　（唐）陸德明撰　清末刻本　八冊

220000－0803－0001360　經 10.1/17
爾雅補注四卷　（清）周春撰　清光緒三十四
年(1908)長沙葉德輝刻本　二冊

220000－0803－0001361　經 10.1/19
爾雅小箋三卷　（清）江藩撰　鄭氏六藝論一
卷　（清）臧琳輯　清光緒十九年(1893)南陵
徐氏刻本　一冊

220000－0803－0001362　經 10.1/20
爾雅正郭三卷　（清）潘衍桐學　清光緒十七
年(1891)刻本　一冊

220000－0803－0001363　經 10.1/21
爾雅郭注佚存補訂二十卷　王樹枏撰　清光
緒十八年(1892)新城王氏文莫室刻本　六冊

220000－0803－0001364　經 10.1/23.1
駢雅訓纂十六卷序目一卷補遺一卷　（明）朱
謀㙔撰　（清）魏茂林訓纂　清道光二十五年
(1845)刻咸豐元年(1851)補刻本　八冊

220000－0803－0001365　經 10.1/23.2
駢雅訓纂十六卷序目一卷補遺一卷　（明）朱
謀㙔撰　（清）魏茂林訓纂　清光緒七年
(1881)成都瀹雅齋刻本　八冊

220000－0803－0001366　經 10.1/25
釋名疏證補八卷續釋名一卷釋名補遺一卷釋
名疏證補附一卷　（漢）劉熙撰　王先謙撰集
清光緒二十二年(1896)思賢書局刻本
三冊

220000－0803－0001367　經 10.1/26
急就篇補注四卷　（漢）史游撰　（宋）王應麟
補注　清光緒九年(1883)浙江書局刻本
二冊

220000－0803－0001368　經 10.1/27
姓氏急就篇二卷　（宋）王應麟撰　清光緒九
年(1883)浙江書局刻本　一冊

220000－0803－0001369　經 10.1/29

220000－0803－0001369　經 10.1/29
經典釋文三十卷　（唐）陸德明撰　經典釋文
攷證三十卷　（清）盧文弨綴輯　清同治十三
年(1874)成都尊經書院刻本　十冊

220000－0803－0001370　經 10.1/30
急就篇四卷　（漢）史游撰　（唐）顏師古注
清汲古閣刻本　一冊　存一卷(三)

220000－0803－0001371　經 10.1/32
邇言六卷　（清）錢大昭撰　清光緒四年
(1878)葛氏嘯園刻本　二冊

220000－0803－0001372　經 10.2/2
十三經集字音釋四卷　（清）黃蕙田音釋　十
三經不貳字一卷　（清）李蘭蓀著　清光緒十
四年(1888)刻本　六冊

220000－0803－0001373　經 10.2/3.1
大廣益會玉篇三十卷　（南朝梁）顧野王撰
（宋）陳彭年等重修　清刻本　八冊

220000－0803－0001374　經 10.2/6.1－1
六書通十卷　（明）閔齊伋撰　（清）畢弘述纂
訂　清光緒十九年(1893)上海校經山房石印
本　五冊

220000－0803－0001375　經 10.2/9
六書正譌五卷　（元）周伯琦撰　（明）胡正言
訂纂　明崇禎十竹齋刻本　五冊

220000－0803－0001376　經 10.2/10
六書分類十二卷首一卷　（清）傅世垚撰　清
嘉慶元年(1796)聽松閣刻本　十三冊

220000－0803－0001377　經 10.2/11
五經文字三卷　（清）張參撰　新加九經字樣
一卷　（唐）唐玄度撰　清道光二十九年
(1849)玲瓏山館刻本　四冊

220000－0803－0001378　經 10.2/12
干祿字書一卷　（唐）顏元孫撰　清嘉慶十年
(1805)江寧王氏書局刻本　一冊

220000－0803－0001379　經 10.2/15.1－1
字彙四卷　（明）梅膺祚音釋　清古渝善成堂
刻本　四冊

220000－0803－0001380　經 10.2/15.1－2

字彙四卷 （明）梅膺祚音釋 清古渝善成堂刻本 四冊

220000－0803－0001381 經10.2/16

石經彙函十種 （清）王秉恩輯 清光緒十六年(1890)刻本 八冊

220000－0803－0001382 經10.2/17

十三經刻石 （□）□□撰 清嘉慶八年(1803)拓本 一百三十八冊

220000－0803－0001383 經10.2/19.1－1

唐石經校文十卷 （清）嚴可均撰 清嘉慶九年(1804)刻本 六冊

220000－0803－0001384 經10.2/19.1－2

唐石經校文十卷 （清）嚴可均撰 清嘉慶九年(1804)刻本 四冊

220000－0803－0001385 經10.2/20.1－1

古籀拾遺三卷宋政和禮器文字考一卷 （清）孫詒讓撰 清光緒十四年至十六年(1888－1890)刻本 一冊

220000－0803－0001386 經10.2/20.1－2

古籀拾遺三卷宋政和禮器文字考一卷 （清）孫詒讓撰 清光緒十四年至十六年(1888－1890)刻本 一冊

220000－0803－0001387 經10.2/22

四書不二字音釋七卷 （清）楊昕音釋 清光緒十年(1884)綠慎堂刻本 二冊

220000－0803－0001388 經10.2/23.1－1

汗簡箋正七卷首一卷末一卷 （五代）郭忠恕撰 （清）鄭珍箋正 清光緒十五年(1889)廣雅書局刻本 四冊

220000－0803－0001389 經10.2/23.1－2

汗簡箋正七卷首一卷末一卷 （五代）郭忠恕撰 （清）鄭珍箋正 清光緒十五年(1889)廣雅書局刻本 四冊

220000－0803－0001390 經10.2/26

字彙十二卷首一卷末一卷 （明）梅膺祚撰 清光緒九年(1883)掃葉山房刻本 十三冊

220000－0803－0001391 經10.2/28.1－1

字典考證十二集 （清）奕繪等輯 清光緒二年(1876)崇文書局刻本 六冊

220000－0803－0001392 經10.2/28.1－2

字典考證十二集 （清）奕繪等輯 清道光十一年(1831)刻本 八冊

220000－0803－0001393 經10.2/29.1

字林考逸八卷 （清）任大椿撰 清光緒七年(1881)會稽章壽康刻本 二冊

220000－0803－0001394 經10.2/30

增注字類標韻六卷 （清）華綱鑒定 清光緒二年(1876)鉛印本 一冊

220000－0803－0001395 經10.2/36.1－1

苗氏說文四種四十六卷 （清）苗夔撰 清道光、咸豐壽陽祁氏漢磚亭刻本 八冊

220000－0803－0001396 經10.2/36.1－2

苗氏說文四種四十六卷 （清）苗夔撰 清道光、咸豐壽陽祁氏漢磚亭刻本 八冊

220000－0803－0001397 經10.2/37

班馬字類二卷 （宋）婁機撰 清道光二十九年(1849)玲瓏山館刻本 二冊

220000－0803－0001398 經10.2/39.2－1

康熙字典十二集三十六卷總目一卷檢字一卷辨似一卷等韻一卷補遺一卷備考一卷 （清）張玉書等纂修 清道光七年(1827)刻本 四十冊

220000－0803－0001399 經10.2/39.2－2

康熙字典十二集三十六卷總目一卷檢字一卷辨似一卷等韻一卷補遺一卷備考一卷 （清）張玉書等纂修 清道光七年(1827)刻本 四十冊

220000－0803－0001400 經10.2/39.2－3

康熙字典十二集三十六卷總目一卷檢字一卷辨似一卷等韻一卷補遺一卷備考一卷 （清）張玉書等纂修 清道光七年(1827)刻本 四十冊

220000－0803－0001401 經10.2/39.2－4

康熙字典十二集三十六卷總目一卷檢字一卷

辨似一卷等韻一卷補遺一卷備考一卷　（清）
張玉書等纂修　清道光七年(1827)刻本　四
十冊

220000－0803－0001402　經10.2/39.2－5
康熙字典十二集三十六卷總目一卷檢字一卷
辨似一卷等韻一卷補遺一卷備考一卷　（清）
張玉書等纂修　清道光七年(1827)刻本　四
十冊

220000－0803－0001403　經10.2/39.3－1
康熙字典十二集三十六卷總目一卷檢字一卷
辨似一卷等韻一卷補遺一卷備考一卷　（清）
張玉書等纂修　清光緒八年(1882)上海點石
齋石印本　二冊

220000－0803－0001404　經10.2/39.3－2
康熙字典十二集三十六卷總目一卷檢字一卷
辨似一卷等韻一卷補遺一卷備考一卷　（清）
張玉書等纂修　清光緒十一年(1885)上海點
石齋石印本　二冊

220000－0803－0001405　經10.2/39.4
康熙字典十二集三十六卷總目一卷檢字一卷
辨似一卷等韻一卷補遺一卷備考一卷　（清）
張玉書等纂修　清宣統元年(1909)上海商務
印書館石印本　六冊

220000－0803－0001406　經10.2/39.8
康熙字典十二集三十六卷總目一卷檢字一卷
辨似一卷等韻一卷補遺一卷備考一卷　（清）
張玉書等纂修　清道光七年(1827)刻本　四
十冊

220000－0803－0001407　經10.2/39.9
康熙字典十二集三十六卷總目一卷檢字一卷
辨似一卷等韻一卷補遺一卷備考一卷　（清）
張玉書等纂修　清刻本　三十八冊

220000－0803－0001408　經10.2/41.1－1
續復古編四卷　（清）曹本撰　清光緒十二年
(1886)歸安姚氏咫進齋影元刻本　四冊

220000－0803－0001409　經10.2/41.1－2
續復古編四卷　（清）曹本撰　清光緒十二年
(1886)歸安姚氏咫進齋影元刻本　四冊

220000－0803－0001410　經10.2/43
楷法溯源十四卷古碑目一卷帖目一卷　（清）
潘存輯　楊守敬編　清光緒三年至四年
(1877－1878)刻本　八冊

220000－0803－0001411　經10.2/46
蒙古文晰義四卷　（清）賽尚阿纂輯　清道光
二十八年(1848)刻本　二冊　存二卷(一至
二)

220000－0803－0001412　經10.2/47.3－1
說文解字十五卷　（漢）許慎撰　（宋）徐鉉等
校　清嘉慶十二年(1807)藤花榭刻本　四冊

220000－0803－0001413　經10.2/47.3－2
說文解字十五卷　（漢）許慎撰　（宋）徐鉉等
校　清嘉慶十二年(1807)藤花榭刻本　六冊

220000－0803－0001414　經10.2/47.4－1
說文解字十五卷附說文校字記一卷　（漢）許
慎撰　（宋）徐鉉等校　說文通檢十四卷首一
卷末一卷　（清）黎永椿撰　清同治十二年
(1873)刻本　十冊

220000－0803－0001415　經10.2/47.4－2
說文解字十五卷附說文校字記一卷　（漢）許
慎撰　（宋）徐鉉等校　說文通檢十四卷末一
卷　（清）黎永椿撰　清光緒十四年(1888)上
海掃葉山房刻本　十六冊

220000－0803－0001416　經10.2/47.4－3
說文解字十五卷附說文校字記一卷　（漢）許
慎撰　（宋）徐鉉等校　說文通檢十四卷首一
卷末一卷　（清）黎永椿撰　清光緒九年
(1883)山西書局刻本　十二冊

220000－0803－0001417　經10.2/47.7
說文解字十五卷附汲古閣說文解字校記一卷
　（漢）許慎撰　（宋）徐鉉等校　清光緒七年
(1881)淮南書局刻本　六冊

220000－0803－0001418　經10.2/48.1
說文解字注三十二卷附說文部目分韻一卷今
韻古分十七部表五卷　（清）段玉裁注　清嘉
慶二十年(1815)刻本　三十二冊

220000－0803－0001419　經10.2/48.2－1
說文解字注十五卷附說文部目分韵一卷今韵
古分十七部表五卷汲古閣說文訂一卷　（清）
段玉裁注　清同治十一年(1872)湖北崇文書
局刻本　十八冊

220000－0803－0001420　經10.2/48.2－2
說文解字注十五卷附說文部目分韵一卷今韵
古分十七部表五卷汲古閣說文訂一卷　（清）
段玉裁注　清同治十一年(1872)湖北崇文書
局刻本　十八冊

220000－0803－0001421　經10.2/48.2－3
說文解字注十五卷附說文部目分韵一卷今韵
古分十七部表五卷汲古閣說文訂一卷　（清）
段玉裁注　清同治十一年(1872)湖北崇文書
局刻本　十八冊

220000－0803－0001422　經10.2/48.3
說文解字注十五卷附說文部目分韵一卷今韵
古分十七部表五卷汲古閣說文訂一卷　（清）
段玉裁注　清刻本　二十八冊　缺三卷(今
韵古分十七部表四至五、汲古閣說文訂一卷)

220000－0803－0001423　經10.2/48.4
說文解字注十五卷附說文段注撰要九卷說文
通檢十四卷首一卷末一卷　（清）段玉裁注
清光緒十九年(1893)上海同文書局石印本
十冊

220000－0803－0001424　經10.2/49
說文解字注箋十四卷　（清）段玉裁注　徐灝
箋　清光緒二十年(1894)桂林刻民國三年
(1914)京師補刻本　三十二冊

220000－0803－0001425　經10.2/50
說文古籀補十四卷　（清）吳大澂撰　清光緒
七年(1881)刻本　一冊

220000－0803－0001426　經10.2/52.1－1
說文解字義證五十卷　（清）桂馥撰　清同治
九年(1870)湖北崇文書局刻本　三十二冊

220000－0803－0001427　經10.2/52.1－2
說文解字義證五十卷　（清）桂馥撰　清同治
九年(1870)湖北崇文書局刻本　三十二冊

220000－0803－0001428　經10.2/52.2
說文解字義證五十卷　（清）桂馥撰　清道光
靈石楊氏刻本　三十一冊　存四十八卷(三
至五十)

220000－0803－0001429　經10.2/53.1－1
說文解字繫傳(說文解字通釋繫傳、說文解字
徐氏繫傳)四十卷　（南唐）徐鍇傳釋　校勘
記三卷　（清）祁寯藻撰　清道光十九年
(1839)刻本　八冊

220000－0803－0001430　經10.2/53.1－2
說文解字繫傳(說文解字通釋繫傳、說文解字
徐氏繫傳)四十卷　（南唐）徐鍇傳釋　清光
緒元年(1875)刻本　八冊

220000－0803－0001431　經10.2/54.1－1
說文古籀疏證六卷目錄一卷　（清）莊述祖撰
清光緒二十年(1894)津郡明文堂刻本
四冊

220000－0803－0001432　經10.2/55.1－1
說文通訓定聲十八卷柬韻一卷說雅十九卷古
今韻準一卷行狀一卷　（清）朱駿聲輯　（清）
朱鏡蓉參訂　清同治九年(1870)刻本　二十
四冊

220000－0803－0001433　經10.2/55.1－2
說文通訓定聲十八卷柬韻一卷說雅十九卷古
今韻準一卷行狀一卷　（清）朱駿聲輯　（清）
朱鏡蓉參訂　清同治九年(1870)刻本　二十
四冊

220000－0803－0001434　經10.2/55.1－3
說文通訓定聲十八卷柬韻一卷說雅十九卷古
今韻準一卷行狀一卷　（清）朱駿聲輯　（清）
朱鏡蓉參訂　清同治九年(1870)刻本　二十
四冊

220000－0803－0001435　經10.2/55.1－4
說文通訓定聲十八卷柬韻一卷說雅十九卷古
今韻準一卷行狀一卷　（清）朱駿聲輯　（清）
朱鏡蓉參訂　清同治九年(1870)刻本　十六
冊　缺六卷(說文通訓定聲十至十五)

220000－0803－0001436　經10.2/56.1－1

說文句讀三十卷補正三十卷校錄三十卷
(清)王筠撰集　清同治四年(1865)刻本　十
六冊

220000－0803－0001437　經10.2/56.1－2
說文句讀三十卷補正三十卷校錄三十卷
(清)王筠撰集　清同治四年(1865)刻本　十
六冊

220000－0803－0001438　經10.2/57.1－1
說文釋例二十卷　(清)王筠撰　清同治四年
(1865)刻本　十冊

220000－0803－0001439　經10.2/57.1－2
說文釋例二十卷　(清)王筠撰　清同治四年
(1865)刻本　十冊

220000－0803－0001440　經10.2/57.2
說文釋例二十卷　(清)王筠撰　清光緒十三
年(1887)上海積山書局石印本　六冊

220000－0803－0001441　經10.2/59.1－1
說文通檢十四卷首一卷末一卷　(清)黎永椿
編　清光緒二年(1876)崇文書局刻本　二冊

220000－0803－0001442　經10.2/59.1－2
說文通檢十四卷首一卷末一卷　(清)黎永椿
編　清光緒二年(1876)崇文書局刻本　二冊

220000－0803－0001443　經10.2/59.1－3
說文通檢十四卷首一卷末一卷　(清)黎永椿
編　清光緒二年(1876)崇文書局刻本　二冊

220000－0803－0001444　經10.2/60.1
說文管見三卷古韻論三卷　(清)胡秉虔撰
清刻本　一冊

220000－0803－0001445　經10.2/60.2
說文管見三卷　(清)胡秉虔撰　清光緒七年
(1881)申江望益山房書局刻本　一冊

220000－0803－0001446　經10.2/61.1
說文解字韻譜十卷　(南唐)徐鍇撰　清同治
三年(1864)吳縣馮桂芬刻本　四冊

220000－0803－0001447　經10.2/62
說文解字斠詮十四卷　(清)錢坫撰　清光緒
九年(1883)淮南書局刻本　六冊

220000－0803－0001448　經10.2/63
說文新附考六卷續考一卷　(清)鈕樹玉撰
清同治十三年(1874)湖北崇文書局刻本
二冊

220000－0803－0001449　經10.2/66
說文校議十五卷　(清)姚文田　(清)嚴可均
撰　清同治十三年(1874)歸安姚氏刻本
五冊

220000－0803－0001450　經10.2/67
說文繫傳校錄三十卷　(清)王筠撰　清咸豐
七年(1857)刻本　四冊

220000－0803－0001451　經10.2/69
說文發疑六卷　(清)張行孚撰　清光緒九年
(1883)刻本　四冊

220000－0803－0001452　經10.2/71
說文徐氏新補新附考證不分卷　(清)錢大昭
撰　清光緒十六年(1890)南陵徐乃昌刻本
一冊

220000－0803－0001453　經10.2/72
說文段注校三種　(清)劉肇隅編校　葉德輝
輯　清光緒二十八年(1902)長沙葉氏刻本
一冊

220000－0803－0001454　經10.2/75
澄衷蒙學堂字課圖說四卷檢字一卷檢附字一
卷類字一卷　(清)劉樹屏撰　清光緒三十一
年(1905)澄衷蒙學堂印書處石印本　八冊

220000－0803－0001455　經10.2/76
儀禮石經校勘記四卷　(清)阮元編　清咸豐
五年(1855)刻本　一冊

220000－0803－0001456　經10.2/77.1－1
隸篇十五卷續十五卷再續十五卷　(清)翟云
升撰　清道光十七年(1837)刻本　十冊

220000－0803－0001457　經10.2/77.1－2
隸篇十五卷續十五卷再續十五卷　(清)翟云
升撰　清道光十七年(1837)刻本　十冊

220000－0803－0001458　經10.2/77.1－3
隸篇十五卷續十五卷再續十五卷　(清)翟云

升撰　清道光十七年(1837)刻本　十冊

220000－0803－0001459　經10.2/78.1－1

隸韻十卷碑目一卷 (宋)劉球纂　**隸韻攷證二卷碑目攷證一卷** (清)翁方綱撰　清嘉慶十四年(1809)江都秦恩復刻本　十冊

220000－0803－0001460　經10.2/78.1－2

隸韻十卷碑目一卷 (宋)劉球纂　**隸韻攷證二卷碑目攷證一卷** (清)翁方綱撰　清嘉慶十五年(1810)刻本　八冊

220000－0803－0001461　經10.2/79

隸通二卷 (清)錢慶曾纂輯　清光緒南陵徐乃昌刻本　二冊

220000－0803－0001462　經10.2/81

隸釋二十七卷隸續二十一卷刊誤一卷 (宋)洪适撰　清同治十一年(1872)皖南洪氏晦木齋刻本　八冊

220000－0803－0001463　經10.2/82.1－1

繆篆分韻五卷補不分卷 (清)桂馥編　清嘉慶元年(1796)刻本　二冊

220000－0803－0001464　經10.2/82.1－2

繆篆分韻五卷補不分卷 (清)桂馥編　清嘉慶元年(1796)刻本　二冊

220000－0803－0001465　經10.2/82.2

繆篆分韻五卷補不分卷 (清)桂馥編　清刻本　二冊

220000－0803－0001466　經10.2/85

臨文便覽不分卷 (清)張仰山編　清光緒二年(1876)京都松竹齋刻本　二冊

220000－0803－0001467　經10.2/87

字書 (清)□□撰　清刻本　九冊

220000－0803－0001468　經10.2/89.1

字彙十二卷首一卷 (明)梅膺祚音釋　清康熙十四年(1675)刻本　十三冊

220000－0803－0001469　經10.2/89.2－1

字彙十二卷首一卷末一卷韻法直圖一卷韻法橫圖一卷 (明)梅膺祚音釋　清同治七年(1868)文正堂刻本　十四冊

220000－0803－0001470　經10.2/89.2－2

字彙十二卷首一卷末一卷韻法直圖一卷韻法橫圖一卷 (明)梅膺祚音釋　清同治七年(1868)文正堂刻本　十四冊

220000－0803－0001471　經10.2/89.2－3

字彙十二卷首一卷末一卷韻法直圖一卷韻法橫圖一卷 (明)梅膺祚音釋　清光緒九年(1883)上洋掃葉山房刻本　十四冊

220000－0803－0001472　經10.2/96

說文新坿攷六卷說文逸字二卷說文逸字附錄一卷 (清)鄭珍記　清咸豐八年(1858)刻本　八冊

220000－0803－0001473　經10.2/97.1－1

養蒙針度五卷 (清)潘子聲撰　清同治六年(1867)刻本　二冊

220000－0803－0001474　經10.2/97.1－2

養蒙針度五卷 (清)潘子聲撰　清同治六年(1867)刻本　二冊

220000－0803－0001475　經10.2/97.1－3

養蒙針度五卷 (清)潘子聲撰　清光緒六年(1880)刻本　二冊

220000－0803－0001476　經10.2/102

十三經集字摹本不分卷 (清)彭玉雯纂　清道光二十九年(1849)江右彭氏刻本　八冊

220000－0803－0001477　經10.2/106

漢隸字源五卷碑目一卷附字一卷 (宋)婁機撰　清光緒三年(1877)川東官舍刻本　六冊

220000－0803－0001478　經10.2/107

歷代鐘鼎彝器款識法帖二十卷 (宋)薛尚功撰　清末上海書局影印本　五冊

220000－0803－0001479　經10.2/108

重校十三經不貳字一卷 (清)李鴻藻輯　清光緒九年(1883)掃葉山房刻本　一冊

220000－0803－0001480　經10.2/113.2

御製增訂清文鑑 (清)高宗弘曆撰　清刻本　四十八冊

220000－0803－0001481　經10.3/1

十三經音略十二卷 （清）周春撰 清嘉慶三年(1798)刻本 三冊

220000－0803－0001482 經10.3/2
九經補韻不分卷 （宋）楊伯嵒撰 （清）錢侗考證 清嘉慶四年(1799)刻本 二冊

220000－0803－0001483 經10.3/3
山門新語二卷 （清）周贇撰 清光緒十九年(1893)六聲草堂刻本 二冊

220000－0803－0001484 經10.3/4.1－3
續方言又補二卷 徐乃昌撰 後漢儒林傳補逸一卷續一卷 田普光學 清光緒二十一年(1895)南陵徐氏刻本 一冊

220000－0803－0001485 經10.3/6
韻徵十六卷 （清）安吉纂集 （清）安念祖纂錄 清道光十九年(1839)親仁堂刻本 三冊

220000－0803－0001486 經10.3/7
六書系韻二十四卷檢字二卷 （清）李貞輯 清光緒十六年(1890)刻本 二十六冊

220000－0803－0001487 經10.3/8.1
重校增補五方元音十二卷 （清）樊騰鳳撰 （清）年希堯增補 清末石印本 四冊

220000－0803－0001488 經10.3/8.2
剔弊廣增分韻五方元音三卷 （清）樊騰鳳撰 （清）趙培梓編 清光緒三十四年(1908)京都龍紋閣石印本 四冊

220000－0803－0001489 經10.3/11.1－1
古韻溯原八卷 （清）安念祖 （清）華湛恩輯 清道光十九年(1839)親仁堂刻本 二冊

220000－0803－0001490 經10.3/11.1－2
古韻溯原八卷 （清）安念祖 （清）華湛恩輯 清道光十八年(1838)刻本 八冊

220000－0803－0001491 經10.3/12
古韻發明不分卷切字肆考不分卷 （清）張畊撰 清道光六年(1826)芸心堂刻本 四冊

220000－0803－0001492 經10.3/16
古音類表九卷首一卷 （清）傅壽彤撰 清光緒二年(1876)大梁臬署刻本 四冊

220000－0803－0001493 經10.3/19
增注字類標韻六卷 （清）華綱輯 （清）范多玨重訂 清光緒十六年(1890)上海鴻寶齋石印本 二冊

220000－0803－0001494 經10.3/21.1
欽定同文韻統六卷 （清）允祿等監纂 清宣統二年(1910)理藩部刻本 五冊

220000－0803－0001495 經10.3/22
先秦韻讀 （清）江有誥撰 清嘉慶二十五年(1820)刻本 二冊

220000－0803－0001496 經10.3/24.2
顧氏音學五書三十八卷 （清）顧炎武著 清光緒十六年(1890)思賢講舍刻本 十六冊

220000－0803－0001497 經10.3/26.1－1
音學辨微不分卷 （清）江永撰 清宣統二年(1910)國學保存會石印本 一冊

220000－0803－0001498 經10.3/26.1－2
音學辨微不分卷 （清）江永撰 清宣統二年(1910)國學保存會石印本 一冊

220000－0803－0001499 經10.3/26.2
音學辨微不分卷 （清）江永撰 清宣統元年(1909)抄本 一冊

220000－0803－0001500 經10.3/31
唐韵四聲正不分卷 （清）江有誥撰 清道光七年(1827)刻本 一冊

220000－0803－0001501 經10.3/32.1－1
唐寫本唐韻殘卷 （清）孫愐訂正 清光緒三十四年(1908)上海國粹學報館影印本 一冊

220000－0803－0001502 經10.3/32.1－2
唐寫本唐韻殘卷 （清）孫愐訂正 清光緒三十四年(1908)上海國粹學報館影印本 一冊

220000－0803－0001503 經10.3/32.1－3
唐寫本唐韻殘卷 （清）孫愐訂正 清光緒三十四年(1908)上海國粹學報館影印本 一冊

220000－0803－0001504 經10.3/33
詞林正韻三卷 （清）戈載輯 清光緒七年(1881)臨桂王氏四印齋刻本 一冊

220000－0803－0001505　經10.3/35.1－1

集韻十卷　（宋）丁度等撰　清康熙四十五年(1706)曹寅刻嘉慶十九年(1814)江寧權使署重刻本　十冊

220000－0803－0001506　經10.3/35.1－2

集韻十卷　（宋）丁度等撰　清康熙四十五年(1706)曹寅刻嘉慶十九年(1814)江寧權使署重刻本　十二冊

220000－0803－0001507　經10.3/35.2－1

集韻十卷　（宋）丁度等撰　清康熙四十五年(1706)曹寅刻嘉慶十九年(1814)江寧權使署重刻本　八冊　存八卷(一至三、六至十)

220000－0803－0001508　經10.3/35.2－2

集韻十卷　（宋）丁度等撰　清康熙四十五年(1706)曹寅刻嘉慶十九年(1814)江寧權使署重刻本　十冊

220000－0803－0001509　經10.3/36

集韻考正十卷　（清）方成珪撰　清光緒五年(1879)刻本　十冊

220000－0803－0001510　經10.3/38

羣經韻讀一卷　（清）江有誥著　清嘉慶二十二年(1817)刻本　一冊

220000－0803－0001511　經10.3/41

說文諧聲孳生述不分卷　（清）陳立撰　清南陵徐乃昌積學齋刻本　一冊

220000－0803－0001512　經10.3/42

漢學諧聲二十四卷　（清）戚學標撰　清嘉慶九年(1804)刻本　八冊

220000－0803－0001513　經10.3/43.2

廣韻五卷　（宋）陳彭年等撰　清光緒遵義黎氏刻本　二冊

220000－0803－0001514　經10.3/43.3

廣韻五卷　（宋）陳彭年等撰　清光緒遵義黎氏刻本　二冊

220000－0803－0001515　經10.3/43.4

宋重修廣韻五卷　（宋）陳彭年等撰　清刻本　五冊

220000－0803－0001516　經10.3/43.6

廣韻五卷　（宋）陳彭年等撰　清光緒遵義黎氏刻古逸叢書本　五冊

220000－0803－0001517　經10.3/46

韻補五卷　（宋）吳棫撰　（清）徐幹校刊　**韻補正一卷**　（清）顧炎武撰　清光緒九年(1883)邵武徐氏刻本　二冊

220000－0803－0001518　經10.3/47

韻雅五卷　（清）施何牧纂輯　清道光十九年(1839)刻本　五冊

220000－0803－0001519　經10.3/48

聲律通考十卷切韻考六卷切韻考加篇三卷　（清）陳澧撰　清光緒五年(1879)刻本　六冊

220000－0803－0001520　經10.3/50

中原音韻二卷　（元）周德清編　（元）王文璧注　清同治元年(1862)刻本　一冊

220000－0803－0001521　經10.3/51

音韻正訛四卷　（明）孫耀輯　（明）吳思本訂　清光緒十一年(1885)宜興道生堂刻本　二冊

220000－0803－0001522　經10.3/54

增廣詩韻全璧五卷　（清）暢懷書屋主人輯　清光緒二十年(1894)四明暢懷書屋刻本　五冊

220000－0803－0001523　史1/1.2

二十四史　（漢）司馬遷等撰　清同治九年至光緒十三年(1870－1887)崇文書局等刻本　五百四十四冊

220000－0803－0001524　史1/1.3－1

二十四史　（漢）司馬遷等撰　清光緒三十四年(1908)上海集成圖書公司鉛印本　四百冊

220000－0803－0001525　史1/1.3－2

二十四史　（漢）司馬遷等撰　清光緒三十四年(1908)上海集成圖書公司鉛印本　三百八十九冊

220000－0803－0001526　史1/1.3－3

二十四史　（漢）司馬遷等撰　清光緒十四年

(1888)上海圖書集成印書局鉛印本　三百七十八冊　缺五卷(南書十至十四)

220000－0803－0001527　史1/1.4
二十四史　(漢)司馬遷等撰　清光緒十年(1884)上海同文書局石印本　五百三十冊

220000－0803－0001528　史1/1.5
二十四史　(漢)司馬遷等撰　清同治八年(1869)嶺南莊古堂刻本　八百五十冊

220000－0803－0001529　史1/2.1
四史四種四百十五卷　(漢)司馬遷等撰　清光緒十四年(1888)上海蜚英館石印本　四十八冊

220000－0803－0001530　史1/2.2－1
四史四種四百十五卷　(漢)司馬遷等撰　清光緒四年(1878)金陵書局刻本　五十六冊

220000－0803－0001531　史1/2.2－2
四史四種四百十五卷　(漢)司馬遷等撰　清光緒四年(1878)金陵書局刻本　五十六冊

220000－0803－0001532　史1/2.2－3
四史四種四百十五卷　(漢)司馬遷等撰　清光緒四年(1878)金陵書局刻本　五十六冊

220000－0803－0001533　史1/2.3
四史四種四百十五卷　(漢)司馬遷等撰　清光緒三十一年(1905)武林竹簡齋石印本　三十二冊

220000－0803－0001534　史1/2.5
四史四種四百十五卷　(漢)司馬遷等撰　清光緒二十八年(1902)竢實齋石印本　三十二冊

220000－0803－0001535　史2.1/1
八史經籍志十種　(清)張壽榮輯　清光緒八年(1882)蘇州觀西振新書社刻本　十六冊

220000－0803－0001536　史2.1/3
小學考五十卷　(清)謝啓昆撰　清光緒十四年(1888)浙江書局刻本　二十冊

220000－0803－0001537　史2.1/6
欽定天祿琳琅書目十卷　(清)于敏中等編校

清光緒十年(1884)長沙王氏刻朱墨套印本　五冊

220000－0803－0001538　史2.1/7
欽定天祿琳琅書目後編二十卷　(清)彭元瑞續編　清光緒十年(1884)長沙王氏刻本　五冊

220000－0803－0001539　史2.1/12.1－1
日本訪書志十七卷　楊守敬記　清光緒二十三年(1897)鄰蘇園刻本　八冊

220000－0803－0001540　史2.1/12.1－2
日本訪書志十七卷　楊守敬記　清光緒二十三年(1897)鄰蘇園刻本　八冊

220000－0803－0001541　史2.1/14.1－1
平津館鑒藏書籍記三卷附續編一卷補遺一卷　(清)孫星衍撰　清道光陳氏刻本　四冊

220000－0803－0001542　史2.1/14.1－2
平津館鑒藏書籍記三卷附續編一卷補遺一卷　(清)孫星衍撰　清道光陳氏刻本　二冊

220000－0803－0001543　史2.1/15.1
古今僞書考不分卷　(清)姚際恒著　清光緒沔陽盧氏刻慎始基齋叢書本　一冊

220000－0803－0001544　史2.1/15.2
古今僞書考不分卷　(清)姚際恒著　清光緒三年(1877)刻本　二冊

220000－0803－0001545　史2.1/18.2
欽定四庫全書總目二百卷首一卷　(清)紀昀等纂　清粵東省城富文齋、萃文堂、聚珍堂刻本　一百冊

220000－0803－0001546　史2.1/19.1
四庫書目略二十卷附錄一卷　(清)費莫文良編　清同治九年(1870)刻本　十二冊

220000－0803－0001547　史2.1/20.1
欽定四庫全書簡明目錄二十卷　(清)紀昀(清)陸錫熊(清)孫士毅編　**附書目答問不分卷**　(清)張之洞撰　清光緒十四年(1888)暢懷書屋鉛印本　六冊

220000－0803－0001548　史2.1/20.2

欽定四庫全書簡明目錄二十卷　（清）紀昀
（清）陸錫熊　（清）孫士毅編　清光緒五年
（1879）墨潤堂鉛印本　十二冊

220000－0803－0001549　史 2.1/22

四庫簡明目錄標注二十卷附錄一卷　（清）邵
懿辰輯　清宣統三年（1911）仁和邵章刻本
四冊　存八卷（十三至二十）

220000－0803－0001550　史 2.1/23

四庫全書表文箋釋四卷　（清）林鶴年纂　劉
承幹校　清宣統元年（1909）吳興劉氏求恕齋
刻本　四冊

220000－0803－0001551　史 2.1/24

四庫未收書目提要五卷　（清）阮元撰　清同
治十年（1871）雙流黃氏濟忠堂刻本　三冊

220000－0803－0001552　史 2.1/32

汲古閣珍藏秘本書目不分卷　（清）毛扆書
清嘉慶五年（1800）吳門黃氏士禮居刻本
一冊

220000－0803－0001553　史 2.1/33

宋元舊本書經眼錄三卷附錄二卷　（清）莫友
芝撰　清同治十二年（1873）刻本　二冊

220000－0803－0001554　史 2.1/37.3

直齋書錄解題二十二卷　（宋）陳振孫撰　清
刻本　七冊　存十九卷（四至二十二）

220000－0803－0001555　史 2.1/39

明南雍經籍考二卷　（明）梅鷟撰　葉德輝校
　清光緒二十八年（1902）長沙葉氏刻本
一冊

220000－0803－0001556　史 2.1/40

季滄葦藏書目不分卷　（清）季振宜藏　附續
校語　（清）黃丕烈撰　清嘉慶十年（1805）黃
氏士禮居刻本　二冊

220000－0803－0001557　史 2.1/42.2

藝芸書舍宋元本書目不分卷　（清）汪士鐘編
　清潘氏滂喜齋刻本　一冊

220000－0803－0001558　史 2.1/43

述古堂藏書目四卷宋版書目一卷　（清）錢曾

攷藏　清道光三十年（1850）南海伍氏刻粵雅
堂叢書本　一冊

220000－0803－0001559　史 2.1/44.1－1

拜經樓藏書題跋記五卷附錄一卷　（清）吳壽
暘纂　清道光二十七年（1847）木活字印本
六冊

220000－0803－0001560　史 2.1/44.1－2

拜經樓藏書題跋記五卷附錄一卷　（清）吳壽
暘纂　清道光二十七年（1847）木活字印本
六冊

220000－0803－0001561　史 2.1/44.2

拜經樓藏書題跋記五卷附錄一卷　（清）吳壽
暘纂　清道光二十七年（1847）刻本　二冊

220000－0803－0001562　史 2.1/51

昭德先生郡齋讀書志二十卷　（宋）晁公武撰
　（宋）姚應績編　清嘉慶二十四年（1819）藝
芸書舍刻本　八冊

220000－0803－0001563　史 2.1/53.1

書目答問不分卷附輶軒語不分卷　（清）張之
洞撰　清光緒元年（1875）刻本　三冊

220000－0803－0001564　史 2.1/53.2

書目答問不分卷附四川尊經書院記不分卷
（清）張之洞撰　清光緒五年（1879）貴陽刻本
　二冊

220000－0803－0001565　史 2.1/53.3－1

書目答問不分卷附輶軒語不分卷　（清）張之
洞撰　清光緒二年（1876）永康胡氏退補齋刻
本　六冊

220000－0803－0001566　史 2.1/53.3－2

書目答問不分卷附輶軒語不分卷　（清）張之
洞撰　清光緒三年（1877）濠上書齋刻本
四冊

220000－0803－0001567　史 2.1/55

郘亭知見傳本書目十六卷　（清）莫友芝撰
清宣統元年（1909）北京田中慶太郎鉛印本
八冊

220000－0803－0001568　史 2.1/56

留真譜初編十二卷　楊守敬輯　清光緒二十
七年(1901)宜都楊氏刻本　二十冊

220000－0803－0001569　史 2.1/61
國史經籍志五卷附錄一卷　(明)焦竑輯　清
咸豐元年(1851)南海伍氏刻粵雅堂叢書本
五冊

220000－0803－0001570　史 2.1/62
崇文總目五卷　(宋)王堯臣等編次　(清)錢
東垣輯釋　補遺一卷附錄一卷　(清)錢侗輯
清咸豐三年(1853)南海伍氏刻粵雅堂叢書
本　五冊

220000－0803－0001571　史 2.1/65
補晉書經籍志四卷　吳士鑑纂　清光緒二十
一年(1895)刻本　二冊

220000－0803－0001572　史 2.1/66
廉石居藏書記二卷　(清)孫星衍撰　(清)陳
宗彝編次　清道光陳氏刻本　一冊

220000－0803－0001573　史 2.1/68
揚州吳氏測海樓藏書目錄十二卷　(清)吳引
孫輯　清宣統二年(1910)刻本　六冊

220000－0803－0001574　史 2.1/69
皕宋樓藏書源流攷不分卷　(日本)島田翰撰
清光緒三十三年(1907)董氏刻本　一冊

220000－0803－0001575　史 2.1/74
絳雲樓書目四卷　(清)錢謙益撰　(清)陳景
雲註　清道光三十年(1850)南海伍氏刻粵雅
堂叢書本　二冊

220000－0803－0001576　史 2.1/75
菉竹堂書目六卷　(明)葉盛編　清咸豐四年
(1854)南海伍氏刻粵雅堂叢書本　二冊

220000－0803－0001577　史 2.1/77.1
經義考三百卷　(清)朱彝尊撰　(清)李濤校
清光緒二十三年(1897)浙江書局刻本　五
十冊

220000－0803－0001578　史 2.1/78
經義攷補正十二卷　(清)翁方綱撰　清道光
三十年(1850)南海伍氏刻粵雅堂叢書本

三冊

220000－0803－0001579　史 2.1/79.1－1
彙刻書目二十卷　(清)顧修編　(清)朱學勤
增訂　(清)王懿榮重編　清光緒十五年
(1889)上海福瀛書局刻本　二十冊

220000－0803－0001580　史 2.1/79.1－2
彙刻書目二十卷　(清)顧修編　(清)朱學勤
增訂　(清)王懿榮重編　清光緒十五年
(1889)上海福瀛書局刻本　十八冊　缺二卷
(一至二)

220000－0803－0001581　史 2.1/83
百宋一廛賦一卷　(清)顧廣圻撰　(清)黃丕
烈注　清嘉慶十年(1805)刻本　一冊

220000－0803－0001582　史 2.1/84
藏書紀要一卷　(清)孫從添撰　清嘉慶十六
年(1811)刻本　一冊

220000－0803－0001583　史 2.1/84.1－1
藏書紀事詩六卷補遺一卷　葉昌熾撰　清光
緒二十三年(1897)長沙學使署刻本　十二冊

220000－0803－0001584　史 2.1/84.1－2
藏書紀事詩六卷補遺一卷　葉昌熾撰　清光
緒二十三年(1897)長沙學使署刻本　十二冊

220000－0803－0001585　史 2.1/85.1
曝書雜記三卷　(清)錢泰吉撰　清刻本
二冊

220000－0803－0001586　史 2.1/85.2
曝書雜記三卷　(清)錢泰吉撰　清同治七年
(1868)刻本　一冊

220000－0803－0001587　史 2.1/87.1－1
鐵琴銅劍樓藏書目錄二十四卷　(清)瞿鏞輯
清光緒二十四年(1898)常熟瞿氏罟里家塾
刻本　十冊

220000－0803－0001588　史 2.1/87.1－2
鐵琴銅劍樓藏書目錄二十四卷　(清)瞿鏞輯
清光緒二十四年(1898)常熟瞿氏罟里家塾
刻本　八冊

220000－0803－0001589　史 2.1/87.1－3

鐵琴銅劍樓藏書目錄二十四卷　（清）瞿鏞輯
清光緒二十四年(1898)常熟瞿氏啚里家塾
刻本　十冊

220000－0803－0001590　史2.1/106
善本書室藏書志四十卷附錄一卷　（清）丁丙
撰　清光緒二十七年(1901)錢塘丁氏刻本
十六冊

220000－0803－0001591　史3/8
學古齋金石叢書四集十二種　（清）葛元煦輯
清光緒八年至三十年(1882－1904)會稽董
氏取斯堂刻本　二十四冊

220000－0803－0001592　史3/12
行素草堂金石叢書（孫溪朱氏金石叢書）十六
種　（清）朱記榮輯　清光緒十四年(1888)吳
縣朱記榮槐廬刻本　三十一冊　存十種一百
二十三卷（集古錄跋尾十卷,集古錄目五卷,
金石錄三十卷,廣川書跋十卷,求古錄一卷,
金石錄補二十七卷,續跋七卷,京畿金石考二
卷,寰宇訪碑錄十二卷,平津讀碑記八卷、續
記一卷,金石三例續編十卷）

220000－0803－0001593　史3.1/2
二銘草堂金石聚十六卷　（清）張德容撰　清
同治十一年(1872)二銘草堂刻本　十六冊

220000－0803－0001594　史3.1/7
山左冢墓遺文不分卷　羅振玉撰　清末上虞
羅氏刻本　一冊

220000－0803－0001595　史3.1/16
平津讀碑記八卷續記一卷　（清）洪頤煊編
清光緒十二年(1886)吳縣朱氏家塾刻槐廬叢
書本　三冊

220000－0803－0001596　史3.1/19
古泉匯首集四卷元集十四卷亨集十四卷利集
十八卷貞集十四卷　（清）李佐賢編　清同治
三年(1864)利津李氏石泉書屋刻本　十六冊

220000－0803－0001597　史3.1/21.1－1
古玉圖攷不分卷　（清）吳大澂撰　清光緒十
五年(1889)上海同文書局石印本　四冊

220000－0803－0001598　史3.1/21.1－2
古玉圖攷不分卷　（清）吳大澂撰　清光緒十
五年(1889)上海同文書局石印本　二冊

220000－0803－0001599　史3.1/21.1－3
古玉圖攷不分卷　（清）吳大澂撰　清光緒十
五年(1889)上海同文書局石印本　六冊

220000－0803－0001600　史3.1/21.2－1
古玉圖攷不分卷　（清）吳大澂撰　清光緒十
五年(1889)上海同文書局石印本　四冊

220000－0803－0001601　史3.1/21.2－2
古玉圖攷不分卷　（清）吳大澂撰　清光緒十
五年(1889)上海同文書局石印本　四冊

220000－0803－0001602　史3.1/22
古墨齋金石跋六卷　（清）趙紹祖輯　劉世珩
校刊　清光緒貴池劉氏刻本　二冊

220000－0803－0001603　史3.1/23
古均閣寶刻錄不分卷　（清）許槤撰　清咸豐
八年(1858)刻本　二冊

220000－0803－0001604　史3.1/24
江甯金石記八卷待訪目二卷　（清）嚴觀輯
清嘉慶九年(1804)刻本　六冊

220000－0803－0001605　史3.1/26
匡喆刻經頌十二卷　楊守敬記　清光緒三十
三年(1907)鄂城刻本　六冊

220000－0803－0001606　史3.1/27
吉金志存四卷　（清）李光庭輯　清咸豐九年
(1859)李氏刻本　四冊

220000－0803－0001607　史3.1/30.1－1
西清古鑑四十卷附錢錄十六卷　（清）梁詩正
等纂　清光緒三十四年(1908)上海集成圖書
公司石印本　二十四冊

220000－0803－0001608　史3.1/30.1－2
西清古鑑四十卷附錢錄十六卷　（清）梁詩正
等纂　清光緒三十四年(1908)上海集成圖書
公司石印本　十九冊　缺九卷（西清古鑑二
十二至二十七、三十至三十二）

220000－0803－0001609　史3.1/33.1－1

求古錄不分卷　（清）顧炎武撰　（清）朱記榮校刊　清光緒十四年（1888）吳縣朱氏槐廬刻槐廬叢書本　一冊

220000－0803－0001610　史3.1/33.1－2
求古錄不分卷　（清）顧炎武撰　（清）朱記榮校刊　清光緒十四年（1888）吳縣朱氏槐廬刻槐廬叢書本　一冊

220000－0803－0001611　史3.1/34
吳興金石記十六卷　（清）陸心源撰　清光緒十六年（1890）刻本　四冊

220000－0803－0001612　史3.1/35.1
京畿金石考二卷　（清）孫星衍撰　清光緒十二年（1886）吳縣朱氏家塾刻槐廬叢書本　一冊

220000－0803－0001613　史3.1/35.2－1
京畿金石考二卷　（清）孫星衍撰　清光緒澇喜齋刻本　一冊

220000－0803－0001614　史3.1/37.1
兩浙金石志十八卷　（清）阮元編錄　附補遺一卷　（清）阮福撰　清光緒十六年（1890）浙江書局刻本　十二冊

220000－0803－0001615　史3.1/37.2
兩浙金石志十八卷　（清）阮元編錄　附補遺一卷　（清）阮福撰　清道光四年（1824）刻本　十八冊

220000－0803－0001616　史3.1/39.1
兩罍軒彝器圖釋十二卷　（清）吳雲輯　清同治十一年（1872）刻本　六冊

220000－0803－0001617　史3.1/39.2
兩罍軒彝器圖釋十二卷　（清）吳雲輯　清同治十一年（1872）刻本　四冊

220000－0803－0001618　史3.1/43.1－1
長安獲古編二卷補一卷　（清）劉喜海撰　清光緒三十一年（1905）東武劉氏刻本　二冊

220000－0803－0001619　史3.1/43.1－2
長安獲古編二卷補一卷　（清）劉喜海撰　清光緒東武劉氏刻本　二冊

220000－0803－0001620　史3.1/43.1－3
長安獲古編二卷補一卷　（清）劉喜海撰　清光緒東武劉氏刻本　二冊

220000－0803－0001621　史3.1/47.1－1
金石存十五卷　（清）吳玉搢纂　清嘉慶二十四年（1819）聞妙香室刻本　四冊

220000－0803－0001622　史3.1/47.1－2
金石存十五卷　（清）吳玉搢纂　清嘉慶二十四年（1819）聞妙香室刻本　八冊

220000－0803－0001623　史3.1/47.1－3
金石存十五卷　（清）吳玉搢纂　清嘉慶二十四年（1819）聞妙香室刻本　四冊

220000－0803－0001624　史3.1/48
寒山堂金石林時地玫二卷　（明）趙均撰　清咸豐三年（1853）南海伍氏刻粵雅堂叢書本　一冊

220000－0803－0001625　史3.1/49
金石例補二卷　（清）郭麐撰　附誌銘廣例二卷　（清）梁玉繩撰　清光緒三年（1877）行素草堂刻本　一冊

220000－0803－0001626　史3.1/50
金石綜例四卷　（清）馮登府撰　（清）朱記榮校刊　清光緒十三年（1887）吳縣朱氏槐廬家塾刻本　一冊

220000－0803－0001627　史3.1/51
金石稱例四卷　（清）梁廷枏纂　（清）朱記榮校刊　附石經閣金石跋文　（清）馮登府箸　（清）朱記榮校刊　清光緒十三年（1887）吳縣朱氏槐廬家塾刻本　一冊

220000－0803－0001628　史3.1/52
碑版文廣例十卷　（清）王芑孫輯　清道光二十一年（1841）刻本　四冊

220000－0803－0001629　史3.1/53.1－1
行素草堂金石叢書（孫溪朱氏金石叢書）十六種　（清）朱記榮輯　清光緒吳縣朱記榮槐廬刻本　四十冊

220000－0803－0001630　史3.1/53.1－2

行素草堂金石叢書(孫溪朱氏金石叢書)十六種　(清)朱記榮輯　清光緒吳縣朱記榮槐廬刻本　四十冊

220000－0803－0001631　史3.1/55
金石學錄補四卷　(清)陸心源編　清光緒十二年(1886)刻本　二冊

220000－0803－0001632　史3.1/57
張叔未解元所藏金石文字　(清)張廷濟藏　(清)嚴荄編　清光緒十年(1884)四會嚴氏鶴緣齋石印本　二冊

220000－0803－0001633　史3.1/58
金石文字記六卷　(清)顧炎武撰　清刻本　六冊

220000－0803－0001634　史3.1/60.1
金石錄三十卷目錄十卷跋尾二十卷　(宋)趙明誠編著　(清)朱記榮校刊　清光緒十三年(1887)吳縣朱氏槐廬家塾刻槐廬叢書本　四冊

220000－0803－0001635　史3.1/60.2
金石錄三十卷目錄十卷跋尾二十卷　(宋)趙明誠編著　(清)黃本驥等校刊　清刻三長物齋叢書本　六冊

220000－0803－0001636　史3.1/61
金石錄補二十七卷續跋七卷　(清)葉奕苞著　清光緒十三年(1887)吳縣朱氏槐廬家塾刻槐廬叢書本　五冊

220000－0803－0001637　史3.1/62.1－1
金石索十二卷首一卷　(清)馮雲鵬　(清)馮雲鵷輯　清光緒三十三年(1907)上海新馬路文新局石印本　二十四冊

220000－0803－0001638　史3.1/62.1－2
金石索十二卷首一卷　(清)馮雲鵬　(清)馮雲鵷輯　清光緒三十二年(1906)上海新馬路文新局石印本　二十四冊

220000－0803－0001639　史3.1/62.2
金石索十二卷首一卷　(清)馮雲鵬　(清)馮雲鵷編　清道光七年(1827)刻本　十二冊

220000－0803－0001640　史3.1/63
二銘草堂金石聚十六卷　(清)張德容撰　清同治十一年(1872)二銘草堂刻本　十六冊

220000－0803－0001641　史3.1/64
金石摘十卷　(清)陳善墀輯　清同治十二年(1873)瀏陽縣學不求甚解齋刻光緒二年(1876)補刻本　十六冊

220000－0803－0001642　史3.1/75
泉志十五卷　(宋)洪遵撰　(明)徐象梅校并圖像　清抄本　四冊

220000－0803－0001643　史3.1/79
開成石經圖攷一卷　(清)魏錫曾撰　清末江陰繆氏刻本　一冊

220000－0803－0001644　史3.1/82
秦璽始末不分卷　(明)沈德符著　清抄本　一冊

220000－0803－0001645　史3.1/85.1－1
陶齋吉金錄八卷　(清)端方著　清光緒三十四年(1908)有正書局石印本　八冊

220000－0803－0001646　史3.1/85.1－2
陶齋吉金錄八卷　(清)端方著　清光緒三十四年(1908)有正書局石印本　八冊

220000－0803－0001647　史3.1/86.1－1
匋齋藏石記四十四卷附藏甎記二卷　(清)端方　(清)龔錫齡等勘定　清宣統元年(1909)上海商務印書館石印本　十二冊

220000－0803－0001648　史3.1/86.1－2
陶齋吉金錄八卷　(清)端方著　清光緒三十四年(1908)石印本　八冊

220000－0803－0001649　史3.1/91
補寰宇訪碑錄五卷　(清)趙之謙纂集　(清)沈樹鏞覆勘　補寰宇訪碑錄刊誤一卷　羅振玉撰　清光緒十二年(1886)刻二十年(1894)補刻本　二冊

220000－0803－0001650　史3.1/93
越中金石記十卷目錄二卷　(清)杜春生撰　清道光山陰杜氏刻本　三冊　存三卷(一至

三,卷一缺一至三十八葉)

220000－0803－0001651　史 3.1/94
葉氏菉竹堂碑目六卷　（明）葉盛撰　清咸豐
四年(1854)南海伍氏刻粵雅堂叢書本　一冊

220000－0803－0001652　史 3.1/97
集古錄目五卷　（宋）歐陽棐撰　（清）朱記榮
校刊　清光緒吳縣朱氏槐廬刻槐廬叢書本
二冊

220000－0803－0001653　史 3.1/98
集古錄跋尾十卷目五卷　（宋）歐陽修著
（清）朱記榮校刊　清光緒十四年(1888)吳縣
朱氏槐廬刻朱氏金石叢書本　三冊

220000－0803－0001654　史 3.1/105
嵩洛訪碑日記一卷　（清）黃易撰　**通志堂經
解目錄一卷**　（清）翁方綱撰　清咸豐四年
(1854)南海伍氏刻粵雅堂叢書本　一冊

220000－0803－0001655　史 3.1/107
漢石例六卷　（清）劉寶楠錄　清同治八年
(1869)四明蔣瑞堂鳩工刻本　三冊

220000－0803－0001656　史 3.1/110
漢魏六朝墓銘纂例四卷　（清）李富孫學　清
光緒十三年(1887)吳縣朱氏槐廬家塾刻本
一冊

220000－0803－0001657　史 3.1/112
漢碑引經攷六卷附引緯攷一卷　（清）皮錫瑞
撰　清光緒三十年(1904)刻本　五冊

220000－0803－0001658　史 3.1/121.1
寰宇訪碑錄十二卷　（清）孫星衍　（清）邢澍
撰　**刊謬一卷**　羅振玉撰　清光緒十一年
(1885)吳縣朱氏槐廬家塾刻本　六冊

220000－0803－0001659　史 3.1/121.2
寰宇訪碑錄十二卷　（清）孫星衍　（清）邢澍
撰　清光緒九年(1883)江蘇書局刻本　四冊

220000－0803－0001660　史 3.1/121.3－1
寰宇訪碑錄十二卷　（清）孫星衍　（清）邢澍
撰　清嘉慶七年(1802)刻本　四冊

220000－0803－0001661　史 3.1/121.3－2

寰宇訪碑錄十二卷　（清）孫星衍　（清）邢澍
撰　清嘉慶七年(1802)刻本　十冊

220000－0803－0001662　史 3.1/130.1－1
積古齋鐘鼎彝器款識十卷　（清）阮元編錄
清光緒五年(1879)刻本　六冊

220000－0803－0001663　史 3.1/130.1－2
積古齋鐘鼎彝器款識十卷　（清）阮元編錄
清光緒五年(1879)武昌刻本　六冊

220000－0803－0001664　史 3.1/130.2－1
積古齋鐘鼎彝器款識十卷　（清）阮元編錄
清嘉慶九年(1804)刻本　二冊　存二卷(一
至二)

220000－0803－0001665　史 3.1/130.2－2
積古齋鐘鼎彝器款識十卷　（清）阮元編錄
清嘉慶九年(1804)刻本　六冊

220000－0803－0001666　史 3.1/130.3
積古齋鐘鼎彝器款識十卷　（清）阮元編錄
清嘉慶九年(1804)濟灣善成堂書坊刻本
四冊

220000－0803－0001667　史 3.1/130.4
積古齋鐘鼎彝器款識十卷　（清）阮元編錄
清嘉慶九年(1804)傅善成堂刻本　四冊

220000－0803－0001668　史 3.1/136
鐘鼎字源五卷附錄一卷　（清）汪立名輯　清
光緒二年(1876)洞庭秦氏麟慶堂刻本　三冊

220000－0803－0001669　史 3.1/138
攈古錄二十卷　（清）吳式芬撰　清刻本　二
十冊

220000－0803－0001670　史 3.1/141
陶齋吉金續錄二卷補遺一卷　（清）端方撰
清宣統元年(1909)金陵石印本　四冊

220000－0803－0001671　史 3.1/146
金石萃編一百六十卷　（清）王昶撰　清嘉慶
十年(1805)刻本　八十冊

220000－0803－0001672　史 3.1/148
栝蒼金石志十二卷　（清）李遇孫輯　清同治
十三年(1874)浙江處州府署刻本　六冊

220000 - 0803 - 0001673　史 3.1/149.1 - 1

語石十卷　葉昌熾撰　清宣統元年(1909)刻本　四冊

220000 - 0803 - 0001674　史 3.1/149.1 - 2

語石十卷　葉昌熾撰　清宣統元年(1909)刻本　四冊

220000 - 0803 - 0001675　史 3.1/151

隨軒金石文字九種　(清)徐渭仁輯　清道光十七年(1837)上海徐渭仁春暉堂刻本　五冊

220000 - 0803 - 0001676　史 3.1/153

輿地碑記目四卷　(宋)王象之撰　清同治九年(1870)滂喜齋刻本　四冊

220000 - 0803 - 0001677　史 3.2/5

殷商貞卜文字考不分卷　羅振玉撰　清宣統二年(1910)上虞羅氏石印本　一冊

220000 - 0803 - 0001678　史 3.3/2.1

景德鎮陶錄十卷　(清)藍浦原著　(清)鄭廷桂補輯　清光緒十七年(1891)京都書業堂刻本　四冊

220000 - 0803 - 0001679　史 4/1.2

桐城吳先生點勘史記(史記讀本)一百三十卷附初校本點識一卷各家史記評語一卷　(漢)司馬遷撰　(清)吳汝綸點勘　清宣統元年(1909)南宮邢氏刻本　二十冊

220000 - 0803 - 0001680　史 4/1.3

歸氏評點史記讀本一百三十卷附方望溪評點史記四卷　(漢)司馬遷撰　(明)歸有光標點　清光緒二年(1876)武昌張氏刻本　二十冊

220000 - 0803 - 0001681　史 4/3.4 - 1

史記一百三十卷　(漢)司馬遷撰　(南朝宋)裴駰集解　(唐)司馬貞索隱　(唐)張守節正義　清光緒四年(1878)金陵書局刻本　十六冊

220000 - 0803 - 0001682　史 4/3.4 - 2

史記一百三十卷　(漢)司馬遷撰　(南朝宋)裴駰集解　(唐)司馬貞索隱　(唐)張守節正義　清光緒四年(1878)金陵書局刻本　十六冊

220000 - 0803 - 0001683　史 4/3.4 - 3

史記一百三十卷　(漢)司馬遷撰　(南朝宋)裴駰集解　(唐)司馬貞索隱　(唐)張守節正義　清光緒四年(1878)金陵書局刻本　八冊　存三十三卷(一至四、八至十九、二十三至三十九)

220000 - 0803 - 0001684　史 4/3.4 - 4

史記一百三十卷　(漢)司馬遷撰　(南朝宋)裴駰集解　(唐)司馬貞索隱　(唐)張守節正義　清光緒四年(1878)金陵書局刻本　十六冊

220000 - 0803 - 0001685　史 4/3.5

史記一百三十卷　(漢)司馬遷撰　(南朝宋)裴駰集解　(唐)司馬貞索隱　(唐)張守節正義　清光緒二十年(1894)上海同文書局影印本　三十二冊

220000 - 0803 - 0001686　史 4/3.6 - 1

史記一百三十卷　(漢)司馬遷撰　(南朝宋)裴駰集解　(唐)司馬貞索隱　(唐)張守節正義　清光緒三十一年(1905)武林竹簡齋石印本　八冊

220000 - 0803 - 0001687　史 4/3.6 - 2

史記一百三十卷　(漢)司馬遷撰　(南朝宋)裴駰集解　(唐)司馬貞索隱　(唐)張守節正義　清光緒三十一年(1905)武林竹簡齋石印本　八冊

220000 - 0803 - 0001688　史 4/3.6 - 3

史記一百三十卷　(漢)司馬遷撰　(南朝宋)裴駰集解　(唐)司馬貞索隱　(唐)張守節正義　清光緒三十一年(1905)武林竹簡齋石印本　八冊

220000 - 0803 - 0001689　史 4/3.11

史記一百三十卷　(漢)司馬遷撰　(南朝宋)裴駰集解　(唐)司馬貞索隱　(唐)張守節正義　清刻本　十八冊　存一百二卷(五至三十二、四十一至一百十四)

220000 - 0803 - 0001690　史 4/3.12

史記一百三十卷　（漢）司馬遷撰　（南朝宋）
裴駰集解　（唐）司馬貞索隱　（唐）張守節正
義　清刻本　五冊　存五卷（十二至十六）

220000－0803－0001691　史4/3.13
史記一百三十卷　（漢）司馬遷撰　（南朝宋）
裴駰集解　（唐）司馬貞索隱　（唐）張守節正
義　清武英殿刻本　一冊　存二十六卷（十
六至四十一）

220000－0803－0001692　史4/3.14
古香齋鑒賞袖珍史記一百三十卷　（漢）司馬
遷撰　（南朝宋）裴駰集解　清光緒七年
（1881）孔氏刻本　三十冊

220000－0803－0001693　史4/4
百衲本史記七十卷　（漢）司馬遷撰　清宣統
元年（1909）影印本　二十三冊　存六十七卷
（四至七十）

220000－0803－0001694　史4/6.3－1
前漢書一百二十卷　（漢）班固撰　（唐）顏師
古注　清同治八年（1869）金陵書局刻本　十
六冊

220000－0803－0001695　史4/6.3－2
前漢書一百二十卷　（漢）班固撰　（唐）顏師
古注　清同治八年（1869）金陵書局刻本　五
冊　存三十八卷（一至十四、三十三至四十
四、八十三至九十一、九十八至一百）

220000－0803－0001696　史4/6.3－3
前漢書一百二十卷　（漢）班固撰　（唐）顏師
古注　清同治十二年（1873）嶺東使署刻本
十六冊

220000－0803－0001697　史4/6.3－4
前漢書一百二十卷　（漢）班固撰　（唐）顏師
古注　清同治十二年（1873）嶺東使署刻本
二十四冊

220000－0803－0001698　史4/6.3－5
前漢書一百二十卷　（漢）班固撰　（唐）顏師
古注　清同治八年（1869）金陵書局刻本　十
六冊

220000－0803－0001699　史4/6.3－6
前漢書一百二十卷　（漢）班固撰　（唐）顏師
古注　清同治八年（1869）金陵書局刻本　十
六冊

220000－0803－0001700　史4/6.3－7
前漢書一百二十卷　（漢）班固撰　（唐）顏師
古注　清光緒十三年（1887）金陵書局刻本
十六冊

220000－0803－0001701　史4/6.3－8
前漢書一百二十卷　（漢）班固撰　（唐）顏師
古注　清同治十二年（1873）韓江書局刻本
十六冊

220000－0803－0001702　史4/6.3－9
前漢書一百二十卷　（漢）班固撰　（唐）顏師
古注　清同治八年（1869）金谿三讓刻本　二
十二冊

220000－0803－0001703　史4/6.4－1
前漢書一百二十卷　（漢）班固撰　（唐）顏師
古注　清刻本　十四冊　存五十八卷（四十
三至一百）

220000－0803－0001704　史4/6.4－2
前漢書一百二十卷　（漢）班固撰　（唐）顏師
古注　清刻本　四冊　存十卷（十五、八十七
至九十三、九十五至九十六）

220000－0803－0001705　史4/6.5
前漢書一百二十卷　（漢）班固撰　（唐）顏師
古注　清光緒二十年（1894）上海同文書局影
印本　四十冊

220000－0803－0001706　史4/6.6－1
前漢書一百二十卷　（漢）班固撰　（唐）顏師
古注　清光緒三十一年（1905）武林竹簡齋石
印本　十冊

220000－0803－0001707　史4/6.6－2
前漢書一百二十卷　（漢）班固撰　（唐）顏師
古注　清光緒三十一年（1905）武林竹簡齋石
印本　十冊

220000－0803－0001708　史4/6.6－3

前漢書一百二十卷 （漢）班固撰 （唐）顏師古注 清光緒三十一年(1905)武林竹簡齋石印本 十冊

220000－0803－0001709 史 4/6.7

前漢書一百二十卷 （漢）班固撰 （唐）顏師古注 清光緒十四年(1888)上海圖書集成印書局石印本 二十冊

220000－0803－0001710 史 4/7.1－1

前漢書補註一百卷首一卷 （漢）班固撰 （唐）顏師古註 王先謙補註 清光緒二十六年(1900)長沙王氏刻本 四十冊

220000－0803－0001711 史 4/7.1－2

前漢書補註一百卷首一卷 （漢）班固撰 （唐）顏師古註 王先謙補註 清光緒二十六年(1900)長沙王氏刻本 三十二冊

220000－0803－0001712 史 4/8.3－1

後漢書九十卷 （南朝宋）范曄撰 （唐）李賢注 志三十卷 （晉）司馬彪撰 （南朝梁）劉昭注 清同治八年(1869)金陵書局刻本 十六冊

220000－0803－0001713 史 4/8.3－2

後漢書九十卷 （南朝宋）范曄撰 （唐）李賢注 志三十卷 （晉）司馬彪撰 （南朝梁）劉昭注 清同治八年(1869)金陵書局刻本 十四冊

220000－0803－0001714 史 4/8.3－3

後漢書九十卷 （南朝宋）范曄撰 （唐）李賢注 志三十卷 （晉）司馬彪撰 （南朝梁）劉昭注 清同治十二年(1873)嶺東使署刻本 十六冊

220000－0803－0001715 史 4/8.3－5

後漢書九十卷 （南朝宋）范曄撰 （唐）李賢注 志三十卷 （晉）司馬彪撰 （南朝梁）劉昭注 清同治十二年(1873)嶺東使署刻本 二十四冊

220000－0803－0001716 史 4/8.3－6

後漢書九十卷 （南朝宋）范曄撰 （唐）李賢注 志三十卷 （晉）司馬彪撰 （南朝梁）劉昭注 清同治八年(1869)金陵書局刻本 十六冊

220000－0803－0001717 史 4/8.3－7

後漢書九十卷 （南朝宋）范曄撰 （唐）李賢注 志三十卷 （晉）司馬彪撰 （南朝梁）劉昭注 清光緒十三年(1887)金陵書局刻本 十六冊

220000－0803－0001718 史 4/8.3－8

後漢書九十卷 （南朝宋）范曄撰 （唐）李賢注 志三十卷 （晉）司馬彪撰 （南朝梁）劉昭注 清同治八年(1869)金谿三讓刻本 十八冊

220000－0803－0001719 史 4/8.3－9

後漢書九十卷 （南朝宋）范曄撰 （唐）李賢注 志三十卷 （晉）司馬彪撰 （南朝梁）劉昭注 清光緒十三年(1887)金陵書局刻本 十六冊

220000－0803－0001720 史 4/8.4

後漢書一百二十卷 （南朝宋）范曄撰 （唐）李賢注 （南朝梁）劉昭補志 清光緒二十年(1894)上海同文書局刻本 三十冊

220000－0803－0001721 史 4/8.5－1

後漢書一百二十卷 （南朝宋）范曄撰 （唐）李賢注 （南朝梁）劉昭補志 清光緒三十一年(1905)武林竹簡齋石印本 十冊

220000－0803－0001722 史 4/8.5－2

後漢書一百二十卷 （南朝宋）范曄撰 （唐）李賢注 （南朝梁）劉昭補志 清光緒三十一年(1905)武林竹簡齋石印本 十冊

220000－0803－0001723 史 4/8.5－3

後漢書一百二十卷 （南朝宋）范曄撰 （唐）李賢注 （南朝梁）劉昭補志 清光緒三十一年(1905)武林竹簡齋石印本 十冊

220000－0803－0001724 史 4/8.5－4

後漢書一百二十卷 （南朝宋）范曄撰 （唐）李賢注 （南朝梁）劉昭補志 清光緒三十一年(1905)武林竹簡齋石印本 十冊

220000 – 0803 – 0001725　史 4/8.11
後漢書一百二十卷　（南朝宋）范曄撰　（唐）李賢注　（南朝梁）劉昭補志　清同治十二年（1873）韓江書局刻本　十六冊

220000 – 0803 – 0001726　史 4/10.2 – 1
三國志六十五卷　（晉）陳壽撰　（南朝宋）裴松之注　清同治九年（1870）金陵書局刻本　八冊

220000 – 0803 – 0001727　史 4/10.2 – 2
三國志六十五卷　（晉）陳壽撰　（南朝宋）裴松之注　清光緒十三年（1887）江南書局刻本　八冊

220000 – 0803 – 0001728　史 4/10.2 – 3
三國志六十五卷　（晉）陳壽撰　（南朝宋）裴松之注　清金陵書局刻本　三冊　存二十四卷（十八至三十、五十五至六十五）

220000 – 0803 – 0001729　史 4/10.2 – 4
三國志六十五卷　（晉）陳壽撰　（南朝宋）裴松之注　清同治九年（1870）金陵書局刻本　八冊

220000 – 0803 – 0001730　史 4/10.2 – 5
三國志六十五卷　（晉）陳壽撰　（南朝宋）裴松之注　清光緒十三年（1887）江南書局刻本　八冊

220000 – 0803 – 0001731　史 4/10.2 – 6
三國志六十五卷　（晉）陳壽撰　（南朝宋）裴松之注　清光緒十三年（1887）江南書局刻本　八冊

220000 – 0803 – 0001732　史 4/10.3
三國志六十五卷　（晉）陳壽撰　（南朝宋）裴松之注　清光緒十四年（1888）上海圖書集成印書局鉛印本　八冊

220000 – 0803 – 0001733　史 4/10.6
三國志六十五卷　（晉）陳壽撰　（南朝宋）裴松之注　清光緒三十一年（1905）武林竹簡齋石印本　四冊

220000 – 0803 – 0001734　史 4/10.8

220000 – 0803 – 0001735　史 4/11.3
三國志六十五卷　（晉）陳壽撰　（南朝宋）裴松之注　清同治十年（1871）成都書局刻本　十四冊

220000 – 0803 – 0001735　史 4/11.3
晉書一百三十卷　（唐）太宗李世民撰　清同治十年（1871）金陵書局刻本　八冊　存五十六卷（一至四、六十至八十九、九十六至一百七、一百十六至一百二十五）

220000 – 0803 – 0001736　史 4/12.2
宋書一百卷　（南朝梁）沈約撰　清金陵書局刻本　七冊　存四十九卷（三十七至五十七、六十七至九十四）

220000 – 0803 – 0001737　史 4/12.5
宋書一百卷　（南朝梁）沈約撰　清同治八年（1869）嶺南葄古堂刻本　二十六冊　缺四卷（列傳三十七至四十）

220000 – 0803 – 0001738　史 4/13.3
南齊書五十九卷　（南朝梁）蕭子顯撰　清同治十二年（1873）金陵書局刻本　五冊　存五十一卷（九至五十九）

220000 – 0803 – 0001739　史 4/13.6
南齊書五十九卷　（南朝梁）蕭子顯撰　清同治八年（1869）嶺南葄古堂刻本　十一冊

220000 – 0803 – 0001740　史 4/14.2
梁書五十六卷　（唐）姚思廉撰　清同治十三年（1874）金陵書局刻本　六冊

220000 – 0803 – 0001741　史 4/15.4
陳書三十六卷　（唐）姚思廉撰　清同治八年（1869）嶺南葄古堂刻本　五冊

220000 – 0803 – 0001742　史 4/16.2 – 1
魏書一百十四卷　（北齊）魏收撰　清金陵書局刻本　十三冊　存八十九卷（七至十二、二十二至一百四）

220000 – 0803 – 0001743　史 4/16.2 – 2
魏書一百十四卷　（北齊）魏收撰　清同治十一年（1872）金陵書局刻本　二十冊

220000 – 0803 – 0001744　史 4/16.5

魏書一百十四卷 （北齊）魏收撰　清同治八年（1869）嶺南葄古堂刻本　三十四冊

220000－0803－0001745　史4/17.2

北齊書五十卷 （唐）李百藥撰　清同治十三年（1874）金陵書局刻本　四冊

220000－0803－0001746　史4/17.5

北齊書五十卷 （唐）李百藥撰　清同治八年（1869）嶺南葄古堂刻本　八冊

220000－0803－0001747　史4/19.2

周書五十卷 （唐）令狐德棻等撰　清金陵書局刻本　一冊　存十四卷（三十七至五十）

220000－0803－0001748　史4/19.5

周書五十卷 （唐）令狐德棻等撰　清同治八年（1869）嶺南葄古堂刻本　八冊

220000－0803－0001749　史4/20.4

隋書八十五卷 （唐）魏徵撰　清同治八年（1869）嶺南葄古堂刻本　二十一冊

220000－0803－0001750　史4/21.2

南史八十卷 （唐）李延壽撰　清金陵書局刻本　六冊　存四十卷（四十一至八十）

220000－0803－0001751　史4/21.4

南史八十卷北史一百卷附職名 （唐）李延壽撰　清光緒十年（1884）上海同文書局石印本　四十四冊

220000－0803－0001752　史4/21.5

南史八十卷 （唐）李延壽撰　清光緒二十八年（1902）武林竹簡齋石印本　六冊

220000－0803－0001753　史4/22.2

北史一百卷 （唐）李延壽撰　清同治十一年（1872）金陵書局刻本　九冊　存四十一卷（一至八、十三至四十五）

220000－0803－0001754　史4/23.1

舊唐書二百卷 （五代）劉昫撰　清同治十一年（1872）定遠方氏刻本　八十冊

220000－0803－0001755　史4/23.2

舊唐書二百卷 （五代）劉昫撰　清同治八年（1869）嶺南葄古堂刻本　二十二冊　存五十二卷（一至四十五、一百六十四至一百六十七、一百九十至一百九十二）

220000－0803－0001756　史4/23.3

唐書二百二十五卷 （宋）歐陽修　（宋）宋祁撰　清刻本　五冊　存二十卷（一百三至一百七、一百五十二至一百五十六、一百六十三至一百六十九、一百九十八至二百）

220000－0803－0001757　史4/23.6

舊唐書二百卷附武英殿本二十三史考證不分卷 （五代）劉昫撰　清同治八年（1869）嶺南葄古堂刻本　五十三冊　存一百七十八卷（一至一百七十三、一百九十六至二百）

220000－0803－0001758　史4/24.2

唐書二百二十五卷 （宋）歐陽修　（宋）宋祁撰　清刻本　九冊　存三十卷（九至十五、七十二至九十四）

220000－0803－0001759　史4/24.4

唐書二百二十五卷 （宋）歐陽修　（宋）宋祁撰　清同治八年（1869）嶺南葄古堂刻本　三十六冊　存一百四卷（一至七十九、二百一至二百二十五）

220000－0803－0001760　史4/25.2

舊五代史一百五十卷目錄二卷附考證不分卷 （宋）薛居正等撰　清嘉慶元年（1796）上海掃葉山房刻本　十四冊

220000－0803－0001761　史4/25.3－1

舊五代史一百五十卷目錄二卷 （宋）薛居正等撰　清末影印本　六十冊

220000－0803－0001762　史4/25.5

舊五代史一百五十卷目錄二卷附考證不分卷 （宋）薛居正等撰　清同治十一年（1872）湖北崇文書局刻本　二冊　存十七卷（一至十七）

220000－0803－0001763　史4/25.6

舊五代史一百五十卷目錄二卷附考證不分卷 （宋）薛居正等撰　清刻本　十九冊　存一百十四卷（三十七至一百五十）

220000－0803－0001764　史4/26.3
五代史記七十四卷　（宋）歐陽修撰　（宋）徐無黨注　清影宋刻本　十二冊

220000－0803－0001765　史4/26.4－1
五代史七十四卷　（宋）歐陽修撰　（宋）徐無黨注　清同治十一年(1872)湖北崇文書局刻本　八冊

220000－0803－0001766　史4/26.4－2
五代史七十四卷　（宋）歐陽修撰　（宋）徐無黨注　清同治十一年(1872)湖北崇文書局刻本　六冊　缺十五卷(四十四至五十八)

220000－0803－0001767　史4/26.6
五代史七十四卷　（宋）歐陽修撰　（宋）徐無黨注　清同治八年(1869)嶺南葄古堂刻本　十一冊

220000－0803－0001768　史4/27.1－1
五代史記注七十四卷　（宋）歐陽修撰　（宋）徐無黨原注　（清）彭元瑞注　清道光八年(1828)刻本　四十冊

220000－0803－0001769　史4/27.1－2
五代史記注七十四卷　（宋）歐陽修撰　（宋）徐無黨原注　（清）彭元瑞注　清道光八年(1828)刻本　四十冊

220000－0803－0001770　史4/28.1
宋史四百九十六卷目錄三卷　（元）脫脫等修　清刻本　三十五冊　存一百五十二卷(九十六至一百三十七、二百二十七、二百三十一至二百三十四、二百三十六、二百四十六至二百七十四、二百七十九至三百二十八、三百三十二至三百三十七、三百七十七至三百八十一、三百九十二至四百一、四百十三至四百十六)

220000－0803－0001771　史4/28.2
宋史四百九十六卷目錄三卷　（元）脫脫等修　清刻本　五冊　存二十卷(三百五十九至三百六十三、三百七十二至三百七十五、三百八十至三百八十二、四百三十五至四百四十二)

220000－0803－0001772　史4/28.5
宋史四百九十六卷目錄三卷　（元）脫脫等修　清刻本　六十冊　存二百二十五卷(六十四至一百八十六、二百五十至二百六十五、二百七十四至三百十七、四百五十五至四百九十六)

220000－0803－0001773　史4/29.2－1
遼史一百十五卷　（元）脫脫等修　清同治十二年(1873)江蘇書局刻本　十二冊

220000－0803－0001774　史4/29.2－2
遼史一百十五卷　（元）脫脫等修　清同治十二年(1873)江蘇書局刻本　七冊　存六十卷(一至四十七、七十一至八十三)

220000－0803－0001775　史4/29.3
遼史一百十五卷解語十卷攷證一卷　（元）脫脫等修　清同治八年(1869)嶺南葄古堂刻本　十九冊　缺一卷(攷證一卷)

220000－0803－0001776　史4/30.1－1
金史一百三十五卷　（元）脫脫等修　清同治十三年(1874)江蘇書局刻本　二十冊

220000－0803－0001777　史4/30.1－2
金史一百三十五卷　（元）脫脫等修　清同治刻本　十五冊　存八十六卷(十四至十九、二十五至三十、四十九至七十、七十七至八十三、九十一至一百三十五)

220000－0803－0001778　史4/30.1－3
金史一百三十五卷　（元）脫脫等修　清同治八年(1869)嶺南葄古堂刻本　三十五冊

220000－0803－0001779　史4/31.2
元史二百十卷附氏族表三卷　（明）宋濂等修　清嘉慶十一年(1806)刻本　十五冊　存七十二卷(五十四至五十九、七十六至七十九、一百三十三至一百七十七、一百九十六至二百十,氏族表二至三)

220000－0803－0001780　史4/31.4－1
元史二百十卷附考證二百十卷目錄二卷　（明）宋濂等修　清同治十三年(1874)江蘇書局刻本　四十八冊

220000－0803－0001781　史 4/31.4－2

元史二百十卷目錄二卷　（明）宋濂等修　清
同治八年(1869)嶺南菉古堂刻本　六十二冊

220000－0803－0001782　史 4/33

元史九十五卷　（清）魏源撰　清光緒三十一
年(1905)邵陽魏慎微堂刻本　三十二冊

220000－0803－0001783　史 4/35.1－1

明史三百三十二卷　（清）張廷玉等撰　清光
緒三年(1877)湖北崇文書局刻本　八十冊

220000－0803－0001784　史 4/35.1－2

明史三百三十二卷　（清）張廷玉等撰　清光
緒三年(1877)湖北崇文書局刻本　八十冊

220000－0803－0001785　史 4/35.2

明史三百三十二卷　（清）張廷玉等撰　清刻
本　二十五冊　存一百二十六卷(七十六至
八十一、一百八至一百七十四、二百八至二百
十、二百十五至二百四十三、二百五十五至二
百五十九、二百九十一至三百六)

220000－0803－0001786　史 4/35.3

明史三百三十二卷　（清）張廷玉等撰　清刻
本　一百十二冊

220000－0803－0001787　史 4/35.4

明史三百三十二卷目錄四卷　（清）張廷玉等
撰　清同治八年(1869)嶺南菉古堂刻本　七
十三冊　存二百五十二卷(二十五至四十六、
七十四至一百三、一百三十四至二百四十二、
二百四十六至三百三十二,目錄四卷)

220000－0803－0001788　史 4.1/4

欽定元史語解二十四卷　清道光四年(1824)
刻本　八冊

220000－0803－0001789　史 4.1/8.1－1

史記志疑三十六卷附錄三卷　（清）梁玉繩撰
　清光緒十三年(1887)廣雅書局刻本　二十
四冊

220000－0803－0001790　史 4.1/8.1－2

史記志疑三十六卷　（清）梁玉繩撰　清光緒
十三年(1887)廣雅書局刻本　十四冊

220000－0803－0001791　史 4.1/8.2

史記志疑三十六卷　（清）梁玉繩撰　清末刻
本　十六冊

220000－0803－0001792　史 4.1/9

校刊史記集解索隱正義札記五卷　（清）張文
虎撰　清同治十一年(1872)金陵書局刻本
二冊

220000－0803－0001793　史 4.1/11

明史攷證攟逸四十二卷　（清）王頌蔚編集
清光緒二十年(1894)嘉業堂刻本　十冊

220000－0803－0001794　史 4.1/12

金史詳校十卷史論五答一卷首一卷末一卷
（清）施國祁撰　清光緒六年(1880)會稽章氏
刻本　六冊

220000－0803－0001795　史 4.1/13

欽定金史語解十二卷　清道光四年(1824)刻
本　四冊

220000－0803－0001796　史 4.1/14－1

南北史補志十四卷附贊一卷　（清）汪士鐸撰
　清光緒四年(1878)淮南書局刻本　六冊

220000－0803－0001797　史 4.1/14－2

南北史補志十四卷附贊一卷　（清）汪士鐸撰
　清光緒四年(1878)淮南書局刻本　六冊

220000－0803－0001798　史 4.1/15

後漢書疏證三十卷　（清）沈欽韓撰　清光緒
二十六年(1900)浙江官書局刻本　十四冊
存二十七卷(一至二十七)

220000－0803－0001799　史 4.1/17

唐書釋音二卷　（宋）董衝撰　清刻本　一冊

220000－0803－0001800　史 4.1/19.1－1

漢書疏證三十六卷後漢書疏證三十卷　（清）
沈欽韓撰　清光緒二十六年(1900)浙江官書
局刻本　四十冊　存三十卷(漢書疏證一至
三十)

220000－0803－0001801　史 4.1/19.1－2

漢書疏證三十六卷後漢書疏證三十卷　（清）
沈欽韓撰　清光緒二十六年(1900)浙江官書

局刻本　十三冊　存二十卷（漢書疏證一至二十）

220000－0803－0001802　史 4.1/21

漢書地理志校本二卷　（清）汪遠孫撰　清道光二十八年（1848）振綺堂汪氏刻本　二冊

220000－0803－0001803　史 4.1/24

漢書西域傳補注二卷　（清）徐松撰　清道光刻本　一冊

220000－0803－0001804　史 4.1/26

補後漢書藝文志一卷考十卷首一卷　（清）曾樸纂　清光緒二十一年（1895）刻常熟曾氏叢書本　六冊

220000－0803－0001805　史 4.1/27.1

欽定遼史語解十卷　清道光四年（1824）刻本　四冊

220000－0803－0001806　史 4.1/27.3

欽定遼史語解十卷　清光緒四年（1878）江蘇書局刻本　二冊

220000－0803－0001807　史 4.1/28.1－1

遼史拾遺二十四卷　（清）厲鶚撰　清光緒元年（1875）江蘇書局刻本　六冊

220000－0803－0001808　史 4.1/28.1－2

遼史拾遺二十四卷　（清）厲鶚撰　遼史拾遺補五卷　（清）楊復吉撰　清光緒元年至三年（1875－1877）江蘇書局刻本　十冊

220000－0803－0001809　史 4.1/28.1－3

遼史拾遺二十四卷　（清）厲鶚撰　清光緒元年（1875）江蘇書局刻本　八冊

220000－0803－0001810　史 4.1/28.1－4

遼史拾遺二十四卷　（清）厲鶚撰　清振綺堂刻本　二冊　存六卷（三至八）

220000－0803－0001811　史 4.1/29

遼史拾遺補五卷　（清）楊復吉撰　清光緒三年（1877）江蘇書局刻本　二冊

220000－0803－0001812　史 4.1/31

續漢志三十卷　（晉）司馬彪撰　（南朝梁）劉昭注補　清金陵書局刻本　一冊　存十八卷（十三至三十）

220000－0803－0001813　史 4.1/32

補宋書刑法志一卷食貨志一卷　（清）郝懿行撰　清嘉慶二十年（1815）刻本　一冊

220000－0803－0001814　史 5/8.1－1

資治通鑑綱目前編二十五卷正編五十九卷續編二十七卷三編二十卷　（宋）朱熹撰　（明）陳仁錫評閱　清嘉慶八年（1803）宏道堂刻本　一百二十八冊

220000－0803－0001815　史 5/8.1－2

資治通鑑綱目前編二十五卷正編五十九卷續編二十七卷三編二十卷　（宋）朱熹撰　（明）陳仁錫評閱　清嘉慶八年（1803）宏道堂刻本　一百二十冊

220000－0803－0001816　史 5/8.1－3

資治通鑑綱目前編二十五卷正編五十九卷續編二十七卷三編二十卷　（宋）朱熹撰　（明）陳仁錫評閱　清光緒二十九年（1903）善成堂刻本　一百六十冊

220000－0803－0001817　史 5/8.1－4

資治通鑑綱目前編二十五卷正編五十九卷續編二十七卷三編二十卷　（宋）朱熹撰　（明）陳仁錫評閱　清嘉慶八年（1803）宏道堂刻本　八十七冊　存八十卷（前編一至十五，正編四至五十九，續編九至十五、十七、二十）

220000－0803－0001818　史 5/8.2

資治通鑑綱目前編二十五卷正編五十九卷續編二十七卷　（宋）朱熹撰　（明）陳仁錫評閱　清嘉慶八年（1803）大文堂刻本　一百二十冊

220000－0803－0001819　史 5/8.3

資治通鑑綱目前編二十五卷正編五十九卷續編二十七卷　（宋）朱熹撰　（明）陳仁錫評閱　清同治三年（1864）漁古山房刻本　七十八冊　存九十五卷（前編二十五卷，正編一至五、十三至五十九，續編一至九、十九至二十七）

220000－0803－0001820　史 5/9

御批資治通鑑綱目一百十一卷　（宋）朱熹撰
　（清）聖祖玄燁御批　清刻本　十六冊　存
十六卷（正編九至十六、續編十至十七）

220000－0803－0001821　史 5/10.1

古香齋新刻袖珍資治通鑑綱目三編二十卷
（清）張廷玉等撰　清光緒七年（1881）南海孔
氏三十有三萬卷堂刻本　四冊

220000－0803－0001822　史 5/10.2

御撰資治通鑑綱目三編二十卷　（清）張廷玉
等撰　清末掃葉山房鉛印本　二冊

220000－0803－0001823　史 5/11.1

資治通鑑二百九十四卷附釋文辯誤十二卷
（宋）司馬光編集　（元）胡三省音註　清嘉慶
二十一年（1816）鄱陽胡克家刻本　一百十
一冊

220000－0803－0001824　史 5/11.2

資治通鑑二百九十四卷附釋文辯誤十二卷
（宋）司馬光編集　（元）胡三省音註　清同治
八年（1869）江蘇書局刻本　一百冊

220000－0803－0001825　史 5/11.7

資治通鑑二百九十四卷附釋文辯誤十二卷
（宋）司馬光編集　（元）胡三省音註　清同治
十年（1871）湖北崇文書局刻本　九十八冊
缺十四卷（二百十九至二百三十二）

220000－0803－0001826　史 5/11.6

資治通鑑二百九十四卷目錄三十卷　（宋）司
馬光撰　通鑑釋文辯誤十二卷　（元）胡三省
撰　續資治通鑑二百二十卷　（清）畢沅撰
資治通鑑外紀十卷目錄五卷　（宋）劉恕撰
明紀六十卷　（清）陳鶴撰　清同治江蘇書局
刻本　二百冊

220000－0803－0001827　史 5/11.8

資治通鑑二百九十四卷附釋文辯誤十二卷
（宋）司馬光編集　（元）胡三省音註　清刻本
　七十冊　存二百卷（三十一至六十、九十至
一百二十、一百五十至二百十一、二百六十五至
二百六十八、二百七十二至二百九十四）

220000－0803－0001828　史 5/12.2

資治通鑑目錄三十卷　（宋）司馬光編　清同
治八年（1869）江蘇書局刻本　十冊

220000－0803－0001829　史 5/13.1

續資治通鑑二百二十卷　（清）畢沅編集　清
同治八年（1869）江蘇書局刻本　六十冊

220000－0803－0001830　史 5/15.2－1

資治通鑑外紀十卷目錄五卷　（宋）劉恕編集
　（清）胡克家注補　清同治十年（1871）江蘇
書局刻本　十冊

220000－0803－0001831　史 5/15.2－2

資治通鑑外紀十卷目錄五卷　（宋）劉恕編集
　（清）胡克家注補　清同治十年（1871）江蘇
書局刻本　十冊

220000－0803－0001832　史 5/16

宋元通鑑一百五十七卷　（明）薛應旂編集
（明）陳仁錫評閱　明刻本　九冊　存四十卷
（一百十二至一百五十一）

220000－0803－0001833　史 5/17

資治通鑑後編一百八十四卷附校勘記十五卷
　（清）徐乾學撰　夏震武校勘　清光緒二十
四年（1898）刻本　五十二冊

220000－0803－0001834　史 5/18

續資治通鑑長編五百二十卷　（宋）李燾撰
清光緒七年（1881）浙江書局刻本　一百二
十冊

220000－0803－0001835　史 5/19

續資治通鑑長編拾補六十卷　（宋）李燾撰
清光緒九年（1883）浙江書局刻本　十六冊

220000－0803－0001836　史 5/21

資治通鑑刊本識誤三卷　（清）張敦仁撰　嚴
永思先生通鑑補正畧三卷　（明）嚴衍撰
（清）張敦仁輯錄　清道光七年至八年（1827－
1828）三山陳氏刻獨抱廬叢書本　五冊

220000－0803－0001837　史 5/23

通鑑釋文辯誤十二卷　（元）胡三省撰　清光
緒十三年（1887）刻本　三冊

220000－0803－0001838　史 5/24

通鑑注商十八卷 （清）趙紹祖學 清嘉慶二十四年(1819)古墨齋刻本 四冊

220000－0803－0001839 史5/25

胡刻資治通鑑校字記四卷 （清）熊羅宿著 清刻本 二冊

220000－0803－0001840 史5/27

通鑑宋本校勘記五卷元本校勘記二卷 （清）張英撰 清光緒八年(1882)江蘇書局刻本 一冊

220000－0803－0001841 史5/28

御批增補了凡綱鑑四十卷首一卷御批資治通鑑綱目三編六卷 （明）袁黃編纂 清光緒二十五年至二十九年(1899－1903)上海萃文書局石印本 十二冊

220000－0803－0001842 史5/29

御批增補了凡綱鑑四十卷首一卷御批資治通鑑綱目三編六卷 （明）袁黃編纂 清光緒三十年至三十一年(1904－1905)上海文盛書局石印本 十二冊

220000－0803－0001843 史5/31.1

重訂王鳳洲先生會纂綱鑑四十六卷 （明）王世貞纂 （明)陳仁錫等訂 清刻本 八冊 存十一卷(一至十一)

220000－0803－0001844 史5/31.2

袁王綱鑑會纂三十九卷 （明）王世貞等纂 清光緒三十三年(1907)上海圖書集成公司鉛印本 十八冊

220000－0803－0001845 史5/31.3

綱鑑會纂三十九卷首一卷附御批資治通鑑綱目三編六卷 （明）王世貞編 清光緒二十五年(1899)上海圖書集成局鉛印本 二十冊

220000－0803－0001846 史5/31.4

重訂王鳳洲先生綱鑑會纂四十六卷 （明）王世貞撰 清初刻本 十五冊 存三十一卷(一至三十一)

220000－0803－0001847 史5/31.5

重訂王鳳洲先生會纂綱鑑四十六卷 （明）王世貞纂 （明)陳仁錫等訂 清寶興堂刻本 二十四冊

220000－0803－0001848 史5/33.1

御批歷代通鑑輯覽一百二十卷 （清）傅恒等撰 （清)高宗弘曆御批 清同治十年(1871)浙江楊昌濬摹刻朱墨套印本 六十四冊

220000－0803－0001849 史5/33.2－1

御批歷代通鑑輯覽一百二十卷 （清）傅恒等撰 （清)高宗弘曆御批 清光緒二十年(1894)湖南澹雅書局刻本 六十冊

220000－0803－0001850 史5/33.2－2

御批歷代通鑑輯覽一百二十卷 （清）傅恒等撰 （清)高宗弘曆御批 清同治十一年(1872)湖北崇文書局刻本 六十冊

220000－0803－0001851 史5/33.2－3

御批歷代通鑑輯覽一百二十卷 （清）傅恒等撰 （清)高宗弘曆御批 清同治十一年(1872)湖北崇文書局刻本 六十冊

220000－0803－0001852 史5/33.3

御批歷代通鑑輯覽一百二十卷 （清）傅恒等撰 （清)高宗弘曆御批 清同治十三年(1874)湖南書局刻朱墨套印本 五十四冊 存一百二卷(一至三十一、四十七至九十六、一百至一百二十)

220000－0803－0001853 史5/33.4

御批歷代通鑑輯覽一百二十卷 （清）傅恒等撰 （清)高宗弘曆御批 清光緒三十四年(1908)上海商務印書館朱墨套印本 四十冊

220000－0803－0001854 史5/33.4－2

御批歷代通鑑輯覽一百二十卷 （清）傅恒等撰 （清)高宗弘曆御批 清上海商務印書館朱墨套印本 三十九冊

220000－0803－0001855 史5/33.5－1

御批歷代通鑑輯覽一百二十卷 （清）傅恒等撰 （清)高宗弘曆御批 清光緒九年(1883)上海同文書局石印本 二十冊

220000－0803－0001856 史5/33.5－2

御批歷代通鑑輯覽一百二十卷 （清）傅恒等撰 （清）高宗弘曆御批 清光緒十三年(1887)上海同文書局石印本 二十冊

220000－0803－0001857 史 5/33.6

御批歷代通鑑輯覽一百二十卷 （清）傅恒等撰 （清）高宗弘曆御批 清光緒二十七年(1901)慎記書莊石印本 二十冊

220000－0803－0001858 史 5/33.7

御批歷代通鑑輯覽一百二十卷 （清）傅恒等撰 （清）高宗弘曆御批 清末上海錦章書局石印本 二十八冊

220000－0803－0001859 史 5/33.8

御批歷代通鑑輯覽一百二十卷 （清）傅恒等撰 （清）高宗弘曆御批 清光緒二十年(1894)上海書局石印本 二十四冊

220000－0803－0001860 史 5/33.9

御批歷代通鑑輯覽一百二十卷 （清）傅恒等撰 （清）高宗弘曆御批 清光緒五年(1879)刻朱墨套印本 六十冊

220000－0803－0001861 史 5/33.10

御批歷代通鑑輯覽一百二十卷 （清）傅恒等撰 （清）高宗弘曆御批 清光緒三十年(1904)上海通元書局石印本 二十二冊 缺八卷(六十三至六十六、九十一至九十四)

220000－0803－0001862 史 5/35.2

司馬溫公稽古錄二十卷 （宋）司馬光撰 清同治十一年(1872)湖北崇文書局刻本 四冊

220000－0803－0001863 史 5/36.1－1

明紀六十卷 （清）陳鶴纂 清同治十年(1871)江蘇書局刻本 二十冊

220000－0803－0001864 史 5/36.1－2

明紀六十卷 （清）陳鶴纂 清同治十年(1871)江蘇書局刻本 二十冊

220000－0803－0001865 史 5/36.1－3

明紀六十卷 （清）陳鶴纂 清同治十年(1871)江蘇書局刻本 二十冊

220000－0803－0001866 史 5/37

明通鑑九十卷首一卷前編四卷 （清）夏燮編輯 清光緒二十三年(1897)湖北官書處刻本 四十冊

220000－0803－0001867 史 5/38

綱鑑會通明紀十五卷 （清）陳志襄輯錄 清書業德刻本 八冊

220000－0803－0001868 史 5/41

後漢紀校釋三卷 鈕永建校釋 清光緒刻本 一冊

220000－0803－0001869 史 5/42

御撰明紀綱目二十卷 （清）張廷玉纂 清末鉛印本 二冊

220000－0803－0001870 史 5/43.1

尺木堂綱鑑易知錄一百七卷 （清）吳乘權等輯 清末刻本 八冊 存十八卷(四十一至五十六、七十五至七十六)

220000－0803－0001871 史 5/43.2

尺木堂綱鑑易知錄一百七卷 （清）吳乘權等輯 清光緒二十五年(1899)掃葉山房鉛印本 十六冊

220000－0803－0001872 史 5/43.4

尺木堂綱鑑易知錄一百七卷 （清）吳乘權等輯 清光緒二十八年(1902)上海經香閣石印本 八冊

220000－0803－0001873 史 5/44

綱鑑擇語十卷 （清）司徒修選輯 清道光上海文盛書局石印本 六冊

220000－0803－0001874 史 5.1/1

小腆紀年坿攷二十卷 （清）徐鼒撰 清光緒十二年(1886)扶桑使廨鉛印本 十二冊

220000－0803－0001875 史 5.1/2

西史綱目初函二十卷 （清）周維翰編纂 清光緒二十七年(1901)經世文社石印本 十冊

220000－0803－0001876 史 5.1/4.1－1

竹書紀年統箋十二卷前編一卷雜述一卷 (南朝梁)沈約附注 （清）徐文靖統箋 清光緒三年(1877)浙江書局刻本 四冊

220000－0803－0001877　史5.1/4.1－2

竹書紀年統箋十二卷前編一卷雜述一卷

（南朝梁）沈約附注　（清）徐文靖統箋　清光緒三年（1877）浙江書局刻本　四冊

220000－0803－0001878　史5.1/5

竹書紀年集證五十卷集說一卷敘略一卷

（清）陳逢衡學　清嘉慶十八年（1813）裛露軒刻本　十六冊

220000－0803－0001879　史5.1/6.1－1

東華錄三十二卷（天命至雍正）　（清）蔣良騏撰　清京都琉璃廠鉛印本　十六冊

220000－0803－0001880　史5.1/6.1－2

東華錄三十二卷（天命至雍正）　（清）蔣良騏撰　清京都琉璃廠鉛印本　十五冊　存三十卷（三至三十二）

220000－0803－0001881　史5.1/7.1

東華續錄一百二十卷（乾隆）　王先謙編　清光緒五年（1879）刻本　四十八冊

220000－0803－0001882　史5.1/7.2

東華錄三十二卷（天命至雍正）東華續錄五百九十四卷（乾隆至道光）　王先謙編　清光緒十三年（1887）廣百宋齋校刊鉛印本　七十六冊

220000－0803－0001883　史5.1/8

東華續錄六十九卷（咸豐）　（清）潘頤福編　清光緒十八年（1892）上海圖書集成印書局鉛印本　十六冊

220000－0803－0001884　史5.1/9

東華續錄二百二十卷（光緒）　（清）朱壽朋編　清宣統元年（1909）上海集成圖書公司鉛印本　六十四冊

220000－0803－0001885　史5.1/10.1

東華錄五百二十五卷（天命至同治）　王先謙編　清宣統三年（1911）存古齋鉛印本　一百二十四冊

220000－0803－0001886　史5.1/10.2

十朝東華錄五百十八卷（天命至同治）　王先謙編　清光緒二十五年（1899）石印本　六十四冊

220000－0803－0001887　史5.1/10.3

東華續錄一百卷（乾隆）　王先謙編　清光緒二十四年（1898）文瀾書局石印本　二十四冊

220000－0803－0001888　史5.1/11

東華錄詳節二十四卷　（清）鄔樹庭編　清光緒二十六年（1900）上海東文學堂石印本　十六冊

220000－0803－0001889　史5.1/12

皇朝政典舉要八卷　（日本）增田貢著　（清）毛淦補編　清末鉛印本　四冊

220000－0803－0001890　史5.1/13

皇朝政典挈要八卷　（日本）增田貢著　（清）毛淦補編　清光緒二十八年（1902）鉛印本　四冊

220000－0803－0001891　史5.1/14

清史攬要四卷　（日本）增田貢著　清光緒二十八年（1902）上海書局石印本　四冊

220000－0803－0001892　史5.1/17

續支那通史二卷　（日本）山峯畯藏著　（清）漢陽青年編譯　清光緒三十二年（1906）會文堂書局石印本　四冊

220000－0803－0001893　史5.1/18

周季編略九卷　（清）黃式三纂　清同治十二年（1873）浙江書局刻本　四冊

220000－0803－0001894　史5.2/2

中外紀年通表六卷　（清）齊召南輯　清光緒二十三年（1897）上海著易堂石印本　六冊

220000－0803－0001895　史5.2/3.1－1

四裔編年表四卷　（美國）林樂知　（清）嚴良勳譯　（清）李鳳苞彙編　清光緒二十三年（1897）石印本　四冊

220000－0803－0001896　史5.2/3.1－2

四裔編年表四卷　（美國）林樂知　（清）嚴良勳譯　（清）李鳳苞彙編　清光緒二十三年（1897）石印本　四冊

220000－0803－0001897　史5.2/4

新撰東西年表不分卷　（日本）井上賴圀
（日本）大槻如電撰　清光緒二十七年(1901)
王氏小方壺齋鉛印本　一冊

220000－0803－0001898　史5.2/5

建文遜國之際月表二卷　（清）劉廷鑾撰　清
光緒元年(1875)貴池劉氏刻本　二冊

220000－0803－0001899　史5.2/7.1

紀元編三卷末一卷　（清）李兆洛撰　（清）六
承如錄　清咸豐五年(1855)南海伍氏刻粵雅
堂叢書本　三冊

220000－0803－0001900　史5.2/7.3

紀元編三卷末一卷　（清）李兆洛撰　（清）六
承如錄　清同治十年(1871)合肥李氏刻本
二冊

220000－0803－0001901　史5.2/8

歷代紀元彙考八卷附續編一卷　（清）萬斯同
編　孫鏘等校補　清光緒二十三年(1897)瀹
洲李氏刻本　四冊

220000－0803－0001902　史5.2/9.1－1

歷代帝王年表十三卷　（清）齊召南編　**明年
表一卷**　（清）阮福續編　清道光四年(1824)
小琅嬛仙館刻本　四冊

220000－0803－0001903　史5.2/9.1－2

歷代帝王年表十三卷　（清）齊召南編　**明年
表一卷**　（清）阮福續編　清道光四年(1824)
小琅嬛仙館刻本　四冊

220000－0803－0001904　史5.2/9.1－3

歷代帝王年表十三卷　（清）齊召南編　**明年
表一卷**　（清）阮福續編　清道光八年(1828)
寶翰樓刻本　四冊

220000－0803－0001905　史5.2/9.2

歷代帝王年表三卷　（清）齊召南編　清光緒
十二年(1886)蘇州埽葉山房刻本　三冊

220000－0803－0001906　史5.2/10

歷代帝王年表不分卷附紀元同異攷略不分卷
黃大華編　清光緒二十六年(1900)夢紅豆

邨刻本　一冊

220000－0803－0001907　史5.2/11

歷代帝王統系不分卷　（明）夏洪基撰　清光
緒三十二年(1906)北洋陸軍編譯局鉛印本
一冊

220000－0803－0001908　史5.2/12.1

歷代史表五十九卷　（清）萬斯同撰　清嘉慶
元年(1796)留香閣刻本　十冊

220000－0803－0001909　史5.2/12.2

歷代史表五十九卷　（清）萬斯同撰　清末留
香閣刻本　八冊

220000－0803－0001910　史5.2/12.3

歷代史表五十九卷　（清）萬斯同撰　清光緒
十五年(1889)廣雅書局刻本　八冊

220000－0803－0001911　史5.2/15

南北史年表一卷世系表五卷帝王世系表一卷
（清）周嘉猷撰　清末廣雅書局刻本　四冊

220000－0803－0001912　史6/1.1

九朝紀事本末（歷朝紀事本末）九種　（清）朱
記榮輯　清光緒二十九年(1903)文盛書局石
印本　三十七冊　缺二十二卷(三藩紀事本
末二十二卷)

220000－0803－0001913　史6/1.2

九朝紀事本末（歷朝紀事本末）九種　（清）朱
記榮輯　清光緒二十八年(1902)上海捷記書
局石印本　四十一冊　缺九卷(左傳紀事本
末四十五至五十三)

220000－0803－0001914　史6/1.3

通鑑紀事本末二百三十九卷　（宋）袁樞編輯
左傳紀事本末五十三卷　（清）高士奇撰
宋史紀事本末一百九卷　（明）馮琦編　**元史
紀事本末二十七卷**　（明）陳邦瞻編輯　**明史
紀事本末八十卷**　（清）谷應泰編輯　清同治
十二年(1873)江西書局刻本　一百三十六冊

220000－0803－0001915　史6/4

宋史紀事本末一百九卷　（明）馮琦編　清刻
本　二十四冊

220000－0803－0001916　史6/6
明朝紀事本末八十卷　（清）谷應泰編著　清築益堂刻本　十六冊

220000－0803－0001917　史6/7
遼史紀事本末四十卷首一卷末一卷　（清）李有棠編纂　清光緒二十九年（1903）李杕鄂樓刻朱墨套印本　八冊

220000－0803－0001918　史6/8
金史紀事本末五十二卷首一卷　（清）李有棠編纂　清光緒二十九年（1903）李杕鄂樓刻本　十二冊

220000－0803－0001919　史6/9.2－1
繹史一百六十卷　（清）馬驌撰　清初刻本　三十二冊

220000－0803－0001920　史6/9.2－2
繹史一百六十卷　（清）馬驌撰　清光緒三十年（1904）浙江書局刻本　五十冊

220000－0803－0001921　史6.1/1
三朝北盟會編二百五十卷　（宋）徐夢莘編集　清鉛印本　四十冊

220000－0803－0001922　史6.1/5
平定粵匪紀略十八卷附記四卷　（清）杜文瀾撰　清光緒二十五年（1899）益元書局刻本　六冊

220000－0803－0001923　史6.1/6
中興禦侮錄二卷附襄陽守城錄一卷　（宋）□□撰　清咸豐四年（1854）南海伍氏刻粵雅堂叢書本　一冊

220000－0803－0001924　史6.1/7
日清海陸戰爭史不分卷　（日本）松井廣吉著　（清）范枕石譯　清光緒二十八年（1902）上海會文編譯社石印本　一冊

220000－0803－0001925　史6.1/11
戡定新疆記八卷　（清）魏光燾撰　清光緒二十五年（1899）鉛印本　二冊

220000－0803－0001926　史6.1/12.1－1
聖武記十四卷　（清）魏源撰　清道光二十六年（1846）古微堂刻本　十二冊

220000－0803－0001927　史6.1/12.1－2
聖武記十四卷　（清）魏源撰　清道光二十六年（1846）古微堂刻本　六冊　存六卷（一至六）

220000－0803－0001928　史6.1/12.1－3
聖武記十四卷　（清）魏源撰　清道光二十二年（1842）古微堂刻本　八冊

220000－0803－0001929　史6.1/12.1－4
聖武記十四卷　（清）魏源撰　清道光二十六年（1846）古微堂刻本　十二冊

220000－0803－0001930　史6.1/12.1－5
聖武記十四卷　（清）魏源撰　清道光二十六年（1846）古微堂刻本　十二冊

220000－0803－0001931　史6.1/12.1－6
聖武記十四卷　（清）魏源撰　清道光二十六年（1846）古微堂刻本　二十四冊

220000－0803－0001932　史6.1/12.2
聖武記十四卷　（清）魏源撰　清刻本　六冊　存八卷（七至十四）

220000－0803－0001933　史6.1/12.3
聖武記十四卷　（清）魏源撰　清和記書莊鉛印本　六冊

220000－0803－0001934　史6.1/12.4
聖武記十四卷　（清）魏源撰　清上海泰東時務譯印局鉛印本　六冊

220000－0803－0001935　史6.1/12.5
聖武記十四卷　（清）魏源撰　清光緒二十八年（1902）上海書局石印本　六冊

220000－0803－0001936　史6.1/15
逸周書管箋十卷疏證一卷提要一卷集說一卷摭訂三卷　（晉）孔晁註　（清）丁宗洛箋　清道光十年（1830）刻本　四冊

220000－0803－0001937　史6.1/16
逸周書補註二十二卷首一卷末一卷　（晉）孔晁註　（清）陳逢衡補註　清道光五年（1825）修梅山館刻本　十六冊

220000 – 0803 – 0001938　史 7/1

十國春秋一百十四卷　（清）吳任臣撰　**拾遺備攷二卷**　（清）周昂撰　清海虞戴氏漱石山房刻本　二十冊

220000 – 0803 – 0001939　史 7/2.2

十六國春秋一百卷　（北魏）崔鴻撰　清光緒十二年(1886)湖北官書處刻本　十二冊

220000 – 0803 – 0001940　史 7/4.1 – 1

尚史七十卷附世系圖一卷　（清）李鍇纂　清嘉慶十九年(1814)晚香草堂刻本　二十六冊

220000 – 0803 – 0001941　史 7/4.1 – 2

尚史七十卷附世系圖一卷　（清）李鍇纂　清刻本　四十冊

220000 – 0803 – 0001942　史 7/6

南漢書十八卷　（清）梁廷柟撰　清刻本　六冊

220000 – 0803 – 0001943　史 7/7.1 – 1

南天痕二十六卷附錄一卷　（清）凌雪纂修　清宣統二年(1910)復古社鉛印本　六冊

220000 – 0803 – 0001944　史 7/7.1 – 2

南天痕二十六卷附錄一卷　（清）凌雪纂修　清宣統二年(1910)復古社鉛印本　六冊

220000 – 0803 – 0001945　史 7/8

契丹國志二十七卷　（宋）葉隆禮撰　清掃葉山房刻本　二冊

220000 – 0803 – 0001946　史 7/9

晉畧六十六卷　（清）周濟撰　清道光十九年(1839)周氏味雋齋刻本　十冊

220000 – 0803 – 0001947　史 7/11

蒙兀兒史記　屠寄撰　清末刻本　十冊

220000 – 0803 – 0001948　史 7/12.1 – 1

東都事略一百三十卷　（宋）王稱撰　清光緒九年(1883)淮南書局刻本　八冊

220000 – 0803 – 0001949　史 7/12.1 – 2

東都事略一百三十卷　（宋）王稱撰　清眉山程舍人宅刻本　八冊

220000 – 0803 – 0001950　史 7/12.1 – 3

東都事略一百三十卷　（宋）王稱撰　清光緒九年(1883)淮南書局刻本　八冊

220000 – 0803 – 0001951　史 7/14

續弘簡錄元史類編四十二卷　（清）邵遠平撰　清初刻本　十八冊

220000 – 0803 – 0001952　史 8/1

九國志十二卷　（宋）路振撰　（宋）張唐英補　清道光三十年(1850)刻粵雅堂叢書本　三冊

220000 – 0803 – 0001953　史 8/2

九朝野記四卷　（明）祝允明纂　清宣統三年(1911)時中書局鉛印本　二冊

220000 – 0803 – 0001954　史 8/4.1

大唐創業起居注三卷　（唐）溫大雅撰　清刻本　一冊

220000 – 0803 – 0001955　史 8/4.2

大唐創業起居注三卷　（唐）溫大雅撰　清光緒三十一年(1905)刻本　一冊

220000 – 0803 – 0001956　史 8/6.1 – 1

元朝秘史十卷續二卷　（元）脫察安撰　清光緒三十四年(1908)葉氏觀古堂刻本　六冊

220000 – 0803 – 0001957　史 8/6.1 – 2

元朝秘史十卷續二卷　（元）脫察安撰　清光緒三十四年(1908)葉氏觀古堂刻本　六冊

220000 – 0803 – 0001958　史 8/6.2

元朝秘史十五卷　（元）脫察安撰　清道光二十七年(1847)靈石楊氏刻連筠簃叢書本　二冊

220000 – 0803 – 0001959　史 8/6.3

元朝秘史十五卷　（元）脫察安撰　清光緒二十二年(1896)通隱堂刻本　四冊

220000 – 0803 – 0001960　史 8/7.1 – 1

校正元親征錄一卷　（清）何秋濤校正　清光緒二十年(1894)小漚巢刻本　一冊

220000 – 0803 – 0001961　史 8/7.1 – 2

校正元親征錄一卷　（清）何秋濤校正　清光

緒二十年(1894)小漚巢刻本　四冊

220000－0803－0001962　史8/7.1－3
校正元親征錄一卷　（清）何秋濤校正　清光緒二十年(1894)小漚巢刻本　一冊

220000－0803－0001963　史8/8
欽定承華事略補圖六卷　（元）王惲撰　清光緒二十四年(1898)上海掃葉山房石印本二冊

220000－0803－0001964　史8/9
中興戰功錄一卷　（宋）李壁撰　清光緒三十一年(1905)江陰繆氏藕香簃刻本　一冊

220000－0803－0001965　史8/10
牛羊日曆一卷　（唐）劉軻撰　**東觀奏記三卷**（唐）裴庭裕撰　**廣陵妖亂志一卷**　（唐）鄭廷誨撰　清光緒三十年(1904)江陰繆氏藕香簃刻本　一冊

220000－0803－0001966　史8/11
永樂別錄二卷　吳廷燮輯　清光緒三十四年(1908)遼海書社鉛印遼海叢書本　二冊

220000－0803－0001967　史8/12
玉牒初草二卷　（宋）劉克莊撰　清光緒三十四年(1908)江陰繆氏藕香簃刻本　一冊

220000－0803－0001968　史8/19
吳中平寇記八卷　（清）錢勗撰　清光緒元年(1875)申報館鉛印本　三冊

220000－0803－0001969　史8/20
吳越備史四卷補遺一卷　（宋）范坰　（宋）林禹撰　**吳越備史雜考一卷**　（清）錢受徵輯清光緒二十一年(1895)錢塘丁氏嘉惠堂刻本二冊

220000－0803－0001970　史8/22
東洋史要二卷　（日本）桑原隲藏著　樊炳清譯　清光緒二十五年(1899)鉛印本　一冊

220000－0803－0001971　史8/23
東南紀事十二卷西南紀事十二卷　（清）邵廷采撰　清光緒十年(1884)邵武徐幹刻本四冊

220000－0803－0001972　史8/24
奉天錄四卷　（唐）趙元一撰　清咸豐二年(1852)南海伍氏粵雅堂刻粵雅堂叢書本一冊

220000－0803－0001973　史8/27
明季南略十八卷明季北略二十四卷　（清）計六奇撰　清光緒十三年(1887)上海圖書集成印書局鉛印本　十冊

220000－0803－0001974　史8/29.1－1
明季稗史彙編二十七卷　（清）留雲居士輯清都城琉璃廠留雲居士刻本　二十冊

220000－0803－0001975　史8/29.1－2
明季稗史彙編二十七卷　（清）留雲居士輯清光緒二十二年(1896)上海圖書集成印書局鉛印本　十冊

220000－0803－0001976　史8/29.2
明季稗史彙編二十七卷　（清）留雲居士輯清光緒二十二年(1896)上海圖書集成印書局鉛印本　六冊

220000－0803－0001977　史8/31
明季續聞不分卷　（清）汪光復撰　清宣統三年(1911)上海商務印書館鉛印本　一冊

220000－0803－0001978　史8/35
咸淳遺事二卷　（宋）□□撰　清道光三十年(1850)南海伍氏刻粵雅堂叢書本　一冊

220000－0803－0001979　史8/36
海東逸史十八卷　（清）翁洲老民撰　（清）徐斡校　清邵武徐氏刻本　一冊

220000－0803－0001980　史8/38
荊駝逸史五十二種附一種　（清）陳湖逸士編清宣統三年(1911)中國圖書館石印本　八冊　存十二種(一至十二)

220000－0803－0001981　史8/41.1－1
國語二十一卷　（三國吳）韋昭解　**戰國策三十三卷**　（漢）高誘注　**國語札記一卷戰國策札記三卷**　（清）黃丕烈撰　清嘉慶八年(1803)讀未見書齋刻本　十二冊

220000－0803－0001982　史 8/41.1－2

國語二十一卷 （三國吳）韋昭解　**戰國策三十三卷** （漢）高誘注　**國語札記一卷戰國策札記三卷** （清）黃丕烈撰　清嘉慶八年（1803）讀未見書齋刻本　八冊

220000－0803－0001983　史 8/43.3

國語(春秋外傳)二十一卷 （三國吳）韋昭解　（宋）宋庠補音　清姑蘇書業堂刻本　六冊

220000－0803－0001984　史 8/43.4－1

國語(春秋外傳)二十一卷附札記一卷考異四卷 （三國吳）韋昭解　清同治八年（1869）湖北崇文書局刻本　六冊

220000－0803－0001985　史 8/43.4－2

國語(春秋外傳)二十一卷附札記一卷考異四卷 （三國吳）韋昭解　清光緒三年（1877）永康退補齋刻本　四冊

220000－0803－0001986　史 8/43.5

國語(春秋外傳)二十一卷附札記一卷考異四卷 （三國吳）韋昭解　清宣統元年（1909）鴻寶齋石印本　四冊

220000－0803－0001987　史 8/45

國語校注本三種二十九卷 （清）汪遠孫撰　清道光二十六年（1846）汪氏振綺堂刻本　六冊

220000－0803－0001988　史 8/46

國史攷異六卷 （清）潘檉章撰　（清）吳炎訂　**平定羅剎方略四卷** （□）□□撰　清刻本　三冊

220000－0803－0001989　史 8/55

靖康傳信錄三卷建炎進退志四卷建炎時政記三卷 （宋）李綱著　清光緒十年（1884）邵武徐氏刻本　二冊

220000－0803－0001990　史 8/56.2－1

重訂路史全本四十七卷首一卷 （宋）羅泌輯　（宋）羅苹註　清嘉慶六年（1801）酉山堂刻本　十六冊

220000－0803－0001991　史 8/56.2－2

重訂路史全本四十七卷首一卷 （宋）羅泌輯　（宋）羅苹註　清刻本　十一冊　存二十五卷(後記十三至十四、國名記一至七、發揮六卷、餘論十卷)

220000－0803－0001992　史 8/58.2

欽定滿洲源流考二十卷 （清）阿桂等編　清末稿本　六冊　存十五卷(一至十五)

220000－0803－0001993　史 8/60

蒙古史二卷 （日本）河野元三述　（清）歐陽瑞驊譯　清宣統三年（1911）江南圖書館鉛印本　二冊

220000－0803－0001994　史 8/64.1－1

戰國策三十三卷 （漢）高誘注　清同治八年（1869）崇文書局刻朱墨套印本　四冊

220000－0803－0001995　史 8/64.1－2

戰國策三十三卷 （漢）高誘注　清光緒三年（1877）永康退補齋刻本　六冊

220000－0803－0001996　史 8/64.2

戰國策十卷 （宋）鮑彪校注　（宋）吳師道重校　清嘉慶十一年（1806）書業堂刻本　八冊

220000－0803－0001997　史 8/64.5－1

戰國策三十三卷札記三卷 （漢）高誘注　清宣統元年（1909）鴻寶齋石印本　四冊

220000－0803－0001998　史 8/64.5－2

戰國策三十三卷札記三卷 （漢）高誘注　清宣統元年（1909）鴻寶齋石印本　四冊

220000－0803－0001999　史 8/64.6

戰國策三十三卷札記三卷 （漢）高誘注　清光緒二十八年（1902）新化三味書室刻本　八冊

220000－0803－0002000　史 8/69

中西紀事二十四卷 （清）夏燮撰　清咸豐九年（1859）刻本　六冊

220000－0803－0002001　史 8/70

四朝聞見錄五卷 （宋）葉紹翁撰　清刻知不足齋叢書本　四冊　存四卷(一至四)

220000－0803－0002002　史 8/73

萬國通史前編十卷　（英國）李思倫白約翰輯譯　蔡爾康筆述　清末上海商務印書館鉛印本　十冊

220000－0803－0002003　史 9/2

三輔決錄二卷　（漢）趙岐纂　（晉）摯虞注（清）張澍輯　清道光元年(1821)二酉堂刻本　一冊

220000－0803－0002004　史 9/6

孔門弟子傳略二卷　（明）夏洪基編輯　（明）夏之芳重校　清道光九年(1829)向日園刻本　二冊

220000－0803－0002005　史 9/10

中興名臣事略八卷　朱孔彰撰　清光緒二十七年(1901)上海書局石印本　四冊

220000－0803－0002006　史 9/11.1

中興將帥別傳三十卷　朱孔彰撰　清光緒二十三年(1897)江寧刻本　八冊

220000－0803－0002007　史 9/13.1－1

新刊古列女傳八卷　（漢）劉向撰　（晉）顧愷之繪　清道光五年(1825)揚州阮福刻本　四冊

220000－0803－0002008　史 9/13.1－2

新刊古列女傳八卷　（漢）劉向撰　（晉）顧愷之繪　清道光五年(1825)揚州阮福刻本　二冊

220000－0803－0002009　史 9/13.1－3

新刊古列女傳八卷　（漢）劉向撰　（晉）顧愷之繪　清道光五年(1825)揚州阮福刻本　四冊

220000－0803－0002010　史 9/13.2

古列女傳八卷　（漢）劉向著　（明）黃魯曾贊　清光緒三年(1877)湖北崇文書局刻本　四冊

220000－0803－0002011　史 9/14

世本五卷　（漢）宋衷注　（清）張澍補注　清道光元年(1821)二酉堂刻本　三冊

220000－0803－0002012　史 9/15

世本十卷　（清）秦嘉謨輯補　清嘉慶二十三年(1818)琳琅仙館刻本　八冊

220000－0803－0002013　史 9/16

史外三十二卷　（清）汪有典纂　（清）王介山鑒定　清末刻本　六冊

220000－0803－0002014　史 9/17

江西忠義錄六十卷　（清）沈葆楨等修　（清）何應祺等纂　清同治十二年(1873)刻本　四冊　存十二卷(一至十二)

220000－0803－0002015　史 9/18

國朝江西節孝錄八十七卷　（清）江西通志局編　清光緒五年(1879)江西書局刻本　四十冊

220000－0803－0002016　史 9/19

百孝圖說四卷首一卷末一卷　（清）俞葆真編輯　清同治十二年(1873)刻本　二冊

220000－0803－0002017　史 9/21

本朝名家詩鈔小傳二卷　（清）鄭方坤撰　清嘉慶六年(1801)刻本　四冊

220000－0803－0002018　史 9/22

國朝名臣言行錄十六卷　（清）王炳燮撰　清光緒十一年(1885)廣仁堂刻本　六冊

220000－0803－0002019　史 9/23.1

國朝先正事略六十卷　（清）李元度纂　清末循陔草堂刻本　二十四冊

220000－0803－0002020　史 9/23.2－1

國朝先正事略六十卷　（清）李元度纂　清同治五年(1866)循陔草堂刻本　二十四冊

220000－0803－0002021　史 9/23.2－2

國朝先正事略六十卷　（清）李元度纂　清同治五年(1866)循陔草堂刻本　二十四冊

220000－0803－0002022　史 9/23.2－3

國朝先正事略六十卷　（清）李元度纂　清同治五年(1866)循陔草堂刻本　三十二冊

220000－0803－0002023　史 9/23.3

國朝先正事略六十卷　（清）李元度纂　清光緒二十五年(1899)上海圖書集成印書局鉛印

本 八冊

220000－0803－0002024　史 9/23.4

國朝先正事略六十卷 （清）李元度纂　清光
緒二十七年(1901)上海千頃堂石印本　十冊

220000－0803－0002025　史 9/23.5

國朝先正事略十二卷 （清）李元度纂　**國朝
先正事略續編四卷**　朱孔彰撰　清光緒二十
八年(1902)上海錦章書局石印本　八冊

220000－0803－0002026　史 9/24.1

**宋朱晦菴先生名臣言行錄前集十卷後集十四
卷續集八卷** （宋）朱熹　（宋）李幼武撰
（明）張采評閱　清刻本　十冊

220000－0803－0002027　史 9/24.2－1

宋名臣言行錄七十五卷 （宋）朱熹纂集
（宋）李衡校正　清歙續學堂洪氏刻本　十
二冊

220000－0803－0002028　史 9/24.2－2

宋名臣言行錄七十五卷 （宋）朱熹纂集
（宋）李衡校正　清刻本　十二冊

220000－0803－0002029　史 9/26.1－1

宋元學案一百卷首一卷攷略一卷 （清）黃宗
羲撰　（清）黃百家纂輯　（清）全祖望修定
清光緒五年(1879)長沙寄廬刻本　四十八冊

220000－0803－0002030　史 9/26.1－2

宋元學案一百卷首一卷攷略一卷 （清）黃宗
羲撰　（清）黃百家纂輯　（清）全祖望修定
清光緒五年(1879)長沙寄廬刻本　四十八冊

220000－0803－0002031　史 9/27

**宋中興學士院題名一卷中興行在雜買務雜賣
場提轄官題名一卷中興東宮官寮題名一卷宋
中興三公年表一卷** （宋）何異撰　清光緒二
十二年(1896)藕香簃刻本　一冊

220000－0803－0002032　史 9/28

兩浙名賢錄六十二卷 （明）徐象梅撰　清光
緒二十六年(1900)浙江書局刻本　六十二冊

220000－0803－0002033　史 9/28.1－2

學案小識十四卷首一卷末一卷 （清）唐鑑撰

清刻本　四冊　存六卷(六至八、十一至十
三)

220000－0803－0002034　史 9/29.2

明儒學案六十二卷 （清）黃宗羲述　清光緒
十四年(1888)刻本　三十二冊

220000－0803－0002035　史 9/29.3

明儒學案二十卷 （清）黃宗羲著　梁啓超節
鈔　清光緒三十二年(1906)新民社鉛印本
一冊

220000－0803－0002036　史 9/30

昭忠錄不分卷 （宋）□□撰　清道光三十年
(1850)南海伍氏刻粵雅堂叢書本　一冊

220000－0803－0002037　史 9/32

唐才子傳十卷 （元）辛文房撰　清同治元年
(1862)蘇州文學山房刻江氏聚珍板叢書本
四冊

220000－0803－0002038　史 9/33

浙江忠義錄十卷續編二卷 （清）張景祁等纂
清光緒元年(1875)浙江采訪忠義總局刻本
三十二冊

220000－0803－0002039　史 9/34

桐城耆舊傳十二卷 馬其昶撰　清宣統三年
(1911)刻本　六冊

220000－0803－0002040　史 9/35

**國朝耆獻類徵初編七百二十卷國朝賢媛類徵
初編十二卷** （清）李桓輯　清光緒十年至十
六年(1884－1890)湘陰李氏刻本　三百冊

220000－0803－0002041　史 9/36

逆臣傳四卷 （清）國史館編　清都城琉璃廠
半松居士鉛印本　二冊

220000－0803－0002042　史 9/39

崇禎五十宰相傳一卷 （清）曹溶撰　清宣統
三年(1911)上海國學扶輪社鉛印張氏適園叢
書本　一冊

220000－0803－0002043　史 9/40

貳臣傳十二卷 （清）國史館編　清都城琉璃
廠半松居士鉛印本　六冊

220000－0803－0002044　史 9/41

越女表微錄五卷　（清）汪輝祖纂　清光緒十八年（1892）杭州浙江學院刻本　一冊

220000－0803－0002045　史 9/42.1－1

國朝詩人徵略六十卷二編六十四卷　（清）張維屏輯　清道光十年（1830）粵東富文齋刻本　二十六冊

220000－0803－0002046　史 9/42.1－2

國朝詩人徵略六十卷　（清）張維屏輯　清道光十年（1830）粵東富文齋刻本　十二冊

220000－0803－0002047　史 9/42.1－3

國朝詩人徵略六十卷　（清）張維屏輯　清道光十年（1830）粵東超華齋刻本　十二冊

220000－0803－0002048　史 9/44

滿洲名臣傳四十八卷漢名臣傳三十二卷（清）國史館編　清刻本　八十冊

220000－0803－0002049　史 9/46.1

歷代名臣言行錄二十四卷　（清）朱桓編輯清光緒元年（1875）湖北文源堂刻本　十六冊

220000－0803－0002050　史 9/46.2

歷代名臣言行錄二十四卷　（清）朱桓編輯清光緒二十一年（1895）上海宏文閣石印本八冊

220000－0803－0002051　史 9/47

歷代臣鑒三十七卷　（明）宣宗朱瞻基纂　清刻本　八冊

220000－0803－0002052　史 9/48.1－1

學案小識十四卷首一卷末一卷　（清）唐鑑撰清光緒十年（1884）刻本　十二冊

220000－0803－0002053　史 9/49

錦里新編十六卷首一卷　（清）張邦伸纂輯清嘉慶五年（1800）周氏敦彝堂刻本　八冊

220000－0803－0002054　史 9/51

闕里述聞十四卷　（清）鄭曉如述　清同治七年（1868）廣州西湖街華文堂刻本　八冊

220000－0803－0002055　史 9/53

鶴徵錄八卷　（清）李集輯　（清）李富孫

（清）李遇孫續輯　後錄十二卷　（清）李富孫輯　清同治十一年（1872）漾葭老屋刻本六冊

220000－0803－0002056　史 9/55

繡像古今賢女傳九卷　（清）魏息園編輯　清光緒三十四年（1908）上海集成圖書公司點石齋石印本　八冊

220000－0803－0002057　史 9/58

國朝書人輯略十一卷首一卷　震鈞輯　清光緒三十四年（1908）金陵刻本　五冊　存九卷（一至五、八至十一）

220000－0803－0002058　史 9/59

國史賢良祠王大臣小傳二卷　（清）阮元撰清刻本　二冊

220000－0803－0002059　史 9/62

聖賢像贊四卷　（明）冠洋子撰　清刻本四冊

220000－0803－0002060　史 9/63

蜀燹述略六卷　（清）余鴻觀撰　清末成都昌福公司鉛印本　四冊

220000－0803－0002061　史 9/64

新鐫旁批詳註總斷廣名將譜二十卷　（明）黃道周註斷　清崇善堂刻本　十冊

220000－0803－0002062　史 9/65.1－1

練川名人畫像四卷附二卷續編三卷　（清）程祖慶輯　清道光二十九年（1849）嘉定程氏陔南草堂刻本　二冊

220000－0803－0002063　史 9/65.1－2

練川名人畫像四卷附二卷續編三卷　（清）程祖慶輯　清道光二十九年（1849）嘉定程氏陔南草堂刻本　二冊

220000－0803－0002064　史 9/68

國朝漢學師承記八卷跋二卷經師經義一卷宋學淵源記二卷附記一卷　（清）江藩纂　清光緒十一年（1885）校經山房刻本　四冊

220000－0803－0002065　史 9/70

蜀學編二卷　（清）方守道初輯　高賡恩覆輯

清光緒二十七年（1901）錦江書局刻本
一冊

220000－0803－0002066　史9.1/2
王文成公年紀一卷　陳澹然撰　清石印本
一冊

220000－0803－0002067　史9.1/4.1
孔子編年五卷　（宋）胡仔撰　清同治九年
（1870）績溪胡湛刻本　四冊

220000－0803－0002068　史9.1/4.2－1
孔子編年四卷　（清）狄子奇撰　清光緒十三
年（1887）浙江書局刻本　一冊

220000－0803－0002069　史9.1/4.2－2
孔子編年四卷　（清）狄子奇撰　清光緒十三
年（1887）浙江書局刻本　一冊

220000－0803－0002070　史9.1/8
安祿山事迹三卷　（唐）姚汝能纂　清光緒三
十年（1904）藕香簃刻本　一冊

220000－0803－0002071　史9.1/10.1－3
朱子［熹］年譜四卷考異四卷附錄二卷　（清）
王懋竑纂訂　清光緒九年（1883）武昌書局刻
本　四冊　缺二卷（附錄二卷）

220000－0803－0002072　史9.1/10.1－4
朱子［熹］年譜四卷考異四卷附錄二卷　（清）
王懋竑纂訂　清光緒九年（1883）武昌書局刻
本　四冊

220000－0803－0002073　史9.1/11
先聖生卒年月日考二卷　（清）孔廣牧撰　清
光緒十九年（1893）浙江書局刻本　一冊

220000－0803－0002074　史9.1/12
伊壯愍公事實四卷首一卷　（清）伊盛福輯
清同治五年（1866）刻本　一冊

220000－0803－0002075　史9.1/18.1－1
孟子編年四卷　（清）狄子奇撰　清光緒十三
年（1887）浙江書局刻本　一冊

220000－0803－0002076　史9.1/18.1－2
孟子編年四卷　（清）狄子奇撰　清光緒十三
年（1887）浙江書局刻本　一冊

220000－0803－0002077　史9.1/18.2
孟子編年四卷　（清）狄子奇撰　清道光十年
（1830）狄氏安雅齋刻本　二冊

220000－0803－0002078　史9.1/19
阿文成公［桂］年譜三十四卷　（清）那彥成纂
清嘉慶十八年（1813）刻本　三十二冊

220000－0803－0002079　史9.1/22
明李文正公［東陽］年譜六卷　（清）法式善纂
輯　（清）唐仲冕增補　清嘉慶九年（1804）刻
本　四冊

220000－0803－0002080　史9.1/23
鄂國金佗稡編二十八卷續編三十卷　（宋）岳
珂撰　清光緒九年（1883）浙江書局刻本　十
二冊

220000－0803－0002081　史9.1/24
洪北江先生［亮吉］年譜一卷　（清）呂培等編
清光緒三年（1877）洪用懃授經堂刻本
一冊

220000－0803－0002082　史9.1/26
范文正公言行錄三卷摘錄范文正公年譜言行
一卷　（清）崔廷璋編輯　清光緒十三年
（1887）刻本　一冊

220000－0803－0002083　史9.1/27
韓魏公言行錄不分卷　（清）崔廷璋編　清光
緒十三年（1887）刻本　一冊

220000－0803－0002084　史9.1/31
拿破崙本紀四卷　（英國）洛加德著　林紓等
譯　清光緒三十三年（1907）京師官書局鉛印
本　四冊

220000－0803－0002085　史9.1/36
惕盦［完顏崇實］年譜一卷適齋詩集四卷
（清）完顏崇實著　清光緒三年（1877）煥文齋
刻本　二冊

220000－0803－0002086　史9.1/38
華陽陶隱居內傳三卷　（宋）賈嵩撰　清光緒
二十九年（1903）長沙葉氏觀古堂刻本　一冊

220000－0803－0002087　史9.1/39

雷塘庵主弟子記八卷 （清）張鑑錄 清刻本
四冊

220000－0803－0002088 史9.1/41

夢痕錄餘一卷 （清）汪輝祖撰 清刻本
一冊

220000－0803－0002089 史9.1/43

漢丞相諸葛忠武侯傳一卷 （宋）張栻撰 清
黃岡陶子麟刻本 一冊

220000－0803－0002090 史9.1/44

忠武誌十卷 （清）張鵬翮輯 清嘉慶十九年
(1814)刻本 六冊

220000－0803－0002091 史9.1/46

稼書先生[陸隴其]年譜一卷 （清）陸宸徵
（清）李鉉輯 汲古閣校刻書目一卷補遺一卷
刻板存亡考一卷 （清）鄭德懋輯 （清）顧湘
校 清刻本 一冊

220000－0803－0002092 史9.1/47

劉大將軍大事記四集 （清）管斯駿撰 清光
緒二十一年(1895)務實齋石印本 四冊

220000－0803－0002093 史9.1/53

還讀我書室老人手訂年譜二卷 （清）董恂編
清刻本 二冊

220000－0803－0002094 史9.1/54

顏習齋先生[元]年譜二卷 （清）李塨纂
（清）王源訂 清光緒三十四年(1908)國學保
存會鉛印本 一冊

220000－0803－0002095 史9.1/55

顧亭林先生[炎武]年譜一卷 （清）張穆編
清道光二十四年(1844)刻本 一冊

220000－0803－0002096 史9.1/56

蘇潁濱[轍]年表一卷 （宋）孫汝聽編 清宣
統元年(1909)藕香簃刻本 一冊

220000－0803－0002097 史9.1/60

節愍華公[允誠]年譜二卷首一卷末一卷
（清）華衷黃述畧 （清）張夏參訂 清存裕堂
刻本 一冊

220000－0803－0002098 史9.1/64

欽定宗室王公功績表傳十二卷首一卷 （清）
國史館編 清抄本 一冊 存二卷(一、首一
卷)

220000－0803－0002099 史9.1/70.1

黃忠端公[尊素]年譜二卷 （清）黃炳垕撰輯
清光緒二十五年(1899)刻本 一冊

220000－0803－0002100 史9.1/70.2

黃梨洲先生[宗羲]年譜三卷 （清）黃炳垕撰
輯 清同治十二年(1873)刻本 一冊

220000－0803－0002101 史9.1/72

王陽明之歷史譚不分卷 （清）楊千里編譯
清光緒三十四年(1908)明明學社鉛印本
一冊

220000－0803－0002102 史9.1/73

閻潛丘先生[若璩]年譜一卷 （清）張穆編
清道光二十七年(1847)壽陽祁氏㲄欿亭刻本
一冊

220000－0803－0002103 史9.2/3

大清搢紳全書五卷 （□）□□撰 清宣統三
年(1911)榮祿堂刻本 五冊

220000－0803－0002104 史9.2/5

元和姓纂十卷 （唐）林寶撰 清光緒六年
(1880)金陵書局刻本 四冊

220000－0803－0002105 史9.2/6

瓜爾佳氏二門家譜不分卷 （清）恩齡修 清
道光二十九年(1849)刻本 一冊

220000－0803－0002106 史9.2/7

江南甯屬同官錄 （□）□□撰 清同治六年
(1867)刻本 六冊

220000－0803－0002107 史9.2/14

邵氏姓解辨誤一卷 段朝端撰 清光緒十三
年(1887)邵武徐氏刻本 一冊

220000－0803－0002108 史9.2/15.2

尚友錄二十二卷 （明）廖用賢編纂 （明）張
伯琮補輯 清光緒十六年(1890)上滸埽葉山
房銅活字印本 六冊

220000－0803－0002109 史9.2/16

新纂氏族箋釋八卷 （清）熊峻運著 清經國
堂刻本 六冊

220000－0803－0002110 史9.2/18
南海學正黄氏家譜十二卷首一卷末一卷 黄
任恒編 清宣統三年(1911)黄氏保粹堂刻本
一冊 存十一卷（一至十、首一卷）

220000－0803－0002111 史9.2/19
皇朝諡法表十卷 （清）楊樹編 清光緒三十
年(1904)刻本 二冊

220000－0803－0002112 史9.2/20
風俗通姓氏篇一卷 （漢）應劭撰 （清）張澍
輯 周生烈子一卷 （三國魏）周生烈纂
（清）張澍輯 漢皇德傳一卷 （漢）侯瑾撰
清道光元年(1821)刻本 二冊

220000－0803－0002113 史9.2/21
泰西人物韻編不分卷 （清）汪成教編輯 清
光緒二十九年(1903)上海書局石印本 五冊

220000－0803－0002114 史9.2/22
琱玉集十五卷 （□）□□撰 清光緒遵義黎
氏刻古逸叢書本 一冊 存二卷（十二、十
四）

220000－0803－0002115 史9.2/26
疑年録四卷 （清）錢大昕編 續疑年録四卷
（清）吳修編 清同治元年(1862)福山王氏
天壤閣刻本 二冊

220000－0803－0002116 史9.2/27.1－1
補疑年録四卷 （清）錢椒編 三續疑年録十
卷 （清）陸心源編 清光緒刻本 五冊

220000－0803－0002117 史9.2/27.1－2
補疑年録四卷 （清）錢椒編 三續疑年録十
卷 （清）陸心源編 清光緒刻本 四冊

220000－0803－0002118 史9.2/28.1－1
國朝諡法考不分卷 （清）王士禎編輯 清刻
本 一冊

220000－0803－0002119 史9.2/28.1－2
國朝諡法考不分卷 （清）王士禎編輯 清刻
本 一冊

220000－0803－0002120 史9.2/29
歷代名人年譜十卷附存疑及生卒年月無攷一
卷 （清）吳榮光撰 清刻本 十冊

220000－0803－0002121 史9.2/38.1－1
人壽金鑑二十二卷 （清）程得齡輯 清嘉慶
二十五年(1820)刻本 六冊

220000－0803－0002122 史9.2/38.1－2
人壽金鑑二十二卷 （清）程得齡輯 清光緒
元年(1875)湖北崇文書局刻本 六冊

220000－0803－0002123 史9.2/39
大清搢紳全書不分卷 （□）□□撰 清道光
三十年(1850)貴文堂刻本 四冊

220000－0803－0002124 史9.2/40
平湖殉難録一卷 （清）彭潤章輯 清刻本
一冊

220000－0803－0002125 史9.2/41
增廣尚友録統編二十二卷 應祖錫編輯 清
光緒二十八年(1902)鴻寶齋石印本 十五冊
存二十一卷（一至二十一）

220000－0803－0002126 史9.2/43
清秘述聞十六卷 （清）法式善編 清嘉慶四
年(1799)刻本 六冊

220000－0803－0002127 史9.2/45
國朝湖州府科第表不分卷 （清）戴璐原輯
（清）沈鋐補輯 清同治十一年(1872)湖州刻
本 二冊

220000－0803－0002128 史9.2/46
勾吳華氏本書五十四卷前一卷後一卷 （清）
華渚纂 清光緒三十一年(1905)存裕堂義莊
刻本 八冊

220000－0803－0002129 史9.2/47
華氏通四三省公支宗譜十五卷首三卷末一卷
（清）華存寬等輯 清光緒七年(1881)存裕
堂義莊刻本 六冊

220000－0803－0002130 史9.2/48
華氏祠墓圖攷略不分卷 （清）華鴻模編 清
宣統三年(1911)毓湖存裕堂刻本 一冊

220000－0803－0002131　史9.2/50.1－1

澗于日記不分卷(清光緒四年至六年及十一年至二十一年)　(清)張佩綸撰　清末豐潤澗于草堂張氏影印本　十四冊

220000－0803－0002132　史9.2/50.1－2

澗于日記不分卷(清光緒四年至六年及十一年至二十一年)　(清)張佩綸撰　清末豐潤澗于草堂張氏影印本　十四冊

220000－0803－0002133　史9.2/50.1－3

澗于日記不分卷(清光緒四年至六年及十一年至二十一年)　(清)張佩綸撰　清末豐潤澗于草堂張氏影印本　十四冊

220000－0803－0002134　史9.2/50.1－4

澗于日記不分卷(清光緒四年至六年及十一年至二十一年)　(清)張佩綸撰　清末豐潤澗于草堂張氏影印本　十四冊

220000－0803－0002135　史9.2/52.1－1

百家姓不分卷　(□)□□撰　清揚州古舊書店刻本　一冊

220000－0803－0002136　史9.2/52.1－2

百家姓不分卷　(□)□□撰　清揚州古舊書店刻本　一冊

220000－0803－0002137　史9.2/53

大清搢紳全書四卷　(□)□□撰　清光緒二十二年(1896)榮祿堂刻本　四冊

220000－0803－0002138　史9.2/54

大清搢紳全書四卷　(□)□□撰　清光緒二十四年(1898)榮錄堂刻本　四冊

220000－0803－0002139　史9.2/55

大清中樞備覽二卷　(□)□□撰　清光緒二十四年(1898)榮錄堂刻本　二冊

220000－0803－0002140　史9.2/56

大清搢紳全書四卷　(□)□□撰　清光緒二十五年(1899)京都林氏榮寶齋刻本　四冊

220000－0803－0002141　史9.2/57

大清搢紳全書四卷　(□)□□撰　清光緒三十四年(1908)榮錄堂刻本　四冊

220000－0803－0002142　史9.2/65

四十八科試策清華(戊申科至癸未科)　(清)梁鳴謙　(清)何履亨選　清光緒十一年(1885)廿四琴書畫室刻本　十四冊

220000－0803－0002143　史9.2/66

樂府侍兒小名一卷　(清)李調元撰　清刻本　一冊

220000－0803－0002144　史9.2/67

黃氏世德傳贊一卷　(清)黃炳垕撰輯　清同治六年(1867)刻本　一冊

220000－0803－0002145　史9.2/72

理學宗傳二十六卷　(清)孫奇逢輯　清光緒六年(1880)浙江書局刻本　十二冊

220000－0803－0002146　史9.2/73

曾文正公手書日記不分卷(清道光二十一年正月初一日至同治十一年二月初三日)　(清)曾國藩撰　清宣統元年(1909)上海中國圖書公司石印本　四十冊　存十八冊(一至二、五至六、八至二十一)

220000－0803－0002147　史10/2

二十四史文鈔一百九卷　(清)納蘭常安評選　清光緒二十九年(1903)上海文來書局石印本　十六冊

220000－0803－0002148　史10/3.1

廿一史約編八卷首一卷　(清)鄭元慶述　清末掃葉山房席氏刻本　八冊

220000－0803－0002149　史10/3.2－1

廿一史約編八卷首一卷　(清)鄭元慶述　清刻本　七冊　缺一卷(一)

220000－0803－0002150　史10/3.2－2

廿一史約編八卷首一卷　(清)鄭元慶述　清石經樓刻本　五冊　缺二卷(二至三)

220000－0803－0002151　史10/3.2－3

廿一史約編八卷首一卷　(清)鄭元慶述　清上洋江左書林刻本　八冊

220000－0803－0002152　史10/3.2－4

廿一史約編八卷首一卷　(清)鄭元慶述　清

上洋江左書林刻本　八冊

220000－0803－0002153　史10/3.2－5
廿一史約編八卷首一卷　（清）鄭元慶述　清
上洋江左書林刻本　八冊

220000－0803－0002154　史10/3.2－6
廿一史約編八卷首一卷　（清）鄭元慶述　清
上洋江左書林刻本　八冊

220000－0803－0002155　史10/4
王先生十七史蒙求十六卷附李氏蒙求補注六
卷　（宋）王令撰　（清）金三俊輯　清道光二
十八年(1848)刻本　六冊

220000－0803－0002156　史10/7.1－1
史記菁華錄六卷　（清）姚苧田摘錄　清道光
四年(1824)吳興扶荔山房刻朱墨套印本
六冊

220000－0803－0002157　史10/7.1－2
史記菁華錄六卷　（清）姚苧田摘錄　清道光
四年(1824)吳興扶荔山房刻朱墨套印本　十
二冊

220000－0803－0002158　史10/7.2
史記菁華錄六卷　（清）姚苧田摘錄　清光緒
二十四年(1898)上海宏文閣鉛印本　四冊

220000－0803－0002159　史10/8.1
史略六卷　（宋）高似孫撰　清光緒九年
(1883)虞山鮑氏刻本　二冊

220000－0803－0002160　史10/8.2
史略八十七卷　（清）朱坤輯　清光緒二十四
年(1898)上海蜚英館鉛印本　五冊　存七十
三卷(一至十四、二十九至八十七)

220000－0803－0002161　史10/9
史撮一卷　（清）殷裕霖著　清光緒十八年
(1892)寶慶務本書局刻本　一冊

220000－0803－0002162　史10/10
史荃五卷首一卷　（清）楊銘柱撰　清道光二
十六年(1846)寄雲書屋刻本　四冊

220000－0803－0002163　史10/13
宋瑣語不分卷　（清）郝懿行撰　（清）汪喜孫

校勘　清嘉慶二十年(1815)刻本　二冊

220000－0803－0002164　史10/14
南北史識小錄二十八卷　（清）沈名蓀　（清）
朱昆田輯　（清）張應昌補正　清同治十年
(1871)武林吳氏清來堂刻本　十二冊

220000－0803－0002165　史10/15
慈溪黃氏日抄分類古今紀要十九卷　（宋）黃
震抄　清刻本　十冊

220000－0803－0002166　史10/18
歷代史略六卷　柳詒徵編　清末江楚書局刻
本　八冊

220000－0803－0002167　史10/19
廿一史四譜五十四卷　（清）沈炳震鈔　清嘉
慶刻本　十六冊

220000－0803－0002168　史10/20
史鑑節要便讀六卷末一卷　（清）鮑東里編輯
清光緒十九年(1893)吉林探源書舫盛福介
臣氏刻本　二冊

220000－0803－0002169　史10/20.1
史鑑節要便讀六卷　（清）鮑東里編輯　清光
緒十九年(1893)刻本　二冊

220000－0803－0002170　史11/2
月日紀古十二卷　（清）蕭智漢纂輯　清道光
二十八年(1848)經元堂刻本　十二冊

220000－0803－0002171　史11/4.1－1
月令粹編二十一卷附月令粹編圖說一卷
（清）秦嘉謨編　清嘉慶十七年(1812)江都秦
嘉謨琳琅仙館刻本　六冊

220000－0803－0002172　史11/4.1－2
月令粹編二十四卷附月令粹編圖說一卷
（清）秦嘉謨編　清嘉慶十七年(1812)江都秦
嘉謨琳琅仙館刻本　六冊

220000－0803－0002173　史11/6
荊楚歲時記一卷　（南朝梁）宗懷著　南方草
木狀三卷　（晉）嵇含著　（□）高日升校　清
刻本　一冊

220000－0803－0002174　史11/7

燕京歲時記一卷　（清）富察敦崇編　清光緒
三十二年(1906)琉璃廠文德齋刻本　一冊

220000－0803－0002175　史11/8
歲時廣記四十卷首一卷末一卷　（宋）陳元靚
編　清末刻本　八冊

220000－0803－0002176　史12/2
大清一統志五百卷　（清）穆彰阿等纂修　清
光緒二十七年(1901)上海寶善齋石印本　五
十九冊　存四百九十四卷(一至四十二、四十
九至五百)

220000－0803－0002177　史12/3.1－1
小方壺齋輿地叢鈔十二帙補編十二帙再補編
十二帙　王錫祺輯　清光緒十七年至二十三
年(1891－1897)上海著易堂鉛印本　八十
四冊

220000－0803－0002178　史12/3.1－2
小方壺齋輿地叢鈔補編十二帙再補編十二帙
　王錫祺輯　清光緒二十三年(1897)南清河
王氏鉛印本　十六冊　存十三帙(補編十至
十一,再補編一至十、十二)

220000－0803－0002179　史12/4
方輿紀要簡覽三十四卷　（清）顧祖禹著
（清）潘鐸輯錄　清光緒二十八年(1902)經元
書室刻本　十六冊

220000－0803－0002180　史12/5.1
太平寰宇記二百卷　（宋）樂史撰　清光緒九
年(1883)遵義黎氏影宋刻古逸叢書本　一冊
　存六卷(一百十三至一百十八)

220000－0803－0002181　史12/5.2
太平寰宇記二百卷目錄二卷　（宋）樂史撰
清光緒八年(1882)金陵書局刻本　三十六冊
　缺七卷(一百十三至一百十九)

220000－0803－0002182　史12/6.1－1
天下郡國利病書一百二十卷　（清）顧炎武輯
　清光緒五年(1879)蜀南桐華書屋薛氏家塾
補刻本　五十冊

220000－0803－0002183　史12/6.1－2

天下郡國利病書一百二十卷　（清）顧炎武輯
　清光緒五年(1879)蜀南桐華書屋薛氏家塾
補刻本　八十冊

220000－0803－0002184　史12/6.1－3
天下郡國利病書一百二十卷　（清）顧炎武輯
　清道光十年(1830)龍萬育敷文閣刻本　六
十五冊

220000－0803－0002185　史12/6.2
天下郡國利病書一百二十卷　（清）顧炎武輯
　清光緒二十七年(1901)圖書集成局鉛印本
二十八冊

220000－0803－0002186　史12/6.3
天下郡國利病書一百二十卷　（清）顧炎武輯
　清光緒上海慎記書莊石印本　二十四冊

220000－0803－0002187　史12/8
元和郡縣圖志四十卷闕卷逸文一卷　（唐）李
吉甫撰　元和郡縣補志九卷　（清）嚴觀輯
清光緒六年(1880)金陵書局刻本　八冊　缺
六卷(十九至二十、二十三至二十四、三十五
至三十六)

220000－0803－0002188　史12/9
元豐九域志十卷　（宋）王存撰　清光緒八年
(1882)金陵書局刻本　四冊

220000－0803－0002189　史12/10
中國通覽二編　（清）商務印書館譯　清光緒
二十九年(1903)上海商務印書館鉛印本
一冊

220000－0803－0002190　史12/11
新斠注地里志（新斠注地里志集釋）十六卷
（清）錢坫著　（清）徐松集釋　清同治十三年
(1874)會稽章氏刻本　八冊

220000－0803－0002191　史12/12.1
乾隆府廳州縣圖志五十卷　（清）洪亮吉撰
清乾隆五十三年至嘉慶八年(1788－1803)刻
本　十一冊

220000－0803－0002192　史12/12.2－1
乾隆府廳州縣圖志五十卷　（清）洪亮吉撰

清光緒五年(1879)授經堂刻本　十四冊

220000－0803－0002193　史12/12.2－2
乾隆府廳州縣圖志五十卷　(清)洪亮吉撰
清光緒五年(1879)授經堂刻本　二十冊

220000－0803－0002194　史12/13.1－1
東三省沿革表六卷　吳廷燮纂　清宣統元年
(1909)徐氏退耕堂刻本　六冊

220000－0803－0002195　史12/13.1－2
東三省沿革表六卷　吳廷燮纂　清宣統元年
(1909)徐氏退耕堂刻本　六冊

220000－0803－0002196　史12/14
括地志八卷　(唐)李泰等撰　(清)孫星衍輯
　清嘉慶二年(1797)刻岱南閣叢書本　二冊

220000－0803－0002197　史12/18.1－1
**廣輿記二十四卷增訂廣輿記提要一卷廣輿圖
一卷**　(清)蔡方炳增輯　清光緒四年(1878)
刻本　十二冊

220000－0803－0002198　史12/18.1－2
**廣輿記二十四卷增訂廣輿記提要一卷廣輿圖
一卷**　(清)蔡方炳增輯　清光緒四年(1878)
刻本　十一冊　存二十二卷(一至三、六至二
十四)

220000－0803－0002199　史12/19
歷代地理沿革表四十七卷　(清)陳芳績撰
清光緒二十一年(1895)廣雅書局刻本　十
五冊

220000－0803－0002200　史12/20.1
歷代地理志韻編今釋二十卷目錄五卷　(清)
李兆洛輯　(清)六嚴等編集　清光緒十四年
(1888)垾葉山房刻本　十一冊

220000－0803－0002201　史12/20.2
歷代地理志韻編今釋二十卷　(清)李兆洛輯
　(清)六嚴等編集　清同治九年(1870)合肥
李氏刻本　八冊

220000－0803－0002202　史12/21
輿地紀勝二百卷首一卷　(宋)王象之編　清
咸豐五年(1855)南海伍氏粵雅堂刻本　二十

四冊

220000－0803－0002203　史12/22.1－1
皇朝輿地韻編二卷　(清)李兆洛輯　(清)六
嚴等編集　清道光十七年(1837)刻本　二冊

220000－0803－0002204　史12/22.1－2
皇朝輿地韻編二卷　(清)李兆洛輯　(清)六
嚴等編集　清刻本　二冊

220000－0803－0002205　史12/23.1－1
輿地廣記三十八卷　(清)歐陽忞撰　清嘉慶
十七年(1812)吳縣黃丕烈士禮居刻本　六冊

220000－0803－0002206　史12/23.1－2
輿地廣記三十八卷校勘輿地廣記札記二卷
(清)歐陽忞撰　(清)黃丕烈校勘　清嘉慶十
七年(1812)吳縣黃丕烈士禮居刻本　六冊

220000－0803－0002207　史12/23.1－3
輿地廣記三十八卷校勘輿地廣記札記二卷
(清)歐陽忞撰　(清)黃丕烈校勘　清嘉慶十
七年(1812)吳縣黃丕烈士禮居刻本　八冊

220000－0803－0002208　史12/23.2
輿地廣記三十八卷校勘輿地廣記札記二卷
(清)歐陽忞撰　(清)黃丕烈校勘　清刻本
四冊

220000－0803－0002209　史12/24
皇朝藩屬輿地叢書六集二十八種　(清)浦口
輯　清光緒二十九年(1903)上海書局金匱浦
氏靜寄東軒石印本　十六冊　存十二種三十
七卷(西藏圖考八卷、西招圖略一卷、越史略
三卷、吉林外記十卷、黑龍江外記八卷、塞北
紀行一卷、西北域記一卷、寧古塔紀略一卷、
西遊記金山以東釋一卷、帕米爾圖說一卷、帕
米爾輯略一卷、澳大利亞洲志譯本一卷)

220000－0803－0002210　史12/25.1
讀史方輿紀要一百三十卷　(清)顧祖禹撰
清抄本　五十三冊　存一百二十六卷(一至
一百二十六)

220000－0803－0002211　史12/25.3
讀史方輿紀要一百三十卷方輿全圖總說五卷

（清）顧祖禹輯　清光緒二十七年（1901）圖書集成局鉛印本　三十二冊

220000－0803－0002212　史12/25.2－1
讀史方輿紀要一百三十卷輿圖要覽四卷
（清）顧祖禹輯著　（清）彭元瑞校定　清光緒五年（1879）蜀南桐華書屋薛氏家塾刻本　八十冊

220000－0803－0002213　史12/25.2－2
讀史方輿紀要一百三十卷輿圖要覽四卷
（清）顧祖禹輯著　（清）彭元瑞校定　清光緒五年（1879）蜀南桐華書屋薛氏家塾刻本　五十冊

220000－0803－0002214　史12/25.2－3
讀史方輿紀要一百三十卷輿圖要覽四卷
（清）顧祖禹輯著　（清）彭元瑞校定　清光緒五年（1879）蜀南桐華書屋薛氏家塾刻本　六十三冊

220000－0803－0002215　史12/25.4－1
讀史方輿紀要一百三十卷輿圖要覽四卷
（清）顧祖禹輯著　（清）彭元瑞校定　清光緒二十五年（1899）慎記書莊石印本　三十二冊

220000－0803－0002216　史12/25.4－2
讀史方輿紀要一百三十卷輿圖要覽四卷
（清）顧祖禹輯著　（清）彭元瑞校定　清光緒二十五年（1899）慎記書莊石印本　三十二冊

220000－0803－0002217　史12/25.4－3
讀史方輿紀要一百三十卷方輿全圖總說五卷
（清）顧祖禹輯著　清光緒二十七年（1901）石印本　四十三冊　存四十五卷（四至五、十六至十八、二十二至二十九、三十四至三十八、四十二至四十五、七十九至八十八、九十五至一百五,方輿全圖總說四至五）

220000－0803－0002218　史12/26
十六國疆域志十六卷　（清）洪亮吉撰　清光緒十七年（1891）廣雅書局刻本　七冊

220000－0803－0002219　史12/27
瀛環志略十卷續集四卷末一卷續集補遺一卷
（清）徐繼畬撰　清光緒二十四年（1898）埽葉山房石印本　八冊

220000－0803－0002220　史12/28.1－1
李氏五種合刊三十四卷　（清）李兆洛撰　清光緒十四年（1888）埽葉山房刻本　十二冊

220000－0803－0002221　史12/28.1－2
李氏五種合刊二十八卷　（清）李兆洛撰　清同治九年（1870）合肥李氏刻本　十二冊

220000－0803－0002222　史12/28.1－3
李氏五種合刊二十八卷　（清）李兆洛撰　清光緒十八年（1892）金陵書局刻本　十五冊存二十六卷（歷代地理志韻編今釋二十卷,皇朝輿地韻編二卷,紀元編三卷、末一卷）

220000－0803－0002223　史12/28.1－4
李氏五種合刊二十八卷　（清）李兆洛撰　清同治九年（1870）合肥李氏刻本　十二冊

220000－0803－0002224　史12/28.1－5
李氏五種合刊二十八卷　（清）李兆洛撰　清同治九年（1870）合肥李氏刻本　十冊

220000－0803－0002225　史12/29
讀史方輿紀要九卷讀方輿紀要摘錄一卷
（清）顧祖禹著　清當塗彭萬程刻本　八冊

220000－0803－0002226　史12/32
中吳紀聞六卷　（宋）龔明之撰　清道光三十年（1850）南海伍崇曜刻粵雅堂叢書本　二冊

220000－0803－0002227　史12/33
天咫偶聞十卷　震鈞撰　清光緒三十三年（1907）甘棠轉舍刻本　八冊

220000－0803－0002228　史12/34
南越筆記十六卷　（清）李調元撰　清刻本　四冊

220000－0803－0002229　史12.11/1
[光緒]吉林通志一百二十二卷　（清）長順等修　（清）李桂林總輯　清光緒十七年（1891）刻本　九冊　存二十三卷（一、十九至四十）

220000－0803－0002230　史12.11/1.1－1
[光緒]吉林通志一百二十二卷圖一卷　（清）長順等修　（清）李桂林總輯　清光緒十七年

(1891)刻本　四十九冊

220000－0803－0002231　史 12.11/1.1－2
[光緒]吉林通志一百二十二卷圖一卷　（清）
長順等修　（清）李桂林總輯　清光緒十七年
(1891)刻本　四十九冊

220000－0803－0002232　史 12.11/1.1－3
[光緒]吉林通志一百二十二卷圖一卷　（清）
長順等修　（清）李桂林總輯　清光緒十七年
(1891)刻本　四十七冊　存一百十七卷(一
至十、十四至二十一、二十五至一百二十二、
圖一卷)

220000－0803－0002233　史 12.11/1.1－4
[光緒]吉林通志一百二十二卷圖一卷　（清）
長順等修　（清）李桂林總輯　清光緒十七年
(1891)刻本　二十八冊　存六十三卷(一至
八、十四至二十一、三十至四十三、四十七至
六十三、六十六至六十七、一百九至一百二十
二)

220000－0803－0002234　史 12.11/1.1－6
[光緒]吉林通志一百二十二卷圖一卷　（清）
長順等修　（清）李桂林總輯　清光緒十七年
(1891)刻本　九冊　存十九卷(一至十八、圖
一卷)

220000－0803－0002235　史 12.11/1.1－7
[光緒]吉林通志一百二十二卷圖一卷　（清）
長順等修　（清）李桂林總輯　清光緒十七年
(1891)刻本　四十九冊

220000－0803－0002236　史 12.11/1.1－8
[光緒]吉林通志一百二十二卷　（清）長順等
修　（清）李桂林總輯　清刻本　八冊　存二
十三卷(六十一至八十三)

220000－0803－0002237　史 12.11/1.1－9
[光緒]吉林通志一百二十二卷　（清）長順等
修　（清）李桂林總輯　清刻本　十二冊　存
三十三卷(十一至二十六、五十九至七十五)

220000－0803－0002238　史 12.11/3.1－2
吉林外記十卷　（清）薩英額撰　寧古塔紀略
一卷　（清）吳桭臣著　清光緒二十一年

(1895)漸西村舍刻本　二冊

220000－0803－0002239　史 12.11/6.1－1
吉林紀事詩四卷首一卷末一卷　（清）沈兆褆
著並註　（清）沈廉康校勘　清宣統三年
(1911)金陵湯明林聚珍書局鉛印本　二冊

220000－0803－0002240　史 12.11/6.1－2
吉林紀事詩四卷首一卷末一卷　（清）沈兆褆
著並註　（清）沈廉康校勘　清宣統三年
(1911)金陵湯明林聚珍書局鉛印本　二冊

220000－0803－0002241　史 12.111/2.1－1
同治上海縣志三十二卷首一卷補遺一卷敘錄
一卷　（清）俞樾　（清）方宗誠總纂　（清）
應寶時等修　清同治十年(1871)吳門鮑署刻
光緒八年(1882)補刻本　十六冊

220000－0803－0002242　史 12.111/2.1－2
同治上海縣志三十二卷首一卷補遺一卷敘錄
一卷　（清）俞樾　（清）方宗誠總纂　（清）
應寶時等修　清同治十年(1871)吳門鮑署刻
光緒八年(1882)補刻本　十六冊

220000－0803－0002243　史 12.111/3
同治上海縣志札記六卷　（清）秦榮光撰　清
光緒二十八年(1902)松江振華德記印書館鉛
印本　六冊

220000－0803－0002244　史 12.111/6
廣陵通典十卷　（清）汪中撰　清道光三年
(1823)刻本　三冊

220000－0803－0002245　史 12.111/8
[同治]蘇州府志一百五十卷首三卷　（清）李
銘皖等修　（清）馮桂芬總纂　清光緒九年
(1883)江蘇書局刻本　八十冊

220000－0803－0002246　史 12.111/9
[光緒]鹽城縣誌十七卷首一卷　（清）劉崇照
修　（清）龔繼棟　（清）陳玉樹總纂　清光緒
二十一年(1895)刻本　十冊

220000－0803－0002247　史 12.111/10
北湖小志六卷首一卷李翁醫記二卷　（清）焦
循著　清嘉慶十三年(1808)刻本　二冊

220000 – 0803 – 0002248　史 12.111/12

同治徐州府志二十五卷　（清）吳世熊　（清）朱忻修　（清）劉庠　（清）方駿謨纂　清同治十三年（1874）刻本　十六冊

220000 – 0803 – 0002249　史 12.111/13

[嘉慶]**東臺縣志四十卷**　（清）周右總纂　（清）蔡復午等編　清嘉慶二十二年（1817）刻本　十冊

220000 – 0803 – 0002250　史 12.111/14

[光緒]**青浦縣志三十卷首二卷末一卷**　（清）陳其元等主修　（清）沈誠燾總輯　（清）熊其英等纂修　清光緒五年（1879）刻本　十二冊

220000 – 0803 – 0002251　史 12.111/15

[嘉慶]**松江府志八十四卷首二卷圖一卷**　（清）宋如林修　（清）莫晉等總纂　清嘉慶二十二年（1817）刻本　四十冊

220000 – 0803 – 0002252　史 12.111/16

[咸豐]**重修興化縣志十卷**　（清）梁園棣修　（清）鄭之僑　（清）趙彥俞纂　清咸豐元年（1851）刻本　八冊

220000 – 0803 – 0002253　史 12.112/1

[光緒]**重修安徽通志三百五十卷補遺十卷**　（清）沈葆楨等修　（清）何紹基等纂　清光緒三年（1877）刻本　一百二十冊

220000 – 0803 – 0002254　史 12.112/2

太湖備考十六卷首一卷　（清）金友理纂述　（清）金友琯校　**湖程紀略一卷**　（清）吳曾撰　**太湖備考續編四卷**　（清）鄭言紹輯　（清）葉慶褆等校訂　清光緒二十九年（1903）刻本　十二冊

220000 – 0803 – 0002255　史 12.113/1.1 – 1

[雍正]**勅修浙江通志二百八十卷首三卷**　（清）嵇曾筠等總裁　（清）沈翼機等總修　清光緒二十五年（1899）浙江書局刻本　一百二十冊

220000 – 0803 – 0002256　史 12.113/1.1 – 2

[雍正]**勅修浙江通志二百八十卷首三卷**　（清）嵇曾筠等總裁　（清）沈翼機等總修　清光緒二十五年（1899）浙江書局刻本　一百二十冊

220000 – 0803 – 0002257　史 12.113/3

[同治]**江山縣誌十二卷首一卷末一卷**　（清）王彬　（清）孫晉梓修　（清）朱寶慈等纂　清同治十二年（1873）文溪書院刻本　八冊

220000 – 0803 – 0002258　史 12.113/6

[嘉定]**剡錄十卷**　（宋）高似孫撰　（清）徐鞈校　清光緒邵武徐氏刻本　二冊

220000 – 0803 – 0002259　史 12.113/8

[乾隆]**溫州府志三十卷首一卷**　（清）齊召南總修　（清）汪沆總纂　（清）閔昌祚等編輯　清同治四年（1865）刻本　二十冊

220000 – 0803 – 0002260　史 12.113/9

[道光]**甌乘拾遺二卷**　（清）洪守一輯　（清）洪瀾編　清道光三十年（1850）刻本　一冊

220000 – 0803 – 0002261　史 12.113/10

[宣統]**臨安縣誌八卷首一卷末一卷**　（清）彭循堯修　（清）董運昌　（清）周鼎纂　清宣統二年（1910）刻本　六冊

220000 – 0803 – 0002262　史 12.113/13

[光緒]**慈谿縣志五十六卷附編一卷**　（清）楊泰亨修　（清）馮可鏞總修　清光緒二十五年（1899）德潤書院刻本　二十四冊

220000 – 0803 – 0002263　史 12.113/15

[光緒]**縉雲縣志十六卷首一卷末一卷**　（清）何乃容　（清）葛華纂修　清光緒二年（1876）刻本　十一冊　存十七卷（一至十二、十四至十六，首一卷,末一卷）

220000 – 0803 – 0002264　史 12.113/16

咸淳臨安志一百卷　（宋）潛說友纂　清道光十年（1830）錢塘汪氏振綺堂刻本　二十四冊　存九十七卷（一至九十七）

220000 – 0803 – 0002265　史 12.114/1

[光緒]**江西通志一百八十卷首五卷**　（清）曾國藩等修　（清）劉繹等總纂　清光緒六年

(1880)刻本 一百二十册

220000－0803－0002266 史 12.116/1
[光緒]湖南通志二百八十八卷首八卷末十九卷 （清）李瀚章等督修 （清）曾國荃等總纂 清光緒十一年(1885)刻本 一百六十八册

220000－0803－0002267 史 12.116/2
[光緒]湘陰縣圖志三十四卷首一卷末一卷 （清）郭嵩燾等纂修 清光緒六年(1880)湘陰縣志局刻本 十四册

220000－0803－0002268 史 12.117/1.1－1
[嘉慶]四川通志二百四卷首二十二卷 （清）常明修 （清）楊芳燦 （清）譚光祜纂 清嘉慶二十一年(1816)刻本 一百六十册

220000－0803－0002269 史 12.117/1.1－2
[嘉慶]四川通志二百四卷首二十二卷 （清）常明修 （清）楊芳燦 （清）譚光祜纂 清嘉慶二十一年(1816)刻本 一百六十册

220000－0803－0002270 史 12.117/4.1－1
[光緒]重修彭縣志十三卷首一卷末一卷補遺一卷 （清）張龍甲總纂 （清）龔世瑩 （清）呂調陽協纂 清光緒四年(1878)刻本 十册

220000－0803－0002271 史 12.117/4.1－2
[光緒]重修彭縣志十三卷首一卷末一卷補遺一卷 （清）張龍甲總纂 （清）龔世瑩 （清）呂調陽協纂 清光緒四年(1878)刻本 八册

220000－0803－0002272 史 12.117/6
[嘉慶]華陽縣誌四十四卷首一卷 （清）吳鞏 （清）董淳總裁 （清）潘時彤等纂修 清嘉慶二十一年(1816)刻本 十六册

220000－0803－0002273 史 12.117/8
[嘉慶]溫江縣誌三十六卷首一卷 （清）李紹祖等總裁 （清）徐文貫等纂修 清嘉慶二十年(1815)刻本 六册

220000－0803－0002274 史 12.117/10
[光緒]雙流縣誌二卷 （清）彭琬纂修 清光緒二十年(1894)刻民國二十一年(1932)補刻本 四册

220000－0803－0002275 史 12.117/11
[嘉慶]夾江縣誌十二卷首一卷 （清）王佐纂修 （清）涂崧編輯 清嘉慶十八年(1813)刻本 四册

220000－0803－0002276 史 12.117/12
[道光]蜀典十二卷 （清）張澍編輯 清光緒二年(1876)尊經書院刻本 四册

220000－0803－0002277 史 12.119/1
[光緒]續雲南通志稿一百九十四卷首六卷 （清）王文韶等纂修 清光緒二十七年(1901)四川岳池縣刻本 一百册

220000－0803－0002278 史 12.12/3.1－1
[乾隆]盛京通志四十八卷 （清）呂耀曾 （清）宋筠 （清）王河總裁 （清）魏樞纂修 （清）雷以誠等補修 清咸豐二年(1852)刻本 二十册

220000－0803－0002279 史 12.12/3.1－2
[乾隆]盛京通志四十八卷 （清）呂耀曾 （清）宋筠 （清）王河總裁 （清）魏樞纂修 （清）雷以誠等補修 清咸豐二年(1852)刻本 二十册

220000－0803－0002280 史 12.12/3.1－3
[乾隆]盛京通志四十八卷 （清）呂耀曾 （清）宋筠 （清）王河總裁 （清）魏樞纂修 （清）雷以誠等補修 清咸豐二年(1852)刻本 二十册

220000－0803－0002281 史 12.12/3.1－4
[乾隆]盛京通志四十八卷 （清）呂耀曾 （清）宋筠 （清）王河總裁 （清）魏樞纂修 （清）雷以誠等補修 清咸豐二年(1852)刻本 二十册

220000－0803－0002282 史 12.120/1.1－1
[道光]重纂福建通志二百七十八卷首六卷附續採烈女志一卷 （清）孫爾準等總裁 （清）陳壽祺總纂 清同治七年(1868)刻本 一百四十册

220000 - 0803 - 0002283　史 12.120/1.1 - 2
[道光]重纂福建通志二百七十八卷首六卷附續採烈女志一卷　（清）孫爾準等總裁　（清）陳壽祺總纂　清同治七年(1868)刻本　一百四十冊

220000 - 0803 - 0002284　史 12.122/2
[嘉慶]廣西通志二百七十九卷首一卷　（清）謝啓昆總裁　（清）胡虔編纂　清光緒十七年(1891)桂垣書局刻本　八十冊

220000 - 0803 - 0002285　史 12.122/3
[光緒]平樂縣志十卷　（清）全文炳纂修（清）伍嘉猷等編輯　清光緒三年(1877)刻本　六冊

220000 - 0803 - 0002286　史 12.122/4
[光緒]北流縣誌二十四卷　（清）徐作梅等修（清）李士琨纂　清光緒六年(1880)刻本　十二冊

220000 - 0803 - 0002287　史 12.122/7
[光緒]鬱林州志二十卷首一卷　（清）馮德材（清）全文炳裁定　（清）文德馨總纂　清光緒二十年(1894)刻本　十冊

220000 - 0803 - 0002288　史 12.123/1
[道光]廣東通志三百三十四卷首一卷　（清）阮元總裁　（清）陳昌齊等總纂　清道光二年(1822)刻本　一百六十冊

220000 - 0803 - 0002289　史 12.124/1
[光緒]蒙古志三卷　（清）姚明輝纂修　清光緒三十三年(1907)中國圖書公司鉛印本　一冊

220000 - 0803 - 0002290　史 12.125/1.1 - 1
[道光]欽定新疆識略十二卷首一卷　（清）汪廷珍　（清）穆彰阿總裁　（清）祝慶蕃（清）孫貫一總纂　清道光元年(1821)武英殿刻本　十冊

220000 - 0803 - 0002291　史 12.125/1.1 - 2
[道光]欽定新疆識略十二卷首一卷　（清）汪廷珍　（清）穆彰阿總裁　（清）祝慶蕃（清）孫貫一總纂　清道光刻本　五冊　存八卷(五至十二)

220000 - 0803 - 0002292　史 12.125/1.2
[道光]欽定新疆識略十二卷首一卷　（清）汪廷珍　（清）穆彰阿總裁　（清）祝慶蕃（清）孫貫一總纂　清道光元年(1821)武英殿刻本　十冊

220000 - 0803 - 0002293　史 12.125/4
[宣統]新疆圖志一百十六卷首一卷　袁大化總裁　王樹枏　王學曾總纂　清宣統三年(1911)木活字印本　一百十七冊

220000 - 0803 - 0002294　史 12.125/6
新疆大記六卷　（清）闞鳳樓纂　清光緒三十三年(1907)鉛印本　一冊

220000 - 0803 - 0002295　史 12.125/7
新疆賦一卷　（清）徐松撰　清道光四年(1824)刻本　一冊

220000 - 0803 - 0002296　史 12.127/1
[嘉慶]衛藏通志十六卷首一卷　（清）和琳纂修　清光緒二十二年(1896)漸西村舍刻本　八冊

220000 - 0803 - 0002297　史 12.13/3
黑龍江外記八卷　（清）西清撰　清光緒二十年(1894)漸西村舍刻本　二冊

220000 - 0803 - 0002298　史 12.14/6.1 - 1
[道光]承德府志六十卷首二十六卷　（清）海忠總纂　（清）廷杰　（清）李世寅重訂　清光緒十三年(1887)刻本　二十四冊

220000 - 0803 - 0002299　史 12.14/6.1 - 2
[道光]承德府志六十卷首二十六卷　（清）海忠總纂　（清）廷杰　（清）李世寅重訂　清光緒十三年(1887)刻本　二十四冊

220000 - 0803 - 0002300　史 12.14/8
[光緒]順天府志一百三十卷附錄一卷　（清）李鴻章等監修　（清）周家楣等總裁　（清）張之洞　繆荃孫纂修　清光緒十年(1884)刻本　六十四冊

220000 - 0803 - 0002301　史 12.14/11.1 - 1

[同治]畿輔通志三百卷首一卷 (清)李鴻章
　(清)張樹聲總裁 (清)黃彭年總纂 清宣
統二年(1910)北洋官報兼印刷局石印本 二
百四十冊

220000－0803－0002302 史12.14/11.1－2
[同治]畿輔通志三百卷首一卷 (清)李鴻章
　(清)張樹聲總裁 (清)黃彭年總纂 清宣
統二年(1910)石印本 一百四十冊 存一百
八十二卷(一百十九至三百)

220000－0803－0002303 史12.14/14
[同治]續天津縣志二十卷首一卷 (清)吳惠
元總修 (清)蔣玉虹 (清)俞樾編輯 清同
治九年(1870)刻本 八冊

220000－0803－0002304 史12.14/16
[光緒]寧津縣志十二卷首一卷 (清)祝嘉庸
總修 (清)吳潯源總纂 清光緒二十六年
(1900)刻本 八冊

220000－0803－0002305 史12.15/7
[道光]泰安縣志十二卷首一卷 (清)徐宗幹
修 (清)蔣大慶等纂 清刻本 十四冊

220000－0803－0002306 史12.15/8
山東考古錄一卷 (清)顧炎武著 續山東考
古錄三十二卷首一卷 (清)葉圭綬述 清光
緒八年(1882)山東書局刻本 七冊

220000－0803－0002307 史12.17/1
[光緒]山西通志一百八十四卷首一卷 (清)
曾國荃等鑒定 (清)王軒 (清)楊篤總纂
清光緒十八年(1892)刻本 九十六冊

220000－0803－0002308 史12.17/3.1
[嘉慶]靈石縣志十二卷 (清)王志瀜纂修
(清)黃憲臣編 清嘉慶二十二年(1817)刻本
六冊

220000－0803－0002309 史12.17/3.2
[光緒]靈石縣志續編二卷 (清)謝均纂修
(清)白星煒編 清光緒元年(1875)刻本
二冊

220000－0803－0002310 史12.18/2.1

[正德]武功縣志三卷首一卷 (明)康海撰
(清)孫景烈評註 (清)張鵬翎校刊 清道光
十一年(1831)刻本 一冊

220000－0803－0002311 史12.18/12
[道光]陝西志輯要六卷首一卷 (清)王志沂
纂修 漢南游草一卷關中漢唐存碑跋一卷
(清)王志沂著 秦疆治略一卷 (清)盧坤撰
清道光七年(1827)朝阪謝蘭佩賜書堂刻本
九冊

220000－0803－0002312 史12.19/1
[光緒]甘肅新通志一百卷首五卷 (清)昇允
　(清)長庚監修 安維峻總纂 清宣統元年
(1909)刻本 八十冊

220000－0803－0002313 史12.2/1.3－1
水經注四十卷首一卷 (北魏)酈道元撰 王
先謙校 水經注附錄二卷 (清)趙一清錄
清光緒二十三年(1897)新化三味書室刻本
二十四冊

220000－0803－0002314 史12.2/1.3－2
水經注四十卷首一卷 (北魏)酈道元撰 王
先謙校 水經注附錄二卷 (清)趙一清錄
清光緒二十三年(1897)新化三味書室刻本
四冊 存八卷(二至七、十至十一)

220000－0803－0002315 史12.2/1.3－3
水經注四十卷首一卷 (北魏)酈道元撰 王
先謙校 水經注附錄二卷 (清)趙一清錄
清光緒十八年(1892)思賢講舍刻本 十六冊

220000－0803－0002316 史12.2/3
水經注箋刊誤十二卷 (清)趙一清撰 清東
潛趙氏刻本 六冊

220000－0803－0002317 史12.2/4
水經注疏要刪四十卷補遺四十卷 楊守敬撰
　清光緒三十一年至宣統元年(1905－1909)
宜都楊守敬觀海堂刻本 十二冊

220000－0803－0002318 史12.2/5
水經注圖一卷附錄一卷 (清)汪士鐸學 清
咸豐十一年(1861)刻本 一冊

220000－0803－0002319　史 12.2/6

水經注圖四十卷　楊守敬撰　清光緒三十一年(1905)宜都楊守敬觀海堂刻朱墨套印本　八冊

220000－0803－0002320　史 12.2/7.1

水道提綱二十八卷　(清)齊召南編錄　清光緒二十三年(1897)上海古香閣書局石印本　四冊

220000－0803－0002321　史 12.2/7.2－2

水道提綱二十八卷　(清)齊召南編錄　清光緒四年(1878)刻本　八冊

220000－0803－0002322　史 12.2/7.2－3

水道提綱二十八卷　(清)齊召南編錄　清光緒四年(1878)刻本　八冊

220000－0803－0002323　史 12.2/7.3

水道提綱二十八卷　(清)齊召南編錄　清光緒十七年(1891)湖南崇惠書局刻本　八冊

220000－0803－0002324　史 12.2/7.4

水道提綱二十八卷　(清)齊召南編錄　清光緒七年(1881)上海文瑞樓鉛印本　八冊

220000－0803－0002325　史 12.2/9

江北運程四十卷首一卷末一卷　(清)董恂輯　清咸豐十年(1860)空青水碧齋刻本　四十一冊

220000－0803－0002326　史 12.2/10.1－1

西域水道記五卷　(清)徐松撰　清道光三年(1823)刻本　四冊

220000－0803－0002327　史 12.2/10.1－2

西域水道記五卷　(清)徐松撰　清道光三年(1823)刻本　五冊

220000－0803－0002328　史 12.2/11

行水金鑑一百七十五卷首圖一卷　(清)傅澤洪錄　清刻本　四十冊

220000－0803－0002329　史 12.2/13

居濟一得五卷　(清)張伯行著　清刻本　五冊

220000－0803－0002330　史 12.2/14.1

海道圖說十五卷附長江圖說一卷　(英國)金約翰輯　(英國)傅蘭雅譯　(清)王德均筆述　清刻本　十冊

220000－0803－0002331　史 12.2/14.2

海道圖說十五卷附長江圖說一卷　(英國)金約翰輯　(英國)傅蘭雅譯　(清)王德均筆述　清刻本　三冊

220000－0803－0002332　史 12.2/15

海寧念汛大口門二限三限石塘圖說一卷　(清)李輔耀編　(清)袁鎮嵩繪　清光緒刻本　一冊

220000－0803－0002333　史 12.2/16.2

浙江全省輿圖並水陸道里記不分卷　(清)宗源瀚纂　清光緒二十年(1894)石印本　二十冊

220000－0803－0002334　史 12.2/17

楚漕江程十六卷首一卷末一卷　(清)董恂輯　(清)齊長鴻校　清光緒三年(1877)刻本　十六冊

220000－0803－0002335　史 12.2/18

畿輔水利四案四卷補一卷附錄一卷　(清)潘錫恩輯　清道光三年(1823)刻本　六冊

220000－0803－0002336　史 12.2/41－1

白虎通疏證十二卷　(清)陳立撰　清光緒元年(1875)淮南書局刻本　四冊

220000－0803－0002337　史 12.3/1

守邊輯要一卷葉爾羌守城紀畧一卷　(清)壁昌撰　清彭以竺刻本　二冊

220000－0803－0002338　史 12.3/3

西招圖略一卷圖說一卷附錄前藏至西寧路程一卷附錄自成都府至後藏路程一卷　(清)松筠撰　清道光二十七年(1847)王師道刻本　二冊

220000－0803－0002339　史 12.3/4

東三省韓俄交界道里表不分卷　(清)聶士成著　清光緒三十四年(1908)京師鉛印本　一冊

220000－0803－0002340　史 12.3/5

浙東籌防錄四卷　（清）薛福成撰　（清）李圭等參訂　清光緒十二年(1886)刻本　五冊

220000－0803－0002341　史 12.3/5.1

籌洋芻議一卷　（清）薛福成撰　清光緒十年(1884)刻本　一冊

220000－0803－0002342　史 12.3/6.1

朔方備乘六十八卷首十二卷　（清）何秋濤撰　清光緒七年(1881)刻本　二十四冊

220000－0803－0002343　史 12.3/6.2

朔方備乘六十八卷首十二卷　（清）何秋濤撰　清光緒七年(1881)石印本　八冊

220000－0803－0002344　史 12.3/6.3

朔方備乘六十八卷首十二卷　（清）何秋濤撰　清末石印本　八冊

220000－0803－0002345　史 12.3/7

藏語　何藻翔著　清宣統二年(1910)上海廣智書局鉛印本　一冊

220000－0803－0002346　史 12.3/8.1－1

皇朝藩部要略十八卷　（清）祁韻士纂　（清）毛嶽生編　**皇朝藩部世系表四卷**　（清）宋景昌增輯　清光緒十年(1884)浙江書局刻本　八冊

220000－0803－0002347　史 12.3/8.1－2

皇朝藩部要略十八卷　（清）祁韻士纂　（清）毛嶽生編　**皇朝藩部世系表四卷**　（清）宋景昌增輯　清道光二十五年(1845)筠渌山房刻本　八冊

220000－0803－0002348　史 12.3/8.2

皇朝藩部要略十八卷　（清）祁韻士纂　（清）毛嶽生編　**皇朝藩部世系表四卷**　（清）宋景昌增輯　清道光二十六年(1846)筠渌山房刻本　二冊　存五卷(一至五)

220000－0803－0002349　史 12.4/3

元河南志四卷　（元）□□撰　（清）徐松輯　清道光二十年(1840)揚州阮氏刻本　二冊

220000－0803－0002350　史 12.4/4

日下尊聞錄五卷　（□）□□撰　清咸豐二年(1852)刻本　二冊

220000－0803－0002351　史 12.4/5

石柱記箋釋五卷　（唐）顏真卿撰　（清）鄭元慶箋釋　清道光三十年(1850)刻粵雅堂叢書本　一冊

220000－0803－0002352　史 12.4/7.1－2

[雍正]西湖志四十八卷　（清）李衛　（清）程元章總裁　（清）傅王露總修　清光緒四年(1878)浙江書局刻本　二十冊

220000－0803－0002353　史 12.4/8

埠葉山房叢鈔　（清）席威輯　清光緒九年(1883)刻本　二冊　存三種三卷(西湖竹枝集一卷、銀瓶徵一卷、西湖遊記一卷)

220000－0803－0002354　史 12.4/14

泰山道里記一卷　（清）聶鈫撰　清光緒四年(1878)丁氏雨山堂刻本　二冊

220000－0803－0002355　史 12.4/15

陝西南山谷口攷一卷　（清）毛鳳枝撰　**緬述一卷**　（清）彭崧毓撰　清光緒三十四年(1908)京師鉛印本　一冊

220000－0803－0002356　史 12.4/19

逍遥山萬壽宮志二十二卷　（清）金桂馨（清）漆逢源纂輯　清光緒四年(1878)刻本　十冊

220000－0803－0002357　史 12.4/20

棲霞小志一卷　（清）盛時泰撰　**唐兩京城坊攷校補記一卷**　（清）程鴻詔撰　清光緒二十三年(1897)江陰繆荃孫刻本　一冊

220000－0803－0002358　史 12.4/21

華嶽志八卷首一卷　（清）李榕纂輯　（清）楊翼武評閱　清道光十一年(1831)刻光緒九年(1883)清白別墅補刻本　四冊

220000－0803－0002359　史 12.4/22

華嶽志八卷首一卷　（清）李榕纂輯　（清）楊翼武評閱　清道光十一年(1831)刻光緒九年(1883)玉泉院補刻本　四冊

220000－0803－0002360　史 12.4/25

蜀中名勝記三十卷　（明）曹學佺著　清道光元年(1821)刻本　六冊

220000－0803－0002361　史 12.4/26.1

齊山巖洞志二十六卷首一卷　（清）陳蔚纂輯　清嘉慶十年(1805)玩月樓朱刻本　八冊

220000－0803－0002362　史 12.4/26.2

齊山巖洞志二十六卷首一卷　（清）陳蔚纂輯　清光緒二十七年(1901)劉氏唐石簃刻本　八冊

220000－0803－0002363　史 12.4/27

盤山志十卷補遺四卷　（清）釋智樸纂輯　（清）王士禎訂　清同治十一年(1872)刻本　四冊

220000－0803－0002364　史 12.4/31

御覽蘭亭志（御覽孤山志）不分卷　（清）王復禮編輯　（清）毛奇齡校訂　（清）陸廷燦授梓　清刻本　二冊

220000－0803－0002365　史 12.4/34

太湖備考十六卷首一卷　（清）金友理纂述　(清)金友琯校　**湖程紀略一卷**　（清）吳曾撰　**太湖備考續編四卷**　（清）鄭言紹輯　（清）葉慶禔等校訂　清光緒二十九年(1903)藝蘭圃刻本　十二冊

220000－0803－0002366　史 12.4/36

忠武祠墓志七卷首一卷末一卷　（清）虛白道人彙輯　清道光元年(1821)刻本　六冊

220000－0803－0002367　史 12.4/39.1－1

閩都記三十三卷　（清）汪應山纂輯　清道光十一年(1831)求放心齋刻本　六冊

220000－0803－0002368　史 12.5/6.1－1

出使英法義比四國日記六卷（清光緒十六年至十七年）　（清）薛福成纂著　清光緒二十年(1894)孫鎤校經堂刻本　六冊

220000－0803－0002369　史 12.5/6.1－2

出使英法義比四國日記六卷（清光緒十六年至十七年）　（清）薛福成纂著　清光緒二十

年(1894)孫鎤校經堂刻本　六冊

220000－0803－0002370　史 12.5/6.1－3

出使英法義比四國日記六卷（清光緒十六年至十七年）　（清）薛福成纂著　清光緒十八年(1892)刻本　六冊

220000－0803－0002371　史 12.5/6.2－1

出使英法義比四國日記六卷（清光緒十六年至十七年）　（清）薛福成纂著　清光緒刻本　二冊　存四卷(一至二、四至五)

220000－0803－0002372　史 12.5/6.2－2

出使英法義比四國日記六卷（清光緒十六年至十七年）　（清）薛福成纂著　清光緒刻本　四冊

220000－0803－0002373　史 12.5/7

出使英法義比四國日記六卷（清光緒十七年至二十年）　（清）薛福成纂著　清光緒二十四年(1898)傳經樓刻本　十冊

220000－0803－0002374　史 12.5/9

冰嶺記程一卷　（清）景廉撰　清光緒六年(1880)刻本　一冊

220000－0803－0002375　史 12.5/11

東陲紀行一卷（清光緒二十二年至二十七年）　（清）劉文鳳撰　清光緒末鉛印陸庵叢書本　一冊

220000－0803－0002376　史 12.5/12

使琉球記六卷　（清）李鼎元撰　清申報館鉛印本　三冊

220000－0803－0002377　史 12.5/13

南游記一卷　（清）孫嘉淦撰　清嘉慶十年(1805)刻朱墨套印本　一冊

220000－0803－0002378　史 12.5/17

俄遊彙編十二卷　（清）繆祐孫纂　清光緒十五年(1889)上海秀文書局石印本　四冊

220000－0803－0002379　史 12.5/20

秦蜀驛程後記二卷隴蜀餘聞一卷　（清）王士禎撰　清刻本　一冊

220000－0803－0002380　史 12.5/21.1

霞客遊記十卷　（明）徐宏祖撰　**遊記補編一卷**　（清）葉廷甲輯　清嘉慶十三年(1808)葉氏刻本　十冊

220000－0803－0002381　史 12.5/21.2

徐霞客遊記十卷　（明）徐宏祖撰　**遊記補編一卷**　（清）葉廷甲輯　清光緒三十四年(1908)集成圖書公司鉛印本　八冊

220000－0803－0002382　史 12.5/22

乘槎筆記二卷　（清）斌椿纂　清同治十二年(1873)京都琉璃廠刻本　一冊

220000－0803－0002383　史 12.5/23

扈從東巡日錄二卷附錄一卷扈從西巡日錄一卷　（清）高士奇撰　清初刻本　三冊

220000－0803－0002384　史 12.5/25

游城南記一卷　（清）張禮撰　**據鞍錄一卷**　(清)楊應琚撰　清光緒二十七年(1901)江陰繆荃孫刻本　一冊

220000－0803－0002385　史 12.5/26

遊吉便覽一卷　公鏊　醒鐸生編　清宣統二年(1910)吉林印書館鉛印本　二冊

220000－0803－0002386　史 12.5/27

游歷加納大圖經八卷　（清）傅雲龍撰　清光緒二十八年(1902)石印本　二冊

220000－0803－0002387　史 12.5/28

滬游雜記四卷　（清）葛元煦撰　清光緒二年(1876)刻本　四冊

220000－0803－0002388　史 12.5/29

撫新紀程二卷壬子回程紀一卷　袁大化撰　清宣統三年(1911)商務印書館鉛印本　三冊

220000－0803－0002389　史 12.5/30.1

鴻雪因緣圖說三集　（清）麟慶撰　清道光二十七年(1847)揚州刻本　六冊

220000－0803－0002390　史 12.5/30.2

鴻雪因緣圖說三集　（清）麟慶撰　清光緒六年(1880)上海點石齋石印本　六冊

220000－0803－0002391　史 12.5/32.1－1

環游地球新錄四卷　（清）李圭撰　清光緒四年(1878)刻本　四冊

220000－0803－0002392　史 12.5/32.1－2

環游地球新錄四卷　（清）李圭撰　清光緒四年(1878)刻本　四冊

220000－0803－0002393　史 12.5/33

歸潛記六卷　錢恂撰　清宣統鉛印本　一冊

220000－0803－0002394　史 12.6/1

十三州誌不分卷　（清）張澍輯　清道光元年(1821)二酉堂刻本　一冊

220000－0803－0002395　史 12.6/2

三省山內風土雜識一卷　（清）嚴如熤撰　**萬里行程記一卷**　（清）祁韻士撰　清光緒三十四年(1908)鉛印本　一冊

220000－0803－0002396　史 12.6/3

三秦記一卷三輔舊事一卷三輔故事一卷　(清)張澍編輯　清道光元年(1821)刻本　一冊

220000－0803－0002397　史 12.6/4.2

六朝事迹編類十四卷　（宋）張敦頤撰　清光緒十三年(1887)李濱寶章閣刻本　二冊

220000－0803－0002398　史 12.6/5

中國礦產志略一卷鐵路簡明表一卷　（清）晉蟄室輯　清光緒鉛印本　一冊

220000－0803－0002399　史 12.6/7

中國地理教科書四卷　（清）王達編述　清宣統元年(1909)刻本　四冊

220000－0803－0002400　史 12.6/8

非園中外地輿歌一卷　（清）瞿方梅編著　清光緒三十二年(1906)刻本　一冊

220000－0803－0002401　史 12.6/12

地理課程二卷　周震鱗編述　黃昌濬校訂　清光緒三十二年(1906)輸文社刻本　二冊

220000－0803－0002402　史 12.6/14

各國鐵路圖攷四卷　劉啓彤譯　清光緒二十四年(1898)上海書局石印本　八冊

220000－0803－0002403　史 12.6/17.3

東京夢華錄十卷 （宋）孟元老撰 清同治四年(1865)河南官書局刻本 一冊

220000－0803－0002404 史 12.6/18

金陵瑣志五種 陳作霖編 金陵瑣志二種 陳詒紱編輯 清光緒至民國刻本 一冊

220000－0803－0002405 史 12.6/20

華陽國志十二卷 （晉）常璩撰 清光緒十六年(1890)刻本 四冊

220000－0803－0002406 史 12.6/24

涼州記一卷涼州異物志一卷西河舊事一卷西河記一卷沙州記一卷 （清）張澍編輯 清道光元年(1821)刻本 一冊

220000－0803－0002407 史 12.6/25

採硫日記三卷(清嘉慶二十二年一月至十月) （清）郁永河撰 清咸豐刻粵雅堂叢書本 一冊

220000－0803－0002408 史 12.6/27

寧古塔紀略一卷 （清）吳桭臣著 清漸西村舍刻本 一冊

220000－0803－0002409 史 12.6/29

[道光]蜀典十二卷 （清）張澍編輯 清光緒二年(1876)四川尊經書院刻本 四冊

220000－0803－0002410 史 12.6/32.1－1

蒙古游牧記十六卷 （清）張穆撰 （清）何秋濤校 清同治六年(1867)壽陽祁氏刻本 六冊

220000－0803－0002411 史 12.6/32.1－2

蒙古游牧記十六卷 （清）張穆撰 （清）何秋濤校 清同治六年(1867)壽陽祁氏刻本 四冊

220000－0803－0002412 史 12.6/32.2

蒙古游牧記十六卷 （清）張穆撰 （清）何秋濤校 清光緒二十六年(1900)上海埽葉山房石印本 六冊

220000－0803－0002413 史 12.6/34

營平二州地名記一卷 （清）顧炎武撰 （清）朱記榮校 清光緒十四年(1888)朱氏槐廬刻

槐廬叢書本 一冊

220000－0803－0002414 史 12.6/35

歷代帝王宅京記二十卷 （清）顧炎武撰 （清）朱記榮校 清光緒十四年(1888)朱氏槐廬刻槐廬叢書本 六冊

220000－0803－0002415 史 12.6/40

[乾隆]蠻書十卷 （唐）樊綽撰 清漸西村舍刻本 一冊

220000－0803－0002416 史 12.6/42

荒書一卷燕峯詩鈔一卷附校記一卷 （清）費密撰 清光緒三十四年(1908)至民國唐氏怡蘭堂刻本 一冊

220000－0803－0002417 史 12.6/43

朝市叢載(增補都門紀略)八卷 （清）楊靜亭原編 （清）李虹若重編 清光緒十二年(1886)刻本 六冊 存六卷(一、三至七)

220000－0803－0002418 史 12.6/44

鞠臺集秀錄一卷 （□）□□撰 清光緒十二年(1886)刻本 一冊

220000－0803－0002419 史 12.6/45

唐折衝府考四卷 （清）勞經原撰 清光緒刻本 二冊 存三卷(二至四)

220000－0803－0002420 史 12.7/2

五洲圖考不分卷 （清）龔柴撰 清光緒二十四年(1898)上海徐家匯印書館鉛印本 四冊

220000－0803－0002421 史 12.7/3

中外地輿圖說集成一百三十卷 （清）同康廬主人編 （清）胡振元校 清光緒二十年(1894)上海順成書局石印本 四冊 存十六卷(一至三、三十至三十四、一百十四至一百二十一)

220000－0803－0002422 史 12.7/4

大清中外壹統輿圖三十卷首一卷 （清）鄒世詒編 清同治二年(1863)新繁嚴樹森刻本 三十二冊

220000－0803－0002423 史 12.7/5

江西全省輿圖十四卷 （清）朱兆麟校 清宣

統元年(1909)官紙刷印所石印本　十四冊

220000－0803－0002424　史 12.7/6
新編沿海險要圖說十六卷新編長江險要圖說
五卷附新繪沿海長江險要圖二十七幀　（清）
余宏淦撰　清光緒二十九年(1903)上海鴻文
書局石印本　五冊

220000－0803－0002425　史 12.7/7
長江圖說十二卷首一卷　（清）馬徵麟撰　清
同治十年(1871)湖北崇文書局刻本　五冊

220000－0803－0002426　史 12.7/8
皇朝壹統輿地全圖不分卷　（清）李兆洛編
清同治四年(1865)刻朱墨套印本　一冊

220000－0803－0002427　史 12.7/9
[乾隆]欽定皇輿西域圖志四十八卷首四卷
（清）傅恒等總裁　（清）褚廷璋等纂修　清末
鉛印本　二十四冊

220000－0803－0002428　史 12.7/10
[光緒]望都縣鄉土圖說不分卷　（清）陸保善
修　（清）陸是奎輯錄　清光緒三十一年
(1905)鉛印本　一冊

220000－0803－0002429　史 12.7/12
漢西域圖考七卷首一卷　（清）李光廷撰　清
同治九年(1870)粵東省城西湖街富文齋刻本
四冊

220000－0803－0002430　史 12.7/13
歷代地理沿革圖一卷　（清）六嚴撰　（清）馬
徵麟增輯　清同治十年(1871)金陵刻朱墨套
印本　二冊

220000－0803－0002431　史 12.7/14
歷代輿地沿革險要圖一卷　楊守敬　（清）鄧
承脩　饒敦秩撰　清光緒三十二年(1906)觀
海堂楊氏刻朱墨套印本　一冊

220000－0803－0002432　史 12.7/15
輿地圖一卷　（□）□□撰　清刻本　一冊

220000－0803－0002433　史 12.7/17.2－1
大清帝國全圖　（清）商務印書館編製　清光
緒三十四年(1908)上海商務印書館彩印本

一幅

220000－0803－0002434　史 12.7/17.1－1
大清帝國全圖　（清）商務印書館編製　清光
緒三十一年(1905)商務印書館彩印本　一幅

220000－0803－0002435　史 12.7/17.1－2
大清帝國全圖　（清）商務印書館編製　清光
緒三十一年(1905)商務印書館彩印本　一幅

220000－0803－0002436　史 12.7/17.1－3
大清帝國全圖　（清）商務印書館編製　清光
緒三十一年(1905)商務印書館彩印本　一幅

220000－0803－0002437　史 12.7/18
萬國輿圖　（清）陳兆桐繪　清光緒十二年
(1886)石印本　一幅

220000－0803－0002438　史 12.7/19
呼倫貝爾調查表　宋小濂識　清宣統元年
(1909)寫本　一冊

220000－0803－0002439　史 12.7/20
黑龍江輿地圖　（清）□□繪　清光緒二十五
年(1899)彩印本　一幅

220000－0803－0002440　史 12.7/21
黑龍江城墾務要覽　（清）□□繪　清宣統元
年(1909)印本　一幅

220000－0803－0002441　史 12.7/22
五洲列國圖　（清）輿地學會繪　清光緒三十
一年至三十三年(1905－1907)彩印本　一幅

220000－0803－0002442　史 12.7/23
世界新輿圖　（清）□□繪　清宣統元年
(1909)彩印本　一幅

220000－0803－0002443　史 12.7/24
最新萬國形勢指掌全圖　（清）□□繪　清末
彩印本　一幅

220000－0803－0002444　史 12.7/25
世界現勢圖　（清）□□繪　清光緒三十一年
(1905)新學會社彩印本　一幅

220000－0803－0002445　史 12.7/26.1－1
中外輿地全圖　（清）輿地學會繪　清光緒三

117

十四年(1908)彩印本　一幅

220000－0803－0002446　史12.7/26.1－2
中外輿地全圖　(清)輿地學會繪　清光緒三十四年(1908)彩印本　一幅

220000－0803－0002447　史12.7/26.2
中外輿地全圖　(清)輿地學會繪　清光緒三十二年(1906)彩印本　一幅

220000－0803－0002448　史12.7/27
瀛寰全圖　(清)□□繪　清末商務印書館彩印本　一幅

220000－0803－0002449　史12.7/28
黑龍江全省輿圖　(清)□□繪　清宣統三年(1911)彩印本　一幅

220000－0803－0002450　史12.7/29.1
皇朝直省圖　(清)□□繪　清光緒三十一年(1905)彩印本　一幅

220000－0803－0002451　史12.7/29.2
皇朝直省圖　(清)□□繪　清光緒三十三年(1907)彩印本　一幅

220000－0803－0002452　史12.7/29.3
皇朝直省圖　(清)□□繪　清光緒三十四年(1908)彩印本　一幅

220000－0803－0002453　史12.7/30
支那疆域沿革圖　(清)□□繪　清光緒三十三年(1907)彩印本　一幅

220000－0803－0002454　史12.7/31
東三省鐵路圖　(清)□□繪　清光緒二十九年(1903)彩印本　二幅

220000－0803－0002455　史12.7/32
關東半島圖　(清)□□繪　清光緒三十年(1904)彩印本　一幅

220000－0803－0002456　史12.7/33
最新東三省全圖　(清)□□繪　清宣統三年(1911)彩印本　一幅

220000－0803－0002457　史12.8/1
土耳基國志不分卷土耳基國新志不分卷

(清)學部編譯圖書局編纂　清光緒三十三年(1907)學部編譯圖書局鉛印本　一冊

220000－0803－0002458　史12.8/3
大美國史畧八卷　(美國)蔚利高撰並譯(清)黃乃裳屬文　清光緒二十五年(1899)福州美華書局鉛印本　二冊

220000－0803－0002459　史12.8/4
小亞西亞志不分卷附小亞西亞新志不分卷
(清)學部編譯圖書局編纂　清光緒三十三年(1907)學部編譯圖書局鉛印本　一冊

220000－0803－0002460　史12.8/5.1－1
日本國志四十卷首一卷　(清)黃遵憲編纂　清光緒二十四年(1898)浙江書局刻本　十冊

220000－0803－0002461　史12.8/5.1－2
日本國志四十卷首一卷　(清)黃遵憲編纂　清光緒二十四年(1898)浙江書局刻本　十冊

220000－0803－0002462　史12.8/6
日本新史攬要七卷　(日本)石村貞一編輯(清)游瀛主人譯　清光緒二十五年(1899)仿泰西法石印本　七冊

220000－0803－0002463　史12.8/7
日本維新三十年史十二編附表一卷　(日本)東京博文館編輯　(清)羅普譯　清光緒三十一年(1905)上海廣智書局鉛印本　六冊

220000－0803－0002464　史12.8/8
日本維新慷慨史二卷　(日本)西村三郎編輯　趙必振譯述　清光緒二十八年(1902)上海廣智書局鉛印本　二冊

220000－0803－0002465　史12.8/9
日耳曼史二十章附日耳曼史大事記年表二十章　(英國)沙安撰　(清)商務印書館譯述清光緒二十九年(1903)上海商務印書館鉛印本　一冊

220000－0803－0002466　史12.8/10
爪哇志一卷爪哇新志一卷蘇門答拉志一卷蘇門答拉新志一卷　(清)學部編譯圖書局編纂　清光緒三十三年(1907)學部編譯圖書局鉛

印本 一册

220000 - 0803 - 0002467 史 12.8/11

尼羅海戰史十七章温聖脱海戰史九章哥品杭
海戰史十七章 （美國）耶特瓦德斯邊著
（日本）越山平三郎譯述 （清）章起渭校 清
光緒二十九年（1903）上海商務印書館鉛印本
一册

220000 - 0803 - 0002468 史 12.8/12

世界文明史三編 （日本）高山林次郎撰
（清）商務印書館譯 （清）姚槐校 清光緒二
十九年（1903）上海商務印書館鉛印本 一册

220000 - 0803 - 0002469 史 12.8/13

世界歷史教科書四卷 易宗夔編述 清光緒
三十三年（1907）湖南機器印刷局鉛印本
二册

220000 - 0803 - 0002470 史 12.8/14

世界歷史問答四篇 （日本）酒井勉著 （清）
商務印書館譯 清光緒三十一年（1905）上海
商務印書館鉛印本 一册

220000 - 0803 - 0002471 史 12.8/15

世界近世史二卷 （日本）松平康國編著 梁
啓勳譯述 梁啓超案語 清光緒二十八年
（1902）上海廣智書局鉛印本 二册

220000 - 0803 - 0002472 史 12.8/16

北海道拓殖概觀六章 （清）謝蔭昌撰 （清）
楊成能譯 清宣統二年（1910）奉天圖書發行
所鉛印本 一册

220000 - 0803 - 0002473 史 12.8/17

印度國志不分卷 （清）學部編譯圖書局編纂
清光緒三十三年（1907）學部編譯圖書局鉛
印本 一册

220000 - 0803 - 0002474 史 12.8/18

印度新志不分卷 （清）學部編譯圖書局編纂
清光緒三十三年（1907）學部編譯圖書局鉛
印本 一册

220000 - 0803 - 0002475 史 12.8/21.1 - 1

繙譯米利堅志四卷 （日本）岡千仞 （日本）

河野通之撰 清光緒元年（1875）星沙梁昌駿
鉛印本 二册

220000 - 0803 - 0002476 史 12.8/21.1 - 2

繙譯米利堅志四卷 （日本）岡千仞 （日本）
河野通之撰 清光緒元年（1875）星沙梁昌駿
鉛印本 二册

220000 - 0803 - 0002477 史 12.8/22

西比利亞志一卷西比利亞志新志一卷 （清）
前編書局編纂 清光緒三十四年（1908）學部
編譯圖書局鉛印本 一册

220000 - 0803 - 0002478 史 12.8/23

西洋朝貢典錄三卷 （明）黃省曾撰 清道光
三十年（1850）刻粵雅堂叢書本 一册

220000 - 0803 - 0002479 史 12.8/24

地球韻言四卷 （清）張士瀛撰 清光緒二十
八年（1902）兩湖書院刻本 二册

220000 - 0803 - 0002480 史 12.8/26

希臘史二卷 （日本）桑原啓一纂譯 （清）中
國國民叢書社重譯 清光緒二十九年（1903）
上海商務印書館鉛印本 一册

220000 - 0803 - 0002481 史 12.8/27

法國新志四卷 （英國）該勒低輯 （英國）傅
紹蘭口譯 （清）潘松筆述 清光緒二十七年
（1901）上海書局石印本 三册 存三卷（一
至二、四）

220000 - 0803 - 0002482 史 12.8/28

波斯志不分卷 （清）學部編譯圖書局編纂
清光緒三十三年（1907）學部編譯圖書局鉛印
本 一册

220000 - 0803 - 0002483 史 12.8/29

亞拉伯志不分卷附亞拉伯新志不分卷 （清）
學部編譯圖書局編纂 清光緒三十三年
（1907）學部編譯圖書局鉛印本 一册

220000 - 0803 - 0002484 史 12.8/30

亞細亞洲志不分卷附亞細亞洲新志不分卷
（清）學部編譯圖書局編纂 清光緒三十四年
（1908）學部編譯圖書局鉛印本 一册

119

220000－0803－0002485　史12.8/32

阿富汗土耳基斯坦志不分卷阿富汗斯坦志不
分卷阿富汗斯坦新志不分卷土耳基斯坦志不
分卷東土耳基斯坦志不分　（清）學部編譯
圖書局編纂　清光緒三十三年(1907)學部編
譯圖書局鉛印本　一冊

220000－0803－0002486　史12.8/33

阿達曼群島志不分卷阿達曼群島新志不分卷
婆羅島志不分卷　（清）學部編譯圖書局編纂
　清光緒三十四年(1908)學部編譯圖書局鉛
印本　一冊

220000－0803－0002487　史12.8/34

彼得興俄記一卷　王樹枏撰　清光緒二十二
年(1896)刻陶廬叢書本　一冊

220000－0803－0002488　史12.8/35

英吉利史三卷　（日本）須永金三郎著　（清）
廣智書局譯　清光緒二十九年(1903)上海廣
智書局鉛印本　一冊

220000－0803－0002489　史12.8/37

俄羅斯三卷　（法國）波留著　（日本）林毅陸
譯　（日本）中島端重譯　清光緒三十年
(1904)上海商務印書館鉛印本　三冊

220000－0803－0002490　史12.8/38

俄羅斯史二卷　（日本）山本利喜雄著　（清）
麥鼎華譯　清光緒二十九年(1903)上海廣智
書局鉛印本　二冊

220000－0803－0002491　史12.8/39

俄國新志八卷　（英國）陔勒低撰　（英國）傅
蘭雅　（清）潘松譯　清光緒二十七年(1901)
上海書局石印本　四冊

220000－0803－0002492　史12.8/42.1－1

海國圖志一百卷　（清）魏源撰　清光緒二十
八年(1902)文賢閣石印本　十四冊

220000－0803－0002493　史12.8/42.1－2

海國圖志一百卷　（清）魏源撰　清光緒二十
八年(1902)文賢閣石印本　十四冊

220000－0803－0002494　史12.8/42.11－1

海國圖志續集二十五卷首一卷　（英國）麥高
爾輯著　（美國）林樂知　（清）瞿昂來譯　清
光緒二十一年(1895)上海書局石印本　二冊

220000－0803－0002495　史12.8/42.11－2

海國圖志續集二十五卷首一卷　（英國）麥高
爾輯著　（美國）林樂知　（清）瞿昂來譯　清
光緒二十一年(1895)上海書局石印本　二冊

220000－0803－0002496　史12.8/42.1－3

海國圖志一百卷　（清）魏源撰　海國圖志續
集二十五卷首一卷　（英國）麥高爾輯著
（美國）林樂知　（清）瞿昂來譯　清光緒二十
四年(1898)文賢閣石印本　十六冊

220000－0803－0002497　史12.8/42.2

海國圖志一百卷　（清）歐羅巴人撰　（清）林
則徐譯　（清）魏源重輯　清刻本　十冊　存
三十九卷(三十四至四十一、五十一至八十一)

220000－0803－0002498　史12.8/43

海國圖志續集二十五卷首一卷　（英國）麥高
爾輯著　（美國）林樂知　（清）瞿昂來譯　清
光緒二十一年(1895)上海書局石印本　四冊

220000－0803－0002499　史12.8/46

普奧戰史七編　（日本）羽化生著　（清）趙天
驥譯述　（清）王慕陶校閱　清光緒二十八年
(1902)上海商務印書館鉛印本　一冊

220000－0803－0002500　史12.8/47

開浦殖民地志不分卷附開浦殖民地新志不分
卷　（清）學部編譯圖書局編纂　清光緒三十
四年(1908)學部編譯圖書局鉛印本　一冊

220000－0803－0002501　史12.8/48

萬國地理志七編　（日本）中村五六編纂
(日本)頓野廣太郎修訂　（清）周起鳳譯述
清光緒二十八年(1902)上海廣智書局鉛印本
　一冊

220000－0803－0002502　史12.8/49

萬國商業志二卷　（清）陳子祥編譯　清光緒
二十九年(1903)上海廣智書局鉛印本　一冊

220000－0803－0002503　史12.8/50.1

節本泰西新史攬要八卷 （英國）李提摩太譯
周慶雲節錄　清光緒二十八年(1902)北洋
官報局鉛印本　二冊

220000－0803－0002504　史 12.8/50.2

節本泰西新史攬要八卷 （英國）李提摩太譯
周慶雲節錄　清光緒二十七年(1901)鉛印
本　二冊

220000－0803－0002505　史 12.8/51

歐羅巴通史四部 （日本）箕作元八 （日本）
峰岸米造纂 （清）徐有成等譯　清光緒二十
六年(1900)東亞譯書會鉛印本　四冊

220000－0803－0002506　史 12.8/52

歐洲族類源流畧五卷　王樹枏撰　清光緒二
十八年(1902)刻陶廬叢書本　二冊

220000－0803－0002507　史 12.8/53

歐洲列國戰事本末二十二卷　王樹枏撰　清
光緒二十八年(1902)刻陶廬叢書本　八冊

220000－0803－0002508　史 12.8/54

**緬甸國志一卷英領緬甸志一卷緬甸新志一卷
暹羅國志一卷布哈爾志一卷** （清）學部編譯
圖書局編纂　清光緒三十三年(1907)學部編
譯圖書局鉛印本　一冊

220000－0803－0002509　史 12.8/55

羅馬史二卷 （日本）占部百太郎著 （清）陳
時夏等譯　清光緒二十九年(1903)上海商務
印書館鉛印本　二冊

220000－0803－0002510　史 12.8/56.1

瀛環志略十卷 （清）徐繼畬輯著 （清）陳慶
偕 （清）鹿澤長參訂 （清）霍明高採譯　瀛
環志略辨正一卷 （清）何秋濤撰　清光緒二
十四年(1898)新化三味書室刻本　五冊

220000－0803－0002511　史 12.8/56.2

瀛寰志略十卷首一卷 （清）徐繼畬輯著
(清）陳慶偕 （清）鹿澤長參訂 （清）霍明
高採譯　清光緒六年(1880)楚南周鯤刻本
五冊　存九卷(一至五、七至十)

220000－0803－0002512　史 12.8/57

埃及近世史二十七章 （日本）柴四郎著
(清）章起謂譯 （清）楊瑜統校勘　清光緒二
十九年(1903)上海商務印書館鉛印本　一冊

220000－0803－0002513　史 12.8/58

埃及慘狀十章 （美國）濮因約翰著 （清）上
海文明書局編譯　清光緒二十九年(1903)上
海文明書局鉛印本　一冊

220000－0803－0002514　史 12.8/59

**俾路芝志一卷馬留土股志一卷紐吉尼亞島志
一卷西里伯島志一卷西里伯島新志一卷**
(清）學部編譯圖書局編纂　清光緒三十三年
(1907)學部編譯圖書局鉛印本　一冊

220000－0803－0002515　史 12.8/60

泰西民族文明史十四章 （法國）賽奴巴著
(日本）野澤武之助原譯 （清）沈是中
(清）俞子彝重譯　清光緒二十九年(1903)上
海商務印書館鉛印本　一冊

220000－0803－0002516　史 12.8/61

東藩紀要(朝鮮志)十二卷附錄一卷 （清）薛
培榕編輯 （清）吳承裕校　清光緒八年
(1882)鉛印本　四冊

220000－0803－0002517　史 12.8/62

俄史輯譯四卷 （英國）闞斐迪譯　清光緒十
四年(1888)益智書會刻本　四冊

220000－0803－0002518　史 12.8/63

泰西十八周史攬要十八卷 （英國）雅各偉德
撰 （英國）季理斐成章譯 （清）李鼎星述
清光緒二十九年(1903)上海廣學會鉛印本
六冊

220000－0803－0002519　史 13/1.1

九通二千三百二十一卷　清光緒八年至二十
二年(1882－1896)浙江書局刻本　一千冊

220000－0803－0002520　史 13/1.2

九通二千三百二十一卷　清光緒二十七年
(1901)上海圖書集成局鉛印本　十一冊　存
六十九卷(通志五十八至六十一、欽定續文獻
通考五十六至一百二十)

220000－0803－0002521　史 13/1.2－1

九通二千三百二十一卷　清光緒二十七年(1901)上海圖書集成局鉛印本　二百九十四冊

220000－0803－0002522　史 13/1.2－2

九通二千三百二十一卷　清光緒二十七年(1901)上海圖書集成局鉛印本　三百四冊

220000－0803－0002523　史 13/1.3

九通目錄四十卷　(清)雷君彥輯　清光緒二十九年(1903)圖書集成局石印本　十一冊　存三十七卷(皇朝三通目錄十四卷,正三通目錄一至三、七至十二,欽定續三通目錄十四卷)

220000－0803－0002524　史 13/2.1

欽定大清會典一百卷首一卷大清會典事例一千二百二十卷目錄八卷　(清)崑岡等修　(清)吳樹梅等纂　清宣統元年(1909)商務印書館石印本　一百六十冊

220000－0803－0002525　史 13/2.2－1

欽定大清會典一百卷首一卷大清會典事例一千二百二十卷目錄八卷附圖二百七十卷首一卷　(清)崑岡等修　(清)吳樹梅等纂　清光緒二十五年(1899)石印本　四百九十四冊

220000－0803－0002526　史 13/2.2－2

欽定大清會典一百卷首一卷大清會典事例一千二百二十卷目錄八卷附圖二百七十卷首一卷　(清)崑岡等修　(清)吳樹梅等纂　清光緒二十五年(1899)石印本　四百九十四冊

220000－0803－0002527　史 13/3.1

欽定大清會典一百卷　(清)允祹等纂修　清刻本　二十三冊　存九十七卷(一至七、十一至一百)

220000－0803－0002528　史 13/3.2

欽定大清會典一百卷　(清)允祹等纂修　清光緒二十五年(1899)上海書局石印本　六冊

220000－0803－0002529　史 13/4.1

大清通禮五十四卷(續纂大清通禮)　(清)來

保等總裁　(清)李玉鳴等纂修　(清)穆克登額等續纂　(清)恒泰等總纂　清刻本　十二冊

220000－0803－0002530　史 13/4.2－1

大清通禮五十四卷(續纂大清通禮)　(清)來保等總裁　(清)李玉鳴等纂修　(清)穆克登額等續纂　(清)恒泰等總纂　清光緒九年(1883)江蘇書局刻本　八冊

220000－0803－0002531　史 13/4.2－2

大清通禮五十四卷(續纂大清通禮)　(清)來保等總裁　(清)李玉鳴等纂修　(清)穆克登額等續纂　(清)恒泰等總纂　清光緒九年(1883)江蘇書局刻本　十二冊

220000－0803－0002532　史 13/4.3

大清通禮五十四卷(續纂大清通禮)　(清)來保等總裁　(清)李玉鳴等纂修　(清)穆克登額等續纂　(清)恒泰等總纂　清刻本　十二冊

220000－0803－0002533　史 13/5

大金集禮四十卷　(金)張暐等撰　大金集禮校勘記一卷　繆荃孫撰　校刊大金集禮識語一卷　(清)廖廷相識　清光緒二十一年(1895)廣雅書局刻本　四冊

220000－0803－0002534　史 13/6.2－1

文獻通考三百四十八卷　(元)馬端臨著　清咸豐九年(1859)崇仁謝氏刻本　九十冊　存二百六十二卷(一至二十三、五十三至一百三、一百三十至二百二十七、二百五十九至三百四十八)

220000－0803－0002535　史 13/6.2－2

文獻通考三百四十八卷　(元)馬端臨著　清咸豐九年(1859)崇仁謝氏刻本　五冊　存五卷(一百六十一至一百七十五)

220000－0803－0002536　史 13/6.3

文獻通考三百四十八卷附考證三卷　(元)馬端臨著　清光緒二十八年(1902)上海鴻寶書局石印本　三十二冊

220000－0803－0002537　史 13/7

欽定續文獻通考二百五十卷　（清）嵇璜等撰
清光緒二十八年(1902)上海鴻寶書局石印
本　二十四冊　存二百四十九卷（一至二百
四十九）

220000－0803－0002538　史 13/8

皇朝文獻通考三百卷　（清）嵇璜等撰　清光
緒二十八年(1902)上海鴻寶書局石印本　三
十二冊

220000－0803－0002539　史 13/10.1

文獻通考詳節二十四卷　（元）馬端臨撰
（清）周鵬錄　清光緒二十八年(1902)石印本
六冊

220000－0803－0002540　史 13/10.2

三通考詳節三種　（清）嚴虞惇　（清）平陽主
人節錄　清光緒二十七年(1901)鴻寶齋石印
本　二十冊

220000－0803－0002541　史 13/11

文廟丁祭譜四卷　（清）藍鍾瑞等撰　清道光
二十五年(1845)刻本　八冊

220000－0803－0002542　史 13/12.1－1

大元聖政國朝典章六十卷附重校元典章新集
不分卷　（□）□□撰　清光緒三十四年
(1908)法律館刻本　二十四冊

220000－0803－0002543　史 13/12.1－2

大元聖政國朝典章六十卷附重校元典章新集
不分卷　（□）□□撰　清光緒三十四年
(1908)法律館刻本　二十四冊

220000－0803－0002544　史 13/15.2

西漢會要七十卷　（宋）徐天麟撰　清光緒十
年(1884)江蘇書局刻本　十冊

220000－0803－0002545　史 13/16

光緒政要三十四卷　沈桐生輯　董沅　董潤
校　清宣統元年(1909)南洋官書局石印本
三十冊

220000－0803－0002546　史 13/17.1－1

吾學錄初編二十四卷　（清）吳榮光撰　清同
治九年(1870)刻本　六冊

220000－0803－0002547　史 13/17.1－2

吾學錄初編二十四卷　（清）吳榮光撰　清同
治九年(1870)江蘇書局刻本　六冊

220000－0803－0002548　史 13/18

東三省政略十二卷　徐世昌編輯　清宣統三
年(1911)鉛印本　四十冊

220000－0803－0002549　史 13/19.2－1

東漢會要四十卷　（宋）徐天麟撰　清光緒十
年(1884)江蘇書局刻本　八冊

220000－0803－0002550　史 13/19.2－2

東漢會要四十卷　（宋）徐天麟撰　清光緒十
年(1884)江蘇書局刻本　八冊

220000－0803－0002551　史 13/21.2

南巡盛典一百二十卷　（清）高晉等纂輯　清
光緒八年(1882)上海點石齋石印本　八冊

220000－0803－0002552　史 13/22

政治官報（清光緒三十四年九月）　（□）□□
撰　清光緒三十四年(1908)政治官報局鉛印
本　四冊

220000－0803－0002553　史 13/23.1

貞觀政要十卷　（唐）吳兢類輯　（元）戈直集
論　（清）席世臣校訂　清嘉慶三年(1798)刻
本　八冊

220000－0803－0002554　史 13/24

熙朝紀政八卷　（清）王慶雲撰　清光緒二十
八年(1902)上海書局鉛印本　四冊

220000－0803－0002555　史 13/25.1

周禮政要二卷　（清）孫詒讓著　清光緒鉛印
本　二冊

220000－0803－0002556　史 13/25.2－1

周禮政要四卷　（清）孫詒讓撰　清光緒二十
九年(1903)石印本　二冊

220000－0803－0002557　史 13/25.2－2

周禮政要四卷　（清）孫詒讓撰　清光緒二十
九年(1903)石印本　二冊

220000－0803－0002558　史 13/25.2－3

周禮政要四卷　（清）孫詒讓撰　清光緒二十

九年(1903)石印本　二册

220000 - 0803 - 0002559　史 13/25.2 - 4
周禮政要四卷　(清)孫詒讓撰　清光緒二十九年(1903)石印本　二册

220000 - 0803 - 0002560　史 13/25.2 - 5
周禮政要四卷　(清)孫詒讓撰　清光緒二十九年(1903)石印本　二册

220000 - 0803 - 0002561　史 13/25.2 - 6
周禮政要四卷　(清)孫詒讓撰　清光緒二十九年(1903)石印本　二册

220000 - 0803 - 0002562　史 13/26.2
唐會要一百卷　(宋)王溥撰　清光緒十年(1884)江蘇書局刻本　二十四册

220000 - 0803 - 0002563　史 13/26.3
唐會要一百卷　(宋)王溥撰　清光緒十年(1884)江蘇書局刻本　十八册　存七十五卷(一至五十、七十六至一百)

220000 - 0803 - 0002564　史 13/27
唐六典三十卷　(唐)玄宗李隆基撰　(唐)李林甫等注　清光緒二十一年(1895)廣雅書局刻本　八册

220000 - 0803 - 0002565　史 13/28.1 - 2
通典二百卷　(唐)杜佑纂　清咸豐九年(1859)崇仁謝氏刻本　十册　存六十卷(四十五至一百四)

220000 - 0803 - 0002566　史 13/29.1
欽定續通典一百五十卷　(清)嵇璜等撰　清光緒十二年(1886)浙江書局刻本　四册　存十四卷(一百七至一百二十)

220000 - 0803 - 0002567　史 13/29.2
欽定續通典一百五十卷　(清)嵇璜等撰　清光緒十二年(1886)浙江書局刻本　四十册

220000 - 0803 - 0002568　史 13/29.3
欽定續通典一百五十卷　(清)嵇璜等撰　清末鉛印本　十四册　存一百三十四卷(十七至一百五十)

220000 - 0803 - 0002569　史 13/30

通志二百卷　(宋)鄭樵撰　清咸豐九年(1859)崇仁謝氏刻本　四十九册　存七十八卷(十五至三十六、七十三至八十五、一百十二至一百三十八、一百八十五至二百)

220000 - 0803 - 0002570　史 13/32
通文館志十一卷　(朝鮮)金慶門撰　清刻本　五册

220000 - 0803 - 0002571　史 13/33.1 - 1
盛京典制備攷八卷首一卷　(清)特慎菴撰　(清)崇厚增輯　清光緒四年(1878)刻本　六册

220000 - 0803 - 0002572　史 13/33.1 - 2
盛京典制備攷八卷首一卷　(清)特慎菴撰　(清)崇厚增輯　清光緒四年(1878)刻本　六册

220000 - 0803 - 0002573　史 13/33.1 - 3
盛京典制備攷八卷首一卷　(清)特慎菴撰　(清)崇厚增輯　清光緒四年(1878)刻本　六册

220000 - 0803 - 0002574　史 13/35
漢官舊儀二卷附補遺一卷　(漢)衛宏撰　清刻本　一册

220000 - 0803 - 0002575　史 13/37
憲政彙編五期　(清)松毓等輯　清光緒三十三年(1907)鉛印本　五册

220000 - 0803 - 0002576　史 13/38
歷代政要表二卷　(清)胡子清編輯　清光緒二十九年(1903)長沙刻本　二册

220000 - 0803 - 0002577　史 13/43
文獻通考正續合編三十二卷首一卷　(清)盧宣旬編　清嘉慶武甯盧宣旬略識字齋刻本　二十四册

220000 - 0803 - 0002578　史 13/45
樞垣記略二十八卷　(清)梁章鉅編　(清)朱智補編　清光緒元年(1875)刻本　六册

220000 - 0803 - 0002579　史 13/46
北洋官報不分卷　(清)北洋官報局編輯　清

光緒二十九年(1903)天津北洋官報局鉛印本
　一冊　存十期(一百四十五至一百五十四)

220000 – 0803 – 0002580　史 13/47 – 1
五大洲政治通攷四十八卷　(清)徐準宜校
清光緒二十七年(1901)徐氏急先務齋石印本
　十二冊

220000 – 0803 – 0002581　史 13/47 – 2
五大洲政治通攷四十八卷　(清)徐準宜校
清光緒二十七年(1901)徐氏急先務齋石印本
　六冊　存二十三卷(一至十九、二十八至三
十一)

220000 – 0803 – 0002582　史 13/49
五代會要三十卷　(宋)王溥撰　清光緒十二
年(1886)江蘇書局刻本　六冊

220000 – 0803 – 0002583　史 13/50
西漢會要七十卷　(宋)徐天麟撰　清光緒十
年(1884)江蘇書局刻本　十冊

220000 – 0803 – 0002584　史 13/52
皇朝文獻通考三百卷　(清)嵇璜等總裁
(清)曹仁虎等纂修　清光緒二十七年(1901)
上海圖書集成局鉛印本　四十二冊

220000 – 0803 – 0002585　史 13/53
皇朝通志一百二十六卷　(清)嵇璜等總裁
(清)曹仁虎等纂修　清光緒二十七年(1901)
上海圖書集成局鉛印本　十二冊

220000 – 0803 – 0002586　史 13/54
欽定續通志六百四十卷　(清)嵇璜等總裁
(清)曹仁虎等纂修　清光緒二十七年(1901)
上海圖書集成局鉛印本　六十冊

220000 – 0803 – 0002587　史 13/55
皇朝通典一百卷　(清)嵇璜等總裁　(清)曹
仁虎等纂修　清光緒二十七年(1901)上海圖
書集成局鉛印本　十冊

220000 – 0803 – 0002588　史 13/58
四川官報不分卷　(□)□□撰　清宣統二年
(1910)鉛印本　二冊　存二期(二十六、三
十)

220000 – 0803 – 0002589　史 13/61
盧得集四卷附錄二卷　(明)華㷖轝撰　清同
治十一年(1872)刻本　一冊

220000 – 0803 – 0002590　史 13/62
折獄龜鑑八卷首一卷　(宋)鄭克輯　清光緒
八年(1882)刻本　二冊

220000 – 0803 – 0002591　史 13/64
比較國法學不分卷　(日本)末岡精一著
(清)商務印書館編譯所譯述　清光緒三十二
年(1906)商務印書館鉛印本　一冊

220000 – 0803 – 0002592　史 13/65
石渠餘記六卷　(清)王慶雲述　清末湖北陸
軍小學堂鉛印本　六冊

220000 – 0803 – 0002593　史 13.1/1
欽頒州縣事宜一卷　(清)田文鏡撰　清末北
洋官報局鉛印本　一冊

220000 – 0803 – 0002594　史 13.1/2
戒煙諭旨不分卷　(清)宣宗旻寧纂　清道光
十八年(1838)抄本　二冊

220000 – 0803 – 0002595　史 13.1/5
**拳教析疑說一卷附義和拳教門源流考書後一
卷**　勞乃宣撰　清光緒刻本　一冊

220000 – 0803 – 0002596　史 13.1/7
大清皇帝聖訓七百六十二卷　(□)□□編
清鉛印本　四百四十八冊

220000 – 0803 – 0002597　史 13.1/8
聖諭像解二十卷　(清)聖祖玄燁聖諭　(清)
梁延年編輯　清光緒二十九年(1903)江蘇撫
署石印本　十冊

220000 – 0803 – 0002598　史 13.2/1
丁文誠公奏稿二十六卷附丁文誠公遺集一卷
　(清)丁寶楨撰　(清)羅文彬等編校　清光
緒十九年(1893)京師刻本　二十七冊

220000 – 0803 – 0002599　史 13.2/2.1 – 1
三名臣奏議三卷　(清)曾國藩等撰　(清)何
天柱編　清光緒三十四年(1908)上海廣智書
局鉛印本　二冊

220000－0803－0002600　史 13.2/2.1－2

三名臣奏議三卷 （清）曾國藩等撰 （清）何天柱編 清光緒三十四年（1908）上海廣智書局鉛印本 二冊

220000－0803－0002601　史 13.2/3

左文襄公書牘二十六卷謝摺二卷 （清）左宗棠撰 清光緒十八年（1892）刻本 二十八冊

220000－0803－0002602　史 13.2/4

左文襄公奏稿六十四卷 （清）左宗棠撰 清光緒十六年（1890）刻本 六十五冊

220000－0803－0002603　史 13.2/5

左文襄公批札七卷附咨札一卷 （清）左宗棠撰 清光緒十八年（1892）刻本 八冊

220000－0803－0002604　史 13.2/6

出使公牘十卷出使奏疏二卷 （清）薛福成注 清光緒二十四年（1898）傳經樓刻本 十一冊

220000－0803－0002605　史 13.2/7

包孝肅公奏議十卷 （宋）包拯撰 清嘉慶八年（1803）刻本 二冊

220000－0803－0002606　史 13.2/8

江蘇海運全案十二卷 （清）賀長齡等纂輯 （清）琦善等總閱 （清）陳鑾等編次 （清）周恭壽等校刊 清刻本 十二冊

220000－0803－0002607　史 13.2/11

岑襄勤公奏稿三十卷遺集首一卷總目一卷 （清）岑毓英撰 清光緒二十三年（1897）武昌督糧官署刻本 三十二冊

220000－0803－0002608　史 13.2/12

庚子海外紀事四卷 呂海寰撰 清光緒二十七年（1901）上海辦理商約行轅鉛印本 四冊

220000－0803－0002609　史 13.2/13

庚子交涉隅錄一卷 程德全撰 李遜編輯 清宣統二年（1910）鉛印本 一冊

220000－0803－0002610　史 13.2/14

新刻法筆天油二卷 （□）□□撰 清刻本 二冊

220000－0803－0002611　史 13.2/18

明胡端敏公奏議十卷校勘記十卷 （明）胡世寧撰 清光緒十九年（1893）浙江書局刻本 四冊

220000－0803－0002612　史 13.2/21

夏桂洲奏議二十一卷補遺一卷 （明）夏言撰 清光緒十七年（1891）江西書局刻本 十二冊

220000－0803－0002613　史 13.2/22

郭侍郎奏疏十二卷 （清）郭嵩燾撰 清光緒十八年（1892）刻本 十一冊 存十一卷（一至九、十一至十二）

220000－0803－0002614　史 13.2/23

張大司馬奏稿四卷 （清）張亮基撰 清光緒十七年（1891）刻本 四冊

220000－0803－0002615　史 13.2/26.1－1

陸宣公奏議讀本四卷首一卷 （唐）陸贄撰 （清）汪銘謙編輯 （清）馬傳庚評點 清宣統元年（1909）刻本 二冊

220000－0803－0002616　史 13.2/26.1－2

陸宣公奏議讀本四卷首一卷 （唐）陸贄撰 （清）汪銘謙編輯 （清）馬傳庚評點 清宣統元年（1909）刻本 二冊

220000－0803－0002617　史 13.2/27

曾公遺錄□□卷 （清）曾布撰 清宣統二年（1910）刻本 三冊 存三卷（七至九）

220000－0803－0002618　史 13.2/28

彭剛直公奏稿八卷 （清）彭玉麟撰 清光緒十七年（1891）吳下鉛印本 四冊

220000－0803－0002619　史 13.2/29.1－1

程中丞奏稿十九卷附錄一卷 程德全撰 宋小濂等編輯 清宣統二年（1910）鉛印本 十冊

220000－0803－0002620　史 13.2/29.1－2

程中丞奏稿十九卷附錄一卷 程德全撰 宋小濂等編輯 清宣統二年（1910）鉛印本 十冊

220000－0803－0002621　史 13.2/30

程中丞庚子函牘鈔略一卷　程德全撰　李遜編輯　清末鉛印本　一冊

220000－0803－0002622　史 13.2/32

駁案新編三十二卷駁案續編七卷秋審比較彙案二卷　（清）全士潮等撰　清光緒三十四年（1908）上海集成圖書公司鉛印本　十二冊

220000－0803－0002623　史 13.2/33

樊山公牘四卷　樊增祥撰　清宣統三年（1911）廣益書局石印本　四冊

220000－0803－0002624　史 13.2/34

樊山批判十四卷　樊增祥撰　清光緒二十三年（1897）刻本　七冊

220000－0803－0002625　史 13.2/34.1

樊山公牘四卷　樊增祥撰　清光緒二十年（1894）刻本　三冊

220000－0803－0002626　史 13.2/35

樊山判牘三卷　樊增祥撰　清宣統法政學社石印本　四冊

220000－0803－0002627　史 13.2/36.1－1

樊山政書二十卷　樊增祥撰　清宣統二年（1910）金陵湯明林聚珍書局鉛印本　十冊

220000－0803－0002628　史 13.2/36.1－2

樊山政書二十卷　樊增祥撰　清宣統二年（1910）上海政學社鉛印本　十冊

220000－0803－0002629　史 13.2/40

駱文忠公奏稿十卷　（清）駱秉章撰　清光緒十七年（1891）刻本　十冊

220000－0803－0002630　史 13.2/42

龔端毅公奏疏八卷涿川政譜二卷　（清）龔鼎孳撰　清光緒九年（1883）聽彝書屋刻本　五冊

220000－0803－0002631　史 13.2/45.1－2

胡文忠公遺集十卷首一卷　（清）胡林翼撰　清同治七年（1868）醉六堂刻本　十冊

220000－0803－0002632　史 13.2/48

曾文正公奏議十卷首一卷末一卷奏議補編四卷文鈔四卷　（清）曾國藩撰　（清）薛福成編　（清）張英　（清）龐鴻湛校　清光緒十二年（1886）蘇郡刻本　十六冊

220000－0803－0002633　史 13.2/50

唐陸宣公制誥十卷註陸宣公奏議十五卷　（唐）陸贄撰　清刻本　四冊

220000－0803－0002634　史 13.2/51

諭摺彙存不分卷　（清）□□編　清光緒三十三年（1907）刻本　一冊

220000－0803－0002635　史 13.2/52

芻蕘奧論二卷　（宋）張方平著　清咸豐元年（1851）南海伍氏粵雅堂刻粵雅堂叢書本　一冊

220000－0803－0002636　史 13.3/2

日東軍政要略三卷　（日本）細田謙藏譯述（日本）稻村新六校訂　（清）鄭孝檉等覆校　清光緒末南洋公學譯書院鉛印本　二冊

220000－0803－0002637　史 13.3/3

荒政叢書十卷附錄二卷　（清）俞森撰　（清）錢熙祚校　清宣統三年（1911）文盛書局石印本　六冊

220000－0803－0002638　史 13.3/5.1－1

湘軍記二十卷　（清）王定安撰　清光緒十五年（1889）江南書局刻本　十二冊

220000－0803－0002639　史 13.3/5.1－2

湘軍記二十卷　（清）王定安撰　清光緒十五年（1889）江南書局刻本　八冊

220000－0803－0002640　史 13.3/6.1

湘軍志十六卷　王闓運撰　清光緒十一年（1885）斠微齋刻本　四冊

220000－0803－0002641　史 13.3/6.2

湘軍志十六卷　王闓運撰　清宣統元年（1909）東洲刻本　四冊

220000－0803－0002642　史 13.3/12

經濟實學考八卷　（清）江標編輯　清光緒二十三年（1897）上海博濟書局西法石印本　十二冊

220000－0803－0002643　史 13.3/14

吉林行省賓州府政書四編　李澍恩編著　清
宣統元年(1909)商務印書館鉛印本　一冊

220000－0803－0002644　史 13.3/15.1－1

撫東政略二卷　程德全撰　宋小濂　徐鼐霖
編輯　清宣統鉛印本　二冊

220000－0803－0002645　史 13.3/15.1－2

撫東政略二卷　程德全撰　宋小濂　徐鼐霖
編輯　清宣統鉛印本　二冊

220000－0803－0002646　史 13.3/16

鹽法議略一卷　(清)王守基撰　清同治十二
年(1873)刻本　一冊

220000－0803－0002647　史 13.3/18

山東鹽法志二十二卷附編十卷　(清)宋湘等
纂　清嘉慶刻本　二十四冊

220000－0803－0002648　史 13.4/1.1－1

大清法規大全三百六卷　(清)政學社編　清
宣統政學社石印本　七十冊

220000－0803－0002649　史 13.4/1.1－2

大清法規大全一百五十九卷　(清)政學社編
清宣統政學社石印本　四十二冊

220000－0803－0002650　史 13.4/1.1－3

大清法規大全一百五十九卷　(清)政學社編
清宣統政學社石印本　四十二冊

220000－0803－0002651　史 13.4/1.1－4

大清法規大全一百五十九卷　(清)政學社編
清宣統政學社石印本　四十二冊

220000－0803－0002652　史 13.4/1.11－2

核訂現行刑律不分卷　沈家本　奕劻等編
清宣統鉛印本　四冊

220000－0803－0002653　史 13.4/1.11－3

核訂現行刑律不分卷　沈家本　奕劻等編
清宣統鉛印本　四冊

220000－0803－0002654　史 13.4/1.11－4

核訂現行刑律不分卷　沈家本　奕劻等編
清宣統鉛印本　四冊

220000－0803－0002655　史 13.4/2

大清法規大全續編一百四十三卷　(清)政學
社編　清宣統政學社石印本　二十四冊

220000－0803－0002656　史 13.4/3

**大清律例增修統纂集成四十卷督捕則例附纂
二卷**　(清)陶東皋　(清)陶曉篔增修　清光
緒二十四年(1898)刻本　二十四冊

220000－0803－0002657　史 13.4/4.1－1

大清律例增修統纂集成四十卷　(清)陶東皋
　(清)陶曉篔增修　清光緒五年(1879)刻本
　十二冊　存十七卷(一至八、十六至十七、
二十四至三十)

220000－0803－0002658　史 13.4/4.1－2

**大清律例增修統纂集成四十卷督捕則例附纂
二卷**　(清)陶東皋　(清)陶曉篔增修　清末
石印本　十八冊　存三十四卷(九至四十、督
捕則例附纂二卷)

220000－0803－0002659　史 13.4/5.1－1

大清新法令十三類附錄三類　(清)商務印書
館編譯所編纂　清宣統元年(1909)上海商務
印書館鉛印本　二十冊

220000－0803－0002660　史 13.4/5.1－2

大清新法令十三類附錄三類　(清)商務印書
館編譯所編纂　清宣統元年(1909)上海商務
印書館鉛印本　十六冊　缺一類(七)

220000－0803－0002661　史 13.4/6

大清宣統新法令不分卷　(清)商務印書館編
譯所編纂　清宣統元年(1909)上海商務印書
館鉛印本　四冊

220000－0803－0002662　史 13.4/7

大清教育新法令十三編　(清)商務印書館編
譯所編纂　清宣統二年(1910)上海商務印書
館鉛印本　八冊

220000－0803－0002663　史 13.4/8

大清教育新法令續編十一編　(清)商務印書
館編譯所編纂　清宣統三年(1911)上海商務
印書館鉛印本　四冊

220000－0803－0002664　史 13.4/9.1

大清律例四十七卷附督捕則例二卷　（清）三泰等總裁　（清）唐紹祖等總修　清刻本　六冊　存十二卷（三十至三十九、督捕則例二卷）

220000－0803－0002665　史 13.4/9.2

大清律例四十七卷附三流道里表不分卷督捕則例二卷律例館校正洗冤錄四卷　（清）三泰等總裁　（清）唐紹祖等總修　清咸豐刻本　二十六冊　存四十六卷（一至三十九、四十至四十七,督捕則例二卷,律例館校正洗冤錄四卷）

220000－0803－0002666　史 13.4/10

大清律例精言輯覽一卷　（清）沈國樑撰　**大清律例簡明目錄一卷**　（□）□□撰　清光緒十四年(1888)京都榮錄堂刻本　二冊

220000－0803－0002667　史 13.4/10.1

新增洗冤寶鑑一卷　（清）方汝謙撰　清光緒二十七年(1901)京都榮錄堂刻本　一冊

220000－0803－0002668　史 13.4/11

大清律講義四編　（清）徐象先撰　清光緒三十三年(1907)京師京華印書局鉛印本　二冊　存二編（一至二）

220000－0803－0002669　史 13.4/12

大清現行刑律講義五卷　吉同鈞撰　清宣統二年(1910)京師法學堂鉛印本　五冊

220000－0803－0002670　史 13.4/13

大清現行刑律案語不分卷目錄一卷　沈家本等編　清宣統元年(1909)法律館鉛印本　二十冊

220000－0803－0002671　史 13.4/14

大清刑律草案二編　（清）陳明編　清光緒三十四年(1908)法律館鉛印本　三冊

220000－0803－0002672　史 13.4/17

欽定工部則例一百十六卷首一卷　（清）岳琪等纂　清光緒刻本　四十冊

220000－0803－0002673　史 13.4/18

欽定戶部則例一百卷首一卷　（清）英傑等纂

清同治四年(1865)刻本　四十八冊

220000－0803－0002674　史 13.4/19

欽定戶部漕運全書九十二卷首一卷　（清）桂亮等纂　清道光刻本　四十六冊

220000－0803－0002675　史 13.4/25

欽定總管內務府現行則例四卷　（清）桂春等纂　清光緒十年(1884)刻本　四冊

220000－0803－0002676　史 13.4/27

民事訴訟律草案四編刑事訴訟律草案六編　（□）□□撰　清末鉛印本　八冊

220000－0803－0002677　史 13.4/31

新輯刑案彙編十六卷　（清）周守赤輯　（清）胡汝立　（清）章秋編　（清）章愷等校　清光緒二十三年(1897)圖書集成局鉛印本　八冊

220000－0803－0002678　史 13.4/32

重修名法指掌圖四卷　（清）沈辛田輯　（清）徐灝重訂　清同治九年(1870)湖北崇文書局刻本　四冊

220000－0803－0002679　史 13.4/33

欽定宗人府則例三十一卷　（清）書麟等纂修　清道光二十九年(1849)刻本　十冊

220000－0803－0002680　史 13.4/35.1

故唐律疏議三十卷　（唐）長孫無忌等撰　（元）王元亮釋文　**宋提刑洗冤集錄五卷**　（宋）宋慈編　清嘉慶十二年(1807)陽湖孫星衍刻本　八冊

220000－0803－0002681　史 13.4/35.2

故唐律疏議三十卷進律疏表一卷　（唐）長孫無忌等撰　清光緒十六年(1890)京師刻本　十二冊

220000－0803－0002682　史 13.4/36.1

律例便覽八卷諸圖一卷處分則例圖要六卷　（清）蔡嵩年　（清）蔡逢年輯　清光緒十四年(1888)江蘇書局刻本　二冊

220000－0803－0002683　史 13.4/36.2

律例便覽八卷諸圖一卷處分則例圖要六卷　（清）蔡嵩年　（清）蔡逢年輯　清同治八年

（1869）刻本　六冊

220000－0803－0002684　史13.4/37
欽定理藩院則例六十三卷總目二卷通例二卷
清刻本　四十九冊

220000－0803－0002685　史13.4/38
校訂現行刑律不分卷　沈家本等編　清宣統
元年（1909）法律館鉛印本　一冊

220000－0803－0002686　史13.4/41.1
奏定學堂章程不分卷　（清）張百熙　（清）榮
慶　（清）張之洞纂　清光緒二十九年（1903）
湖北學務處刻本　五冊

220000－0803－0002687　史13.4/41.2
欽定學堂章程不分卷　（清）張百熙　（清）榮
慶　（清）張之洞纂　清光緒三十二年（1906）
上海時中書局鉛印本　五冊

220000－0803－0002688　史13.4/44
**大清律例彙輯便覽四十卷督捕則例附纂二卷
五軍道里表二卷三流道里表二卷**　（清）高澍
等彙編　清同治十一年（1872）湖北讞局刻本
三十二冊

220000－0803－0002689　史13.5/1
清外交條約不分卷　（□）□□撰　清光緒刻
本　十七冊

220000－0803－0002690　史13.5/3
**光緒乙巳年交涉要覽四卷光緒丙午年交涉要
覽六卷**　（清）北洋洋務局纂輯　清光緒三十
三年（1907）北洋官報局鉛印本　十

220000－0803－0002691　史13.5/4
各國約章纂要六卷首一卷附錄一卷　勞乃宣
纂　清光緒十八年（1892）上海圖書集成印書
局鉛印本　四冊

220000－0803－0002692　史13.5/5.1－1
約章成案匯覽甲篇十卷　（清）北洋洋務局纂
輯　清光緒三十一年（1905）上海點石齋石印
本　十冊

220000－0803－0002693　史13.5/5.1－2
約章成案匯覽甲篇十卷　（清）北洋洋務局纂

輯　清光緒三十一年（1905）上海點石齋石印
本　十冊

220000－0803－0002694　史13.5/6.1－1
約章成案匯覽乙篇四十二卷　（清）北洋洋務
局纂輯　清光緒三十一年（1905）上海點石齋
石印本　三十六冊

220000－0803－0002695　史13.5/6.1－2
約章成案匯覽乙篇四十二卷　（清）北洋洋務
局纂輯　清光緒三十一年（1905）上海點石齋
石印本　三十六冊

220000－0803－0002696　史13.5/7
約章分類輯要三十八卷　蔡乃煌等纂　清刻
本　十六冊　存十九卷（二至四、六、十二至
十七、二十七、二十九至三十五、三十七）

220000－0803－0002697　史13.5/8
保和會譯章不分卷　（清）總理各國事務衙門
輯　清光緒鉛印本　一冊

220000－0803－0002698　史13.5/12
通商各國條約不分卷　（清）總理各國事務衙
門輯　清末刻本　十四冊

220000－0803－0002699　史13.5/13
新纂約章大全七十三卷　陸鳳石編輯　清宣
統元年（1909）上海崇義堂石印本　四十八冊

220000－0803－0002700　史13.5/14
萬國公法提要四卷附中西要約一卷　（清）張
鳳臺輯　清光緒三十年（1904）石印本　四冊

220000－0803－0002701　史13.5/15
歐洲和約輯要四卷　（俄國）伍羅束甫輯
（清）許兆元校　（清）黃致堯譯　清光緒二十
三年（1897）上海陳氏鴻寶齋石印本　四冊

220000－0803－0002702　史13.6/2
吏治輯要不分卷附職官名稱　（清）高鶚撰
（清）韞亭繙譯　清抄本　二冊

220000－0803－0002703　史13.6/3
李閣學政績錄不分卷　李澍恩輯　清末吉林
印書館鉛印本　一冊

220000－0803－0002704　史13.6/4

治蒲八篇不分卷 （清）□□撰 清光緒三十三年（1907）慈利刻本 一冊

220000－0803－0002705 史 13.6/5

牧令書輯要十卷附姓名爵里考一卷 （清）徐棟編 （清）丁日昌選評 保甲書輯要四卷姓名爵里考一卷 （清）徐棟撰 （清）丁日昌重校 吏治三書六卷 （清）劉衡撰 （清）丁日昌重校 欽頒州縣事宜一卷 （清）田文鏡 （清）李衛撰 牧民忠告二卷 （元）張養浩撰 清光緒二十二年（1896）上海圖書集成印書局鉛印本 八冊

220000－0803－0002706 史 13.6/6

為政忠告四卷 （元）張養浩撰 清光緒十四年（1888）刻本 一冊

220000－0803－0002707 史 13.6/7

保甲書四卷牧令書二十三卷 （清）徐棟撰 清道光二十八年（1848）刻本 六冊 存七卷（保甲書四卷,牧令書二十至二十一、二十三）

220000－0803－0002708 史 13.6/8

南宋館閣錄十卷 （宋）陳騤撰 館閣續錄十卷 （□）□□撰 清刻本 四冊

220000－0803－0002709 史 13.6/9

國朝貢舉考畧三卷明貢舉考畧一卷 （清）黃崇蘭輯 清刻本 四冊

220000－0803－0002710 史 13.6/11

從政遺規二卷 （清）陳宏謀編輯 清光緒十一年（1885）吉林北街裕興堂刻本 二冊

220000－0803－0002711 史 13.6/12.1

資治新書十四卷首一卷 （清）李漁輯 （清）沈心友訂 清刻本 八冊

220000－0803－0002712 史 13.6/12.1－1

資治新書十四卷首一卷二集二十卷 （清）李漁輯 （清）沈心友訂 清刻本 十八冊 存二十六卷（資治新書一至九、首一卷,二集五至二十）

220000－0803－0002713 史 13.6/12.2－1

資治新書十四卷首一卷二集二十卷 （清）李漁輯 （清）沈心友訂 清光緒二十年（1894）上海圖書集成印書局鉛印本 十二冊

220000－0803－0002714 史 13.6/12.2－2

資治新書十四卷首一卷二集二十卷 （清）李漁輯 （清）沈心友訂 清光緒二十年（1894）上海圖書集成印書局鉛印本 十二冊

220000－0803－0002715 史 13.6/14

大清搢紳全書不分卷附憲政增補最新職官全錄 （清）榮寶齋輯 清光緒三十四年（1908）京都林氏榮寶齋刻本 五冊

220000－0803－0002716 史 13.6/16

學治說贅一卷佐治藥言一卷續佐治藥言一卷 （清）汪輝祖撰 清刻本 一冊

220000－0803－0002717 史 13.6/18.1－1

欽定學政全書八十六卷首一卷 （清）童璜等撰 清刻本 二十冊

220000－0803－0002718 史 13.6/18.1－2

欽定學政全書八十六卷首一卷 （清）童璜等撰 清贛州文彬堂刻本 二十冊

220000－0803－0002719 史 13.6/21

平平言四卷 （清）方大湜著 清光緒十六年（1890）鄂省藩署鉛印本 四冊

220000－0803－0002720 史 13.7/3

中國現勢論四篇 （法國）愛姆士著 （清）出洋學生編輯所譯 清光緒二十九年（1903）上海商務印書館鉛印本 一冊

220000－0803－0002721 史 13.7/4

中國之金融二卷 （清）潘承鍔編譯 清光緒三十四年（1908）上海中國圖書公司鉛印本 二冊

220000－0803－0002722 史 13.7/5

最新日本教育法規十編 （清）步其誥等譯 清宣統二年（1910）奉天圖書發行所鉛印本 十二冊

220000－0803－0002723 史 13.7/6.1－1

日本憲法說明書不分卷 （日本）穗積八束著 清末政治官報局鉛印本 一冊

220000－0803－0002724　史13.7/6.1－2

日本憲法說明書不分卷　（日本）穗積八束著
清末政治官報局鉛印本　一冊

220000－0803－0002725　史13.7/6.1－3

日本憲法說明書不分卷　（日本）穗積八束著
清末政治官報局鉛印本　一冊

220000－0803－0002726　史13.7/6.1－4

日本憲法說明書不分卷　（日本）穗積八束著
清末政治官報局鉛印本　一冊

220000－0803－0002727　史13.7/6.1－5

日本憲法說明書不分卷　（日本）穗積八束著
清末政治官報局鉛印本　一冊

220000－0803－0002728　史13.7/7

明治法制史三編　（日本）青浦奎吾著　（清）
商務印書館譯　清光緒二十九年（1903）上海
商務印書館鉛印本　一冊

220000－0803－0002729　史13.7/8.1－1

新譯日本法規大全附解字不分卷　（清）南洋
公學譯書院初譯　（清）商務印書館編譯所補
譯　（清）陳承澤重校　清宣統三年（1911）上
海商務印書館鉛印本　八十一冊

220000－0803－0002730　史13.7/8.1－2

日本法規大全二十五類首一卷解字一卷　錢
恂　董鴻禕編輯　劉崇傑等譯　清宣統三年
（1911）上海商務印書館鉛印本　八十一冊

220000－0803－0002731　史13.7/9

世界教育統計年鑑六編　（日本）伊東佑毅著
（清）謝蔭昌譯　清宣統二年（1910）奉天圖
書發行所鉛印本　一冊

220000－0803－0002732　史13.7/10

西政叢書三十一種　梁啓超輯　清光緒二十
三年（1897）慎記書莊石印本　三十冊　缺三
種（陸地戰例新選、日本雜事詩二卷、南海先
生四上書記四卷）

220000－0803－0002733　史13.7/11

列國政要一百三十二卷首一卷　（清）戴鴻慈
（清）端方輯　清光緒三十四年（1908）上海

商務印書館石印本　三十二冊

220000－0803－0002734　史13.7/14

各國憲法源泉三種合編不分卷　（德國）挨里
捏克著　（日本）美濃部達吉原譯　（清）林萬
里　（清）陳承澤重譯　清光緒三十四年
（1908）上海中國圖書公司鉛印本　一冊

220000－0803－0002735　史13.7/16

法國律例四十二卷　（□）□□撰　清光緒二
十四年（1898）石印本　十二冊

220000－0803－0002736　史13.7/19

萬國國力比較二十三卷比較表一卷附錄一卷
（英國）默爾化著　（清）出洋學生編輯所譯
清光緒二十九年（1903）上海商務印書館鉛
印本　六冊

220000－0803－0002737　史13.7/20

歐美政治要義不分卷　（清）戴鴻慈　（清）端
方輯　清光緒三十四年（1908）上海商務印書
館石印本　四冊

220000－0803－0002738　史13.7/21

歐美教育統計年鑑不分卷　（英國）開爾剔編
孫世昌輯譯　清宣統三年（1911）奉天圖書
印刷所鉛印本　一冊

220000－0803－0002739　史13.7/25

甲辰考察日本商務日記不分卷（清光緒三十
年八月十三日至十月十三日）　（清）許炳榛
纂　清末鉛印本　一冊

220000－0803－0002740　史13.7/26

滿洲財力論四編　（日本）松本敬之著　（清）
施爾常編輯　清光緒三十二年（1906）京師學
部官書局鉛印本　一冊

220000－0803－0002741　史13.7/27

熙朝紀政八卷　（清）王慶雲述　清光緒二十
八年（1902）上海書局鉛印本　二冊

220000－0803－0002742　史13.7/36

理財學精義三章　（日本）田尻稻次郎著
（清）王秀點譯　清光緒二十九年（1903）上海
商務印書館鉛印本　一冊

220000 - 0803 - 0002743　史 13.7/37.1 - 1

吉林警務官報不分卷　吉林民政司署編輯
清宣統三年(1911)吉林官書刷印局鉛印本
八冊　存八期(一至三、六至十)

220000 - 0803 - 0002744　史 13.7/37.1 - 2

吉林官報不分卷　吉林公署官報局編　清光
緒三十四年至宣統三年(1908 - 1911)吉林官
書刷印局鉛印本　三冊　存三期(光緒三十
四年第四期,宣統三年第四期、第六期)

220000 - 0803 - 0002745　史 13.7/37.3 - 1

吉林司法官報不分卷　吉林提法司官報局編
輯　清宣統二年(1910)吉林官書刷印局鉛印
本　三冊　存三期(六至七、十九)

220000 - 0803 - 0002746　史 14/1.1

十七史商榷一百卷　(清)王鳴盛撰　清光緒
二十九年(1903)點石齋石印本　四冊

220000 - 0803 - 0002747　史 14/1.2

十七史商榷一百卷　(清)王鳴盛撰　清光緒
六年(1880)太原王氏刻本　二十四冊

220000 - 0803 - 0002748　史 14/2

廿二史攷異一百卷　(清)錢大昕撰　清長沙
龍氏家塾刻本　二十二冊

220000 - 0803 - 0002749　史 14/3

武英殿本二十三史考證　(□)□□撰　清刻
本　二十冊

220000 - 0803 - 0002750　史 14/4.1 - 1

文史通義八卷校讎通義三卷　(清)章學誠著
清光緒三年(1877)貴陽刻章氏遺書本
四冊

220000 - 0803 - 0002751　史 14/4.1 - 2

文史通義八卷校讎通義三卷　(清)章學誠著
清光緒四年(1878)刻章氏遺書本　五冊

220000 - 0803 - 0002752　史 14/4.2

文史通義八卷校讎通義三卷　(清)章學誠著
清道光十二年(1832)刻章氏遺書本　五冊

220000 - 0803 - 0002753　史 14/4.4

文史通義八卷　(清)章學誠著　清宣統三年

(1911)上海廣益書局鉛印本　四冊

220000 - 0803 - 0002754　史 14/6.2

史通通釋二十卷附錄一卷　(清)浦起龍撰
清翰墨園刻本　八冊

220000 - 0803 - 0002755　史 14/7.1

史通削繁四卷　(唐)劉知幾　(清)紀昀評
清光緒元年(1875)湖北崇文書局刻本　四冊

220000 - 0803 - 0002756　史 14/7.2 - 1

史通削繁四卷　(唐)劉知幾　(清)紀昀評
清道光十三年(1833)兩廣節署粵東翰墨園刻
朱墨套印本　四冊

220000 - 0803 - 0002757　史 14/7.2 - 2

史通削繁四卷　(唐)劉知幾　(清)紀昀評
清道光十三年(1833)兩廣節署粵東翰墨園刻
朱墨套印本　四冊

220000 - 0803 - 0002758　史 14/7.2 - 3

史通削繁四卷　(唐)劉知幾　(清)紀昀評
清道光十三年(1833)兩廣節署粵東翰墨園刻
朱墨套印本　四冊

220000 - 0803 - 0002759　史 14/7.2 - 4

史通削繁四卷　(唐)劉知幾　(清)紀昀評
清道光十三年(1833)兩廣節署粵東翰墨園刻
朱墨套印本　四冊

220000 - 0803 - 0002760　史 14/7.2 - 5

史通削繁四卷　(唐)劉知幾　(清)紀昀評
清道光十三年(1833)兩廣節署粵東翰墨園刻
朱墨套印本　四冊

220000 - 0803 - 0002761　史 14/8.1

史學通論不分卷　曹佐熙述　清刻本　一冊

220000 - 0803 - 0002762　史 14/13

史事論三十四卷　雷瑨編輯　清宣統三年
(1911)掃葉山房石印本　二十冊

220000 - 0803 - 0002763　史 14/15

古今史論大觀三十二卷　雷瑨編輯　清光緒
二十七年(1901)硯耕山莊石印本　十二冊

220000 - 0803 - 0002764　史 14/19.1

欽定明鑑二十四卷首一卷　(清)胡敬等纂

清嘉慶二十三年(1818)刻本　十二冊

220000－0803－0002765　史14/19.2

欽定明鑑二十四卷首一卷　（清）胡敬等纂
清同治九年(1870)湖北崇文書局刻本　十冊

220000－0803－0002766　史14/22.2

唐鑑二十四卷音註考異一卷　（宋）范祖禹撰
（宋）呂祖謙音註　（清）胡鳳丹校　清同治
胡氏退補齋刻本　四冊

220000－0803－0002767　史14/22.3

唐鑑二十四卷　（宋）范祖禹撰　（宋）呂祖謙
音注　清光緒十八年(1892)浙江書局刻本
四冊

220000－0803－0002768　史14/23

唐史論斷三卷附錄一卷　（宋）孫甫撰　清咸
豐刻粵雅堂叢書朱墨套印本　二冊

220000－0803－0002769　史14/24

涉史隨筆二卷　（宋）葛洪撰　（清）胡鳳丹校
清同治退補齋刻本　一冊

220000－0803－0002770　史14/29.1

船山史論五十二卷　（清）王夫之撰　清光緒
二十六年(1900)湖南大文書局刻本　十八冊

220000－0803－0002771　史14/30

新史學不分卷　（日本）浮田和民述　（清）侯
士綰譯　清光緒二十九年(1903)上海文明書
局鉛印本　二冊

220000－0803－0002772　史14/32

綱鑑總論二卷　（清）周道卿撰　清光緒二十
八年(1902)上海書局石印本　二冊

220000－0803－0002773　史14/34

微景堂史測十四卷　（清）施鴻撰　清光緒邵
武徐氏刻邵武徐氏叢書本　二冊

220000－0803－0002774　史14/35.1

歷代史論十二卷左傳史論二卷　（明）張溥撰
清末上洋珍藝書局鉛印本　六冊

220000－0803－0002775　史14/35.2

歷代史論二十二卷　（明）張溥撰　（清）谷應
泰　（清）高士奇補撰　清光緒浙江書局刻朱

墨套印本　八冊

220000－0803－0002776　史14/36

歷代史案二十卷　（清）洪亮吉編　清湖北書
局刻朱墨套印本　六冊

220000－0803－0002777　史14/37

歷代史事論海三十二卷　（□）□□撰　清末
石印本　九冊　存十五卷(一至四、十八至二
十三、二十八至三十二)

220000－0803－0002778　史14/38.2－2

讀通鑑論十五卷宋論十五卷　（清）王夫之撰
清光緒三十年(1904)上海商務印書館鉛印
本　十冊

220000－0803－0002779　史14/38.3

讀通鑑論十五卷宋論十五卷　（清）王夫之撰
清光緒二十七年(1901)簡青齋書局石印本
八冊　存八卷(讀通鑑論一至六,宋論一、
三)

220000－0803－0002780　史14/39.1

讀史論畧增註二卷　（清）杜詔撰　（清）唐桂
註　（清）傅傳增註　清光緒七年(1881)刻本
二冊

220000－0803－0002781　史14/40

讀史大畧六十卷　（清）沙張白撰　**小沙子史
畧一卷**　（清）沙晉撰　清光緒二十五年
(1899)刻本　十二冊

220000－0803－0002782　史14/41

讀史漫筆二卷　（清）吳孟堅撰　清光緒三十
四年(1908)貴池劉氏刻本　二冊

220000－0803－0002783　史14/42

讀史鏡古編三十二卷　（清）潘世恩輯　清同
治十三年(1874)冶城飛霞閣刻本　六冊

220000－0803－0002784　史14/43

讀東華錄一卷　（清）竇士鏞著　清宣統三年
(1911)鉛印本　一冊

220000－0803－0002785　史14/45

史學通論八章　（日本）浮田和民講　李浩生
譯　清光緒二十九年(1903)鉛印本　一冊

220000 – 0803 – 0002786　史 14/47

鑑綱詠略八卷讀史論略補一卷　（清）張應鼎撰　清同治十二年(1873)刻本　八冊

220000 – 0803 – 0002787　史 14/48

廿二史劄記三十六卷補遺一卷　（清）趙翼撰　清嘉慶五年(1800)湛貽堂刻本　十六冊

220000 – 0803 – 0002788　子 1/2

二十二子二十二種　（清）浙江書局輯　清光緒元年至三年(1875 – 1877)浙江書局刻本　八十三冊

220000 – 0803 – 0002789　子 1/3

子書(二十五子)二十五種三百三十卷　（清）上海育文書局輯　清光緒上海育文書局石印本　三十二冊

220000 – 0803 – 0002790　子 1/5.1 – 2

子書百家(百子全書)一百一種　（清）湖北崇文書局輯　清光緒元年(1875)湖北崇文書局刻本　一百十冊

220000 – 0803 – 0002791　子 1/5.1 – 3

子書百家(百子全書)一百一種　（清）湖北崇文書局輯　清光緒元年(1875)湖北崇文書局刻本　二十四冊　存一百二十四卷(儒家類一至八十六、兵家類一至十、法家類一至二十八)

220000 – 0803 – 0002792　子 1/5.1 – 4

子書百家(百子全書)一百一種　（清）湖北崇文書局輯　清光緒元年(1875)湖北崇文書局刻本　七十四冊　存三百六十卷(兵家類一至三、儒家類一至十、法家類一至十三、術數類一至一百二十七、小說家異聞類九十四卷、道家類一至六十二、雜家類一至四十五、小說家雜事類六卷)

220000 – 0803 – 0002793　子 1/13

十子全書十種　（清）王子興輯　清嘉慶九年(1804)姑蘇聚文堂刻本　二十四冊

220000 – 0803 – 0002794　子 1/14

子書二十二種　（清）浙江書局輯　清光緒二十三年(1897)上海圖書集成局鉛印本　四十冊

220000 – 0803 – 0002795　子 1/15

分類詳註百子金丹十卷附任兆麟述記三卷　（清）郭偉選註　清光緒二十九年(1903)上海申昌書局石印本　九冊

220000 – 0803 – 0002796　子 2/1.1 – 1

七修類稿五十一卷附續稿七卷　（明）郎瑛著述　清光緒六年(1880)廣州翰墨園刻本　十二冊

220000 – 0803 – 0002797　子 2/1.1 – 2

七修類稿五十一卷附續稿七卷　（明）郎瑛著述　清光緒六年(1880)廣州翰墨園刻本　九冊　缺三卷(一至三)

220000 – 0803 – 0002798　子 2/2.3

子史精華一百六十卷　（清）允祿等監修　（清）吳襄等纂修　清光緒二十二年(1896)上海滙海書局石印本　八冊

220000 – 0803 – 0002799　子 2/2.4

子史精華一百六十卷　（清）允祿等監修　（清）吳襄等纂修　清光緒十三年(1887)上海積山書局石印本　八冊

220000 – 0803 – 0002800　子 2/5.1

太平御覽一千卷目錄十五卷　（宋）李昉等撰　清南海李氏刻本　一百冊

220000 – 0803 – 0002801　子 2/5.2

太平御覽一千卷目錄十五卷　（宋）李昉等撰　清光緒二十年(1894)上海積山書局石印本　三十二冊

220000 – 0803 – 0002802　子 2/14.2

古今圖書集成一萬卷目錄三十二卷　（清）蔣廷錫　（清）陳夢雷等輯　清光緒鉛印本　一千六百五冊　缺七十四卷(藝術典五百六十五至六百三十三、目錄五卷)

220000 – 0803 – 0002803　子 2/14.3

欽定古今圖書集成一萬卷目錄四十卷　（清）蔣廷錫　（清）陳夢雷等輯　清石印本　十六冊　存三十二卷(理學彙編二十一至三十二、

四十一至五十六、五十九至六十,曆象彙編庶徵典二十九至三十)

220000－0803－0002804　子2/14.14
欽定古今圖書集成一萬卷目錄四十卷　（清）蔣廷錫　（清）陳夢雷等輯　清刻本　十八冊　存七十一卷(理學彙編八十七至八十八、一百六十一至一百七十,博物彙編禽蟲典一百十六至一百七十、一百七十三至一百七十六)

220000－0803－0002805　子2/16.1－1
世界統計年鑑不分卷　（日本）伊東佑穀著　（清）謝蔭昌輯譯　清宣統元年(1909)奉天學務公所印刷所鉛印本　一冊

220000－0803－0002806　子2/16.1－2
世界統計年鑑不分卷　（日本）伊東佑穀著　（清）謝蔭昌輯譯　清宣統元年(1909)奉天學務公所印刷所鉛印本　一冊

220000－0803－0002807　子2/17
最新世界統計年鑑不分卷　（日本）伊東佑穀著　（清）謝蔭昌輯譯　清宣統二年(1910)奉天圖書印刷所鉛印本　一冊

220000－0803－0002808　子2/18.1
玉海二百四卷詞學指南四卷附刻十三種　（宋）王應麟撰　**校補玉海瑣記二卷王深寧先生年譜一卷**　（清）張大昌撰　清光緒九年(1883)浙江書局刻本　一百二十三冊

220000－0803－0002809　子2/18.2
玉海二百四卷　（宋）王應麟撰　清嘉慶十一年(1806)刻本　一百二十冊

220000－0803－0002810　子2/19.1－1
玉海二百四卷詞學指南四卷附刻十三種　（宋）王應麟撰　**校補玉海瑣記二卷王深寧先生年譜一卷**　（清）張大昌撰　清光緒十六年(1890)浙江書局刻本　二十冊　存六十二卷(詩攷一、詩地理攷一至六、漢藝文志攷一至十、通鑑地理通釋一至十四、漢制攷一至四、踐阼篇集解一、急就篇一至四、周易鄭康成注一、周書王會補注一、小學紺珠一至十、姓氏急就篇提要一至二、通鑑答問一至五、王深寧

先生年譜一、校補玉海瑣記一至二)

220000－0803－0002811　子2/19.1－2
玉海二百四卷詞學指南四卷附刻十三種　（宋）王應麟撰　**校補玉海瑣記二卷王深寧先生年譜一卷**　（清）張大昌撰　清光緒十六年(1890)浙江書局刻本　五冊　存九卷(通鑑答問一至五、周書王會補注一、王深寧先生年譜一、校補玉海瑣記一至二)

220000－0803－0002812　子2/20.1－1
北堂書鈔一百六十卷　（唐）虞世南纂　（清）孔廣陶校注　清光緒十四年(1888)南海孔氏三十有三萬卷堂刻本　二十冊

220000－0803－0002813　子2/20.1－2
北堂書鈔一百六十卷　（唐）虞世南纂　（清）孔廣陶校注　清光緒十四年(1888)南海孔氏三十有三萬卷堂刻本　二十冊

220000－0803－0002814　子2/20.1－3
北堂書鈔一百六十卷　（唐）虞世南纂　（清）孔廣陶校注　清光緒十四年(1888)南海孔氏三十有三萬卷堂刻本　二十冊

220000－0803－0002815　子2/20.1－4
北堂書鈔一百六十卷　（唐）虞世南纂　（清）孔廣陶校注　清光緒十四年(1888)南海孔氏三十有三萬卷堂刻本　十六冊　缺四十四卷(一至四十四)

220000－0803－0002816　子2/21.1
冊府元龜一千卷目錄十卷　（宋）王欽若等編纂　清嘉慶十九年(1814)藤花榭刻本　三百二十冊

220000－0803－0002817　子2/21.2
冊府元龜一千卷目錄十卷　（宋）王欽若等編纂　清刻本　八冊　存二十八卷(五百二十六至五百五十、八百八至八百十)

220000－0803－0002818　子2/22
史姓韻編六十四卷　（清）汪輝祖撰　清同治九年(1870)金陵書局木活字印本　二十四冊

220000－0803－0002819　子2/23.1

掃葉山房訂幼學須知句解四卷 （清）程登吉
撰 （清）錢元龍校 清光緒十七年(1891)掃
葉山房刻本 四冊

220000－0803－0002820 子2/23.2
寶興堂重訂幼學須知句解四卷 （清）程登吉
撰 （清）錢元龍校 清善成堂刻本 四冊

220000－0803－0002821 子2/23.3
善成堂重訂幼學須知句解四卷 （清）程登吉
撰 （清）錢元龍校 清刻本 四冊

220000－0803－0002822 子2/23.4
改良幼學須知句解四卷最新商務尺牘教本一
卷 （清）程登吉撰 （清）錢元龍校 清光緒
三十四年(1908)蔣春記書莊石印本 四冊

220000－0803－0002823 子2/23.5
育正堂重訂幼學須知句解四卷 （清）程登吉
撰 （清）錢元龍校 清咸豐十一年(1861)育
正堂刻本 四冊

220000－0803－0002824 子2/24
幼學故事尋源四卷 （清）程登吉撰 （清）楊
應象集注 清刻本 四冊

220000－0803－0002825 子2/25
幼學求源三十三卷 （清）程登吉撰 （清）鄒
聖脈增 清務本堂刻本 八冊

220000－0803－0002826 子2/26.1－1
寄傲山房塾課新增幼學故事瓊林四卷首一卷
（清）程登吉撰 （清）鄒聖脈增補 清光緒
十四年(1888)蘇州掃葉山房刻本 四冊

220000－0803－0002827 子2/26.1－2
寄傲山房塾課新增幼學故事瓊林四卷首一卷
（清）程登吉撰 （清）鄒聖脈增補 清光緒
十四年(1888)蘇州掃葉山房刻本 四冊

220000－0803－0002828 子2/26.2
新增繪圖幼學故事瓊林四卷首一卷附詳校攷
正字彙集句應酬彙選一卷 （清）程登吉原本
（清）石秉楠增輯 （清）鄒聖脈增補 清光
緒二十六年(1900)上海鍊石齋書局石印本
五冊

220000－0803－0002829 子2/26.3
寄傲山房塾課新增幼學故事瓊林四卷 （清）
程登吉撰 （清）鄒聖脈增補 清光緒刻本
三冊 存三卷(一至二、四)

220000－0803－0002830 子2/27
西學時務總纂大成九十一卷 （清）求志齋主
人纂輯 清光緒二十三年(1897)上海鴻文書
局石印本 二十四冊

220000－0803－0002831 子2/28
初學行文語類四卷 （清）孫埏編輯 清仁和
堂刻本 四冊

220000－0803－0002832 子2/29.2
古香齋鑒賞袖珍初學記三十卷 （唐）徐堅等
撰 清光緒八年至九年(1882－1883)孔氏三
十有三萬卷堂刻本 十二冊

220000－0803－0002833 子2/30.2－1
重訂事類賦三十卷 （宋）吳淑撰 （明）華麟
祥校 清道光二十二年(1842)寶翰樓刻本
六冊

220000－0803－0002834 子2/30.2－2
重訂事類賦三十卷 （宋）吳淑撰 （明）華麟
祥校 清道光二十七年(1847)小酉山房刻本
六冊

220000－0803－0002835 子2/30.2－3
重訂事類賦三十卷 （宋）吳淑撰 （明）華麟
祥校 清道光二十七年(1847)善成堂刻本
六冊

220000－0803－0002836 子2/30.2－4
事類賦三十卷 （宋）吳淑撰 （明）華麟祥校
清刻本 六冊

220000－0803－0002837 子2/31.1
增補事類統編九十三卷首一卷 （清）黃葆真
增輯 清光緒十八年(1892)上海鴻寶齋石印
本 十二冊

220000－0803－0002838 子2/31.2－1
增補事類統編九十三卷首一卷 （清）黃葆真
增輯 （清）何立中校 清光緒三年(1877)務

本書局刻本　四十冊

220000－0803－0002839　子2/31.2－2
增補事類統編九十三卷首一卷　（清）黃葆真增輯　（清）何立中校　清道光二十六年(1846)丹陽黃氏敦好堂刻本　四十八冊

220000－0803－0002840　子2/31.2－3
增補事類統編九十三卷首一卷　（清）黃葆真增輯　（清）何立中校　清道光二十六年(1846)丹陽黃氏敦好堂刻本　四十八冊

220000－0803－0002841　子2/31.2－4
增補事類統編九十三卷首一卷　（清）黃葆真增輯　（清）何立中校　清光緒九年(1883)谷經堂刻本　四十冊

220000－0803－0002842　子2/31.4
增補事類統編九十三卷首一卷　（清）黃葆真增輯　（清）何立中校　清光緒十四年(1888)上海積山書局石印本　十二冊

220000－0803－0002843　子2/35.1－1
記事珠十卷　（清）張以謙撰　（清）王剛重訂　清光緒八年(1882)掃葉山房刻本　十冊

220000－0803－0002844　子2/35.1－2
記事珠十卷　（清）張以謙撰　（清）王剛重訂　清嘉慶二十一年(1816)刻本　十冊

220000－0803－0002845　子2/36
格致精華錄四卷　王仁俊撰　（清）江標編　清光緒二十二年(1896)石印本　四冊

220000－0803－0002846　子2/37
時務通考三十一卷　（清）杞廬主人撰　清光緒二十三年(1897)點石齋石印本　二十四冊

220000－0803－0002847　子2/38.2－2
古香齋新刻袖珍淵鑑類函四百五十卷目錄四卷　（清）張英等撰　清光緒十八年(1892)刻本　一百五十三冊　缺一百二十九卷(五至十一、五十二至五十三、二百九至三百三、三百三十八至三百六十二)

220000－0803－0002848　子2/44
策學偹纂三十二卷目錄三十二卷　（清）蔡啓盛　（清）吳潁炎輯　清光緒二十六年(1900)上海點石齋石印本　四十八冊

220000－0803－0002849　子2/45
蛾述集十六卷　（清）陳庭學纂輯　清嘉慶二十年(1815)刻本　八冊

220000－0803－0002850　子2/46
新刻重校增補圓機活法詩學全書二十四卷　（明）王世貞校正　（清）蔣先庚重訂　清文盛堂刻本　十冊　存十七卷(一至十七)

220000－0803－0002851　子2/47
精選黃眉故事十卷　（明）鄧百拙彙編　清刻本　八冊

220000－0803－0002852　子2/48.2
重訂廣事類賦四十卷　（清）華希閔著　（清）鄒升恒參　（清）華希閔重訂　清寶翰樓刻本　十冊

220000－0803－0002853　子2/48.3
廣事類賦四十卷　（清）華希閔著　（清）鄒兆升參　清刻本　十冊

220000－0803－0002854　子2/49
古諷籀齋目耕胜錄三十二卷　（清）泖畔閒鷗纂輯　清光緒元年(1875)青雲書屋刻本　十二冊

220000－0803－0002855　子2/51
編珠四卷　（隋）杜公瞻撰　（清）高士奇校
續編珠二卷　（清）高士奇編　**謝華啓秀八卷**　（明）楊慎編　（清）高士奇重校　**歲華紀麗四卷**　（唐）韓鄂撰　（清）高士奇校　清刻本　十冊

220000－0803－0002856　子2/52.2
御定駢字類編二百四十卷　（清）張廷玉等編　清光緒十三年(1887)上海同文書局石印本　四十八冊

220000－0803－0002857　子2/53
龍文鞭影四卷　（明）蕭良有纂輯　（明）楊臣諍增訂　清光緒十一年(1885)刻本　四冊

220000－0803－0002858　子2/55.2

藝文類聚一百卷　(唐)歐陽詢撰　(明)王元貞校　清光緒五年(1879)華陽宏達堂刻本　四十册

220000－0803－0002859　子2/56.2
讀書紀數略五十四卷　(清)宫夢仁編纂　(清)宋澤元校刊　清刻本　十二册

220000－0803－0002860　子2/57
泰西藝學通攷十六卷　(清)何良棟編輯　(清)徐毓洙校正　清光緒二十七年(1901)鴻寶書局石印本　二十四册

220000－0803－0002861　子2/60
廣廣事類賦三十二卷　(清)吳世旃撰　(清)吳學洙參訂　清聚秀堂刻本　八册

220000－0803－0002862　子2/61
恒言録六卷　(清)錢大昕纂　清光緒二十八年(1902)鉛印本　二册

220000－0803－0002863　子2/65
五洲事類匯表五十卷　(清)趙士元　(清)孔昭紱編輯　清光緒二十九年(1903)上海仁記書局石印本　十九册　缺一卷(四十八)

220000－0803－0002864　子2/66
廿二史言行略四十二卷　(清)過元晙輯　清嘉慶四年(1799)刻本　十二册

220000－0803－0002865　子2/68
文林綺繡五種五十九卷　(明)凌迪知輯　清光緒十九年(1893)上洋鴻寶齋書局石印本　六册

220000－0803－0002866　子2/69
四書人物類典串珠四十卷首一卷　(清)臧志仁編輯　(清)楊春補　清引相堂刻本　十二册

220000－0803－0002867　子2/71
增廣試帖玉芙蓉十二卷　(□)□□編　清光緒十七年(1891)上海點石齋石印本　十一册

220000－0803－0002868　子2/72
重刊讀史論略不分卷三才略不分卷　(清)杜詔撰　清光緒五年(1879)狀元閣刻本　二册

220000－0803－0002869　子2.1/1.1－1
普通百科新大詞典附補遺附表不分卷　(清)黄人編輯　清宣統三年(1911)上海國學扶輪社鉛印本　十五册

220000－0803－0002870　子2.1/1.1－2
普通百科新大詞典附補遺附表不分卷　(清)黄人編輯　清宣統三年(1911)上海國學扶輪社鉛印本　十五册

220000－0803－0002871　子2.2/1.2
佩文韻府一百六卷　(清)張玉書等彙閱　(清)蔡升元等纂修兼校勘　**韻府拾遺一百六卷**　(清)汪灝等纂修　(清)張廷玉等校勘　清光緒十七年(1891)上海同文書局石印本　六十册

220000－0803－0002872　子2.2/1.4－1
佩文韻府一百六卷　(清)張玉書等彙閱　(清)蔡升元等纂修兼校勘　**韻府拾遺一百六卷**　(清)汪灝等纂修　(清)張廷玉等校勘　清光緒十五年(1889)上海點石齋石印本　十一册　存七十一卷(佩文韻府一至十、二十至二十二、二十五至三十、六十四至六十六、九十至九十七、一百至一百六,韻府拾遺一至三十四)

220000－0803－0002873　子2.2/1.4－2
佩文韻府一百六卷　(清)張玉書等彙閱　(清)蔡升元等纂修兼校勘　**韻府拾遺一百六卷**　(清)汪灝等纂修　(清)張廷玉等校勘　清光緒十三年(1887)上海點石齋石印本　六十册

220000－0803－0002874　子2.2/2.1－1
佩文詩韻釋要五卷　(清)周兆基編　清宣統三年(1911)商務印書館影印本　二册

220000－0803－0002875　子2.2/2.1－2
佩文詩韻釋要五卷　(清)周兆基編　清宣統三年(1911)商務印書館影印本　二册

220000－0803－0002876　子2.2/2.1－3
佩文詩韻釋要五卷　(清)周兆基編　清宣統三年(1911)商務印書館影印本　二册

220000 - 0803 - 0002877　子2.2/3
佩文詩韻五卷　(清)□□輯　清刻本　一冊

220000 - 0803 - 0002878　子2.2/4
詞林正韻三卷　(清)戈載輯　清光緒十七年
(1891)思賢講舍刻本　二冊

220000 - 0803 - 0002879　子2.2/5
詞林韻釋一卷　(□)□□撰　清光緒二十九
年(1903)南陵徐氏刻本　一冊

220000 - 0803 - 0002880　子2.2/6
詩韻類錦十一卷　(□)□□撰　清刻本　六
冊　存五卷(七至十一)

220000 - 0803 - 0002881　子2.2/7.1 - 1
詩韻集成十卷附詩林典腋目錄二卷　(清)余
照輯　清光緒十六年(1890)掃葉山房鉛印本
四冊

220000 - 0803 - 0002882　子2.2/7.1 - 2
詩韻集成十卷附詩林典腋目錄二卷　(清)余
照輯　清光緒元年(1875)掃葉山房刻本
四冊

220000 - 0803 - 0002883　子2.2/7.2
詩韻集成十卷附詩林典腋目錄二卷　(清)余
照輯　清石竹山房石印本　四冊

220000 - 0803 - 0002884　子2.2/8
詩韻合璧五卷附檢韻一卷　(清)湯文潞輯
清光緒十四年(1888)上海同文書局石印本
六冊

220000 - 0803 - 0002885　子2.2/8.1
**詩韻合璧五卷附分韻文選題解一卷虛字韻藪
三卷三場程式一卷**　(清)湯文潞編　清光緒
三年(1877)掃葉山房刻本　六冊

220000 - 0803 - 0002886　子3/2.1
人譜一卷人譜類記二卷　(明)劉宗周撰　清
光緒三十年(1904)上海支那書局鉛印本
三冊

220000 - 0803 - 0002887　子3/3
人譜類記增訂六卷　(明)劉宗周撰　清光緒
三年(1877)湖北崇文書局刻本　二冊

220000 - 0803 - 0002888　子3/4
大學衍義四十三卷　(宋)眞德秀彙輯　(明)
陳仁錫評閱　清同治十三年(1874)刻本　十
二冊

220000 - 0803 - 0002889　子3/5
大學衍義補一百六十卷　(明)邱濬撰　(明)
陳仁錫評閱　清同治十三年(1874)刻本　四
十八冊

220000 - 0803 - 0002890　子3/6.1
小學纂注六卷附文公朱夫子[熹]年譜一卷
(清)高愈纂注　清同治十一年(1872)浙江書
局刻本　二冊

220000 - 0803 - 0002891　子3/6.2 - 1
小學纂注六卷附文公朱夫子[熹]年譜一卷
(清)高愈纂注　清光緒十二年(1886)上洋掃
葉山房刻本　四冊

220000 - 0803 - 0002892　子3/6.2 - 2
小學纂注六卷附文公朱夫子[熹]年譜一卷
(清)高愈纂注　**弟子職一卷**　(清)任文田集
注　清光緒十二年(1886)上海掃葉山房刻本
五冊

220000 - 0803 - 0002893　子3/6.2 - 3
小學纂注六卷附文公朱夫子[熹]年譜一卷
(清)高愈纂注　清光緒十四年(1888)蘇州掃
葉山房刻本　四冊

220000 - 0803 - 0002894　子3/6.3
重訂小學纂注六卷　(清)高愈纂注　清同治
五年(1866)晉祁書業堂刻本　四冊

220000 - 0803 - 0002895　子3/6.4
重訂小學纂注六卷　(清)高愈纂注　清光緒
三十一年(1905)上洋掃葉山房刻本　三冊
缺二卷(三至四)

220000 - 0803 - 0002896　子3/7.2
小學集註六卷　(宋)朱熹撰　(明)陳選註
清光緒三十三年(1907)學部圖書局鉛印本
二冊

220000 - 0803 - 0002897　子3/7.3

小學集註六卷　（宋）朱熹撰　（明）陳選註
忠孝經一卷　（漢）鄭玄集註　清光緒三十二
年(1906)鴻寶齋石印本　四冊

220000－0803－0002898　子3/7.4

小學註六卷　（宋）朱熹撰　（明）陳選集註
清刻本　四冊

220000－0803－0002899　子3/7.5

小學集註六卷　（宋）朱熹撰　（明）陳選註
孝經一卷　（唐）太宗李世民註　清北京龍文
閣石印本　五冊

220000－0803－0002900　子3/8.2－1

女四書二卷　（明）王相箋注　清光緒十三年
(1887)上海江左書林刻本　二冊

220000－0803－0002901　子3/8.2－2

女四書二卷　（明）王相箋注　清光緒十一年
(1885)刻本　二冊

220000－0803－0002902　子3/8.2－3

女四書二卷　（明）王相箋注　清光緒三十四
年(1908)仁記書莊刻本　二冊

220000－0803－0002903　子3/9

六藝綱目二卷附錄二卷　（元）舒天民述
(元)舒恭注　（明）趙宜中附注　清咸豐三年
(1853)聊城楊氏海源閣刻本　二冊

220000－0803－0002904　子3/10.1

文中子中說十卷　（隋）王通撰　（宋）阮逸注
清光緒刻本　二冊

220000－0803－0002905　子3/10.3

文中子中說十卷　（隋）王通撰　（宋）阮逸注
清光緒二年(1876)浙江書局刻本　二冊

220000－0803－0002906　子3/10.5

陸象山先生全集三十六卷　（宋）陸九淵撰
清上海中華書局鉛印本　四冊

220000－0803－0002907　子3/12.1－1

孔子家語十卷附札記一卷　（三國魏）王肅注
清光緒二十四年(1898)貴池劉氏刻本　
六冊

220000－0803－0002908　子3/12.1－2

孔子家語十卷附札記一卷　（三國魏）王肅注
清光緒二十四年(1898)貴池劉氏刻本
六冊

220000－0803－0002909　子3/12.3

孔子家語十卷　（三國魏）王肅注　清光緒六
年(1880)刻本　二冊

220000－0803－0002910　子3/13.1

孔叢子七卷　（漢）孔鮒撰　（宋）宋咸注　清
光緒元年(1875)刻本　四冊

220000－0803－0002911　子3/15.1

五種遺規五種　（清）陳宏謀編輯　清石印本
四冊

220000－0803－0002912　子3/15.2

五種遺規五種　（清）陳宏謀編輯　清掃葉山
房鉛印本　四冊

220000－0803－0002913　子3/15.5

五種遺規五種　（清）陳宏謀編輯　清光緒十
年(1884)榮祿堂刻本　十冊

220000－0803－0002914　子3/15.6

五種遺規五種　（清）陳宏謀編輯　清光緒二
十一年(1895)浙江書局刻本　十冊

220000－0803－0002915　子3/16

董子二卷　（漢）董仲舒撰　清宣統二年
(1910)山陰胡氏刻鵠齋刻本　二冊

220000－0803－0002916　子3/17

內則衍義十六卷　（清）世祖福臨撰　清刻本
八冊

220000－0803－0002917　子3/19

日省錄三卷補遺一卷　（清）梁文科輯　清光
緒十七年(1891)江南權署強恕齋刻本　一冊

220000－0803－0002918　子3/22

公是弟子記四卷　（宋）劉敞撰　清刻本
一冊

220000－0803－0002919　子3/23

四書反身錄八卷　（清）李顒撰　清道光二十
一年(1841)浙江書局刻本　四冊

220000－0803－0002920　子3/26

朱子論學切要語二卷朱子[熹]年譜校勘記一卷朱子[熹]年譜考異校勘記一卷朱子論學切要語校勘記一卷校勘存疑一卷　（清）王懋竑纂訂　清光緒九年（1883）白田草堂刻本　一冊

220000－0803－0002921　子3/27

朱子語類日抄五卷　（清）陳澧編　清咸豐十一年（1861）番禺陳氏刻本　一冊

220000－0803－0002922　子3/28.2

朱子家禮十卷首一卷　（宋）朱熹撰　（明）丘濬輯　（明）楊廷筠補　清嘉慶六年（1801）寶寧堂刻本　六冊

220000－0803－0002923　子3/28.3

朱子家禮十卷首一卷　（宋）朱熹撰　（明）丘濬輯　（明）楊廷筠補　清刻本　六冊　存八卷（一至八）

220000－0803－0002924　子3/29

先正讀書訣一卷　（清）周永年輯　清光緒二十一年（1895）刻本　一冊

220000－0803－0002925　子3/30

沈端恪公遺書二種　（清）沈近思撰　清同治十二年（1873）浙江書局刻本　二冊

220000－0803－0002926　子3/31

呂子節錄四卷附補遺二卷　（明）呂坤著　（清）陳宏謀輯　清光緒十三年（1887）江西書局刻本　四冊

220000－0803－0002927　子3/32

京師大學堂倫理學講義一卷　（清）張鶴齡講述　京師大學堂經學科講義一卷　王舟瑤講述　清鉛印本　一冊

220000－0803－0002928　子3/33

姓解三卷　（宋）邵思撰　清光緒九年（1883）遵義黎氏刻本　一冊

220000－0803－0002929　子3/34.2

東塾讀書記二十五卷　（清）陳澧撰　清刻本　六冊　存二十一卷（一至二十一）

220000－0803－0002930　子3/38.1

呻吟語六卷　（明）呂坤著　清道光二十二年（1842）刻本　五冊　存五卷（一至五）

220000－0803－0002931　子3/39

呻吟語節錄二卷　（明）呂坤著　（清）陳宏謀評輯　清解梁書院刻本　二冊

220000－0803－0002932　子3/40

味餘書室隨筆二卷　（清）仁宗顒琰撰　清嘉慶五年（1800）刻本　二冊

220000－0803－0002933　子3/41.1

近思錄十四卷　（宋）朱熹著　（清）江永集注　清光緒二十五年（1899）浙江官書局刻本　四冊

220000－0803－0002934　子3/41.2－1

近思錄十四卷附校勘記一卷考訂朱子世家一卷　（宋）朱熹著　（清）江永集注　清同治八年（1869）江蘇書局刻本　四冊

220000－0803－0002935　子3/41.2－2

近思錄十四卷附校勘記一卷考訂朱子世家一卷　（宋）朱熹著　（清）江永集注　清同治八年（1869）江蘇書局刻本　四冊

220000－0803－0002936　子3/41.3

近思錄十四卷附校勘記一卷考訂朱子世家一卷　（宋）朱熹著　（清）江永集註　清光緒十五年（1889）掃葉山房刻本　六冊

220000－0803－0002937　子3/41.4

朱子原訂近思錄十四卷附考訂朱子世家一卷　（宋）朱熹著　（清）江永集注　清光緒十四年（1888）廣雅書局刻本　五冊

220000－0803－0002938　子3/45

胡敬齋先生居業錄十二卷　（明）胡居仁撰　（明）余祐編輯　清刻本　四冊

220000－0803－0002939　子3/46

思辨錄輯要二十二卷　（清）陸世儀著　清光緒三年（1877）江蘇書局刻本　四冊

220000－0803－0002940　子3/47

浮邱子十二卷　（清）湯鵬著　清宣統二年

(1910)掃葉山房石印本　六冊

220000－0803－0002941　子3/48.1
家語疏證六卷　（清）孫志祖學　清刻本
二冊

220000－0803－0002942　子3/48.2
家語疏證六卷　（清）孫志祖撰　清末刻本
四冊

220000－0803－0002943　子3/49.1
荀子二十卷　（戰國）荀況撰　（唐）楊倞注
清光緒十年(1884)遵義黎氏影宋刻古逸叢書
本　六冊

220000－0803－0002944　子3/50.2－1
荀子二十卷首一卷　（戰國）荀況撰　（唐）楊
倞注　王先謙集解　清光緒十七年(1891)刻
本　六冊

220000－0803－0002945　子3/50.2－2
荀子二十卷首一卷　（戰國）荀況撰　（唐）楊
倞注　王先謙集解　清光緒十七年(1891)刻
本　六冊

220000－0803－0002946　子3/50.2－3
荀子二十卷首一卷　（戰國）荀況撰　（唐）楊
倞注　王先謙集解　清光緒十七年(1891)刻
本　六冊

220000－0803－0002947　子3/50.2－4
荀子二十卷首一卷　（戰國）荀況撰　（唐）楊
倞注　王先謙集解　清光緒十七年(1891)刻
本　六冊

220000－0803－0002948　子3/51
荀子三卷　（戰國）荀況撰　清光緒元年
(1875)湖北崇文書局刻本　二冊

220000－0803－0002949　子3/53.1
晏子春秋八卷　（春秋）晏嬰撰　清嘉慶二十
一年(1816)全椒吳氏刻本　四冊

220000－0803－0002950　子3/53.2
晏子春秋七卷　（春秋）晏嬰撰　清光緒十八
年(1892)思賢講舍刻本　二冊

220000－0803－0002951　子3/57.1－1

理學宗傳二十六卷　（清）孫奇逢輯　清光緒
六年(1880)浙江書局刻本　十二冊

220000－0803－0002952　子3/57.1－2
理學宗傳二十六卷　（清）孫奇逢輯　清光緒
六年(1880)浙江書局刻本　十二冊

220000－0803－0002953　子3/58
俟解一卷噩夢一卷　（清）王夫之撰　清光緒
刻本　一冊

220000－0803－0002954　子3/61
棉陽學準五卷　（清）藍鼎元著　清刻本
二冊

220000－0803－0002955　子3/63
明夷待訪錄一卷　（清）黃宗羲著　清光緒二
十八年(1902)湖南書局刻本　一冊

220000－0803－0002956　子3/66.1－1
程氏家塾讀書分年日程三卷附綱領一卷
（元）程端禮述　清同治七年(1868)湖北崇文
書局刻本　二冊

220000－0803－0002957　子3/66.1－2
程氏家塾讀書分年日程三卷附綱領一卷
（元）程端禮述　清同治七年(1868)湖北崇文
書局刻本　二冊

220000－0803－0002958　子3/67
傅子三卷　（晉）傅玄撰　葉德輝輯　清光緒
二十八年(1902)長沙葉氏刻本　一冊

220000－0803－0002959　子3/69
慈溪黃氏日抄分類九十七卷　（宋）黃震著
清刻本　十八冊

220000－0803－0002960　子3/74
賈子十六卷　（漢）賈誼撰　（清）王耕心次詁
　清光緒二十九年(1903)刻本　二冊

220000－0803－0002961　子3/76
聖證論補評二卷　（清）皮錫瑞著　清光緒二
十五年(1899)刻本　二冊

220000－0803－0002962　子3/77
聖賢實學全集不分卷　（清）唐道宗述　清刻
本　一冊

220000－0803－0002963　子3/81

漢學商兌四卷　（清）方東樹撰　清光緒二十六年（1900）浙江書局刻本　四冊

220000－0803－0002964　子3/82

漢儒通義七卷　（清）陳澧撰集　清刻本　二冊

220000－0803－0002965　子3/85

潛室劄記二卷　（清）刁包著　清道光二十三年（1843）刻本　二冊

220000－0803－0002966　子3/87

範家集略六卷　（清）秦坊輯　清光緒十八年（1892）省克齋刻本　四冊

220000－0803－0002967　子3/88

儒門法語一卷　（清）彭定求輯　清同治四年（1865）長洲彭氏刻本　二冊

220000－0803－0002968　子3/89

儒門法語輯要一卷　（清）彭定求輯　（清）湯金釗輯要　清光緒七年（1881）長洲彭祖賢刻本　二冊

220000－0803－0002969　子3/90

儒林宗派十六卷　（清）萬斯同撰　清宣統三年（1911）上海國學扶輪社鉛印本　二冊

220000－0803－0002970　子3/95

繹志十九卷　（明）胡承諾撰　清同治十一年（1872）浙江書局刻本　八冊

220000－0803－0002971　子3/97.2

鹽鐵論二卷　（漢）桓寬撰　清光緒元年（1875）湖北崇文書局刻本　二冊

220000－0803－0002972　子3/98.1

小學韻語不分卷　（清）羅澤南著　清光緒十八年（1892）吉林探源書舫刻本　一冊

220000－0803－0002973　子3/98.2

小學韻語不分卷　（清）羅澤南著　清光緒刻本　一冊

220000－0803－0002974　子3/99

孔子集語十七卷　（清）孫星衍撰　清嘉慶二十年（1815）冶城山館刻本　一冊　存十二卷（一至十二）

220000－0803－0002975　子3/103

小學集解六卷輯說一卷　（清）張伯行撰　清光緒七年（1881）刻本　二冊

220000－0803－0002976　子3/104

王文成公全書三十八卷　（明）王守仁撰　清中華書局鉛印本　十七冊

220000－0803－0002977　子3/105

圖民錄四卷　（清）袁守定撰　清同治十一年（1872）江西書局刻本　二冊

220000－0803－0002978　子3/106

校邠廬抗議二卷　（清）馮桂芬撰　清光緒二十四年（1898）上海石印本　二冊

220000－0803－0002979　子4/2

四翼附編四卷　（清）戴彭述　清光緒二十一年（1895）刻本　一冊

220000－0803－0002980　子4/3

行軍測繪十卷首一卷　（英國）連提撰　（英國）傅蘭雅口譯　（清）趙元益筆述　清末江南機器製造總局刻本　一冊　存五卷（一至五）

220000－0803－0002981　子4/4

步兵操典不分卷　（日本）陸軍省撰　孟森譯述　清光緒三十年（1904）南洋公學譯書院鉛印本　二冊

220000－0803－0002982　子4/6

兵鏡類編四十卷　（清）李葯編輯　清光緒九年（1883）寶慶務本書局刻本　十六冊

220000－0803－0002983　子4/7

兵錄四卷　（□）□□撰　清抄本　六冊　存三卷（二至四）

220000－0803－0002984　子4/8

武侯八陳兵法輯略一卷　（清）汪宗沂輯　清光緒五年（1879）漸西村舍刻本　一冊

220000－0803－0002985　子4/10

紀效新書十八卷首一卷　（明）戚繼光撰　（清）許乃釗校　清道光二十三年（1843）京都

琉璃廠文貴堂刻本　五冊

220000－0803－0002986　子4/11
練兵實紀九卷附雜集六卷　（明）戚繼光撰
（清）許乃釗校　清道光二十三年(1843)刻本
五冊

220000－0803－0002987　子4/15
趙註孫子四卷　（明）趙本學註　（明）梁見孟
校　清光緒三十二年(1906)北洋陸軍編譯局
鉛印本　四冊

220000－0803－0002988　子4/16
草廬經略十二卷　（□）□□撰　清刻本
四冊

220000－0803－0002989　子4/17
湖北武學十八種　（清）湖北武備學堂編　清
光緒二十八年(1902)上海掃葉山房石印本
二十四冊

220000－0803－0002990　子4/18
雲氣占候篇二卷　（清）韜廬子撰　清光緒漸
西村舍刻本　一冊

220000－0803－0002991　子4/20
鎗礮算法從新三卷　（清）焦震福著　清光緒
二十二年(1896)武昌自強學堂刻本　二冊

220000－0803－0002992　子4/21.1－1
讀史兵略四十六卷　（清）胡林翼纂　清咸豐
十一年(1861)武昌節署刻本　十六冊

220000－0803－0002993　子4/21.1－2
讀史兵略四十六卷　（清）胡林翼纂　清咸豐
十一年(1861)武昌節署刻本　十六冊

220000－0803－0002994　子4/21.1－3
讀史兵略四十六卷　（清）胡林翼纂　清咸豐
十一年(1861)武昌節署刻本　十六冊

220000－0803－0002995　子4/21.2
讀史兵略四十六卷　（清）胡林翼纂　清光緒
二十七年(1901)上海富文書局石印本　六冊

220000－0803－0002996　子4/22
改訂兵器學教程不分卷　（清）武學編譯社譯
述　清宣統元年(1909)北洋陸軍編譯局鉛印

本　二冊

220000－0803－0002997　子5/4.1
重刊補注洗冤錄集證六卷　（宋）宋慈撰
（清）王又槐增輯　清道光二十四年(1844)刻
四色套印本　五冊

220000－0803－0002998　子5/4.2－1
補注洗冤錄集證四卷附刊檢骨圖格一卷附作
吏要言一卷　（宋）宋慈撰　（清）王又槐集證
清道光二十三年(1843)刻三色套印本
五冊

220000－0803－0002999　子5/4.2－2
補注洗冤錄集證四卷附刊檢骨圖格一卷附作
吏要言一卷　（宋）宋慈撰　（清）王又槐集證
清道光二十三年(1843)刻三色套印本
五冊

220000－0803－0003000　子5/4.3
重刊補注洗冤錄集證六卷　（宋）宋慈撰
（清）王又槐增輯　清光緒十八年(1892)上海
圖書集成印書局鉛印本　四冊

220000－0803－0003001　子5/6
通議三卷　（日本）賴襄撰　清同治刻本
三冊

220000－0803－0003002　子5/10.1－1
韓非子集解二十卷　（戰國）韓非撰　（清）王
先慎集解　清光緒二十二年(1896)刻本
六冊

220000－0803－0003003　子5/10.1－2
韓非子集解二十卷　（戰國）韓非撰　（清）王
先慎集解　清光緒二十二年(1896)刻本
六冊

220000－0803－0003004　子5/11.4
韓非子二十卷　（戰國）韓非撰　清光緒元年
(1875)浙江書局刻本　五冊

220000－0803－0003005　子5/12
韓非子識誤三卷　（清）顧廣圻撰　清嘉慶二
十一年(1816)刻本　一冊

220000－0803－0003006　子6/2.1－1

農政全書六十卷　（明）徐光啓撰　清宣統元年(1909)上海求學齋局石印本　八冊

220000 - 0803 - 0003007　子 6/2.1 - 2
農政全書六十卷　（明）徐光啓撰　清宣統元年(1909)上海求學齋局石印本　八冊

220000 - 0803 - 0003008　子 6/3.3
農桑輯要七卷　（元）司農司撰　蠶事要略一卷　（清）張行孚撰　清光緒二十一年(1895)中江權署刻本　二冊

220000 - 0803 - 0003009　子 6/4
農術要理不分卷　（英國）丹納爾著　胡文梯　陳希彭譯　清光緒三十年(1904)北京官書局鉛印本　一冊

220000 - 0803 - 0003010　子 6/5
農話不分卷　（清）陳啓謙編輯　清光緒三十三年(1907)商務印書館鉛印本　一冊

220000 - 0803 - 0003011　子 6/7
蜜蜂飼養法不分卷　（日本）花房柳條著（日本）藤田豐八譯　清光緒十九年(1893)石印本　一冊

220000 - 0803 - 0003012　子 6/8
栽苧麻法略二十九則不分卷　（清）黃厚裕著　清光緒二十七年(1901)刻本　一冊

220000 - 0803 - 0003013　子 6/9.1 - 1
蠶桑萃編十五卷首一卷　（清）衛杰編　清光緒二十五年(1899)刻朱墨套印本　八冊

220000 - 0803 - 0003014　子 6/9.1 - 2
蠶桑萃編十五卷首一卷　（清）衛杰編　清光緒二十五年(1899)刻朱墨套印本　八冊

220000 - 0803 - 0003015　子 6/11.1
御製耕織圖不分卷　（清）聖祖玄燁等撰文（清）焦秉貞繪　清光緒十一年(1885)上海文瑞樓石印本　二冊

220000 - 0803 - 0003016　子 6/11.2
御製耕織圖不分卷　（清）聖祖玄燁等撰文（清）焦秉貞繪　清光緒十二年(1886)上海點石齋石印本　二冊

220000 - 0803 - 0003017　子 6/12
元亨牛經大全一卷馳經一卷新刻繡圖療馬集五卷　（明）喻仁　（明）喻杰編撰　清石印本　一冊

220000 - 0803 - 0003018　子 6/12.2
新輯纂圖元亨療馬集六卷圖像水黃牛經大全二卷馳經一卷　（明）喻仁　（明）喻杰集　清光緒二十四年(1898)上海掃葉山房石印本　四冊

220000 - 0803 - 0003019　子 6/13
畜產叢書八種　（清）黃毅編述　清光緒三十三年(1907)上海新學會社石印本　四冊

220000 - 0803 - 0003020　子 7/1
中西匯通醫書五種　（清）唐宗海著　清光緒三十四年(1908)千頃堂書局石印本　十二冊

220000 - 0803 - 0003021　子 7/2
李仕材先生三書　（明）李中梓撰　（清）尤乘增補　清光緒十三年(1887)上海北市江左書林刻本　六冊

220000 - 0803 - 0003022　子 7/3
周氏醫學叢書三十二種　（清）周學海輯　清末池陽周氏鉛印本　六十四冊　缺八卷（本草經疏一至八）

220000 - 0803 - 0003023　子 7/4.1
陳修園二十三種　（清）陳念祖撰　清南雅堂刻本　四十冊

220000 - 0803 - 0003024　子 7/4.2
陳修園醫書二十三種　（清）陳念祖撰　清同治元年(1862)務本山房刻本　三十二冊　缺十二卷（靈素節要淺注一至六、靈素提要淺注七至十二）

220000 - 0803 - 0003025　子 7/7.1 - 1
喻氏醫書四種　（清）喻昌撰　清光緒三十三年(1907)上海校經山房石印本　六冊

220000 - 0803 - 0003026　子 7/7.1 - 2
喻氏三書合刻　（清）喻昌撰　清光緒二十六年(1900)上海校經山房石印本　六冊

220000－0803－0003027　子7/7.2

喻氏醫書四種　（清）喻昌撰　清光緒三十三年(1907)上海簡青齋書局石印本　六冊

220000－0803－0003028　子7/8

黃氏醫書八種　（清）黃元御撰　清宣統元年(1909)上海江左書林石印本　十二冊

220000－0803－0003029　子7/8.1

黃氏醫書八種　（清）黃元御撰　清同治元年(1862)刻本　六冊　存三十九卷(傷寒懸解十四卷、首一卷、末一卷,傷寒說意十卷、首一卷,玉楸藥解八卷,素靈微蘊四卷)

220000－0803－0003030　子7/9

霄鵬先生遺著三種　（清）黃保康撰　清宣統三年(1911)南海黃氏刻本　三冊

220000－0803－0003031　子7/10

當歸草堂醫學叢書初編十種　（清）丁丙輯　清光緒四年(1878)錢塘丁氏當歸草堂刻本十冊

220000－0803－0003032　子7/11

東垣十書(醫學十書)十二種　（宋）崔真人等撰　（清）陳璞等校　清光緒七年(1881)文盛書局石印本　六冊

220000－0803－0003033　子7/13

醫門棒喝初集四卷二集九卷　（清）章楠撰　清宣統元年(1909)蠡城三友益齋石印本十冊

220000－0803－0003034　子7/15

張氏藏府藥式補正三卷　（金）張潔古撰　清嘉定張氏體仁堂鉛印本　三冊

220000－0803－0003035　子7.1/1.1

東醫寶鑑二十三卷目錄一卷　（朝鮮）許浚撰　清光緒十六年(1890)上海校經山房石印本十六冊

220000－0803－0003036　子7.1/1.2－1

訂正東醫寶鑑二十三卷目錄二卷　（朝鮮）許浚撰　清光緒十五年(1889)刻本　二十五冊

220000－0803－0003037　子7.1/1.2－2

訂正東醫寶鑑二十三卷目錄二卷　（朝鮮）許浚撰　清光緒十六年(1890)刻本　二十冊存十八卷(内景篇四卷、外形篇四卷、雜病篇一至八、湯液篇一至二)

220000－0803－0003038　子7.1/1.2－3

訂正東醫寶鑑二十三卷目錄二卷　（朝鮮）許浚撰　清光緒十六年(1890)刻本　五冊　存五卷(内景篇一至三、目錄二卷)

220000－0803－0003039　子7.1/1.2－4

訂正東醫寶鑑二十三卷目錄二卷　（朝鮮）許浚撰　清石印本　二十冊　存二十卷(雜病篇十一卷、内景篇一、外形篇四卷、湯液篇三卷、鍼灸篇一卷)

220000－0803－0003040　子7.1/2.1

張氏醫通十六卷目錄一卷附本經逢原四卷石頑老人診宗三昧一卷傷寒緒論二卷傷寒纘論二卷傷寒舌鑑一卷傷寒兼證析義一卷　（清）張璐纂述　清光緒三十三年(1907)上海書局石印本　十六冊

220000－0803－0003041　子7.1/2.2

張氏醫通十六卷目錄一卷附本經逢原四卷石頑老人診宗三昧一卷傷寒緒論二卷傷寒纘論二卷傷寒舌鑑一卷傷寒兼證析義一卷　（清）張璐纂述　清石印本　九冊　缺十五卷(張氏醫通一至十四、十六)

220000－0803－0003042　子7.1/3

新刊醫林狀元壽世保元十卷　（明）龔廷賢編　清光緒十二年(1886)上洋江左書林石印本十冊

220000－0803－0003043　子7.1/4

欽定古今圖書集成醫部全錄五百二十卷　（清）陳夢雷　（清）蔣廷錫等編　清光緒二十三年(1897)石印本　五十八冊　缺十八卷(三百四十二至三百五十、三百六十八至三百七十六)

220000－0803－0003044　子7.1/6.2

御纂醫宗金鑑七十四卷　（清）吳謙等輯　清光緒三十二年(1906)上海文新書局石印本

十二册　存五十五卷（一至五十五）

220000－0803－0003045　子7.1/7.2
醫宗說約六卷　（清）蔣示吉纂述　清光緒十四年（1888）刻本　六册

220000－0803－0003046　子7.1/8.2
醫宗必讀十卷　（明）李中梓著　清光緒三十二年（1906）善成堂刻本　六册

220000－0803－0003047　子7.1/8.3
詳校醫宗必讀十卷　（明）李中梓著　清刻本　六册

220000－0803－0003048　子7.1/9
醫貫砭二卷　（清）徐大椿撰　清刻本　一册

220000－0803－0003049　子7.1/10
藥性賦直解五卷捷徑三卷首一卷末一卷　（清）李象春輯　（清）王汝謙編校　清光緒三十年（1904）寶慶勸學書舍刻本　二册

220000－0803－0003050　子7.1/11
醫學心悟六卷　（清）程國彭著　清光緒二十年（1894）上海圖書集成印書局鉛印本　三册

220000－0803－0003051　子7.1/12.2
醫學入門七卷首一卷　（明）李梴編註　清光緒十八年（1892）粵東佛鎮翰寶樓刻本　八册　存四卷（一至三、首一卷）

220000－0803－0003052　子7.1/13
醫學源流論二卷　（清）徐大椿撰　清刻本　二册

220000－0803－0003053　子7.1/15
公民醫學必讀附新醫書提要不分卷　丁福保編　清宣統元年（1909）上海文明書局鉛印本　一册

220000－0803－0003054　子7.1/16
新刊增補萬病回春原本八卷　（明）龔廷賢編　清掃葉山房刻本　八册

220000－0803－0003055　子7.1/17
醫門棒喝初集四卷二集九卷　（清）章楠著　清宣統元年（1909）蠡城三友益齋石印本　五册

220000－0803－0003056　子7.1/18
嵩厓尊生書十五卷　（清）景日昣纂著　清太醫院石印本　八册

220000－0803－0003057　子7.1/19
醫學三字經四卷附時方妙用四卷　（清）陳念祖著　清嘉慶刻本　八册

220000－0803－0003058　子7.1/20.1
御纂醫宗金鑑十六卷　（清）吳謙等輯　清末商務印書館鉛印本　六册

220000－0803－0003059　子7.1/20.2
御纂醫宗金鑑十六卷　（清）吳謙等輯　清刻本　六册　存六卷（一至六）

220000－0803－0003060　子7.1/21
血證論八卷　（清）唐宗海撰　清石印本　一册　存三卷（六至八）

220000－0803－0003061　子7.1/22
脉訣啓悟注釋一卷附六經病解一卷　（清）徐大椿撰　清石印本　一册

220000－0803－0003062　子7.1/24
醫林改錯二卷　（清）王清任撰　清刻本　二册

220000－0803－0003063　子7.1/27
求嗣指源初集不分卷二集不分卷　（清）錢峻編輯　清光緒二十二年（1896）吉林三利泉記石印本　一册

220000－0803－0003064　子7.1/28
瘟疫論補註二卷　（明）吳有性輯　清光緒六年（1880）刻本　一册　存一卷（上）

220000－0803－0003065　子7.10/2.1
千金翼方三十卷　（唐）孫思邈撰　清光緒四年（1878）上海刻本　十册

220000－0803－0003066　子7.10/2.3
千金翼方三十卷　（唐）孫思邈撰　清光緒三十四年（1908）上海久敬齋書莊鉛印本　六册

220000－0803－0003067　子7.10/3
唐王燾先生外臺秘要方四十卷目錄一卷　（唐）王燾撰　（宋）陸錫明校　清同治十三年

（1874）廣東翰墨園刻本　四十冊

220000－0803－0003068　子7.10/4

長沙方歌括六卷　（清）陳念祖著　清羊城雙門底緯文堂刻本　三冊

220000－0803－0003069　子7.10/7

選驗良方二卷　（清）吳光輔編　清同治五年（1866）鳴盛堂刻本　二冊

220000－0803－0003070　子7.10/8.1

醫方集解二十一卷　（清）汪昂集解　清宣統元年（1909）上海鴻文書局鉛印本　四冊

220000－0803－0003071　子7.10/8.2

醫方集解不分卷　（清）汪昂集解　清道光二十五年（1845）瓶花書屋刻本　八冊

220000－0803－0003072　子7.10/9.1

校正增廣驗方新編八卷續編三卷　（清）鮑相璈編輯　（清）張紹棠增訂　清宣統二年（1910）鉛印本　一冊

220000－0803－0003073　子7.10/10

類證普濟本事方十卷　（宋）許叔微撰　（清）葉桂釋義　清嘉慶十九年（1814）刻本　八冊

220000－0803－0003074　子7.10/11

重鐫本草醫方合編十四卷　（清）汪昂輯撰　清光緒十四年（1888）刻本　六冊

220000－0803－0003075　子7.11/4

洄溪醫案一卷　（清）徐大椿撰　（清）王士雄編　清光緒十七年（1891）湖北官書處刻本　一冊

220000－0803－0003076　子7.11/5

臨證指南醫案八卷　（清）葉桂著　（清）徐大椿評　清光緒三十二年（1906）上海龍文書局石印本　八冊

220000－0803－0003077　子7.12/1.2

針灸甲乙經十二卷　（晉）皇甫謐撰　清光緒十三年（1887）行素艸堂刻本　四冊

220000－0803－0003078　子7.12/2

備急灸法一卷附針灸擇日編一卷　（宋）張煥撰　清光緒十七年（1891）江寧藩署刻本

二冊

220000－0803－0003079　子7.12/3.1

新刊補注銅人腧穴針灸圖經五卷　（宋）王惟一撰　清光緒三十三年至宣統元年（1907－1909）貴池劉氏玉海堂刻本　二冊

220000－0803－0003080　子7.12/3.2

新刊補注銅人腧穴針灸圖經五卷　（宋）王惟一撰　清光緒三十三年至宣統元年（1907－1909）貴池劉氏玉海堂刻本　二冊

220000－0803－0003081　子7.12/6

針灸大成十二卷　（清）章廷珪重修　清道光十三年（1833）刻本　三冊　存三卷（一、四、七）

220000－0803－0003082　子7.13/1

公民衛生必讀不分卷　丁福保編　清宣統元年（1909）上海文明書局鉛印本　一冊

220000－0803－0003083　子7.13/2

生理衛生學講義不分卷　（日本）園田愛之助講授　（清）姚鵬譯　清南路師範學堂刻本　一冊

220000－0803－0003084　子7.13/3

祝由科天醫十三科二卷　（□）□□撰　清刻朱墨套印本　一冊

220000－0803－0003085　子7.2/1.1

脈經十卷　（晉）王叔和撰　清光緒十七年（1891）池陽周氏刻本　四冊

220000－0803－0003086　子7.2/2.3

重廣補注黃帝內經素問二十四卷　（唐）王冰注　清光緒十年（1884）京口文成堂刻本　十冊

220000－0803－0003087　子7.2/4.1－1

黃帝內經素問九卷　（唐）王冰撰　（清）高世栻註解　清光緒十三年（1887）浙江書局刻本　八冊

220000－0803－0003088　子7.2/4.1－2

黃帝內經素問九卷　（唐）王冰撰　（清）高世栻註解　清光緒十三年（1887）浙江書局刻本

八冊

220000 - 0803 - 0003089　子7.2/4.1 - 3
黃帝內經素問九卷　（唐）王冰撰　（清）高世
栻註解　清光緒十三年(1887)浙江書局刻本
五冊　存六卷(一至六)

220000 - 0803 - 0003090　子7.2/5
黃帝內經太素三十卷遺文一卷　（隋）楊上善
撰　清光緒二十三年(1897)通隱堂刻本　六
冊　缺六卷(一、四、七、十六、二十至二十一)

220000 - 0803 - 0003091　子7.2/7
黃帝內經素問注證發微九卷　（明）馬蒔注證
清嘉慶十年(1805)古歙鮑澂芳慎餘堂刻本
十二冊

220000 - 0803 - 0003092　子7.2/8
黃帝內經素問校義一卷　（清）胡澍撰　清刻
本　一冊

220000 - 0803 - 0003093　子7.2/10.1
**校正圖註八十一難經四卷校正圖註脈訣四卷
校正瀕湖脈學一卷**　（晉）王叔和撰　（明）張
世賢註　清光緒二十七年(1901)煥文書局石
印本　四冊　缺二卷(校正圖註脈訣一至二)

220000 - 0803 - 0003094　子7.2/10.2
**校正圖註八十一難經四卷校正圖註脈訣四卷
校正瀕湖脈學一卷**　（晉）王叔和撰　（明）張
世賢註　清石印本　五冊

220000 - 0803 - 0003095　子7.2/10.3
圖註脉訣辨眞四卷圖註八十一難經辨眞四卷
（晉）王叔和撰　（明）張世賢註　**奇經八脈
攷一卷**　（明）李時珍撰　清刻本　五冊

220000 - 0803 - 0003096　子7.2/12
**瀕湖脈學一卷附脈訣考證一卷奇經八脈考一
卷**　（明）李時珍撰　清光緒五年(1879)刻本
二冊

220000 - 0803 - 0003097　子7.3/1
仲景全書五種　（漢）張機撰　清光緒二十二
年(1896)刻本　十冊　缺三卷(金匱要略方
論三卷)

220000 - 0803 - 0003098　子7.3/3
新傷寒論三篇　（日本）官本叔著　丁福保譯
清宣統二年(1910)鉛印本　一冊

220000 - 0803 - 0003099　子7.3/5.1
傷寒總病論六卷　（宋）龐安時撰　清道光三
年(1823)吳門黃氏士禮居刻本　四冊

220000 - 0803 - 0003100　子7.3/7
仲景傷寒補亡論二十卷　（宋）郭雍撰　清宣
統三年(1911)刻本　四冊

220000 - 0803 - 0003101　子7.3/10
傷寒眞方歌括六卷　（清）陳念祖撰　（清）林
壽萱校　清咸豐九年(1859)刻本　一冊

220000 - 0803 - 0003102　子7.3/11
增注類證活人書二十二卷釋音一卷藥性一卷
（宋）朱肱撰　（明）吳勉學校　清光緒十年
(1884)刻本　二冊

220000 - 0803 - 0003103　子7.3/12
傷寒論注四卷傷寒附翼二卷　（漢）張機撰
（清）柯琴編注　清刻本　六冊

220000 - 0803 - 0003104　子7.3/13
傷寒補天石二卷續二卷　（明）戈維城撰
（清）朱陶性校　清嘉慶十六年(1811)汲綆齋
刻本　四冊

220000 - 0803 - 0003105　子7.3/16
傷寒瘟疫條辯六卷　（清）楊璿撰　清光緒掃
葉山房刻本　五冊　缺一卷(一)

220000 - 0803 - 0003106　子7.4/2
男科二卷　（清）傅山著　（清）王道平校　清
同治七年(1868)刻本　二冊

220000 - 0803 - 0003107　子7.4/4
巢氏諸病源候總論五十卷　（隋）巢元方撰
（清）胡益謙校　清嘉慶十四年(1809)吳門經
義齋刻本　十二冊

220000 - 0803 - 0003108　子7.4/5
溫熱經緯五卷　（清）王士雄纂　（清）楊照藜
等評　清同治十三年(1874)湖北崇文書局刻
本　四冊

220000－0803－0003109　　子7.4/6.1

溫病條辨六卷首一卷　（清）吳瑭撰　（清）汪
瑟菴參訂　清光緒十九年(1893)上海圖書集
成印書局鉛印本　　四冊

220000－0803－0003110　　子7.4/6.2

溫病條辨六卷首一卷　（清）吳瑭撰　（清）汪
瑟菴參訂　清嘉慶十八年(1813)刻本　　四冊

220000－0803－0003111　　子7.4/9

痧證彙要四卷　（清）孫玘編輯　（清）何其偉
校閱　清光緒五年(1879)刻本　　四冊

220000－0803－0003112　　子7.4/10

辨證奇聞十卷　（清）錢松著　清道光三年
(1823)刻本　　十二冊

220000－0803－0003113　　子7.5/1

目科捷徑四卷　（清）劉松岩撰　清光緒六年
(1880)刻本　　四冊

220000－0803－0003114　　子7.5/3

朱氏麻科不分卷附應驗良方不分卷　（清）陶
莊主人輯　清光緒十六年(1890)昭陵曾氏刻
本　　二冊

220000－0803－0003115　　子7.5/4

傅氏眼科審視瑤函六卷首一卷　（明）傅仁宇
纂輯　（明）林長生校補　清末掃葉山房刻本
六冊

220000－0803－0003116　　子7.5/6

麻科活人全書四卷　（清）謝玉瓊纂輯　（清）
劉齊珍訂　清咸豐十一年(1861)刻本　　四冊

220000－0803－0003117　　子7.6/1

外科正宗十二卷　（明）陳實功撰　（清）徐大
椿評　清光緒三十一年(1905)上洋鍊石書局
石印本　　四冊

220000－0803－0003118　　子7.6/2

瘍醫大全四十卷　（清）顧世澄纂輯　（清）錢
之柏等校　清光緒二十七年(1901)上海圖書
集成印書局鉛印本　　十六冊

220000－0803－0003119　　子7.6/5

外科大成四卷　（清）祁坤輯撰　清上海江東

書局石印本　　四冊

220000－0803－0003120　　子7.7/1

女科二卷　（清）傅山著　清同治七年(1868)
吳興丁氏濟南公廨刻本　　二冊

220000－0803－0003121　　子7.7/3

產孕集二卷補遺一卷　（清）張曜孫撰　清同
治七年(1868)刻本　　一冊

220000－0803－0003122　　子7.7/4

達生編三卷附眼科秘方一卷　（清）亟齋居士
撰　清宣統元年(1909)石印本　　一冊

220000－0803－0003123　　子7.7/5.2

濟陰綱目十四卷目錄一卷　（明）武之望撰
（清）汪淇箋釋　清宣統三年(1911)上海鴻文
書局校經山房石印本　　六冊

220000－0803－0003124　　子7.7/5.3

濟陰綱目十四卷目錄一卷　（明）武之望撰
（清）張志聰訂正　清善成堂刻本　　八冊

220000－0803－0003125　　子7.7/5.4

濟陰綱目十四卷目錄一卷　（明）武之望撰
（清）張志聰訂正　清上海校經山房石印本
六冊

220000－0803－0003126　　子7.7/5.5

濟陰綱目十四卷目錄一卷　（明）武之望撰
（清）張志聰訂正　清上洋掃葉山房刻本
八冊

220000－0803－0003127　　子7.7/6

婦科心法要訣不分卷　（□）□□撰　清末抄
本　　一冊

220000－0803－0003128　　子7.8/3

幼科鐵鏡六卷　（清）夏鼎著　清光緒二十一
年(1895)新甯劉思訓刻本　　一冊

220000－0803－0003129　　子7.8/4

活幼心書三卷　（元）曾世榮編　清宣統二年
(1910)武昌醫館刻本　　二冊

220000－0803－0003130　　子7.8/5

驚風辨證必讀書三卷　（清）劉德馨輯　清光
緒二十七年(1901)上元江氏刻本　　一冊

220000－0803－0003131　子7.8/6

救偏瑣言五卷附瑣言備用良方一卷　（清）費啓泰撰　清道光二十一年（1841）刻本　四冊

220000－0803－0003132　子7.8/10

鼎鍥幼幼集成六卷　（清）陳復正輯　清光緒二十八年（1902）上海醉六堂石印本　一冊

220000－0803－0003133　子7.8/11

推拿廣意三卷　（清）熊應雄輯　清金閶同文堂刻本　二冊

220000－0803－0003134　子7.9/1

本草衍義二十卷　（宋）寇宗奭編撰　清宣統二年（1910）武昌醫館刻本　二冊

220000－0803－0003135　子7.9/2.1

本草綱目五十二卷圖三卷瀕湖脈學一卷奇經八脈攷一卷　（明）李時珍編輯　本草藥品總目一卷本草萬方針線八卷　（清）蔡烈先輯　本草綱目拾遺十卷正誤一卷目錄一卷　（清）趙學敏輯　清宣統元年（1909）鴻寶齋石印本　二十四冊

220000－0803－0003136　子7.9/2.2

本草綱目五十二卷圖三卷首一卷拾遺十卷奇經八脈攷一卷　（明）李時珍編輯　本草萬方針線八卷　（清）蔡烈先輯　清刻本　四十冊

220000－0803－0003137　子7.9/2.3

本草綱目五十二卷圖三卷首一卷奇經八脈攷一卷　（明）李時珍編輯　本草萬方針線八卷　（清）蔡烈先輯　清同治十一年（1872）芥子園刻本　四十八冊

220000－0803－0003138　子7.9/2.4

本草綱目五十二卷目錄一卷本草綱目圖一卷瀕湖脈學二卷　（明）李時珍編輯　本草萬方針線八卷　（清）蔡烈先輯　清天寶樓刻本　五十二冊

220000－0803－0003139　子7.9/3.1

本草從新十八卷首一卷　（清）吳儀洛撰　清光緒三十一年（1905）福記書局石印本　四冊

220000－0803－0003140　子7.9/3.2

本草從新十八卷首一卷　（清）吳儀洛撰　清光緒六年（1880）瓶花書屋刻本　六冊

220000－0803－0003141　子7.9/4.1

增補本草備要八卷首一卷重校舊本湯頭歌訣一卷　（清）汪昂撰　清光緒三十三年（1907）上海同文書局石印本　五冊

220000－0803－0003142　子7.9/4.2

增訂本草備要四卷首一卷醫方湯頭歌括一卷經絡歌訣一卷　（清）汪昂撰　清江左書林刻本　五冊

220000－0803－0003143　子7.9/4.3

增訂本草備要四卷首一卷　（清）汪昂撰　清上海大成書局石印本　四冊

220000－0803－0003144　子7.9/5

本草述三十二卷首一卷目錄一卷　（清）劉若金著　清嘉慶十五年（1810）還讀山房刻本　二十四冊

220000－0803－0003145　子7.9/6

西藥大成十卷首一卷　（英國）來拉　（英國）海得蘭撰　（英國）傅蘭雅譯　（清）趙元益筆述　西藥大成補編六卷　（英國）哈來撰　（英國）傅蘭雅譯　（清）趙元益筆述　西藥表一卷　（清）江南製造總局輯　清光緒江南製造局刻本　二十冊

220000－0803－0003146　子7.9/7

神農本草經百種錄不分卷　（清）徐大椿著　清刻本　一冊

220000－0803－0003147　子7.9/8

神農本草經贊三卷　（三國魏）吳普等述　（清）葉志詵撰　清道光三十年（1850）粵東撫署刻本　四冊

220000－0803－0003148　子7.9/10

重校舊本湯頭歌訣不分卷　（清）汪昂編輯　清光緒三十四年（1908）日新書局石印本　一冊

220000－0803－0003149　子7.9/10.1

重校醫方湯頭歌訣一卷附經絡歌訣一卷藥性

歌括一卷　（清）汪昂編輯　清末上海掃葉山房石印本　一冊

220000－0803－0003150　子7.9/11

胡慶餘堂丸散膏丹全集不分卷　（清）胡雪巖編　清光緒三年（1877）刻本　一冊

220000－0803－0003151　子7.9/12

本草萬方針線八卷　（清）蔡烈先輯　清春明堂刻本　四冊

220000－0803－0003152　子7.9/13

珍珠囊指掌補遺藥性賦四卷目錄一卷　（明）李杲編輯　雷公炮製藥性解六卷　（明）李中梓編輯　清光緒五年（1879）上洋紫文閣刻本　四冊

220000－0803－0003153　子8/1

七政臺曆全書不分卷　（清）楊天爵攷訂　清光緒三十年（1904）四知堂刻本　二冊

220000－0803－0003154　子8/4

九數通考十一卷首一卷末一卷　（清）屈曾發輯　清同治刻本　五冊

220000－0803－0003155　子8/5

三統術衍三卷鈐一卷　（清）錢大昕學　清光緒長沙龍氏家塾刻本　二冊

220000－0803－0003156　子8/6

天文圖說四卷附天球南北極並赤道諸星宿表一卷　（英國）柯雅各撰　（美國）摩嘉立　（清）薛承恩譯　清光緒九年（1883）益智書局刻本　一冊

220000－0803－0003157　子8/7

天文地學歌括二卷　（清）葉瀾著　清光緒二十七年（1901）務本書局刻本　一冊

220000－0803－0003158　子8/8

天文揭要二卷　（美國）赫士口譯　（清）周文源筆述　清光緒二十五年（1899）上海美華書館鉛印本　二冊

220000－0803－0003159　子8/9

天元草五卷　王樹枏學　（清）蕭履安教訂　清光緒十九年（1893）成都文莫室刻本　二冊

220000－0803－0003160　子8/12

中西度量權衡表一卷　（清）洪恩波校編　清鉛印本　一冊

220000－0803－0003161　子8/13

代數術二十五卷首一卷三角數理十二卷　（英國）華里司輯　（英國）傅蘭雅口譯　（清）華蘅芳筆述　清光緒二十三年（1897）積山書局石印本　八冊　存二十七卷（代數術一至十九，三角數理一至六、十一至十二）

220000－0803－0003162　子8/14

白芙堂算學叢書二十三種　（清）吳嘉善述　（清）丁取忠輯　清光緒二十三年（1897）上海文瀾書局石印本　八冊

220000－0803－0003163　子8/15

曲綫新說一卷隄積術辨一卷　（清）蔣維鐘撰　清光緒二十五年（1899）刻本　一冊

220000－0803－0003164　子8/16

行素軒算學六種　（清）華蘅芳撰　清光緒鉛印本　十二冊

220000－0803－0003165　子8/17

中等算術教科書一卷　言渙彰撰　清光緒三十二年（1906）群治書社鉛印本　二冊

220000－0803－0003166　子8/18

則古昔齋算學十三種附刻一種　（清）李善蘭撰　清同治六年（1867）海甯李善蘭刻本　六冊

220000－0803－0003167　子8/20

相雨書一卷　（唐）黃子發撰　清光緒漸西村舍刻本　一冊

220000－0803－0003168　子8/22

割圜通解一卷代數術二十五卷末款詳解一卷　（清）吳誠編　清光緒二十四年（1898）江蘇書局鉛印本　一冊

220000－0803－0003169　子8/23

梅氏叢書輯要二十三種六十二卷　（清）梅文鼎撰　清石印本　六冊

220000－0803－0003170　子8/24

筆算數學三卷　（美國）狄考文輯　（清）鄒立文述　清光緒二十四年（1898）上海美華書館鉛印本　三冊

220000－0803－0003171　子8/25

焦里堂學算記五種十六卷　（清）焦循撰　清刻本　七冊

220000－0803－0003172　子8/26

萬象一原演式九卷首一卷　（清）夏鸞翔原術　（清）盧靖演式　清光緒二十八年（1902）石印本　一冊

220000－0803－0003173　子8/27

圓錐曲線不分卷　（清）杭省育英義塾撰　清光緒二十七年（1901）上洋美華書館鉛印本　一冊

220000－0803－0003174　子8/28

微積溯源八卷　（英國）華里司輯　（英國）傅蘭雅口譯　（清）華蘅芳筆述　清光緒二十三年（1897）積山書局石印本　六冊

220000－0803－0003175　子8/30

新編算學啓蒙三卷　（元）朱世傑撰　算學啓蒙後記一卷識誤一卷　（清）羅士琳撰　清道光十九年（1839）刻本　三冊

220000－0803－0003176　子8/31

算學初集十七種　（清）吳嘉善等述　清同治元年（1862）白芙堂刻本　三冊

220000－0803－0003177　子8/32

算學書目提要三卷　丁福保述　清光緒二十五年（1899）無錫竢實學堂刻本　一冊

220000－0803－0003178　子8/33

圜天圖說三卷續編二卷　（清）李明徹述　清嘉慶二十四年（1819）刻本　三冊

220000－0803－0003179　子8/34

積分法淺釋不分卷　（清）瞿方梅撰　清光緒刻非園學務叢書本　一冊

220000－0803－0003180　子8/35

疇人傳四十六卷　（清）阮元撰　續六卷（清）羅士琳續補　疇人傳三編七卷附近代疇

人著述記　（清）諸可寶纂錄　清光緒二十二年（1896）上海璣衡堂石印本　六冊

220000－0803－0003181　子8/36

繪地法原不分卷　（英國）□□撰　（美國）金楷理口譯　（清）王德均筆述　清刻本　一冊

220000－0803－0003182　子8/37

最新初等小學珠算入門二卷　（日本）山陰杜就田編纂　清宣統三年（1911）商務印書館鉛印本　二冊

220000－0803－0003183　子8/38

御製數理精蘊二編四十五卷表八卷　（清）何國宗等彙編　清光緒八年（1882）江寧藩署刻本　四十冊

220000－0803－0003184　子8/40

增刪算法統宗十一卷附重刊梅文穆公增刪算法統宗校算記一卷　（明）程大位原編　（清）梅穀成增刪　清光緒二十四年（1898）江左書林石印本　四冊

220000－0803－0003185　子8/44

五緯捷算四卷　（清）黃炳垕撰輯　清光緒四年（1878）留書種閣刻本　一冊

220000－0803－0003186　子8/45

測地志要四卷　（清）黃炳垕撰輯　清同治六年（1867）刻本　一冊

220000－0803－0003187　子9/1

新編楊曾地理家傳心法捷訣一貫堪輿八卷（明）唐世友撰　清刻本　六冊

220000－0803－0003188　子9/2.1

卜筮正宗十四卷　（清）王維德輯　清刻本六冊

220000－0803－0003189　子9/2.2

卜筮正宗十四卷　（清）王維德著　清上海江東書局石印本　一冊

220000－0803－0003190　子9/2.3－1

卜筮正宗十四卷　（清）王維德輯　清道光二十三年（1843）刻本　六冊

220000－0803－0003191　子9/2.3－2

卜筮正宗十四卷 （清）王維德輯 清道光二
十三年（1843）刻本 六冊

220000－0803－0003192 子9/3
大六壬大全十三卷 （清）郭載騋輯 清刻本
十二冊 存十二卷（二至十三）

220000－0803－0003193 子9/4.1
集注太玄十卷 （漢）揚雄撰 （宋）司馬光注
清嘉慶三年（1798）陶氏五柳居刻本 四冊

220000－0803－0003194 子9/5
地理三字經二卷 （清）程思樂著 清道光十
三年（1833）斯雅堂刻本 三冊

220000－0803－0003195 子9/6
地理體用合編四卷 （清）林士恭撰 （清）吳
頤慶參訂 清同治元年（1862）務本書局刻本
四冊

220000－0803－0003196 子9/7
地理點穴撼龍經不分卷 （唐）楊益著 清道
光十四年（1834）刻本 二冊

220000－0803－0003197 子9/10
新編日用涓吉奇門五總龜四卷 （明）池紀撰
清刻本 二冊

220000－0803－0003198 子9/12.1
焦氏易林十六卷 （漢）焦延壽撰 清嘉慶十
三年（1808）黃氏士禮居刻本 二冊

220000－0803－0003199 子9/13
新鐫神峰張先生通考闢謬命理正宗大全六卷
（明）張楠撰 清大文堂刻本 六冊

220000－0803－0003200 子9/14
秘藏疑龍經大全三卷 （唐）楊益撰 菊逸山
房山法備收一卷 （清）寇宗輯 清道光十三
年（1833）刻本 一冊

220000－0803－0003201 子9/16
星命萬年書不分卷 （清）鍾之模編 清光緒
八年（1882）永和堂刻本 二冊

220000－0803－0003202 子9/18.2－1
皇極經世緒言八卷首二卷 （宋）邵雍撰
（明）黃畹洲註釋 （清）劉斯組述 清嘉慶四

年（1799）錢塘徐樹堂刻本 二十四冊

220000－0803－0003203 子9/18.2－2
皇極經世緒言八卷首二卷 （宋）邵雍撰
（明）黃畹洲註釋 （清）劉斯組述 清嘉慶四
年（1799）錢塘徐樹堂刻本 六冊 缺四卷
（五至八）

220000－0803－0003204 子9/19.1
新刻增定邵康節先生梅花觀梅拆字數全集五
卷 （宋）邵雍撰 清初務本山房刻本 二冊

220000－0803－0003205 子9/19.2
新刻增定邵康節先生梅花觀梅拆字數全集五
卷 （宋）邵雍撰 清光緒十二年（1886）刻本
五冊

220000－0803－0003206 子9/20
大唐開元占經一百二十卷 （唐）瞿曇悉達撰
清刻本 十九冊 存一百十一卷（十至一
百二十）

220000－0803－0003207 子9/22
參星秘要諏吉便覽不分卷 （清）俞榮寬編
清同治九年（1870）刻本 二冊

220000－0803－0003208 子9/22.1－1
參星秘要諏吉便覽不分卷 （清）俞榮寬編
清同治九年（1870）寶賢堂書坊刻本 二冊

220000－0803－0003209 子9/22.1－2
參星秘要諏吉便覽不分卷 （清）俞榮寬編
清光緒八年（1882）掃葉山房刻本 二冊

220000－0803－0003210 子9/22.1－3
參星秘要諏吉便覽不分卷 （清）俞榮寬編
清嘉慶二年（1797）蘇州寶善堂刻本 二冊

220000－0803－0003211 子9/22.2
參星秘要諏吉便覽不分卷 （清）俞榮寬編
陽宅都天發用全書不分卷 （清）瞿天賚校正
諏吉便覽寶鏡圖不分卷 （三國蜀）諸葛亮
著 清宣統二年（1910）掃葉山房石印本
五冊

220000－0803－0003212 子9/22.3
參星秘要諏吉便覽不分卷 （清）俞榮寬編

155

諏吉便覽寶鏡圖不分卷　（三國蜀）諸葛亮著
　清光緒二十年(1894)掃葉山房刻朱墨套印
本　四冊

220000－0803－0003213　子9/22.4

陽宅都天滾盤珠要法不分卷　（清）瞿天賚撰
　清同治五年(1866)寶賢堂書坊刻本　一冊

220000－0803－0003214　子9/23

稽瑞一卷　（唐）劉賡輯　清道光十四年
(1834)玲瓏山館刻本　一冊

220000－0803－0003215　子9/24

羅經解定七卷附錄一卷　（清）胡國楨撰　清
上洋掃葉山房刻本　四冊

220000－0803－0003216　子9/27

地理五訣八卷　（清）趙廷棟編著　清末上海
掃葉山房石印本　一冊

220000－0803－0003217　子9/28

地學六卷　（清）沈鎬著　清咸豐十一年
(1861)刻本　六冊

220000－0803－0003218　子9/29

新刊合併官板音義評註淵海子平五卷附新鐫
增補時憲臺曆袖裏璇璣星命須知　（宋）徐升
編　清上海千頃堂書局石印本　六冊

220000－0803－0003219　子9/31.1

新刻搜集諸家卜筮源流斷易大全四卷附圖一
卷　（清）余興國編輯　清上海江東書局石印
本　四冊

220000－0803－0003220　子9/31.2

新刻搜集諸家卜筮源流斷易大全四卷附圖一
卷　（清）余興國編輯　清晉祁書業德刻本
四冊

220000－0803－0003221　子9/32

新訂王氏羅經透解二卷　（清）王道亨輯　清
光緒十三年(1887)上洋江左書林刻本　四冊

220000－0803－0003222　子9/34

水鏡集纂要四卷　（清）范騄編輯　清末石印
本　四冊

220000－0803－0003223　子9/36.1－1

關帝伏魔寶卷註解不分卷　（清）吉林北山關
帝廟學善堂註釋　清光緒二十二年(1896)吉
林北山關帝廟學善堂刻本　四冊

220000－0803－0003224　子9/36.1－2

關帝伏魔寶卷註解不分卷　（清）吉林北山關
帝廟學善堂註釋　清光緒二十二年(1896)吉
林北山關帝廟學善堂刻本　一冊　存元部

220000－0803－0003225　子9/38

精刻看命一掌金不分卷　（唐）釋一行書　清
慧空經房刻本　一冊

220000－0803－0003226　子9/39

增刪卜易六卷　（清）野鶴老人撰　（清）李文
輝增刪　清同治九年(1870)掃葉山房刻本
五冊

220000－0803－0003227　子9/41

新刻合併十八飛星策天紫微鬥數全集六卷
（宋）陳摶著　清同治十三年(1874)佛山刻本
六冊

220000－0803－0003228　子9/45.2

六壬神課金口訣三卷　（清）楊守一精閱
（清）周儆弦重訂　清光緒六年(1880)掃葉山
房刻本　六冊

220000－0803－0003229　子9/46

河洛理數七卷　（宋）陳摶著　清刻本　八冊

220000－0803－0003230　子9/47

易隱八卷首一卷　（清）曹九錫輯　（清）曹橫
琴演　清末上海鴻章書局石印本　四冊

220000－0803－0003231　子9/49

陽宅愛眾篇四卷　（清）張覺正著　清嘉慶五
年(1800)刻本　一冊　存二卷(一至二)

220000－0803－0003232　子10.2/1.1

十竹齋書畫譜不分卷　（明）胡正言編輯　清
光緒五年(1879)石印本　八冊

220000－0803－0003233　子10.2/1.2

十竹齋書畫譜不分卷　（明）胡正言編輯　清
光緒五年(1879)上海江東印書局石印本
八冊

220000 – 0803 – 0003234　子10.2/7

王石谷倣古山水冊一卷　（清）王翚繪　鄧秋
枚集　清宣統三年(1911)影印本　一冊

220000 – 0803 – 0003235　子10.2/8

王石谷田居圖長卷一卷　（清）王翚繪　清宣
統二年(1910)上海世界社影印本　一冊

220000 – 0803 – 0003236　子10.2/18.1 – 1

泛槎圖六卷　（清）張寶繪　清光緒六年
(1880)上海點石齋石印本　四冊

220000 – 0803 – 0003237　子10.2/18.1 – 2

泛槎圖六卷　（清）張寶繪　清光緒六年
(1880)上海點石齋石印本　四冊

220000 – 0803 – 0003238　子10.2/21

壯游圖記四卷　（清）黃璟繪　清光緒二十六
年(1900)上海點石齋石印本　四冊

220000 – 0803 – 0003239　子10.2/22.1 – 1

芥子園畫傳初集六卷二集九卷三集六卷
(清)王槩摹　清光緒二十九年(1903)上海虹
口通文局石印本　十二冊

220000 – 0803 – 0003240　子10.2/22.1 – 2

芥子園畫傳初集六卷二集九卷三集六卷
(清)王槩摹　清光緒三十二年(1906)上海新
馬路文新局石印本　十二冊

220000 – 0803 – 0003241　子10.2/23.1

芥子園畫傳三集六卷　（清）王槩摹　清光緒
十四年(1888)石印本　四冊

220000 – 0803 – 0003242　子10.2/23.2

芥子園畫傳三集六卷　（清）王槩摹　清光緒
十四年(1888)石印本　四冊

220000 – 0803 – 0003243　子10.2/23.3

芥子園畫傳四集不分卷　（清）丁皋撰並繪
清嘉慶二十三年(1818)刻本　四冊

220000 – 0803 – 0003244　子10.2/26

金冬心墨梅冊不分卷　鄧實輯　清宣統元年
(1909)上海神州國光社影印本　一冊

220000 – 0803 – 0003245　子10.2/29.1 – 1

神州國光集二十一集　鄧實輯　清光緒三十

四年至宣統三年(1908 – 1911)國學保存會影
印本　二十一冊

220000 – 0803 – 0003246　子10.2/29.1 – 2

神州國光集二十一集　鄧實輯　清光緒三十
四年至宣統三年(1908 – 1911)上海神州國光
社影印本　五冊　存五集(二、八、十四至十
五、十八)

220000 – 0803 – 0003247　子10.2/29.1 – 3

神州國光集二十一集　鄧實輯　清光緒三十
四年至宣統三年(1908 – 1911)上海神州國光
社影印本　八冊　存八集(二至三、六至八、
十一至十二、二十一)

220000 – 0803 – 0003248　子10.2/30

神州國光集增刊　鄧實輯　清光緒三十四年
至宣統三年(1908 – 1911)上海神州國光社影
印本　六冊　存六集(七、十、十七、二十、三
十三至三十四)

220000 – 0803 – 0003249　子10.2/30.1 – 2

神州國光集增刊　鄧實輯　清光緒三十四年
至宣統三年(1908 – 1911)上海神州國光社影
印本　四冊　存四集(四、三十八、六十四、六
十九)

220000 – 0803 – 0003250　子10.2/30.1 – 3

神州國光集增刊　鄧實輯　清光緒三十四年
至宣統三年(1908 – 1911)上海神州國光社影
印本　十二冊　存十二集(一、二十三至二十
六、四十五、五十、五十二、五十四、五十七、六
十二、七十四)

220000 – 0803 – 0003251　子10.2/30.1 – 4

神州國光集外名品　鄧實輯　清宣統三年
(1911)上海神州國光社影印本　三冊　存三
冊(新羅山人山水冊、王石谿山霽雪卷、吳漁
山雪山圖卷)

220000 – 0803 – 0003252　子10.2/39

虹橋春泛圖咏　（清）張元翊撰　清繪本
一冊

220000 – 0803 – 0003253　子10.2/42.1 – 2

名人書畫扇面集不分卷　（清）商務印書館編

清宣統三年(1911)上海商務印書館影印本
八冊

220000－0803－0003254　　子10.2/43
益壯圖記　（清）黃璟繪　清光緒二十九年
(1903)石印本　一冊

220000－0803－0003255　　子10.2/49
詩畫舫不分卷　（清）點石齋輯　清光緒九年
(1883)石印本　五冊　缺一冊(一)

220000－0803－0003256　　子10.2/84
紅樓夢圖詠四卷　（清）改琦繪　清光緒十年
(1884)刻本　四冊

220000－0803－0003257　　子10.2/88.1－1
芥子園畫傳二集九卷　（清）王槩摹　清光緒
十四年(1888)鴻文書局刻本　四冊

220000－0803－0003258　　子10.2/88.1－2
芥子園畫傳二集九卷　（清）王槩摹　清光緒
十四年(1888)鴻文書局刻本　四冊

220000－0803－0003259　　子10.2/89
芥子園畫傳四集　（清）丁皋撰並繪　清嘉慶
二十三年(1818)刻本　四冊

220000－0803－0003260　　子10.2/90
茜牕小品一卷　（清）董邦達等繪　清光緒上
海同文書局石印本　二冊

220000－0803－0003261　　子10.2/97
點石齋畫報　（清）上海申報館申昌書畫室輯
　清光緒十一年(1885)上海申報館申昌書畫
室石印本　一冊　存二卷(六十、六十二)

220000－0803－0003262　　子10.2/99
萬曆版畫集二卷　（明）李禎等鐫　清末影印
本　一冊　存一卷(上)

220000－0803－0003263　　子10.2/106
石谷竹林漁村圖長卷　（清）王翬繪　清宣統
元年(1909)上海有正書局影印本　一冊

220000－0803－0003264　　子10.2/108
神州國光集第九集　鄧實輯　清宣統元年
(1909)上海神州國光社影印本　一冊

220000－0803－0003265　　子10.2/110
名畫扇冊　鄧實輯　清光緒三十四年(1908)
神州國光社影印本　一冊

220000－0803－0003266　　子10.2/158
王麓臺山水扇面　（清）王原祁繪　清宣統三
年(1911)上海商務印書館影印本　一冊

220000－0803－0003267　　子10.2/159
董香光臨曹娥碑小楷書　（明）董其昌臨摹
清宣統二年(1910)上海國光社銅版印本
一冊

220000－0803－0003268　　子10.2/172
平等閣名畫集不分卷　平等閣主人輯　清宣
統元年(1909)玻璃版印本　二冊

220000－0803－0003269　　子10.2/189
惲王合璧附王虛舟題篆　（清）惲格　（清）王
翬繪　清宣統元年(1909)上海文明書局珂羅
版影印本　一冊

220000－0803－0003270　　子10.2/191
名人書畫扇面集不分卷　（明）魏之璜等繪
清宣統三年(1911)上海商務印書館影印本
二冊　存二冊(三、六)

220000－0803－0003271　　子10.3/3
明兩大儒手帖　（明）王守仁書　（明）高攀龍
書　清光緒三十四年(1908)國學保存會影印
本　一冊

220000－0803－0003272　　子10.3/4
國朝四十名家墨蹟三卷　（清）江開等書
（清）沈鈞編　清光緒三十四年(1908)上海教
育圖書館影印本　三冊

220000－0803－0003273　　子10.3/5.1－1
名人尺牘墨寶第一集六卷　（清）袁枚等撰并
書　清宣統二年(1910)文明書局石印本
六冊

220000－0803－0003274　　子10.3/8.1－1
板橋先生真墨　（清）鄭燮書　清光緒三十四
年(1908)影印本　二冊

220000－0803－0003275　　子10.3/8.1－2

板橋先生真墨 （清）鄭燮書 清光緒三十四年(1908)影印本 二冊

220000－0803－0003276 子10.3/9

松禪老人遺墨二卷 （清）翁同龢書 清光緒三十一年(1905)石印本 二冊

220000－0803－0003277 子10.3/11

明賢名翰合冊 （明）祝允明等書 清光緒三十四年(1908)上海國學保存會影印本 一冊

220000－0803－0003278 子10.3/12

明十五完人手帖 （明）黃道周等撰并書 清光緒三十四年(1908)上海國學保存會影印本 一冊

220000－0803－0003279 子10.3/13

明瞿忠宣公手札及蠟丸書 （明）瞿式耜書 清光緒三十四年(1908)影印本 一冊

220000－0803－0003280 子10.3/14

明王文成與朱侍御三札 （明）王守仁書 清光緒三十四年(1908)影印本 一冊

220000－0803－0003281 子10.3/15.1－1

明大參陳公手集同人尺牘 鄧實輯 清光緒三十三年(1907)上海國學保存會影印本 二冊

220000－0803－0003282 子10.3/15.1－2

明大參陳公手集同人尺牘 鄧實輯 清光緒三十三年(1907)上海國學保存會影印本 一冊 存一冊(一)

220000－0803－0003283 子10.3/23

清人墨跡 成多祿等書 清寫本 一冊

220000－0803－0003284 子10.3/24

黃石齋手寫詩卷 （明）黃道周撰并書 清光緒三十三年(1907)影印本 一冊

220000－0803－0003285 子10.3/30

煦初少宰夫子法楷 （清）毛昶熙書 清同治二年(1863)毛昶熙寫本 一冊

220000－0803－0003286 子10.3/34

趙之謙書翰墨蹟 （清）趙之謙書 清同治五年(1866)趙之謙寫本 一冊

220000－0803－0003287 子10.3/45

蔣拙存書姜白石書譜 （清）蔣衡書 清宣統元年(1909)國學保存會影印本 一冊

220000－0803－0003288 子10.3/46

樂饑齋詩草 （清）傅山撰并書 清宣統元年(1909)國學保存會影印本 一冊

220000－0803－0003289 子10.3/67

清代名人信札 （清）□□輯 清寫本 一冊

220000－0803－0003290 子10.3/68

清人唱和詩 （清）□□輯 清寫本 一冊

220000－0803－0003291 子10.3/69

清人唱和詩 （清）□□輯 清寫本 一冊

220000－0803－0003292 子10.3/80

文正公手蹟 （明）孫承宗書 清光緒二十九年(1903)影印本 一冊

220000－0803－0003293 子10.3/101.1

昭代名人尺牘續集二十四卷 陶湘輯 清宣統三年(1911)天寶石印局石印本 二十四冊

220000－0803－0003294 子10.3/101.2

昭代名人尺牘續集二十四卷 陶湘輯 清宣統三年(1911)陽湖汪洵署檢石印本 十二冊 存十二卷(一至十二)

220000－0803－0003295 子10.3/102

翁松禪手札 （清）翁同龢書 清宣統元年(1909)石印本 十冊

220000－0803－0003296 子10.3/119

完白山民手札 （清）鄧石如書 清宣統三年(1911)有正書局石印本 一冊

220000－0803－0003297 子10.3/120

百大家名賢手札十二卷 （清）魏元曠輯 清光緒三十三年(1907)醉二室影印本 六冊

220000－0803－0003298 子10.3/131

草字彙 （清）石梁集 清道光五年(1825)刻本 六冊

220000－0803－0003299 子10.3/132

明邵二泉詩卷 （明）邵寶書 清宣統三年

159

(1911)石印本　一冊

220000－0803－0003300　子10.3/133
國朝四十名家墨蹟三卷　（清）江開等書
（清）沈鈞編　清光緒三十四年(1908)上海教
育圖書館影印本　三冊

220000－0803－0003301　子10.4/1
石鼓文　（□）□□撰　戰國秦獻公十一年
（前374）刻石清拓本　二冊

220000－0803－0003302　子10.4/4
漢乙瑛碑　（□）□□撰　東漢永興元年
（153）刻石清拓本　一冊

220000－0803－0003303　子10.4/6
子游殘石　（□）□□撰　東漢元初二年
（115）刻石清拓本　一冊

220000－0803－0003304　子10.4/7
元封龍山碑　（漢）□□撰　東漢延熹七年
（164）刻石清拓本　一冊

220000－0803－0003305　子10.4/9
禮器碑　（□）□□撰　東漢永壽二年（156）
刻石清拓本　一冊

220000－0803－0003306　子10.4/10
石門頌　（漢）□□撰　東漢建和二年（148）
刻石清拓本　二冊

220000－0803－0003307　子10.4/10.1－2
石門頌　（漢）□□撰　東漢建和二年（148）
清道光至同治拓本　一冊

220000－0803－0003308　子10.4/11.1
張遷碑　（□）□□撰　東漢中平三年（186）
刻石清拓本　一冊

220000－0803－0003309　子10.4/14
裴岑紀功碑　（□）□□撰　東漢永和二年
（137）刻石清拓本　一冊

220000－0803－0003310　子10.4/16
上尊號碑　（□）□□撰　三國魏黃初元年
（220）刻石清拓本　一冊

220000－0803－0003311　子10.4/18

天發神讖碑　（三國吳）□□撰　三國吳刻石
清拓本　一冊

220000－0803－0003312　子10.4/19
吳谷朗碑　（□）□□撰　三國吳鳳凰元年
（272）刻石清拓本　一冊

220000－0803－0003313　子10.4/22
羲之十七帖　（晉）王羲之書　清拓本　一冊

220000－0803－0003314　子10.4/24.1
興福寺碑　（晉）王羲之書　（唐）釋大雅集
唐開元九年(721)刻石清拓本　一冊

220000－0803－0003315　子10.4/24.1－2
興福寺碑　（晉）王羲之書　唐開元九年
（721）刻石清拓本　一冊

220000－0803－0003316　子10.4/25
廣武將軍碑　（□）□□撰　前秦建元四年
（368）刻石清拓本　一冊

220000－0803－0003317　子10.4/26.1－1
爨寶子碑　（晉）□□撰　東晉義熙元年
（405）刻石清拓本　一冊

220000－0803－0003318　子10.4/26.1－2
爨寶子碑　（晉）□□撰　東晉義熙元年
（405）刻石清拓本　一冊

220000－0803－0003319　子10.4/27.1
爨龍顏墓碑　（南朝宋）爨道慶撰文　南朝宋
大明二年(458)刻石清道光七年(1827)拓本
二冊

220000－0803－0003320　子104./29.2
魏刁遵墓誌　（□）□□撰　北魏熙平二年
（517）刻石清拓本　一冊

220000－0803－0003321　子10.4/32
魏品一墓誌銘　（□）□□撰　北魏正光二年
（521）刻石清拓本　一冊

220000－0803－0003322　子10.4/33
元顯魏墓誌　（□）□□撰　北魏孝昌元年
（525）刻石清拓本　一冊

220000－0803－0003323　子10.4/34

李憲墓誌　（□）□□撰　東魏元象元年
(538)刻石清拓本　一冊

220000－0803－0003324　子10.4/36
李璧墓誌　（□）□□撰　北魏正光元年
(520)刻石清拓本　一冊

220000－0803－0003325　子10.4/38
魏徐州琅耶郡臨沂縣都鄉南仁里通直散騎常
侍王誦妻元氏誌銘附王僧墓誌附王顯墓誌
（□）□□撰　北魏永安元年(528)刻石清拓
本　一冊

220000－0803－0003326　子10.4/41.1－2
嵩高靈廟碑　（北魏）寇謙之撰並書　北魏刻
石清拓本　一冊

220000－0803－0003327　子10.4/43
天柱山銘　（南朝齊）鄭述祖撰並隸書　北齊
天統元年(565)刻石清拓本　二冊

220000－0803－0003328　子10.4/45
張猛龍碑　（北魏）□□撰　北魏正光三年
(522)刻石清拓本　一冊

220000－0803－0003329　子10.4/48.1－1
賈使君碑　（北魏）□□撰　北魏神龜二年
(519)刻石清拓本　一冊

220000－0803－0003330　子10.4/48.1－2
賈使君碑　（北魏）□□撰　北魏神龜二年
(519)刻石清拓本　一冊

220000－0803－0003331　子10.4/49
暉福寺碑　（□）□□撰　北魏太和十二年
(488)刻石清拓本　一冊

220000－0803－0003332　子10.4/50
孫秋生造像　（□）□□撰　北魏景明三年
(502)刻石清拓本　一冊

220000－0803－0003333　子10.4/264
元爕造像題記　（□）□□撰　北魏正始刻石
清拓本　一冊

220000－0803－0003334　子10.4/51.2－1
鄭義下碑　（□）□□撰　北魏永平四年
(511)刻石清拓本　二冊

220000－0803－0003335　子10.4/51.2－2
鄭義下碑　（□）□□撰　北魏永平四年
(511)刻石清拓本　一冊　缺一冊（下）

220000－0803－0003336　子10.4/51.2－3
鄭義下碑　（□）□□撰　北魏永平四年
(511)刻石清拓本　二冊

220000－0803－0003337　子10.4/51.2－4
鄭義下碑　（□）□□撰　北魏永平四年
(511)刻石清拓本　二冊

220000－0803－0003338　子10.4/52
王叔安墓誌銘　（□）□□撰　清拓本　一冊

220000－0803－0003339　子10.4/54.1
唐九成宮醴泉銘　（唐）魏徵撰文　（唐）歐陽
詢書　唐貞觀六年(632)刻石清拓本　一冊

220000－0803－0003340　子10.4/54.2
唐九成宮醴泉銘　（唐）魏徵撰文　（唐）歐陽
詢書　唐貞觀六年(632)刻石清拓本　一冊

220000－0803－0003341　子10.4/54.3
唐九成宮醴泉銘　黃自元臨　（清）張靈寶雙
鉤刻石　清光緒八年(1882)張靈寶重刻石清
石印本　一冊

220000－0803－0003342　子10.4/57
玄秘塔碑　（唐）裴休撰文　（唐）柳公權書並
篆額　（唐）邵建和等鐫刻　唐會昌元年
(841)刻石清拓本　一冊

220000－0803－0003343　子10.4/58
北岳府君碑　（唐）韋虛心撰文　（唐）陳懷志
書　唐開元九年(721)刻石清拓本　一冊

220000－0803－0003344　子10.4/59.1
多寶塔碑　（唐）岑勳撰　（唐）顏真卿書　唐
天寶十一年(752)刻石清拓本　一冊

220000－0803－0003345　子10.4/59.2
多寶塔碑　（唐）岑勳撰　（唐）顏真卿書　唐
天寶十一年(752)刻石清拓本　一冊

220000－0803－0003346　子10.4/59.3
多寶塔碑　（唐）岑勳撰　（唐）顏真卿書　唐
天寶十一年(752)刻石清拓本　一冊

220000 - 0803 - 0003347　　子 10.4/59.4

多寶塔碑　（唐）岑勳撰　（唐）顏真卿書　唐天寶十一年(752)刻石清拓本　一冊

220000 - 0803 - 0003348　　子 10.4/60

道因法師碑　（唐）李儼撰　（唐）歐陽通書（唐）范素鐫　唐龍朔三年(663)刻石清拓本　一冊

220000 - 0803 - 0003349　　子 10.4/61.1 - 1

宋璟神道碑　（唐）顏真卿撰並書　唐大曆七年(772)刻石清拓本　四冊

220000 - 0803 - 0003350　　子 10.4/61.1 - 2

宋璟神道碑　（唐）顏真卿書　唐大曆七年(772)刻石清拓本　三冊　缺一冊(二)

220000 - 0803 - 0003351　　子 10.4/61.1 - 3

宋璟神道碑　（唐）顏真卿書　唐大曆七年(772)刻石清拓本　二冊　缺二冊(二至三)

220000 - 0803 - 0003352　　子 10.4/63

皇甫誕墓碑　（唐）于志寧撰　（唐）歐陽詢書　唐貞觀十七年(643)刻石清拓本　一冊

220000 - 0803 - 0003353　　子 10.4/64

東方朔畫贊碑　（晉）夏侯湛撰　（唐）顏真卿正書　唐天寶十三年(754)刻石清拓本　四冊

220000 - 0803 - 0003354　　子 10.4/64.1 - 2

東方朔畫贊碑　（晉）夏侯湛撰　（唐）顏真卿正書　唐天寶十三年(754)刻石清拓本　三冊

220000 - 0803 - 0003355　　子 10.4/64.1 - 3

東方朔畫贊碑　（晉）夏侯湛撰　（唐）顏真卿正書　唐天寶十三年(754)刻石清拓本　三冊

220000 - 0803 - 0003356　　子 10.4/65

石臺孝經　（唐）玄宗李隆基序及注並隸書（唐）肅宗李亨撰額　唐天寶四年(745)刻石清拓本　四冊

220000 - 0803 - 0003357　　子 10.4/66

不空和尚碑　（唐）嚴郢撰　（唐）徐浩書　唐

建中二年(781)刻石清拓本　一冊

220000 - 0803 - 0003358　　子 10.4/66.1 - 2

不空和尚碑　（唐）嚴郢撰　（唐）徐浩書　唐建中二年(781)刻石清拓本　一冊

220000 - 0803 - 0003359　　子 10.4/68

書譜　（唐）孫過庭撰並草書　清嘉慶二十四年(1819)刻石並拓本　二冊

220000 - 0803 - 0003360　　子 10.4/69

秦望山法華寺碑　（唐）李邕行書　唐刻石清拓本　一冊

220000 - 0803 - 0003361　　子 10.4/70

晉祠銘　（唐）太宗李世民撰文并書　唐貞觀二十年(646)刻石清影印本　一冊

220000 - 0803 - 0003362　　子 10.4/71.1

宋拓小字麻姑仙壇記附明賢王寵臨本　（唐）顏真卿書　（明）王寵臨　清宣統元年(1909)神州國光社影印本　一冊

220000 - 0803 - 0003363　　子 10.4/73.3

三藏聖教序　（唐）太宗李世民撰　（唐）褚遂良書　（唐）萬文韶刻　唐永徽四年(653)刻石清拓本　一冊

220000 - 0803 - 0003364　　子 10.4/76.2

王公塔銘　（唐）上官靈芝撰文　（唐）敬客書　唐高宗顯慶三年(658)刻石清拓本　一冊　存一百十四字

220000 - 0803 - 0003365　　子 10.4/77

魏碑七種合冊　（北魏）朱義章等書　北魏刻石清拓本　一冊

220000 - 0803 - 0003366　　子 10.4/78

麓山寺碑　（唐）李邕撰並行書　唐開元十八年(730)刻石清拓本　一冊

220000 - 0803 - 0003367　　子 10.4/83

米南宮臨十七帖　（晉）王羲之書　（宋）米芾臨　清光緒石印本　一冊

220000 - 0803 - 0003368　　子 10.4/84

赤壁賦帖　（宋）蘇軾撰　清拓本　一冊

220000－0803－0003369　子10.4/85.1－1
表忠觀碑　(宋)蘇軾撰並書　北宋元豐元年
(1078)清拓本　二冊

220000－0803－0003370　子10.4/85.1－2
蘇文公表忠觀碑　(宋)蘇軾撰並書　北宋刻
石清拓本　十冊

220000－0803－0003371　子10.4/85.1－3
表忠觀碑　(宋)蘇軾撰並書　北宋元豐元年
(1078)清拓本　一冊

220000－0803－0003372　子10.4/86
出師表　(宋)岳飛書　清光緒三十四年
(1908)中國圖書公司影印本　一冊

220000－0803－0003373　子10.4/88
黃文節公法書石刻　(宋)黃庭堅書　清嘉慶
二十一年(1816)錢泳重刻石清拓本　六冊

220000－0803－0003374　子10.4/89
遼靜安寺碑　(□)□□撰　遼刻石清拓本
一冊

220000－0803－0003375　子10.4/90
韓公墓誌銘　(□)□□書　遼重熙六年
(1037)刻石清拓本　一冊

220000－0803－0003376　子10.4/91
遼韓瑜碑　(□)□□撰　遼刻石清拓本
一冊

220000－0803－0003377　子10.4/92
契丹字磚　(□)□□撰　遼刻石清拓本
一冊

220000－0803－0003378　子10.4/93
金太祖大破遼軍息馬立石　(□)□□撰　金
刻石清拓本　一冊

220000－0803－0003379　子10.4/94
金摩崖碑　(□)□□撰　金刻石清拓本
一冊

220000－0803－0003380　子10.4/95
天寧萬壽禪寺碑　(□)□□撰　金皇統四年
(1144)刻石清拓本　一冊

220000－0803－0003381　子10.4/96
天逢魯花赤竹碑　(元)揭傒斯撰　(元)巎巎
書　元至元四年(1338)刻石清拓本　一冊

220000－0803－0003382　子10.4/97
元竹溫臺碑陰　(□)□□撰　元刻石清拓本
一冊

220000－0803－0003383　子10.4/98
元薊國公張氏先塋之碑　(元)巎巎書　元元
統三年(1335)刻石清拓本　一冊

220000－0803－0003384　子10.4/100
元全甯路新建儒學記　(□)□□撰　元泰定
二年(1325)刻石清拓本　一冊

220000－0803－0003385　子10.4/101
牛莊門額　(□)□□撰　元刻石清拓本
一冊

220000－0803－0003386　子10.4/102
趙松雪法帖　(唐)王勃等撰　(元)趙孟頫書
清拓本　一冊

220000－0803－0003387　子10.4/102.1
除夕大雪感懷二首　(明)徐學謙書　清拓本
一冊

220000－0803－0003388　子10.4/103.1
趙書道教碑　(元)趙孟頫撰并書　元天曆二
年(1329)刻石清拓本　四冊

220000－0803－0003389　子10.4/103.3
趙書道教碑　(元)趙孟頫撰并書　元天曆二
年(1329)刻石清拓本　一冊　存一冊(四)

220000－0803－0003390　子10.4/104.1
蘭亭序法帖　(元)趙孟頫臨　唐初摹本清拓
本　一冊

220000－0803－0003391　子10.4/104.2
蘭亭十三跋　(元)趙孟頫書　元至大三年
(1310)書清拓本　一冊

220000－0803－0003392　子10.4/106
秣陵碑　(明)董其昌書　明刻石清拓本
一冊

220000－0803－0003393　子10.4/107
五合軒法帖楚辭九歌　（清）釋湛福書　（清）
陳洪綬繪　清拓本　一冊

220000－0803－0003394　子10.4/108
五經萃室記　（清）高宗弘曆撰　清乾隆四十
八年(1783)武英殿初印清末石印本　一冊

220000－0803－0003395　子10.4/109.1－1
吉林萬壽宮記　（清）鐵保書　清嘉慶二十一
年(1816)刻石並拓本　一冊

220000－0803－0003396　子10.4/109.1－2
吉林萬壽宮記　（清）鐵保書　清嘉慶二十一
年(1816)刻石並拓本　一冊

220000－0803－0003397　子10.4/109.1－3
吉林萬壽宮記　（清）鐵保書　清嘉慶二十一
年(1816)刻石並拓本　一冊

220000－0803－0003398　子10.4/109.1－4
吉林萬壽宮記　（清）鐵保書　清嘉慶二十一
年(1816)刻石並拓本　一冊

220000－0803－0003399　子10.4/110
石菴法書　（清）劉墉書　清刻石並拓本
一冊

220000－0803－0003400　子10.4/114.1－1
重修蘭州城碑　（清）那彥成撰并書　清嘉慶
十七年(1812)刻石並拓本　一冊

220000－0803－0003401　子10.4/114.1－2
重修蘭州城碑　（清）那彥成撰并書　清嘉慶
十七年(1812)刻石並拓本　二冊

220000－0803－0003402　子10.4/116
劉石庵小楷帖　（清）劉墉書　清刻石並拓本
一冊

220000－0803－0003403　子10.4/120
翁叔平相國楷書龔宜人墓誌銘　（清）翁同龢
書　清光緒三十四年(1908)石印本　一冊

220000－0803－0003404　子10.4/138
張照汪士鋐法書石刻　（清）張照　（清）汪士
鋐書　清光緒元年(1875)張景元刻石並拓本
一冊

220000－0803－0003405　子10.4/139
甦道人生壙銘　（清）桂馥撰　（清）翁樹培書
清嘉慶刻石並拓本　一冊

220000－0803－0003406　子10.4/141.1－1
昭代名人尺牘二十四卷　（清）吳修輯　清光
緒三十四年(1908)上海吳氏集古齋石印本
二十六冊

220000－0803－0003407　子10.4/141.1－2
昭代名人尺牘二十四卷　（清）吳修輯　清光
緒三十四年(1908)上海吳氏集古齋石印本
二十二冊　缺二卷(二、七)

220000－0803－0003408　子10.4/141.1－3
昭代名人尺牘二十四卷　（清）吳修輯　清光
緒三十四年(1908)上海吳氏集古齋石印本
二十六冊

220000－0803－0003409　子10.4/141.11－1
昭代名人尺牘小傳二十四卷　（清）吳修輯
清光緒三十四年(1908)上海吳氏集古齋石印
本　二冊

220000－0803－0003410　子10.4/141.11－2
昭代名人尺牘小傳二十四卷　（清）吳修輯
清光緒三十四年(1908)上海吳氏集古齋石印
本　一冊　缺十卷(一至十)

220000－0803－0003411　子10.4/141.11－3
昭代名人尺牘小傳二十四卷　（清）吳修輯
清光緒三十四年(1908)上海吳氏集古齋石印
本　二冊

220000－0803－0003412　子10.4/144.1－1
御刻三希堂石渠寶笈法帖三十二卷　（清）梁
詩正等輯　清拓本　三十二冊

220000－0803－0003413　子10.4/144.1－2
御刻三希堂石渠寶笈法帖三十二卷　（清）梁
詩正等輯　清拓本　三十二冊

220000－0803－0003414　子10.4/144.1－3
御刻三希堂石渠寶笈法帖三十二卷　（清）梁
詩正等輯　清拓本　三十二冊

220000－0803－0003415　子10.4/144.2－1

御刻三希堂石渠寶笈法帖三十二卷 （清）梁詩正等輯 清光緒影印本 三十二冊

220000－0803－0003416 子 10.4/144.2－2

御刻三希堂石渠寶笈法帖三十二卷 （清）梁詩正等輯 清光緒影印本 三十二冊

220000－0803－0003417 子 10.4/144.2－3

御刻三希堂石渠寶笈法帖三十二卷 （清）梁詩正等輯 清光緒影印本 三十二冊

220000－0803－0003418 子 10.4/145

好大王碑 （□）□□撰 東晉義熙十年(414)刻石清光緒拓本 四冊

220000－0803－0003419 子 10.4/146.1－1

快雪堂帖五卷 （清）馮銓彙刻 清乾隆二十年(1755)內府拓本 五冊

220000－0803－0003420 子 10.4/146.1－3

快雪堂法帖五卷 （晉）王羲之等書 清初拓本 五冊

220000－0803－0003421 子 10.4/147

壯陶閣帖 裴景福摹勒 清末拓本 三十六冊

220000－0803－0003422 子 10.4/152

淳化閣帖 （□）□□撰 北宋淳化三年(992)刻石清拓本 十冊

220000－0803－0003423 子 10.4/154

清內府刻法帖 （清）永瑆等書 清嘉慶九年(1804)拓本 七冊

220000－0803－0003424 子 10.4/155

詒晉齋巾箱帖 （清）永瑆書 （清）錢泳勒石 清嘉慶十二年(1807)錢泳刻石並拓本 四冊

220000－0803－0003425 子 10.4/156

楷帖四十種 （清）□□輯 清宣統元年(1909)上海文明書局珂羅版影印本 二冊 存十六種(宋拓晉唐小楷八種、宋拓臨江戲魚堂帖四種、潁上本思古齋帖一種、杭州綠玉本出水時初拓帖一種、玉枕原石帖一種、停雲館帖初拓本一種)

220000－0803－0003426 子 10.4/157

續景楷帖三十種 （清）□□輯 清宣統二年(1910)文明書局珂羅版影印本 二冊

220000－0803－0003427 子 10.4/158

經訓堂法帖(虞公誅蚊賦) （宋）虞允文書 （元）虞戩刻石 清拓本 一冊

220000－0803－0003428 子 10.4/160

歷代名臣書帖 （晉）庾元亮等書 清末影印本 一冊 存一冊(晉代)

220000－0803－0003429 子 10.4/164

御製盛京賦一卷 （清）高宗弘曆撰 （清）傅恒等編 清刻本 二十四冊

220000－0803－0003430 子 10.4/168

夏承碑 （漢）蔡邕書 （明）唐曜刻石 明嘉靖二十四年(1545)依舊拓重刻清拓本 一冊

220000－0803－0003431 子 10.4/170

夫子廟堂碑 （唐）虞世南撰并書 唐貞觀七年(633)刻石清拓本 一冊

220000－0803－0003432 子 10.4/171

謙卦碑 （唐）李陽冰書 唐大曆七年(772)刻石清拓本 二冊

220000－0803－0003433 子 10.4/173

金人銘 （唐）顏真卿書 （唐）劉儀刻石 唐開元十五年(727)南陽曹胤敬刻石清拓本 一冊

220000－0803－0003434 子 10.4/174

唐仵君墓誌 （□）□□撰 唐刻石清拓本 一冊

220000－0803－0003435 子 10.4/175

涇陽縣重修孔子廟記 （□）□□撰 北宋刻石清拓本 一冊

220000－0803－0003436 子 10.4/176

黃帝陰符經 （五代）郭忠恕書 北宋乾德四年(966)刻石清拓本 一冊

220000－0803－0003437 子 10.4/177

金完顏希尹碑 （□）□□撰 金刻石清拓本 二冊

220000 – 0803 – 0003438　子 10.4/178

草訣歌　(明)董其昌書　清拓本　一冊

220000 – 0803 – 0003439　子 10.4/179

北宋拓聖教序　(晉)王羲之書　(唐)釋懷仁
集字　唐咸亨三年(672)刻石清光緒影印本
　一冊

220000 – 0803 – 0003440　子 10.4/182

趙松雪書道德經　(元)趙孟頫書　清刻石並
拓本　一冊

220000 – 0803 – 0003441　子 10.4/183

元次山碑　(唐)顏真卿撰并書　唐大曆七年
(772)刻石清拓本　一冊

220000 – 0803 – 0003442　子 10.4/184

泰興縣襟江書院記　(清)金以誠撰　(清)何
紹基書並篆額　清刻石並拓本　一冊

220000 – 0803 – 0003443　子 10.4/187

眉壽堂二王法帖四卷　(晉)王羲之　(晉)王
獻之書　(清)瑛棨摹刻　清刻石　四冊

220000 – 0803 – 0003444　子 10.4/188

清愛堂石刻　(清)劉墉書　清刻石嘉慶二十
一年(1816)拓本　一冊　存一冊(四)

220000 – 0803 – 0003445　子 10.4/189

顏君廟碑銘　(唐)顏真卿撰并書　唐建中元
年(780)刻石清拓本　四冊

220000 – 0803 – 0003446　子 10.4/192

大佛頂首楞嚴經十卷　吳芝瑛書寫　清宣統
元年(1909)文寶書局石印本　二冊

220000 – 0803 – 0003447　子 10.4/197

敬穌堂藏帖　(清)李鶴年輯　清同治十年
(1871)拓本　八冊

220000 – 0803 – 0003448　子 10.4/198

古今楹聯彙刻　(清)吳隱摹刻　清光緒二十
六年(1900)拓本　十二冊

220000 – 0803 – 0003449　子 10.4/199

宋米芾行書五言詩　(宋)米芾書　清拓本
一冊

220000 – 0803 – 0003450　子 10.4/200

隋曹子建碑(曹植廟碑)　(□)□□撰　隋開
皇十三年(593)刻石清拓本　一冊

220000 – 0803 – 0003451　子 10.4/201

桂馥書孔廟碑二卷　(清)桂馥書　清刻石並
拓本　二冊

220000 – 0803 – 0003452　子 10.4/202

武氏祠石記　(清)翁方綱撰並隸書　(清)鄭
支宗摹刻　清乾隆五十二年(1787)刻石並拓
本　一冊

220000 – 0803 – 0003453　子 10.4/205

漢碑四種　(□)□□撰　清拓本　四冊

220000 – 0803 – 0003454　子 10.4/208

何凌漢墓碑　(清)何紹基書　清道光二十年
(1840)刻石並拓本　一冊

220000 – 0803 – 0003455　子 10.4/209

詒晉齋法帖四集　(清)永瑆書　清嘉慶刻石
並拓本　三冊　缺一集(三)

220000 – 0803 – 0003456　子 10.4/210

漢武榮碑　(□)□□撰　清乾隆刻石並拓本
　一冊

220000 – 0803 – 0003457　子 10.4/211

圉令趙君碑　(□)□□撰　西漢永光二年
(前42)刻石清拓本　一冊

220000 – 0803 – 0003458　子 10.4/215

妙法蓮華經　(後秦)釋鳩摩羅什譯　清拓本
　二冊

220000 – 0803 – 0003459　子 10.4/216

魏高貞碑　(□)□□撰　北魏正光四年
(523)刻石清拓本　一冊

220000 – 0803 – 0003460　子 10.4/217

董美人墓誌　(隋)楊秀撰　鄧秋枚集　隋開
皇十七年(597)刻石清宣統元年(1909)上海
神州國光社石印本　一冊

220000 – 0803 – 0003461　子 10.4/218

東嶽行宮碑　(元)孟淳撰　(元)趙孟頫書并
篆蓋　元延祐元年(1314)刻石清末拓本

一册

220000－0803－0003462　子10.4/219

徐之才墓誌 （□）□□撰　北齊武平三年(572)刻石清拓本　一册

220000－0803－0003463　子10.4/220

孝子碑帖 （清）曹鴻勛書　清光緒十二年(1886)刻石並拓本　一册

220000－0803－0003464　子10.4/221

自敘帖 （唐）釋懷素撰並草書　（元）張養浩　（清）那彥成跋　（清）仇文法鑴　清道光四年(1824)刻石並拓本　一册

220000－0803－0003465　子10.4/223

顏真卿爭座位帖 （唐）顏真卿書　清拓本　一册

220000－0803－0003466　子10.4/224

顏魯公三表真跡 （唐）顏真卿書　清拓本　一册

220000－0803－0003467　子10.4/225

觀音殿記張公碑銘 （元）胡應青撰　（元）趙孟頫行書並篆額　元延祐七年(1320)刻石清拓本　一册

220000－0803－0003468　子10.4/227

顏君廟碑 （唐）顏真卿書　唐刻石清拓本　四册

220000－0803－0003469　子10.4/228

唐懷素聖母帖 （唐）釋懷素書　唐貞元九年(793)刻石清拓本　一册

220000－0803－0003470　子10.4/229

宋拓東坡西樓帖 （宋）蘇軾書　清末石印本　一册

220000－0803－0003471　子10.4/230

石門銘 （北魏）王遠正書　北魏永平二年(509)刻石清拓本　一册

220000－0803－0003472　子10.4/232

魏故伏波將軍諸冶令侯君墓誌銘 （□）□□撰　東魏武定二年(544)刻石清拓本　一册

220000－0803－0003473　子10.4/233

漢循吏故聞熹長韓仁銘 （金）李獻能題銘　東漢熹平四年(175)刻石清拓本　一册

220000－0803－0003474　子10.4/236

顏真卿祭侄稿 （唐）顏真卿書　清拓本　一册

220000－0803－0003475　子10.4/237

皇甫君碑 （唐）于志寧撰　（唐）歐陽詢書　唐刻石清拓本　一册

220000－0803－0003476　子10.4/240

三體石經 （□）□□撰　三國魏正始二年(241)刻石清拓本　一册

220000－0803－0003477　子10.4/241

八關齋會報德記 （唐）顏真卿撰並正書　（唐）田悅篆額　（唐）石從建　（唐）高元瞻鐫　唐大曆七年(772)刻石大中三年(849)重刻石清拓本　一册

220000－0803－0003478　子10.4/242

網師園記 （清）褚廷璋撰并書　清拓本　二册

220000－0803－0003479　子10.4/243

惟清齋手臨各家法帖 （清）鐵保書　清拓本　六册

220000－0803－0003480　子10.4/244

顏魯公碑帖 （唐）顏真卿書　清末上海有正書局影印本　一册

220000－0803－0003481　子10.4/245

鄭固碑 （□）□□撰　東漢延熹元年(158)刻石清拓本　一册

220000－0803－0003482　子10.4/246

趙孟頫小楷道德經陰符經 （元）趙孟頫書　清拓本　一册

220000－0803－0003483　子10.4/247

泰山經石峪殘本 （明）萬恭書刻　明隆慶刻石清拓本　一册

220000－0803－0003484　子10.4/248

張祥河詩稿 （清）張祥河書　清拓本　一册

220000 – 0803 – 0003485　子 10.4/249

宋本爭座位帖　（唐）顏真卿書　清拓本
一冊

220000 – 0803 – 0003486　子 10.4/250

大唐碧落碑　（唐）鄭承規書　唐總章三年
(670)刻石清拓本　一冊

220000 – 0803 – 0003487　子 10.4/251

擬山園帖　（清）王鐸書　清初拓本　七冊
缺三冊（五、八、十）

220000 – 0803 – 0003488　子 10.4/252

東坡書髓　（宋）蘇軾書　清末影印本　一冊

220000 – 0803 – 0003489　子 10.4/253

顏氏干祿字書　（唐）顏真卿書　清拓本
一冊

220000 – 0803 – 0003490　子 10.4/254

論學三說　（清）黃與堅著　白石道人續書譜
（宋）姜夔著　清光緒二十六年(1900)吉林
探源書舫刻本　一冊

220000 – 0803 – 0003491　子 10.4/256

戲魚堂帖五卷　（□）□□撰　清宣統元年
(1909)影印本　五冊

220000 – 0803 – 0003492　子 10.4/257

趙書道教碑　（元）趙孟頫撰并書　元天曆二
年(1329)刻石清拓本　一冊

220000 – 0803 – 0003493　子 10.4/258

唐雲麾將軍李秀碑　（唐）李邕撰並書　唐天
寶元年(742)刻石清拓本　一冊

220000 – 0803 – 0003494　子 10.4/260

齊故大都督是連公妻邢夫人墓志銘　（□）
□□撰　北齊刻石清拓本　一冊

220000 – 0803 – 0003495　子 10.4/261

魏故侍中司空公吳郡王墓誌　（□）□□撰
北魏刻石清拓本　一冊

220000 – 0803 – 0003496　子 10.4/262

精拓隋修孔廟碑　（□）□□撰　隋刻石清拓
本　一冊

220000 – 0803 – 0003497　子 10.4/263

魏故司空公張君墓誌　（□）□□撰　東魏刻
石清拓本　一冊

220000 – 0803 – 0003498　子 10.5/1.2

御刻三希堂石渠寶笈法帖釋文十六卷　（清）
陳焯釋　清光緒二十三年(1897)上海鴻寶齋
石印本　四冊

220000 – 0803 – 0003499　子 10.5/2

王奉常書畫題跋二卷　（清）王時敏撰　清宣
統二年(1910)通州李氏甌缽羅室刻本　二冊

220000 – 0803 – 0003500　子 10.5/5

分隸偶存二卷　（清）萬經輯　清光緒二十五
年(1899)吉林探源書舫刻本　二冊

220000 – 0803 – 0003501　子 10.5/7

石渠隨筆八卷　（清）阮元撰　清咸豐四年
(1854)伍氏粵雅堂刻粵雅堂叢書本　二冊

220000 – 0803 – 0003502　子 10.5/8.2

石刻鋪敘(翁覃溪手校石刻鋪敘)二卷　（宋）
曾宏父纂述　清光緒三十一年(1905)上海國
光社影印本　一冊

220000 – 0803 – 0003503　子 10.5/11

西清劄記四卷南薰殿圖像考二卷國朝院畫錄
二卷　（清）胡敬輯　清嘉慶二十一年(1816)
刻本　四冊

220000 – 0803 – 0003504　子 10.5/13

法書要錄十卷　（唐）張彥遠集　清嘉慶十年
(1805)虞山張氏照曠閣刻本　六冊

220000 – 0803 – 0003505　子 10.5/14

青霞館論畫絕句一百首　（清）吳修撰　清光
緒二年(1876)葛氏嘯園刻本　一冊

220000 – 0803 – 0003506　子 10.5/15.2

東觀餘論二卷　（宋）黃伯思撰　清邵武徐氏
刻本　二冊

220000 – 0803 – 0003507　子 10.5/18

指頭畫說一卷　（清）高秉撰　清光緒十二年
(1886)來鶴堂刻本　一冊

220000 – 0803 – 0003508　子 10.5/19

國朝書畫家筆錄四卷　寶鎮輯　清末文學山房木活字印本　四冊　存二卷（三至四）

220000－0803－0003509　子 10.5/20.2

甌缽羅室書畫過目攷四卷附一卷　（清）李玉棻編　清光緒二十二年（1896）京都琉璃廠興盛齋刻本　四冊

220000－0803－0003510　子 10.5/21.1－1

桐陰論畫二卷首一卷附錄一卷桐陰畫訣一卷續桐陰論畫一卷　（清）秦祖永撰　清同治五年（1866）黃氏千頃堂刻朱墨套印本　四冊

220000－0803－0003511　子 10.5/21.1－2

桐陰論畫二卷首一卷附錄一卷桐陰畫訣一卷續桐陰論畫一卷　（清）秦祖永撰　清同治五年（1866）黃氏千頃堂刻朱墨套印本　二冊

220000－0803－0003512　子 10.5/23

張氏書畫四表　（明）張丑撰　清宣統元年（1909）鉛印本　一冊

220000－0803－0003513　子 10.5/24

瘞鶴銘考補一卷　（清）翁方綱撰　山樵書外記一卷　（清）張開福撰　清光緒三十四年（1908）刻本　一冊

220000－0803－0003514　子 10.5/27.1－1

歷代畫史彙傳七十二卷書目一卷總目三卷附錄二卷　（清）彭蘊璨編　清光緒八年（1882）掃葉山房刻本　二十四冊

220000－0803－0003515　子 10.5/27.1－2

歷代畫史彙傳七十二卷書目一卷總目三卷附錄二卷　（清）彭蘊璨編　清光緒八年（1882）掃葉山房刻本　二十四冊

220000－0803－0003516　子 10.5/27.1－3

歷代畫史彙傳七十二卷書目一卷總目三卷附錄二卷　（清）彭蘊璨編　清道光五年（1825）尚志堂刻本　三十二冊

220000－0803－0003517　子 10.5/29.1－2

畫禪室隨筆四卷　（明）董其昌著　清大魁堂刻本　二冊

220000－0803－0003518　子 10.5/31

須靜齋雲煙過眼錄不分卷　（清）潘世璜撰　清宣統三年（1911）吳縣潘氏刻本　一冊

220000－0803－0003519　子 10.5/32

無聲詩史七卷　（清）姜紹書撰　清藏修書屋刻本　四冊

220000－0803－0003520　子 10.5/38.2

廣川書跋十卷　（宋）董逌撰　清光緒十三年（1887）吳縣朱氏刻槐廬叢書本　二冊

220000－0803－0003521　子 10.5/36

傳神秘要一卷　（清）蔣驥著　山靜居畫論二卷　（清）方薰著　二十四畫品一卷　（清）黃鉞著　小山畫譜二卷　（清）鄒一桂著　清刻本　二冊

220000－0803－0003522　子 10.5/39

廣藝舟雙楫六卷首一卷　康有為撰　清光緒十九年（1893）南海康氏萬木草堂刻本　二冊

220000－0803－0003523　子 10.5/41.3－1

墨緣彙觀二種四卷　（清）安岐撰　清宣統元年（1909）涇陽端方刻本　四冊

220000－0803－0003524　子 10.5/41.3－2

墨緣彙觀二種四卷　（清）安岐撰　清宣統元年（1909）涇陽端方刻本　四冊

220000－0803－0003525　子 10.5/44.1－1

嶽雪樓書畫錄五卷　（清）孔廣陶編　清光緒十五年（1889）南海孔氏三十有三萬卷堂刻本　五冊

220000－0803－0003526　子 10.5/44.1－2

嶽雪樓書畫錄五卷　（清）孔廣陶編　清光緒十五年（1889）南海孔氏三十有三萬卷堂刻本　五冊

220000－0803－0003527　子 10.5/45

蘇米齋蘭亭考八卷　（清）翁方綱撰　清嘉慶八年（1803）南海伍氏粵雅堂刻粵雅堂叢書本　二冊

220000－0803－0003528　子 10.5/47

鐵網珊瑚書品十卷畫品六卷　（明）趙琦美撰　（明）朱存理集錄　清雍正六年（1728）澄鑒

169

堂刻本　十冊

220000－0803－0003529　子10.5/52

辛丑消夏記五卷　(清)吳榮光撰　清光緒三
十一年(1905)葉氏郎園刻本　五冊

220000－0803－0003530　子10.5/53

放翁題跋六卷　(宋)陸游撰　清光緒四年
(1878)刻本　二冊

220000－0803－0003531　子10.5/55

書畫鑒影二十四卷　(清)李佐賢編　清同治
十年(1871)利津李佐賢刻本　十二冊

220000－0803－0003532　子10.5/60

國朝畫徵錄三卷續錄二卷明人附錄一卷
(清)張庚撰　清宣統二年(1910)上海中國書
畫會石印本　二冊

220000－0803－0003533　子10.5/62

增補分部書法正傳不分卷　(清)蔣和編　清
光緒十年(1884)上海掃葉山房刻本　一冊

220000－0803－0003534　子10.5/64

四銅鼓齋論畫集刻十二種十四卷　(清)張祥
河輯　清宣統元年(1909)會文齋刻本　四冊

220000－0803－0003535　子10.5/69

漢北海夏承碑　(清)錢泳書　漢刻石清求古
齋摹石印本　一冊

220000－0803－0003536　子10.6/1

小石山房印譜六卷　(清)顧湘　(清)顧浩編
輯　清宣統三年(1911)影印本　六冊

220000－0803－0003537　子10.6/6

飛鴻堂印譜五集四十卷　(清)汪啓淑輯　清
末鈐印本　二十冊

220000－0803－0003538　子10.6/7

飛鴻堂印譜三集八卷　(清)汪啓淑輯　清影
印本　四冊

220000－0803－0003539　子10.6/7.1－2

飛鴻堂印譜初集八卷　(清)汪啓淑輯　清影
印本　四冊

220000－0803－0003540　子10.6/8

封泥考略十卷　(清)吳式芬　(清)陳介祺輯
清光緒三十年(1904)石印本　十冊

220000－0803－0003541　子10.6/9

雪廬百印二卷　(清)王琛篆刻　清光緒二十
五年(1899)鈐印本　二冊

220000－0803－0003542　子10.6/12

對山印稿不分卷　(清)楊變鑄　(清)楊森編
輯　清道光六年(1826)成都楊氏嗜鈔書齋鈐
印本　八冊

220000－0803－0003543　子10.6/13.1－1

篆學瑣著三十種三十卷　(清)顧湘輯　清道
光二十年(1840)海虞顧湘刻本　十二冊

220000－0803－0003544　子10.6/13.1－2

篆學瑣著三十種三十卷　(清)顧湘輯　清道
光二十年(1840)海虞顧湘刻本　十二冊

220000－0803－0003545　子10.6/14.3

篆刻鍼度八卷　(清)陳克恕述　清光緒三年
(1877)仁和葛氏嘯園刻本　二冊

220000－0803－0003546　子10.6/24

紅樓夢人名西廂記辭句印玩不分卷　(清)趙
穆篆刻　(清)葉爲銘續　(清)季悲曇輯　清
光緒三十年(1904)石印本　四冊

220000－0803－0003547　子10.6/27

漢金石印譜六集　(□)□□撰　清拓本
六冊

220000－0803－0003548　子10.6/28

趙撝叔手刻印存不分卷　(清)趙之謙篆刻
清同治十年(1871)鈐印本　二冊

220000－0803－0003549　子10.6/29

德齋印艸不分卷　(□)□□撰　清石印本
四冊

220000－0803－0003550　子10.6/31

廣印人傳十六卷補遺一卷　葉銘輯　清宣統
二年(1910)西泠印社刻印學叢書本　四冊

220000－0803－0003551　子10.6/32

印文詳解不分卷　(清)劉維坊篆刻　清道光
二十六年(1846)鈐印本　四冊

220000 – 0803 – 0003552　子 10.6/40

西京職官印錄二卷　（清）徐堅集　清刻本
一冊　存一卷（上）

220000 – 0803 – 0003553　子 10.7/1

晉秦始笛律匡謬不分卷　（清）凌廷堪撰　清
嘉慶十三年（1808）刻本　一冊

220000 – 0803 – 0003554　子 10.7/3

琴譜諧聲六卷　（清）周顯祖編輯　清道光元
年（1821）刻本　六冊

220000 – 0803 – 0003555　子 10.7/4

聲律通考十卷　（清）陳澧撰　清咸豐刻本
二冊

220000 – 0803 – 0003556　子 10.7/6 – 1

詩經古譜二卷　（清）學部圖書局編輯　清光
緒三十四年（1908）學部圖書局石印本　一冊

220000 – 0803 – 0003557　子 10.7/6 – 2

詩經古譜二卷　（清）學部圖書局編輯　清光
緒三十四年（1908）學部圖書局石印本　一冊

220000 – 0803 – 0003558　子 10.7/6 – 3

詩經古譜二卷　（清）學部圖書局編輯　清光
緒三十四年（1908）學部圖書局石印本　一冊

220000 – 0803 – 0003559　子 10.7/6 – 4

詩經古譜二卷　（清）學部圖書局編輯　清光
緒三十四年（1908）學部圖書局石印本　一冊

220000 – 0803 – 0003560　子 10.7/6 – 5

詩經古譜二卷　（清）學部圖書局編輯　清光
緒三十四年（1908）學部圖書局石印本　一冊

220000 – 0803 – 0003561　子 10.7/6 – 6

詩經古譜二卷　（清）學部圖書局編輯　清光
緒三十四年（1908）學部圖書局石印本　一冊

220000 – 0803 – 0003562　子 10.7/7 – 1

瑟譜六卷　（元）熊朋來撰　清咸豐二年
（1852）南海伍氏刻粵雅堂叢書本　一冊

220000 – 0803 – 0003563　子 10.7/7 – 2

瑟譜六卷　（元）熊朋來撰　清咸豐二年
（1852）南海伍氏刻粵雅堂叢書本　一冊

220000 – 0803 – 0003564　子 10.7/9

樂經或問三卷　（清）汪紱撰　清末刻本
三冊

220000 – 0803 – 0003565　子 10.7/10

樂縣考二卷　（清）江藩撰　清咸豐四年
（1854）南海伍氏刻本　一冊

220000 – 0803 – 0003566　子 10.7/13

燕樂考原六卷　（清）凌廷堪撰　清嘉慶十六
年（1811）宣城張氏刻粵雅堂叢書本　三冊

220000 – 0803 – 0003567　子 10.7/15

自遠堂琴譜十二卷　（清）吳灯彙輯　清嘉慶
六年（1801）自遠堂刻本　十二冊

220000 – 0803 – 0003568　子 10.9/4

文美齋詩箋譜不分卷百花詩箋譜不分卷
（清）張兆祥撰　清宣統三年（1911）刻彩色套
印本　一冊

220000 – 0803 – 0003569　子 11/1

長物志十二卷　（明）文震亨撰　清刻小鬱林
叢書本　二冊

220000 – 0803 – 0003570　子 11/2

賞奇軒四種合編　（清）□□輯　清刻本
四冊

220000 – 0803 – 0003571　子 11.1/1

勝飲編十八卷　（清）郎廷極輯　清咸豐三年
（1853）南海伍氏刻粵雅堂叢書本　二冊

220000 – 0803 – 0003572　子 11.1/4

打馬圖經一卷　（宋）李清照撰　**敘古千字文
一卷**　（宋）胡寅撰　清咸豐三年（1853）南海
伍氏刻粵雅堂叢書本　一冊

220000 – 0803 – 0003573　子 11.4/4

酒令初編不分卷新編不分卷　（清）郭雲豐
（清）張景眉彙集　清光緒七年（1881）寫本
二冊

220000 – 0803 – 0003574　子 11.4/5.1

漢官儀三卷　（宋）劉攽撰　清道光四年
（1824）刻本　二冊

220000 – 0803 – 0003575　子 11.4/6

睫巢鏡影十二卷　（清）童叶庚撰　清光緒十六年(1890)武林任有容齋刻本　二冊

220000－0803－0003576　子11.4/8

酒令叢鈔四卷　（清）俞敦培撰　清光緒四年(1878)藝雲軒刻本　四冊

220000－0803－0003577　子11.4/12

精選楹聯彙編一卷　王榮商編　清光緒三十年(1904)上海書局石印本　八冊

220000－0803－0003578　子11.4/13

楹聯叢話十二卷續話四卷　（清）梁章鉅輯　清道光二十年至二十三年(1840－1843)刻本　六冊

220000－0803－0003579　子11.4/15

新刻黃鶴樓銘楹聯不分卷　（□）□□撰　清光緒二年(1876)星沙未了居士刻本　一冊

220000－0803－0003580　子11.4/16

春在堂楹聯錄存三卷　（清）俞樾撰　清光緒十年(1884)成都志古堂刻本　一冊

220000－0803－0003581　子12.1/3.1

呂氏春秋二十六卷　（戰國）呂不韋撰　（漢）高誘注　清光緒元年(1875)浙江書局刻本　六冊

220000－0803－0003582　子12.1/4.1－1

鬼谷子三卷篇目考一卷附錄一卷　（戰國）鬼谷子撰　（南朝梁）陶宏景注　清嘉慶十年(1805)江都秦氏石研齋刻本　三冊

220000－0803－0003583　子12.1/4.1－2

鬼谷子三卷篇目考一卷附錄一卷　（戰國）鬼谷子撰　（南朝梁）陶宏景注　清嘉慶十年(1805)江都秦氏石研齋刻本　三冊

220000－0803－0003584　子12.1/7

淮南鴻烈閒詁二卷　（漢）許慎記　葉德輝輯　淮南萬畢術二卷　（漢）劉安纂　葉德輝輯　清光緒二十一年(1895)葉氏郎園刻本　一冊

220000－0803－0003585　子12.1/12.1

墨子閒詁十五卷墨子後語二卷　（清）孫詒讓撰　墨子目錄一卷附錄一卷　（清）孫詒讓輯　清宣統二年(1910)刻本　八冊

220000－0803－0003586　子12.1/12.3

墨子閒詁十五卷墨子後語二卷　（清）孫詒讓撰　墨子目錄一卷附錄一卷　（清）孫詒讓輯　清光緒十七年(1891)刻本　八冊

220000－0803－0003587　子12.1/14

墨子經說解二卷　（清）張惠言撰　清宣統元年(1909)國學保存會石印本　一冊

220000－0803－0003588　子12.1/16

墨子斠注補正二卷　王樹枏撰　清光緒十三年(1887)王氏文莫室刻本　一冊

220000－0803－0003589　子12.2/2

山房隨筆一卷　（元）蔣子正撰　澹餘筆記一卷　（清）曹申吉撰　清刻本　一冊

220000－0803－0003590　子12.2/5.2

日知錄三十二卷　（清）顧炎武撰　（清）黃汝成注釋　日知錄刊誤二卷　（清）黃汝成撰　清同治十一年(1872)湖北崇文書局刻本　十六冊

220000－0803－0003591　子12.2/5.3

日知錄集釋三十二卷　（清）顧炎武撰　（清）黃汝成注釋　日知錄刊誤二卷　（清）黃汝成撰　清光緒二十五年(1899)京都琉璃廠刻本　十四冊　缺五卷(二十四至二十八)

220000－0803－0003592　子12.2/5.4－1

日知錄集釋三十二卷　（清）顧炎武撰　（清）黃汝成注釋　清光緒三年(1877)刻本　十六冊

220000－0803－0003593　子12.2/5.4－2

日知錄集釋三十二卷　（清）顧炎武撰　（清）黃汝成注釋　清光緒三年(1877)刻本　十六冊

220000－0803－0003594　子12.2/6

劄樸十卷　（清）桂馥撰　清嘉慶十八年(1813)山陰小李山房刻本　八冊

220000－0803－0003595　子12.2/8

玉函山房目耕帖三十二卷　（清）馬國翰撰
清同治十年(1871)濟南皇華館書局刻本　十六冊

220000－0803－0003596　子12.2/11.1－2
白虎通疏證十二卷　（清）陳立撰　清刻本
六冊

220000－0803－0003597　子12.2/13.2
全謝山先生經史問答十卷　（清）全祖望撰
清刻本　二冊

220000－0803－0003598　子12.2/14.1－1
困學紀聞注二十卷　（宋）王應麟撰　（清）翁
元圻注　清道光五年(1825)翁氏守福堂刻本
十四冊

220000－0803－0003599　子12.2/14.1－2
困學紀聞注二十卷　（宋）王應麟撰　（清）翁
元圻注　清道光五年(1825)翁氏守福堂刻本
十六冊

220000－0803－0003600　子12.2/14.1－3
困學紀聞注二十卷　（宋）王應麟撰　（清）翁
元圻注　清道光五年(1825)翁氏守福堂刻本
十二冊

220000－0803－0003601　子12.2/14.2
困學紀聞注二十卷　（宋）王應麟撰　（清）翁
元圻注　清刻本　二冊　存九卷(五至十三)

220000－0803－0003602　子12.2/14.3
困學紀聞二十卷首一卷　（宋）王應麟撰
（清）翁元圻注　清光緒十三年(1887)上海同
文書局石印本　六冊

220000－0803－0003603　子12.2/17
癸巳存稿十五卷　（清）俞正燮撰　清光緒十
年(1884)刻本　三冊　存七卷(六至十二)

220000－0803－0003604　子12.2/17.1－2
癸巳存稿十五卷　（清）俞正燮撰　清光緒十
年(1884)刻本　六冊

220000－0803－0003605　子12.2/18.1－1
古香齋鑒賞袖珍春明夢餘錄七十卷　（清）孫
承澤撰　清刻本　二十四冊

220000－0803－0003606　子12.2/18.1－2
古香齋鑒賞袖珍春明夢餘錄七十卷　（清）孫
承澤撰　清刻本　十七冊　存五十七卷(七
至三十九、四十二至六十一、六十七至七十)

220000－0803－0003607　子12.2/21
通藝錄四十二卷　（清）程瑤田撰　清刻本
五冊

220000－0803－0003608　子12.2/27
義門讀書記五十八卷　（清）何焯撰　清刻本
十二冊

220000－0803－0003609　子12.2/28
煙嶼樓讀書志十六卷筆記八卷　（清）徐時棟
撰　清光緒三十四年(1908)徐氏蓬學齋鉛印
本　八冊

220000－0803－0003610　子12.2/29
群書劄記十六卷　（清）朱亦棟撰　清光緒四
年(1878)武林竹簡齋刻本　五冊　存十三卷
(一至十三)

220000－0803－0003611　子12.2/32
蛾術編八十二卷目錄一卷　（清）王鳴盛撰
清道光二十一年(1841)吳江沈楙德世楷堂刻
本　二十四冊

220000－0803－0003612　子12.2/35
賓退錄十卷　（宋）趙與時撰　清光緒江陰繆
氏刻對雨樓叢書本　四冊

220000－0803－0003613　子12.2/37
夢溪筆談二十六卷補筆談三卷校字記一卷
（宋）沈括撰　清光緒三十二年(1906)番禺陶
氏愛廬刻本　四冊

220000－0803－0003614　子12.2/39.1－1
稱謂錄三十二卷　（清）梁章鉅撰　清光緒十
年(1884)刻本　八冊

220000－0803－0003615　子12.2/39.1－2
稱謂錄三十二卷　（清）梁章鉅撰　清刻本
六冊　存二十四卷(九至三十二)

220000－0803－0003616　子12.2/40
諸子平議三十五卷　（清）俞樾撰　清刻春在

堂全書本　七冊

220000－0803－0003617　子12.2/41.1－2
潛邱劄記六卷　(清)閻若璩撰　左汾近稾一卷　(清)閻詠撰　清大成齋刻本　六冊

220000－0803－0003618　子12.2/43
橋西雜記一卷　(清)葉名澧撰　蕙西先生遺稿一卷　(清)邵懿辰撰　清同治十年(1871)潘氏滂喜齋刻本　一冊

220000－0803－0003619　子12.2/48
讀書雜識十二卷　(清)勞格撰　(清)丁寶書述　清光緒四年(1878)吳興丁氏刻月河精舍叢書本　六冊

220000－0803－0003620　子12.2/50
讀書止觀錄五卷　(明)吳應箕輯　清光緒二十八年(1902)貴池劉氏刻本　一冊

220000－0803－0003621　子12.2/53
學古堂日記四十種　(清)雷浚　(清)汪之昌輯　清光緒十六年至二十二年(1890－1896)刻本　六冊

220000－0803－0003622　子12.2/56
寶存四卷　(清)胡式鈺撰　清道光二十一年(1841)刻本　四冊

220000－0803－0003623　子12.3/2.1－1
天演論二卷　(英國)赫胥黎造論　嚴復譯清光緒三十二年(1906)上海商務印書館鉛印本　一冊

220000－0803－0003624　子12.3/3
元邱素話不分卷　(清)余紹祉撰　幽夢影二卷續影不分卷　(清)張潮撰　清光緒七年(1881)刻本　一冊

220000－0803－0003625　子12.3/6.2
輶軒語(輶軒語書目答問)不分卷　(清)張之洞撰　清光緒四年(1878)錢塘汪氏振綺堂刻本　一冊

220000－0803－0003626　子12.3/7
汪龍莊先生遺書八種　(清)汪輝祖撰　清同治元年(1862)望三益齋刻本　六冊

220000－0803－0003627　子12.3/8
叔苴子內篇六卷外篇二卷　(明)莊元臣撰清刻粵雅堂叢書本　二冊

220000－0803－0003628　子12.3/11.1－1
指測瑣言五卷團防芻議一卷擬陳政本疏一卷　(清)瞿方梅撰　清光緒二十三年(1897)刻本　二冊

220000－0803－0003629　子12.3/11.1－2
指測瑣言五卷團防芻議一卷擬陳政本疏一卷　(清)瞿方梅撰　清光緒二十三年(1897)刻本　二冊

220000－0803－0003630　子12.3/13.1
原富五卷　(英國)斯密亞丹撰　嚴復譯　清光緒二十七年(1901)南洋公學譯書院鉛印本　八冊

220000－0803－0003631　子12.3/13.2
原富五卷　(英國)斯密亞丹撰　嚴復譯　清光緒二十七年(1901)南洋公學譯書院鉛印本　八冊

220000－0803－0003632　子12.3/13.3
原富五卷　(英國)斯密亞丹撰　嚴復譯　清光緒二十八年(1902)南洋公學譯書院鉛印本　八冊

220000－0803－0003633　子12.3/14
節本原富五卷　(英國)斯密亞丹撰　嚴復譯　張鵬一輯　清光緒三十三年(1907)奉天學務公所圖書課印刷部鉛印本　二冊

220000－0803－0003634　子12.3/15
哲學要領二卷　(日本)井上圓了著　(清)羅伯雅譯　清光緒二十九年(1903)上海廣智書局鉛印本　二冊

220000－0803－0003635　子12.3/17
非園教育學談襯(教育學談襯)二卷　(清)瞿方梅撰　清光緒三十三年(1907)刻本　二冊

220000－0803－0003636　子12.3/19
富強新書四卷　(清)瑤林館主撰　清光緒三十一年(1905)新學書局刻本　四冊

220000 - 0803 - 0003637　子 12.3/23

群學肆言不分卷　（英國）斯賓塞爾撰　嚴復譯　清光緒二十九年（1903）上海文明書局鉛印本　四冊

220000 - 0803 - 0003638　子 12.3/24

經濟原論一卷　（美國）麥喀梵撰　（清）朱寶綬譯　清光緒三十四年（1908）中國圖書公司鉛印本　一冊

220000 - 0803 - 0003639　子 12.3/28

讒書五卷　（唐）羅隱撰　清光緒十二年（1886）邵武徐氏刻本　一冊

220000 - 0803 - 0003640　子 12.3/32

古夫于亭雜錄六卷　（清）王士禛撰　清光緒三年（1877）刻本　二冊

220000 - 0803 - 0003641　子 12.3/38

薑露庵雜記六卷　（清）施山撰　**東廂記四卷首一卷**　（清）湯世瀠填詞　**訂譌雜錄十卷**　（清）胡鳴玉撰　清末申報館鉛印本　八冊

220000 - 0803 - 0003642　子 12.4/2

三字經圖說一卷繪圖淺說百家姓一卷　（□）□□撰　清光緒三十一年（1905）上海書局石印本　一冊

220000 - 0803 - 0003643　子 12.4/3

西學啓蒙十六種　（英國）赫鷺賓撰　（英國）艾約瑟譯　清光緒二十二年（1896）上海著易堂書局鉛印本　十八冊　缺一種（十二）

220000 - 0803 - 0003644　子 12.4/4

三字經注解備要二卷　（宋）王應麟撰　（清）賀興思注解　清光緒六年（1880）上海掃葉山房刻本　二冊

220000 - 0803 - 0003645　子 12.4/5

自西徂東五卷　（德國）花之安撰　清光緒二十四年（1898）漢口英漢書館鉛印本　五冊

220000 - 0803 - 0003646　子 12.4/6.1

宣講拾遺六卷首一卷　（清）莊跛仙輯　清光緒十九年（1893）上海掃葉山房刻本　六冊

220000 - 0803 - 0003647　子 12.4/6.2

宣講拾遺六卷首一卷　（清）莊跛仙輯　清光緒八年（1882）寬城寶書堂刻本　三冊　存三卷（一、五至六）

220000 - 0803 - 0003648　子 12.4/9.1

格言聯璧一卷　（清）金纓編　清光緒五年（1879）刻本　一冊

220000 - 0803 - 0003649　子 12.4/9.2

格言聯璧一卷　（清）金纓編　清光緒十六年（1890）上海仁濟善堂刻本　二冊

220000 - 0803 - 0003650　子 12.4/10

越諺三卷　（清）范寅輯稿　（清）黃以周審定　（清）王詒壽閱定　清光緒八年（1882）谷應山房刻本　三冊

220000 - 0803 - 0003651　子 12.4/12

李氏蒙求集註八卷　（清）楊迦懌集註　清光緒二十二年（1896）新化三味堂刻本　六冊

220000 - 0803 - 0003652　子 12.4/13.1 - 1

小四書六卷　（明）朱升輯　（清）陸隴其審定　清道光湘鄉左清石補刻本　六冊

220000 - 0803 - 0003653　子 12.4/13.1 - 2

小四書六卷　（明）朱升輯　（清）陸隴其審定　清刻本　三冊　存四卷（二至五）

220000 - 0803 - 0003654　子 12.4/13.1 - 3

小四書六卷　（明）朱升輯　（清）陸隴其審定　清雍正郡常文會堂刻本　四冊

220000 - 0803 - 0003655　子 12.4/14

增補三字經訓蒙析解不分卷　（清）安箕析解　清刻本　一冊

220000 - 0803 - 0003656　子 12.4/15

增補三字經訓蒙析解不分卷　（清）安箕析解　清刻本　一冊

220000 - 0803 - 0003657　子 12.4/17

三字經訓詁一卷　（□）□□撰　**百家姓考略一卷**　（宋）錢唐老儒撰　**千字文釋義一卷**　（清）汪嘯尹纂　清光緒十七年（1891）上海席氏掃葉山房刻本　三冊

220000 - 0803 - 0003658　子 12.4/18

理化示教不分卷　（清）杜亞泉編譯　清光緒三十三年（1907）上海商務印書館鉛印本　一冊

220000－0803－0003659　子12.4/19

博物示教不分卷　（清）杜就田編譯　清宣統三年（1911）上海商務印書館鉛印本　一冊

220000－0803－0003660　子12.4/20

論理學教科書不分卷　（清）商務印書館編譯所編纂　（清）楊天驥校訂　清光緒三十二年（1906）上海商務印書館鉛印本　一冊

220000－0803－0003661　子12.4/22

測地繪圖教科書不分卷　（清）魏蘭編　清光緒三十二年（1906）上海會文學社石印本　一冊

220000－0803－0003662　子12.4/23

家政新教本不分卷　郎國棟編纂　清光緒三十四年（1908）吉林官書刷印局鉛印本　一冊

220000－0803－0003663　子12.4/25

通俗講演錄不分卷　謝源等撰　清末京師學務局鉛印本　一冊

220000－0803－0003664　子13/3.1－1

香艷叢書二十集　（清）蟲天子輯　清宣統上海國學扶輪社鉛印本　八十一冊　存十四集（七至二十）

220000－0803－0003665　子13/4.1

唐代叢書十二集　（清）蓮塘居士輯　清宣統三年（1911）上海天寶書局石印本　十二冊

220000－0803－0003666　子13/4.2

唐代叢書一百六十四帙　（清）王文誥等輯　清嘉慶十一年（1806）刻本　二十七冊

220000－0803－0003667　子13/8

葛刻四種　（清）葛元煦輯　清光緒三年（1877）刻本　六冊

220000－0803－0003668　子13.1/2

人海記二卷　（清）查慎行編輯　清宣統二年（1910）掃葉山房石印本　二冊

220000－0803－0003669　子13.1/3

三教源流搜神大全七卷　（元）□□撰　葉德輝校　清宣統元年（1909）郎園刻本　二冊

220000－0803－0003670　子13.1/4.1

山海經十八卷　（晉）郭璞撰　清光緒元年（1875）湖北崇文書局刻本　二冊

220000－0803－0003671　子13.1/5.1－1

山海經箋疏十八卷　（晉）郭璞傳　（清）郝懿行箋疏　清光緒七年（1881）刻本　四冊

220000－0803－0003672　子13.1/5.1－2

山海經箋疏十八卷　（晉）郭璞傳　（清）郝懿行箋疏　清光緒七年（1881）刻本　四冊

220000－0803－0003673　子13.1/6

山海經存九卷　（清）汪紱釋　清光緒二十一年（1895）石印本　八冊

220000－0803－0003674　子13.1/12.2

今世說八卷　（清）王晫撰　清咸豐二年（1852）粵雅堂刻本　二冊

220000－0803－0003675　子13.1/14.2

世說新語三卷　（南朝宋）劉義慶撰　（南朝梁）劉孝標注　清光緒十七年（1891）思賢講舍刻本　六冊

220000－0803－0003676　子13.1/14.5

世說新語三卷　（南朝宋）劉義慶撰　（南朝梁）劉孝標注　清道光八年（1828）浦江周心如紛欣閣刻本　六冊

220000－0803－0003677　子13.1/25

西清筆記二卷　（清）沈初撰　涇林續記一卷　（明）周玄暐撰　清光緒吳縣潘氏刻本　一冊

220000－0803－0003678　子13.1/27.2

酉陽雜俎二十卷　（唐）段成式撰　清光緒三年（1877）湖北崇文書局刻本　四冊

220000－0803－0003679　子13.1/30

志雅堂雜鈔二卷　（宋）周密撰　清道光三十年（1850）南海伍氏刻本　一冊

220000－0803－0003680　子13.1/32

定香亭筆談四卷　（清）阮元撰　清光緒二十

五年(1899)浙江書局刻本　四冊

220000－0803－0003681　子 13.1/37

東城雜記二卷 （清）厲鶚撰　清道光三十年
(1850)南海伍氏刻本　一冊

220000－0803－0003682　子 13.1/39.1

兩般秋雨盦隨筆八卷 （清）梁紹壬撰　清光
緒十年(1884)鉛印本　四冊

220000－0803－0003683　子 13.1/39.2

兩般秋雨盦隨筆八卷 （清）梁紹壬撰　清道
光十七年(1837)錢塘汪氏振綺堂刻本　八冊

220000－0803－0003684　子 13.1/40.1

長春眞人西遊記二卷附錄一卷 （元）李志常
撰　清道光二十七年(1847)靈石楊氏刻本
二冊

220000－0803－0003685　子 13.1/40.2

長春眞人西遊記一卷 （元）李志常撰　**磻溪
集一卷** （金）丘處機撰　清刻本　一冊

220000－0803－0003686　子 13.1/42.1－1

郎潛紀聞十四卷 （清）陳康祺撰　清光緒十
年(1884)校經山房刻本　四冊

220000－0803－0003687　子 13.1/42.1－2

郎潛紀聞十四卷 （清）陳康祺撰　清光緒六
年(1880)刻本　二冊

220000－0803－0003688　子 13.1/44.1

春渚紀聞十卷 （宋）何薳撰　清嘉慶十六年
(1811)浦城祝氏留香室刻本　四冊

220000－0803－0003689　子 13.1/47

癸巳存稿十五卷 （清）俞正燮撰　清光緒十
年(1884)掃葉山房刻本　八冊

220000－0803－0003690　子 13.1/48.1

香祖筆記十二卷 （清）王士禛撰　清刻本
四冊

220000－0803－0003691　子 13.1/48.2

香祖筆記十二卷 （清）王士禛撰　清宣統二
年(1910)掃葉山房石印本　四冊

220000－0803－0003692　子 13.1/50

唐語林八卷 （宋）王讜纂　清光緒十九年
(1893)湖北官書局刻本　四冊

220000－0803－0003693　子 13.1/51

唐新語十三卷 （唐）劉肅撰　清宣統三年
(1911)鉛印本　一冊

220000－0803－0003694　子 13.1/58

張文襄幕府紀聞二卷 辜鴻銘撰　清宣統二
年(1910)鉛印本　二冊

220000－0803－0003695　子 13.1/59.3

聊齋志異圖詠十六卷 （清）蒲松齡撰　清光
緒上海同文書局石印本　八冊

220000－0803－0003696　子 13.1/60

聊齋志異新評十六卷 （清）蒲松齡撰　清光
緒三年(1877)文餘堂刻朱墨套印本　十六冊

220000－0803－0003697　子 13.1/62

野獲編三十卷補遺四卷 （明）沈德符撰　清
道光七年(1827)錢唐姚氏扶荔山房刻本　二
十冊

220000－0803－0003698　子 13.1/64

敏求軒述記十六卷 （清）陳世箴輯　清道光
二十八年(1848)刻本　十二冊

220000－0803－0003699　子 13.1/68

黃嬭餘話八卷 （清）陳錫路撰　清光緒二年
(1876)葛氏嘯園刻本　一冊

220000－0803－0003700　子 13.1/69.2

搜神記二十卷 （晉）干寶撰　**搜神後記十卷**
（晉）陶潛撰　清宣統三年(1911)上海普及
書局石印本　四冊

220000－0803－0003701　子 13.1/77.2

閱微草堂筆記二十四卷 （清）紀昀撰　清嘉
慶二十一年(1816)北平盛氏刻本　十冊

220000－0803－0003702　子 13.1/81.1－1

蜕階外史四卷 （清）□□撰　清宣統三年
(1911)上海廣益書局石印本　二冊

220000－0803－0003703　子 13.1/81.1－2

蜕階外史四卷 （清）□□撰　清宣統三年
(1911)上海廣益書局石印本　二冊

220000－0803－0003704　子13.1/85

劍俠傳四卷續四卷　（唐）□□撰　鄭官應輯
清光緒五年(1879)刻本　三冊

220000－0803－0003705　子13.1/86.1

燕山外史注釋八卷　（清）陳球撰　（清）若駿
子輯注　清光緒五年(1879)刻本　四冊

220000－0803－0003706　子13.1/86.2

燕山外史注釋八卷　（清）陳球撰　（清）若駿
子輯注　清光緒三十二年(1906)上洋海左書
局石印本　四冊

220000－0803－0003707　子13.1/87

燕下鄉睉錄十六卷　（清）陳康祺撰　清光緒
十一年(1885)刻本　四冊

220000－0803－0003708　子13.1/88

隨園瑣記二卷　（清）袁祖志撰　清光緒五年
(1879)刻本　二冊

220000－0803－0003709　子13.1/89.1

嘯亭雜錄八卷續錄二卷　（清）昭槤撰　清光
緒二十七年(1901)上海掃葉山房石印本
六冊

220000－0803－0003710　子13.1/89.2

嘯亭雜錄十卷續錄二卷　（清）昭槤撰　清宣
統元年(1909)中國圖書公司鉛印本　三冊
存八卷(嘯亭雜錄五至十、續錄二卷)

220000－0803－0003711　子13.1/94

藤陰雜記十二卷　（清）戴璐撰　清光緒三年
(1877)刻本　二冊

220000－0803－0003712　子13.1/95

鏡花水月八卷　（清）婁東羽衣客撰　清末上
海申報館鉛印本　四冊

220000－0803－0003713　子13.1/100

明齋小識十二卷　（清）諸聯撰　清刻本　十
二冊

220000－0803－0003714　子13.1/101

片玉山房花箋錄二十卷　（清）孫兆溎撰　清
同治四年(1865)刻本　十冊

220000－0803－0003715　子13.1/103.1－1

桐陰清話八卷　（清）倪鴻著　清同治十三年
(1874)刻本　四冊

220000－0803－0003716　子13.1/103.1－2

桐陰清話八卷　（清）倪鴻著　清同治十三年
(1874)刻本　四冊

220000－0803－0003717　子13.1/106

壺天錄三卷　（清）百一居士撰　清末鉛印本
二冊

220000－0803－0003718　子13.1/107

槐廳載筆二十卷　（清）法式善編　清刻本
六冊

220000－0803－0003719　子13.1/108.1－1

履園叢話二十四卷　（清）錢泳撰　清同治九
年(1870)刻本　六冊

220000－0803－0003720　子13.1/108.1－2

履園叢話二十四卷　（清）錢泳撰　清同治九
年(1870)刻本　十二冊

220000－0803－0003721　子13.1/110

歸田瑣記八卷　（清）梁章鉅撰　清道光二十
五年(1845)刻本　四冊

220000－0803－0003722　子13.1/111

塗說四卷　（清）繆蓮仙輯　清道光八年
(1828)刻本　四冊

220000－0803－0003723　子13.1/116

新齊諧二十四卷　（清）袁枚撰　清刻本　十
二冊

220000－0803－0003724　子13.1/120

聊齋志異新評十六卷　（清）蒲松齡著　（清）
王士正評　（清）但明倫新評　清光緒十七年
(1891)上海書局石印本　七冊

220000－0803－0003725　子13.1/123

聊齋志異新評十六卷　（清）蒲松齡著　（清）
王士正評　（清）但明倫新評　清光緒十三年
(1887)上海掃葉山房刻本　八冊　存八卷
(一至八)

220000－0803－0003726　子13.2/2

七俠五義傳六卷一百二十回　（清）石玉崑述

（清）俞樾重編　清光緒三十二年（1906）上海書局石印本　六冊

220000－0803－0003727　子13.2/3.2
醒世小說繪圖九尾龜八卷一百九十二回
（□）□□撰　清末石印本　八冊

220000－0803－0003728　子13.2/4.1－1
四大奇書第一種五十一卷一百二十回　（明）羅貫中撰　（清）金人瑞批　清刻本　十六冊

220000－0803－0003729　子13.2/4.1－2
四大奇書第一種五十一卷一百二十回　（明）羅貫中撰　（清）金人瑞批　清刻本　十六冊

220000－0803－0003730　子13.2/4.2－1
四大奇書第一種十九卷一百二十回　（明）羅貫中撰　（清）金人瑞批　清光緒二十三年（1897）刻本　二十冊

220000－0803－0003731　子13.2/4.2－2
四大奇書第一種十九卷一百二十回　（明）羅貫中撰　（清）金人瑞批　清光緒二十三年（1897）掃葉山房刻本　二十冊

220000－0803－0003732　子13.2/4.3
四大奇書第一種六十卷一百二十回　（明）羅貫中撰　（清）金人瑞批　清光緒三年（1877）刻本　二十冊

220000－0803－0003733　子13.2/4.4
新刻按鑑演義京本三國英雄志傳六卷　（晉）陳壽傳　（元）羅貫志演義　清光緒十五年（1889）刻本　六冊

220000－0803－0003734　子13.2/4.5
第一才子書六十卷一百二十回　（明）羅貫中撰　（清）金人瑞　（清）毛宗崗評　清末鉛印本　八冊　存三十一卷（三十至六十）

220000－0803－0003735　子13.2/5
異說後唐傳三集薛丁山征西樊梨花全傳十卷九十回　（□）□□撰　清刻本　十冊

220000－0803－0003736　子13.2/7.1
第五才子書水滸傳七十五卷　（明）施耐庵撰　（清）金人瑞評　清刻本　十六冊

220000－0803－0003737　子13.2/7.2
評論出像水滸傳二十卷七十回　（明）施耐庵撰　（清）金人瑞評　清善成堂刻本　二十冊

220000－0803－0003738　子13.2/7.3
第五才子書水滸傳七十五卷　（明）施耐庵撰　（清）金人瑞評　清刻本　十三冊

220000－0803－0003739　子13.2/12.1－1
繡像今古奇觀四十卷　（明）抱甕老人輯　（明）墨憨齋批點　清刻本　十二冊

220000－0803－0003740　子13.2/12.1－2
今古奇觀四十卷　（明）抱甕老人輯　（明）墨憨齋批點　清同治六年（1867）刻本　十六冊

220000－0803－0003741　子13.2/15
西遊眞詮一百回　（清）陳士斌詮解　清刻本　二十冊

220000－0803－0003742　子13.2/17
增像全圖西漢演義四卷一百回　（□）□□撰　清光緒二十三年（1897）上海三元書局石印本　四冊

220000－0803－0003743　子13.2/19.1
東周列國全志二十三卷一百八回　（清）蔡昇評點　清刻本　二十四冊

220000－0803－0003744　子13.2/19.2
東周列國全志二十三卷一百八回　（清）蔡昇評點　清光緒六年（1880）刻本　二十四冊

220000－0803－0003745　子13.2/19.3
東周列國全志二十三卷一百八回　（清）蔡昇評點　清光緒十二年（1886）上海江左書林刻本　二十四冊

220000－0803－0003746　子13.2/20
增像全圖東漢演義四卷六十四回　（□）□□撰　清光緒二十三年（1897）上海三元書局石印本　二冊

220000－0803－0003747　子13.2/22
小五義一百二十四回　（清）石玉崑撰　清光緒十六年（1890）刻本　二十四冊

220000－0803－0003748　子13.2/28.1

紅樓夢一百二十卷 （清）曹雪芹著 （清）王
希廉評 清光緒三年（1877）刻本 三十六冊

220000－0803－0003749 子13.2/28.3

增評加批金玉緣圖說一百二十回首一卷
（清）曹雪芹撰 （清）高鶚續撰 （清）蝶薌
仙史評訂 清光緒三十二年（1906）上海桐蔭
軒石印本 十六冊

220000－0803－0003750 子13.2/28.4

增評補像全圖金玉緣十五卷一百二十回
（清）曹雪芹撰 （清）高鶚續撰 （清）蝶薌
仙史評訂 清光緒二十五年（1899）上海書局
石印本 十六冊

220000－0803－0003751 子13.2/35

說唐前傳十卷六十八回 （清）如蓮居士編
清刻本 五冊

220000－0803－0003752 子13.2/36

繡像說唐後傳六卷四十二回 （清）如蓮居士
編 清刻本 四冊

220000－0803－0003753 子13.2/37.2

歷代神仙通鑑二十二卷 （清）徐衢述 清刻
本 二十四冊

220000－0803－0003754 子13.2/39

雙鳳奇緣傳二十卷八十回 （清）雪樵主人撰
清光緒十七年（1891）文奎堂刻本 十冊

220000－0803－0003755 子13.2/40.2

繪圖鏡花緣一百回 （清）李汝珍撰 清光緒
二十一年（1895）上海積山書局石印本 六冊

220000－0803－0003756 子13.2/41

繡像綠野仙踪八十回 （□）□□撰 清道光
十年（1830）青文堂刻本 十四冊 存五十九
回（一至四十一、四十七至五十、五十五至五
十八、六十三至六十九、七十八至八十）

220000－0803－0003757 子13.2/44

繪圖評點女僊外史一百回 （清）呂熊撰 清
宣統元年（1909）上海章福記石印本 七冊
存八十六回（一至八十六）

220000－0803－0003758 子13.2/45

水滸後傳十卷四十回 （明）陳忱撰 （清）憨
客野雲主人評 清刻本 五冊 存五卷（六
至十）

220000－0803－0003759 子13.2/46

五美緣全傳八十回 （□）□□撰 清刻本
十冊 存六十四回（一至二十六、三十五至四
十、四十九至八十）

220000－0803－0003760 子13.2/49

繪圖筆生花十六卷三十二回 （清）邱心如撰
清同治十一年（1872）石印本 十六冊

220000－0803－0003761 子13.2/50

錦上花四十八回 （□）□□撰 清嘉慶善成
堂刻本 八冊

220000－0803－0003762 子13.2/51.2

新刻天花藏批評玉嬌梨四卷二十回 （清）狄
岸散人撰 清光緒三十四年（1908）石印本
四冊

220000－0803－0003763 子13.2/53

新刻劍嘯閣批評西漢演義八卷 （明）甄偉撰
（明）鍾惺批評 清善成堂刻本 八冊

220000－0803－0003764 子13.2/54

西遊原旨二十四卷一百回 （清）劉一明撰
清刻本 二十四冊

220000－0803－0003765 子13.2/55

繡像永慶昇平二十四卷九十七回 （□）□□
撰 清光緒二十一年（1895）上海書局石印本
六冊

220000－0803－0003766 子13.2/56

新刊繡像全圖永慶昇平後傳二十五卷一百回
（清）貪夢道人編 清光緒二十年（1894）上
海書局石印本 六冊

220000－0803－0003767 子13.2/61

任渭長先生畫傳四種 （清）任熊繪 （清）王
齡輯 清咸豐八年（1858）王氏養龢堂刻本
十三冊

220000－0803－0003768 子13.3/1.1－2

新編繪圖三國志八卷 （□）□□撰 清光緒

三十一年（1905）上海書局石印本　八冊

220000－0803－0003769　子13.3/6

安邦誌二十卷目錄一卷定國誌二十卷目錄一卷　（□）□□撰　清道光二十九年（1849）怡紅書院刻本　四十冊

220000－0803－0003770　子13.3/8

影詞二十種附影詞人物圖　（□）跑腿人編　清抄本　二冊

220000－0803－0003771　子13.3/9

果報錄十二卷一百回　（□）□□撰　清刻本　十二冊

220000－0803－0003772　子14/1.1－1

一切經音義二十五卷　（唐）釋元應撰　補訂新釋大方廣佛華嚴經音義二卷　（唐）釋慧苑述　清同治八年（1869）武林張氏寶晉齋刻本　四冊

220000－0803－0003773　子14/1.1－2

一切經音義二十五卷　（唐）釋元應撰　補訂新釋大方廣佛華嚴經音義二卷　（唐）釋慧苑述　清同治八年（1869）武林張氏寶晉齋刻本　四冊

220000－0803－0003774　子14/1.1－3

一切經音義二十五卷　（唐）釋元應撰　補訂新釋大方廣佛華嚴經音義二卷　（唐）釋慧苑述　清同治八年（1869）武林張氏寶晉齋刻本　四冊

220000－0803－0003775　子14/3

十住毗婆沙論十五卷　（後秦）釋鳩摩羅什譯　清末刻本　三冊

220000－0803－0003776　子14/4

十不二門指要鈔詳解二卷　（宋）釋可度詳解　清末刻本　四冊

220000－0803－0003777　子14/7

大方廣佛華嚴經六十卷　（晉）釋佛陀跋陀羅等譯　清光緒七年（1881）常熟刻經處刻本　十五冊　存五十六卷（五至六十）

220000－0803－0003778　子14/9

大方廣佛華嚴經普賢行願品別行疏鈔十五卷　（唐）釋宗密撰　清光緒三十二年（1906）金陵刻經處刻本　五冊

220000－0803－0003779　子14/10

大方廣圓覺經大疏十六卷　（唐）釋宗密述　清宣統元年（1909）金陵刻經處刻本　四冊

220000－0803－0003780　子14/11

大方廣圓覺修多羅了義經二卷　（唐）釋多羅譯　清同治八年（1869）金陵刻經處刻本　一冊

220000－0803－0003781　子14/12.2

大佛頂如來密因修證了義諸菩薩萬行首楞嚴經十卷　（唐）釋般剌密帝譯　（□）彌伽釋伽譯語　（唐）房融筆授　清光緒元年（1875）壽安寺刻本　三冊

220000－0803－0003782　子14/13

大佛頂首楞嚴經疏解蒙鈔六十卷首一卷　（清）釋蒙叟述　清光緒十五年（1889）刻本　二十冊

220000－0803－0003783　子14/15

大乘密嚴經三卷　（唐）釋不空譯　清光緒二十三年（1897）金陵刻經處刻本　一冊

220000－0803－0003784　子14/18

大明三藏法數五十卷　（明）釋一如等集注　清光緒六年（1880）刻本　十六冊

220000－0803－0003785　子14/21

楞嚴經勢至念佛圓通章疏鈔二卷　（清）釋續法集　大佛頂首楞嚴經大勢至菩薩念佛圓通章一卷　（唐）釋般剌密帝譯　清末北平佛學書局刻本　一冊

220000－0803－0003786　子14/23.1

五燈會元二十卷　（宋）釋普濟撰　清光緒三十二年（1906）貴池劉世珩玉海堂刻本　十六冊

220000－0803－0003787　子14/23.3

五燈會元五十七卷目錄三卷　（宋）釋普濟撰　清光緒三十四年（1908）長沙刻經處刻本

二十冊

220000 - 0803 - 0003788　子 14/24

止觀輔行傳宏決一卷　（唐）釋湛然撰　（清）
胡澍錄　清同治八年（1869）吳縣潘氏刻本
一冊

220000 - 0803 - 0003789　子 14/25

指月錄三十二卷　（明）瞿汝稷撰　清同治十
一年（1872）浙江寧波釋信真等刻本　十冊

220000 - 0803 - 0003790　子 14/26

法界聖凡水陸勝會修齋儀軌六卷　（宋）釋志
磐撰　（明）釋袾宏訂　清光緒二十五年
（1899）金陵刻經處刻本　二冊

220000 - 0803 - 0003791　子 14/41

藥師瑠璃光七佛本願功德經二卷　（唐）釋義
淨譯　佛說藥師如來本願經一卷　（隋）釋達
磨笈多譯　藥師瑠璃光如來本願功德經一卷
（唐）釋玄奘譯　清宣統元年（1909）常州天
寧寺刻本　一冊

220000 - 0803 - 0003792　子 14/42

佛說無量壽經二卷　（三國魏）釋康僧鎧譯
清同治十三年（1874）金陵刻經處刻本　一冊

220000 - 0803 - 0003793　子 14/44

佛祖歷代通載三十六卷　（元）釋念常集　清
宣統元年（1909）江北刻經處刻本　八冊

220000 - 0803 - 0003794　子 14/47

往生集三卷普勸為人必修淨土一卷　（明）釋
袾宏輯　清光緒二十四年（1898）金陵刻經處
刻本　一冊

220000 - 0803 - 0003795　子 14/48

我信錄二卷　（清）羅聘撰　清宣統元年
（1909）南陵徐氏刻本　一冊

220000 - 0803 - 0003796　子 14/49

佛說阿彌陀經一卷　（宋）釋元照述　（後秦）
釋鳩摩羅什譯　佛說阿彌陀經疏鈔四卷附事
義四卷問辯一卷問答一卷疑辯一卷　（明）釋
袾宏述　清光緒二十五年（1899）金陵刻經處
刻本　五冊

220000 - 0803 - 0003797　子 14/51

沙彌律儀要略不分卷附沙彌尼比丘尼戒錄要
不分卷　（明）釋袾宏輯　清光緒二十四年
（1898）金陵刻經處刻本　一冊

220000 - 0803 - 0003798　子 14/53.1 - 1

金剛般若波羅密經一卷　（後秦）釋鳩摩羅什
譯　般若波羅密多心經一卷　（唐）釋玄奘譯
清光緒十五年（1889）金陵刻經處刻本
一冊

220000 - 0803 - 0003799　子 14/53.1 - 2

金剛般若波羅密經一卷　（後秦）釋鳩摩羅什
譯　般若波羅密多心經一卷　（唐）釋玄奘譯
清光緒十五年（1889）金陵刻經處刻本
一冊

220000 - 0803 - 0003800　子 14/54

金剛經註解二卷附心經一卷　（後秦）釋鳩摩
羅什譯　清同治十三年（1874）浙省昭慶慧空
經房刻本　四冊

220000 - 0803 - 0003801　子 14/56

金剛般若波羅蜜經心印疏二卷　（清）釋溥畹
述　般若波羅蜜多心經一卷　（唐）釋玄奘釋
清宣統元年（1909）刻本　二冊

220000 - 0803 - 0003802　子 14/58

佛說金剛般若波羅蜜經略疏二卷　（唐）釋智
儼述　般若波羅蜜多心經略疏一卷　（唐）釋
法藏述　清同治八年（1869）金陵刻經處刻本
一冊

220000 - 0803 - 0003803　子 14/61

修設瑜伽集要施食壇儀二卷　（明）釋袾宏輯
注　清光緒二十五年（1899）金陵刻經處刻本
一冊

220000 - 0803 - 0003804　子 14/62

修設瑜伽集要施食壇儀二卷　（明）釋袾宏輯
注　清光緒二十五年（1899）金陵刻經處刻本
一冊

220000 - 0803 - 0003805　子 14/65

省庵法師語二卷　（清）彭際清重訂　西方發
願文注一卷　（明）釋袾宏作　（清）釋實賢注

東海若解一卷　（唐）柳宗元撰　（清）釋實賢解　清刻本　一冊

220000－0803－0003806　子14/66

皇明名僧輯略一卷　（明）釋袾宏輯　武林西湖高僧事略一卷　（宋）釋元敬　（宋）釋元復撰　清光緒二十五年(1899)金陵刻經處刻本　一冊

220000－0803－0003807　子14/67

高僧傳初集十五卷　（南朝梁）釋慧皎撰　清光緒十年(1884)金陵刻經處刻本　四冊

220000－0803－0003808　子14/68

高僧傳二集四十卷　（唐）釋道宣撰　清光緒十六年(1890)江北刻經處刻本　十冊

220000－0803－0003809　子14/69

高僧傳三集三十卷　（宋）釋贊寧等撰　清光緒十三年(1887)江北刻經處刻本　八冊

220000－0803－0003810　子14/73.2

法苑珠林一百卷　（唐）釋道世撰　清道光二十八年(1848)虞山小石山房顧氏刻本　三十六冊

220000－0803－0003811　子14/76

靈峰蕅益大師選定淨土十要不分卷　（明）釋智旭選　清光緒二十年(1894)刻本　四冊

220000－0803－0003812　子14/84

靈峰蕅益大師梵室偶談一卷　（明）釋智旭撰　徹悟禪師語錄二卷　（清）釋了亮等集　清同治十年(1871)金陵刻本　一冊

220000－0803－0003813　子14/85

唯識開蒙問答二卷　（元）釋雲峰集　清宣統三年(1911)刻本　二冊

220000－0803－0003814　子14/92

紫柏大師法語節錄不分卷　（清）釋靜安輯　法界觀不分卷　（唐）杜順撰　佛說能淨一切眼疾病陀羅尼經不分卷　（唐）釋不空譯　清光緒十二年(1886)刻本　一冊

220000－0803－0003815　子14/93

新譯大方廣佛華嚴經音義四卷　（唐）釋慧苑撰　清刻粵雅堂叢書本　一冊

220000－0803－0003816　子14/95

大方廣佛新華嚴經合論一百二十卷　（唐）釋實義難陀譯　（唐）李通玄造論　（唐）釋志寧釐經論　大方廣佛華嚴經入不思議解脫境界普賢行願品一卷　（唐）釋般若譯　清同治十一年(1872)金陵刻經處刻本　二十九冊　缺四卷(一至四)

220000－0803－0003817　子14/98

佛說無量壽經義疏六卷　（三國魏）釋康僧鎧譯　（隋）釋慧遠撰疏　清光緒二十年(1894)金陵刻經處刻本　二冊

220000－0803－0003818　子14/105

緇門崇行錄十卷自知錄二卷　（明）釋袾宏輯　清光緒二十五年(1899)金陵刻經處刻本　一冊

220000－0803－0003819　子14/106

肇論中吳集解三卷　（宋）釋淨源撰　清陶子麟摹刻宋本　一冊

220000－0803－0003820　子14/108

諸經日誦集要二卷西方願文略釋一卷　（明）釋袾宏輯並譯　清光緒二十五年(1899)金陵刻經處刻本　一冊

220000－0803－0003821　子14/113.1－1

釋氏稽古略四卷　（元）釋覺岸編輯　釋鑑稽古略續集三卷　（明）釋大聞撰　清光緒十二年(1886)刻本　五冊

220000－0803－0003822　子14/113.1－2

釋氏稽古略四卷　（元）釋覺岸編輯　釋鑑稽古略續集三卷　（明）釋大聞撰　清光緒十二年(1886)刻本　五冊

220000－0803－0003823　子14/114

顯揚聖教論二十卷　（印度）釋無著造　（唐）釋玄奘譯　清宣統元年(1909)刻本　三冊　存十五卷(六至二十)

220000－0803－0003824　子14/116

丙寅丁卯說法不分卷　（□）□□撰　清末抄

本 一册

220000－0803－0003825 子14/117
佛說觀無量壽佛經疏妙宗鈔四卷 （宋）釋知
禮鈔 清刻本 三册

220000－0803－0003826 子14/118
觀經義疏妙宗鈔證義二卷 （明）釋廣承集
（清）釋廣印校 清同治十三年（1874）刻本
一册

220000－0803－0003827 子14/120
佛說觀無量壽佛經疏四卷 （南朝宋）釋畺良
耶舍譯 （唐）釋善導集記 清光緒二十年
（1894）金陵刻經處刻本 二册

220000－0803－0003828 子14/122
頻伽精舍校刊大藏經不分卷 哈同羅詩氏校
清宣統二年（1910）頻伽精舍鉛印本 一册

220000－0803－0003829 子14/131
佛本行集經六十卷 （隋）釋闍那崛多譯 清
光緒三十年（1904）南昌刻經處刻本 十二册

220000－0803－0003830 子14/133
無量壽經優婆提舍願生偈一卷 （北魏）菩提
留支譯 無量壽經優婆提舍願生偈注二卷
略論樂淨土義一卷 贊阿彌陀佛偈一卷
（北魏）釋曇鸞注解 清光緒十九年（1893）金
陵刻經處刻本 一册

220000－0803－0003831 子14/134
百論序疏十四卷 （唐）釋吉藏疏 清末刻本
五册 存十二卷（一至十二）

220000－0803－0003832 子14/135
般若燈論十五卷 （唐）釋波羅頗蜜多羅譯
清光緒二十四年（1898）金陵刻經處刻本
三册

220000－0803－0003833 子14/144
成唯識論十卷 （唐）釋玄奘譯 清光緒二十
二年（1896）金陵刻經處刻本 二册

220000－0803－0003834 子14/147
金剛般若波羅蜜經破空論一卷 （後秦）釋鳩
摩羅什譯 （明）釋智旭造論 金剛般若波羅

蜜經觀心釋一卷般若波羅蜜多心經釋要一卷
（明）釋智旭述 清同治十年（1871）如皋刻
經處刻本 一册

220000－0803－0003835 子14/150
大乘起信論一卷 （南朝陳）釋真諦譯 清光
緒二十四年（1898）金陵刻經處刻本 一册

220000－0803－0003836 子14/152
相宗八要解八卷 （唐）釋玄奘譯 （明）釋明
昱集解 清光緒二十八年（1902）金陵刻經處
刻本 三册

220000－0803－0003837 子14/154
菩薩戒羯磨文釋一卷重定授菩薩戒法一卷學
菩薩戒法一卷菩薩戒本經一卷梵網經懺悔行
法一卷 （唐）釋玄奘譯 （明）釋明昱釋 清
同治十三年（1874）金陵刻經處刻本 一册

220000－0803－0003838 子14/156
金剛般若波羅蜜經一卷佛說阿彌陀經一卷
（後秦）釋鳩摩羅什譯 般若波羅蜜多心經一
卷 （唐）釋玄奘譯 清刻本 一册

220000－0803－0003839 子14/161
大方廣佛華嚴經八十卷 （唐）釋實義難陀譯
清刻本 十七册 存六十卷（一至四十八、
五十七至六十八）

220000－0803－0003840 子14/162
雜阿含經五十卷 （南朝宋）釋求那跋陀羅譯
清光緒十四年（1888）江寧王本龍刻本 十
二册

220000－0803－0003841 子14/163
竹窗三筆一卷 （明）釋袾宏撰 清光緒二十
四年（1898）金陵刻經處刻本 一册

220000－0803－0003842 子14/165
毗尼日用切要一卷沙彌尼律儀要略一卷
（清）釋讀體彙集 清光緒二十一年（1895）金
陵刻經處刻本 一册

220000－0803－0003843 子14/166
安樂集二卷 （唐）釋道綽撰 清光緒二十三
年（1897）金陵刻經處刻本 一册

220000－0803－0003844　子14/170

妙法蓮華經文句記三十卷　（唐）釋湛然輯
（後秦）釋鳩摩羅什譯　清光緒七年(1881)姑
蘇刻經處刻本　十三冊　存十三卷（十三至
十四、十六至十七、二十一至二十五、二十七
至三十）

220000－0803－0003845　子14/171

四分律藏六十卷　（後秦）釋佛陀耶舍　（後
秦）釋竺佛念譯　清刻本　十七冊　存五十
一卷（一至九、十三至十八、二十二至四十五、
四十九至六十）

220000－0803－0003846　子14/173

關帝伏魔寶卷註解降乩注釋四卷　（□）□□
撰　清光緒二十二年(1896)吉林北山關帝廟
學善堂鉛印本　三冊　存三卷（元、利、貞）

220000－0803－0003847　子14/174

御選語錄十九卷　（清）世宗胤禛選　清刻本
六冊　存六卷（十四至十九）

220000－0803－0003848　子14/175

佛說觀無量壽佛經圖頌一卷　（南朝宋）釋畺
良耶舍譯　清石印本　一冊

220000－0803－0003849　子15/2

三生指南寶誥二卷濟世寶筏二卷　（□）□□
編　清光緒三十三年(1907)石印本　四冊
存三卷（三生指南寶誥二卷、濟世寶筏下）

220000－0803－0003850　子15/3.1

沖虛至德真經八卷　（戰國）列禦寇撰　（晉）
張湛注　清光緒十年(1884)影宋刻本　一冊

220000－0803－0003851　子15/3.3

通玄真經十二卷　（周）辛銒撰　（唐）徐靈府
注　清光緒九年(1883)刻鐵華館叢書本
一冊

220000－0803－0003852　子15/3.4

新序十卷　（漢）劉向撰　清光緒九年(1883)
刻鐵華館叢書本　一冊

220000－0803－0003853　子15/4.3

文子纘義十二卷　（宋）杜道堅撰　清光緒九

年(1883)湖南傳忠書局刻本　二冊

220000－0803－0003854　子15/4.4

文子纘義十二卷　（宋）杜道堅撰　清光緒三
年(1877)浙江書局刻本　二冊

220000－0803－0003855　子15/7

太上感應篇注二卷　（清）惠棟箋　（清）姚學
塽注　清咸豐五年(1855)南海伍氏刻粵雅堂
叢書本　一冊

220000－0803－0003856　子15/9.3

列子八卷　（戰國）列禦寇撰　（晉）張湛注
（唐）殷敬順釋文　清光緒二年(1876)浙江書
局刻本　二冊

220000－0803－0003857　子15/10.1

老子道德經二卷　（春秋）李耳撰　（三國魏）
王弼注　清光緒遵義黎氏刻古逸叢書本
一冊

220000－0803－0003858　子15/10.4

老子道德經二卷　（三國魏）王弼注　**音義一
卷**　（唐）陸德明撰　清光緒二十七年(1901)
浙江書局刻本　一冊

220000－0803－0003859　子15/15.3－1

抱朴子內篇二十卷　（晉）葛洪撰　清嘉慶十
八年(1813)繼氏金陵道署刻平津館叢書本
二冊

220000－0803－0003860　子15/15.3－2

抱朴子內篇二十卷外篇五十卷附篇一卷
（晉）葛洪撰　清光緒十一年(1885)朱記榮槐
廬刻本　八冊

220000－0803－0003861　子15/16.3

南華真經十卷　（戰國）莊周撰　（晉）郭象注
（唐）陸德明音釋　清光緒二十七年(1901)
鉛印本　一冊

220000－0803－0003862　子15/17.1－1

南華真經正義不分卷識餘一卷　（清）陳壽昌
輯　清光緒十九年(1893)怡顏齋刻本　六冊

220000－0803－0003863　子15/17.1－2

南華真經正義不分卷識餘一卷　（清）陳壽昌

185

輯　清光緒十九年(1893)怡顏齋刻本　六冊

220000－0803－0003864　子15/18.3

莊子南華真經十卷　（戰國）莊周撰　（晉）郭象注　清光緒十一年(1885)傳忠書局刻本　五冊

220000－0803－0003865　子15/20

莊子內篇注四卷　（戰國）莊周撰　（明）釋德清注　清光緒十四年(1888)金陵刻經處刻本　二冊

220000－0803－0003866　子15/21.1－1

莊子因六卷　（戰國）莊周撰　（清）林雲銘評述　清光緒六年(1880)白雲精舍刻本　四冊

220000－0803－0003867　子15/21.1－2

莊子因六卷　（戰國）莊周撰　（清）林雲銘評述　清光緒六年(1880)白雲精舍刻本　六冊

220000－0803－0003868　子15/23

莊子南華雪心編內編二卷外編三卷雜編三卷　（戰國）莊周撰　（清）劉鳳苞注解　清光緒二十三年(1897)晚香堂刻本　八冊

220000－0803－0003869　子15/24

莊子集解八卷　（戰國）莊周撰　王先謙集解　清宣統元年(1909)思賢書局刻本　四冊

220000－0803－0003870　子15/25

莊子集釋十卷　（戰國）莊周撰　（清）郭慶藩（清）孟純輯　清光緒二十年(1894)思賢講舍刻本　八冊

220000－0803－0003871　子15/25－2

莊子集釋十卷　（戰國）莊周撰　（清）郭慶藩（清）孟純輯　清光緒二十年(1894)思賢講舍刻本　五冊

220000－0803－0003872　子15/27

通玄真經十二卷　（周）辛鈃撰　（唐）徐靈府注　清光緒九年(1883)長洲蔣氏刻本　二冊

220000－0803－0003873　子15/37

感應篇引經牋注不分卷　（清）惠棟箋注　清同治刻本　一冊

220000－0803－0003874　子15/39

頤身集不分卷　（清）葉志詵輯　清咸豐二年(1852)廣東撫署刻本　四冊

220000－0803－0003875　子15/42

古書隱樓藏書三十五種　（清）閔苕旉撰　清道光刻本　十四冊

220000－0803－0003876　子15/43

繪像列仙傳四卷　（清）還初道人輯　清光緒十三年(1887)掃葉山房刻本　四冊

220000－0803－0003877　子15/44

莊子南華眞經三卷　（明）譚元春評閱　（明）張溥參正　**莊子闕誤不分卷**　（明）楊愼撰　清光緒元年(1875)湖北崇文書局刻本　二冊

220000－0803－0003878　子15/52

通關文二卷　（清）劉一明撰　（清）張陽全校閱　清道光二年(1822)刻本　一冊

220000－0803－0003879　子15/53

郭子翼莊不分卷　（晉）郭象撰　（清）李調元校　**古今同姓名錄不分卷**　（南朝梁）元帝蕭繹撰　（清）李調元校　清光緒七年(1881)廣漢刻本　一冊

220000－0803－0003880　子15/55

呂祖大化歌不分卷　（唐）呂洞賓撰　清光緒十年(1884)吉林北街萃一堂刻本　一冊

220000－0803－0003881　子15/60.2

性命圭旨四集四卷　（清）尹真人弟子編　清刻本　一冊

220000－0803－0003882　子16/1

博物志十卷　（晉）張華撰　（宋）周日用等注　清嘉慶八年(1803)刻本　一冊

220000－0803－0003883　子16/2

理化器械圖說不分卷　（□）□□撰　清光緒三十四年(1908)山東高等學堂石印本　一冊

220000－0803－0003884　子16/3

電學十卷首一卷　（英國）瑙挨德撰　（英國）傅蘭雅口譯　（清）徐建寅筆述　清刻本　六冊

220000－0803－0003885　子16/4

格致彙編十二卷 （英國）傅蘭雅編 清光緒二年(1876)鉛印本 四冊

220000－0803－0003886 子16/5

重學圖說一卷體性圖說一卷 （英國）傅蘭雅撰 清光緒十一年(1885)刻本 一冊

220000－0803－0003887 子16/5.1

光學圖說二卷 （英國）傅蘭雅譯 清光緒十六年(1890)益智書會刻本 二冊

220000－0803－0003888 子17/1

新鐫工師雕斲正式魯班木經匠家鏡三卷 （明）午榮編 （明）周言校正 清善成堂刻本 二冊

220000－0803－0003889 子18/1

西藝知新二十二卷 （英國）諾格德撰 （英國）傅蘭雅口譯 （清）徐壽筆述 清光緒二十二年(1896)上海璣衡堂石印本 六冊

220000－0803－0003890 子18/2

考工記要十七卷附圖一卷 （英國）瑪體生撰 （英國）傅蘭雅 （清）鍾天緯譯 清光緒七年(1881)刻本 八冊

220000－0803－0003891 子18/3

汽機發軔九卷表一卷 （英國）美以納 （英國）白勞那撰 （英國）偉烈口譯 （清）徐壽筆述 清刻本 四冊

220000－0803－0003892 子18/4.1－1

汽機必以十二卷首一卷附一卷 （英國）蒲而捺撰 （英國）傅蘭雅口譯 （清）徐建寅筆述 清刻本 六冊

220000－0803－0003893 子18/4.1－2

汽機必以十二卷首一卷附一卷 （英國）蒲而捺撰 （英國）傅蘭雅口譯 （清）徐建寅筆述 清刻本 六冊

220000－0803－0003894 子18/5

製機理法八卷附表一卷圖一卷 （英國）覺顯祿斯撰 （英國）傅蘭雅口譯 （清）華備鈺筆述 清光緒二十五年(1899)江南製造局刻本 四冊

220000－0803－0003895 集1/1.2

楚辭章句十七卷 （漢）王逸撰 清光緒九年(1883)長沙書堂山館刻本 六冊

220000－0803－0003896 集1/1.5

楚辭十七卷 （漢）王逸撰 清末四川成都存古書局刻本 二冊

220000－0803－0003897 集1/3

屈子正音三卷 （清）方績撰 清光緒六年(1880)网舊聞齋刻本 三冊

220000－0803－0003898 集1/4

屈賈文合編三種十九卷 （戰國）屈原 （漢）賈誼撰 （宋）朱熹集注 （清）夏獻雲校刊 清光緒三年(1877)長沙刻本 六冊

220000－0803－0003899 集1/7

賦鈔札記六卷 （清）朱錦綬等記 清末刻本 一冊

220000－0803－0003900 集2/2

三宋人集三種四十八卷 （清）方功惠輯 清光緒七年(1881)碧琳琅館刻本 六冊

220000－0803－0003901 集2/3.1

三蘇全集七種二百八卷 （宋）蘇洵等著 清道光十三年(1833)刻本 八十冊

220000－0803－0003902 集2/4

三賢集(三賢文集)三種十二卷 （清）張斐然等輯 清光緒二十四年(1898)臨安俞廷獻刻本 十二冊

220000－0803－0003903 集2/5.1－1

文選六十卷 （南朝梁）蕭統輯 （唐）李善注 清嘉慶十四年(1809)刻本 三十冊

220000－0803－0003904 集2/5.1－2

文選六十卷 （南朝梁）蕭統輯 （唐）李善注 清同治八年(1869)潯陽萬氏刻本 二十四冊

220000－0803－0003905 集2/5.1－3

文選六十卷 （南朝梁）蕭統輯 （唐）李善注 文選考異十卷 （清）胡克家撰 清同治八年(1869)湖北崇文書局刻本 二十一冊 存

六十二卷(文選三至十七、二十一至六十,文選考異一至七)

220000－0803－0003906　集2/5.3－1
文選六十卷　(南朝梁)蕭統輯　(唐)李善注　清同治八年(1869)金陵書局刻本　十冊

220000－0803－0003907　集2/5.3－2
文選六十卷　(南朝梁)蕭統輯　(唐)李善注　清同治八年(1869)金陵書局刻本　十冊

220000－0803－0003908　集2/5.8
文選六十卷　(南朝梁)蕭統輯　(唐)李善注　清末上海會文堂書局影印本　十六冊

220000－0803－0003909　集2/7.1－3
文選六十卷　(南朝梁)蕭統輯　(唐)李善注　清雙桂堂刻朱墨套印本　十二冊

220000－0803－0003910　集2/9
文選考異十卷　(清)胡克家撰　清嘉慶十四年(1809)鄱陽胡氏刻本　六冊

220000－0803－0003911　集2/13
元文類七十卷目錄三卷　(元)蘇天爵編　清光緒十五年(1889)江蘇書局刻本　十冊

220000－0803－0003912　集2/15.1－1
仁在堂詩賦不分卷　(清)路德輯　清道光十八年(1838)刻本　六冊

220000－0803－0003913　集2/15.1－2
仁在堂詩賦不分卷　(清)路德輯　清道光十八年(1838)刻本　六冊

220000－0803－0003914　集2/17
古文詞略讀本二十四卷　(清)梅曾亮輯　清末京師宏道學舍鉛印本　四冊

220000－0803－0003915　集2/18.1
古文苑九卷　(宋)韓元吉編　清末刻本　二冊

220000－0803－0003916　集2/19.1
續古文苑二十卷　(清)孫星衍撰　清嘉慶十七年(1812)冶城山館刻本　八冊

220000－0803－0003917　集2/19.2

續古文苑二十卷　(清)孫星衍撰　清末刻本　五冊　存十七卷(四至二十)

220000－0803－0003918　集2/21
宋文鑑一百五十卷目錄三卷　(宋)呂祖謙編　清光緒十二年(1886)江蘇書局刻本　二十四冊

220000－0803－0003919　集2/28.1－1
唐人三家集二十八卷　(清)秦恩復輯　清道光十年(1830)江都石研齋刻本　四冊

220000－0803－0003920　集2/28.1－2
唐人三家集二十八卷　(清)秦恩復輯　清道光十年(1830)江都石研齋刻本　八冊

220000－0803－0003921　集2/28.1－3
唐人三家集二十八卷　(清)秦恩復輯　清道光十年(1830)江都石研齋刻本　十二冊

220000－0803－0003922　集2/28.2
唐人三家集二十八卷　(清)秦恩復輯　清宣統三年(1911)藏古圖書館影印本　八冊

220000－0803－0003923　集2/30.1－1
唐文粹一百卷　(宋)姚鉉纂　清光緒九年(1883)江蘇書局刻本　十六冊

220000－0803－0003924　集2/30.1－2
唐文粹一百卷　(宋)姚鉉纂　清光緒九年(1883)江蘇書局刻本　八冊　存四十卷(一至四十)

220000－0803－0003925　集2/30.1－3
唐文粹一百卷　(宋)姚鉉纂　清光緒九年(1883)江蘇書局刻本　十六冊

220000－0803－0003926　集2/30.1－4
唐文粹一百卷　(宋)姚鉉纂　清光緒九年(1883)江蘇書局刻本　十六冊

220000－0803－0003927　集2/30.2
文粹(唐文粹)一百卷　(宋)姚鉉纂　清光緒十六年(1890)杭州許氏榆園刻本　十六冊

220000－0803－0003928　集2/31.1－1
唐人五十家小集七十二卷　(清)江標校刊　清光緒二十一年(1895)靈鶼閣刻本　十六冊

220000－0803－0003929　集2/31.1－2
唐人五十家小集七十二卷　（清）江標校刊
清光緒二十一年(1895)靈鶼閣刻本　十六冊

220000－0803－0003930　集2/32
沈氏三先生文集六十一卷附錄一卷　（宋）沈
遘等撰　清光緒二十二年(1896)浙江書局刻
本　十冊　缺十九卷（十四至二十二、四十
一、四十三至五十一）

220000－0803－0003931　集2/33
沅湘攬秀集六卷　（清）陸寶忠輯　清光緒十
四年(1888)湖南學院刻本　六冊

220000－0803－0003932　集2/37
貴池唐人集十六卷　劉世珩輯　清光緒三十
一年(1905)貴池劉氏唐石簃刻本　四冊

220000－0803－0003933　集2/38
蜀秀集九卷　（清）譚宗浚輯　清光緒五年
(1879)成都試院刻本　十冊

220000－0803－0003934　集2/39.1－1
漢魏六朝百三名家集一百十八卷　（明）張溥
輯　清光緒十八年(1892)善化章經濟堂刻本
八十冊

220000－0803－0003935　集2/39.1－2
漢魏六朝百三名家集一百十八卷　（明）張溥
輯　清光緒十八年(1892)善化章經濟堂刻本
一百冊

220000－0803－0003936　集2/40.1－1
寧都三魏全集八十一卷　（清）林時益輯　清
道光二十五年(1845)謝庭綏綏園書塾刻本
五十冊　缺十九卷（魏叔子文集外篇三至四、
六、十至二十二，魏叔子詩集一至三）

220000－0803－0003937　集2/40.1－2
寧都三魏全集八十四卷　（清）林時益輯　清
道光二十五年(1845)謝庭綏綏園書塾刻本
五十冊

220000－0803－0003938　集2/42
諸葛宗岳史四公文集三十卷　（清）劉質慧輯
清同治十二年(1873)述荊堂刻本　十四冊

220000－0803－0003939　集2/44
學海堂四集二十八卷　（清）金錫齡編　清光
緒十二年(1886)啓秀山房刻本　十六冊

220000－0803－0003940　集2/45
清芬集十卷　（清）劉寶楠輯　清道光十八年
(1838)世德堂刻本　四冊

220000－0803－0003941　集2/49
漢魏六朝名家集四十種一百七十九卷　丁福
保輯　清宣統三年(1911)上海文明書局鉛印
本　三十冊

220000－0803－0003942　集2/50
重訂文選集評十五卷首一卷末一卷　（清）于
光華編　清刻本　八冊　存九卷（八至十五、
末一卷）

220000－0803－0003943　集2/51
刑統賦一卷　（宋）傅霖撰　眞賞齋賦一卷
(明)豐道生撰　河賦一卷　（清）江藩譔
（清）錢坤注　清光緒三十四年(1908)刻本
一冊

220000－0803－0003944　集2/53.1－1
皇朝經世文編一百二十卷　（清）賀長齡輯
清道光七年(1827)刻本　八十冊

220000－0803－0003945　集2/53.1－2
皇朝經世文編一百二十卷　（清）賀長齡輯
清道光七年(1827)刻本　六十冊

220000－0803－0003946　集2/53.1－3
皇朝經世文編一百二十卷姓名總目二卷
（清）賀長齡輯　清道光七年(1827)刻本　六
十二冊　存七十七卷（一至二十九、三十二至
七十九）

220000－0803－0003947　集2/53.2
皇朝經濟文編一百二十八卷　（清）求自彊齋
主人編輯　清光緒二十七年(1901)慎記書莊
石印本　四十八冊

220000－0803－0003948　集2/54
皇朝經世文續編一百二十卷　（清）葛士濬輯
清光緒石印本　十冊　存六十卷（六十一

吉林市圖書館古籍普查登記目錄

189

至一百二十）

220000－0803－0003949　集2/55

皇朝經世文新編二十一卷　麥仲華輯　清末
石印本　十六冊　缺一卷（十一）

220000－0803－0003950　集2/56

皇朝經世文新編續集二十一卷　（清）甘韓輯
（清）楊鳳藻校正　清光緒二十八年（1902）
商絳雪齋書局石印本　十二冊

220000－0803－0003951　集2.1/1

十八科會墨約刊二卷　（清）許庚身評選　清
同治元年（1862）刻本　一冊　存一卷（上）

220000－0803－0003952　集2.1/2

重訂七種古文選四十八卷　（清）儲欣評　清
金閶書業堂刻本　二十冊

220000－0803－0003953　集2.1/3

八家古文精選不分卷　（清）呂留良輯　清呂
氏家塾刻本　八冊

220000－0803－0003954　集2.1/4

八家四六文註八卷首一卷　（清）孫星衍著
（清）許貞幹註　清光緒十七年（1891）刻本
十六冊

220000－0803－0003955　集2.1/5

八旗文經五十六卷　（清）盛昱輯　**作者攷三
卷敘錄一卷**　楊鍾羲撰　清光緒二十七年
（1901）武昌刻本　十二冊

220000－0803－0003956　集2.1/6.1

八銘塾鈔初集不分卷二集不分卷　（清）吳懋
政編　清刻本　四冊

220000－0803－0003957　集2.1/6.2

八銘塾鈔二集不分卷　（清）吳懋政編　清刻
本　四冊

220000－0803－0003958　集2.1/6.3

八銘塾鈔初集不分卷　（清）吳懋政編　清光
緒二十年（1894）湖南書局刻本　六冊

220000－0803－0003959　集2.1/7

三唐人集三十七卷　（清）馮煥光輯　清光緒
二年（1876）讀有用書齋刻本　十冊

220000－0803－0003960　集2.1/8.1

三蘇策論十二卷　（宋）蘇洵等著　（清）張紹
齡編　清光緒二十四年（1898）會文堂石印本
八冊

220000－0803－0003961　集2.1/8.2

三蘇策論十二卷　（宋）蘇洵等著　清光緒二
十七年（1901）上洋石印書局石印本　四冊

220000－0803－0003962　集2.1/9

大題清華集不分卷　（清）沈霖溥編　清光緒
元年（1875）刻本　四冊

220000－0803－0003963　集2.1/10

**小題正鵠初集不分卷二集不分卷三集不分卷
附蒲編堂訓蒙草不分卷**　（清）李元度編輯
清咸豐九年（1859）刻本　八冊

220000－0803－0003964　集2.1/11.1－1

謝疊山先生文章軌範七卷　（宋）謝枋得輯
清光緒元年（1875）湖北崇文書局刻三色套印
本　二冊

220000－0803－0003965　集2.1/11.1－2

謝疊山先生文章軌範七卷　（宋）謝枋得輯
清光緒元年（1875）湖北崇文書局刻三色套印
本　二冊

220000－0803－0003966　集2.1/11.2

謝疊山先生文章軌範七卷　（宋）謝枋得輯
清光緒三十三年（1907）會文學社石印本
四冊

220000－0803－0003967　集2.1/12

文粹補遺二十六卷　（清）郭麐籑　清光緒十
七年（1891）杭州許氏榆園刻本　四冊

220000－0803－0003968　集2.1/13.1

文館詞林一千卷　（唐）許敬宗等撰　**兩京新
記五卷**　（唐）韋述撰　清刻本　一冊　存七
卷（文館詞林六百六十二、六百六十四、六百
六十八、六百九十五，兩京新記一至三）

220000－0803－0003969　集2.1/13.2

文館詞林一千卷　（唐）許敬宗等撰　清光緒
十九年（1893）景蘇園刻本　一冊　存二卷

220000－0803－0003970　集2.1/14.2

六朝文絜四卷　(清)許槤評選　(清)朱鈞參校　清道光五年(1825)刻朱墨套印本　二冊

220000－0803－0003971　集2.1/15

廿四科墨選空群錄不分卷　(清)傅鍾麟評選　清光緒元年(1875)山陰古楔潭館傅氏刻本　六冊

220000－0803－0003972　集2.1/16

中學國文讀本六卷　林紓評選　清宣統三年(1911)上海商務印書館鉛印本　十冊

220000－0803－0003973　集2.1/17

中外政治策論彙編二十四卷　(清)何溠淵輯　清光緒二十七年(1901)上海鴻寶書局石印本　二十四冊

220000－0803－0003974　集2.1/18

仁在堂時藝引階合編不分卷　(清)路德編　清咸豐六年(1856)寧郡汲古齋刻本　四冊

220000－0803－0003975　集2.1/20.5

古文辭類纂七十四卷　(清)姚鼐著　清光緒十九年(1893)思賢書局刻本　十冊　存六十六卷(四至十九、二十五至七十四)

220000－0803－0003976　集2.1/21.4

續古文辭類纂三十四卷　王先謙纂集　清光緒八年(1882)長沙王氏虛受堂刻本　七冊　存二十七卷(一至二十七)

220000－0803－0003977　集2.1/22.1－1

古文辭類纂七十四卷　(清)姚鼐纂集　**續古文辭類纂三十四卷**　王先謙纂集　清光緒三十三年(1907)上海商務印書館鉛印本　十二冊

220000－0803－0003978　集2.1/22.1－2

古文辭類纂七十四卷　(清)姚鼐纂集　**續古文辭類纂三十四卷**　王先謙纂集　清光緒三十三年(1907)上海商務印書館鉛印本　十二冊

220000－0803－0003979　集2.1/22.1－3

古文辭類纂七十四卷　(清)姚鼐纂集　**續古文辭類纂三十四卷**　王先謙纂集　清光緒三十三年(1907)上海商務印書館鉛印本　十二冊

220000－0803－0003980　集2.1/25.1－1

重訂古文釋義新編八卷　(清)余誠評註　清光緒二十四年(1898)上海掃葉山房刻本　八冊

220000－0803－0003981　集2.1/25.1－2

書業成重訂古文釋義新編八卷　(清)余誠評註　清光緒十五年(1889)上海掃葉山房刻本　八冊

220000－0803－0003982　集2.1/25.1－3

重訂古文釋義新編八卷　(清)余誠評註　清同治五年(1866)刻本　八冊

220000－0803－0003983　集2.1/25.1－4

古文釋義新編八卷　(清)余誠評註　清光緒六年(1880)上洋紫文閣刻本　四冊

220000－0803－0003984　集2.1/25.1－5

古文釋義新編八卷　(清)余誠評註　清道光十四年(1834)崇文堂刻本　六冊

220000－0803－0003985　集2.1/25.1－6

書業德重訂古文釋義新編八卷　(清)余誠評註　清光緒五年(1879)同文堂刻本　四冊

220000－0803－0003986　集2.1/25.1－7

古文釋義新編八卷　(清)余誠評註　清光緒十二年(1886)江左書林刻本　八冊

220000－0803－0003987　集2.1/25.1－8

重訂古文釋義新編八卷　(清)余誠評註　清光緒二十四年(1898)掃葉山房刻本　八冊

220000－0803－0003988　集2.1/25.1－9

書業成重訂古文釋義新編八卷　(清)余誠評註　清光緒十五年(1889)上海掃葉山房刻本　八冊

220000－0803－0003989　集2.1/25.3

重訂古文釋義新編八卷　(清)余誠評註　清光緒三十年(1904)上海掃葉山房石印本

八冊

220000－0803－0003990　集2.1/25.4
重訂古文釋義新編八卷　(清)余誠評註　清末上海著易堂石印本　八冊

220000－0803－0003991　集2.1/25.6－1
有益堂重訂古文釋義新編八卷　(清)余誠評註　清宣統二年(1910)有益堂刻本　八冊

220000－0803－0003992　集2.1/25.6－2
有益堂重訂古文釋義新編八卷　(清)余誠評註　清宣統二年(1910)有益堂刻本　八冊

220000－0803－0003993　集2.1/25.6－3
有益堂重訂古文釋義新編八卷　(清)余誠評註　清宣統二年(1910)有益堂刻本　八冊

220000－0803－0003994　集2.1/25.6－4
書業堂重訂古文釋義新編八卷　(清)余誠評註　清末刻本　七冊　缺一卷(七)

220000－0803－0003995　集2.1/26.1
古文觀止十二卷　(清)吳興祚鑒定　(清)吳楚材等編　清光緒十二年(1886)刻本　五冊　缺二卷(七至八)

220000－0803－0003996　集2.1/26.2
古文觀止十二卷　(清)吳興祚鑒定　(清)吳楚材等編　清光緒九年(1883)掃葉山房刻本　四冊　缺四卷(七至十)

220000－0803－0003997　集2.1/27.2
詳訂古文評註全集八卷　(清)劉豫庵鑒定　(清)過珙等評選　清宣統元年(1909)上海南洋官書局石印本　六冊　缺二卷(五至六)

220000－0803－0003998　集2.1/28.2－1
古文淵鑒六十四卷　(清)聖祖玄燁選　(清)徐乾學等編注　清同治十二年(1873)浙江書局刻本　三十二冊

220000－0803－0003999　集2.1/28.2－2
古文淵鑒六十四卷　(清)聖祖玄燁選　(清)徐乾學等編注　清末刻五色套印本　三十六冊

220000－0803－0004000　集2.1/28.3

220000－0803－0004000　集2.1/28.3
古文淵鑒六十四卷　(清)聖祖玄燁選　(清)徐乾學等編注　清淵鑒齋刻本　三十冊　缺四卷(四十二至四十三、五十八至五十九)

220000－0803－0004001　集2.1/28.4
古香齋新刻袖珍御選古文淵鑒六十四卷　(清)聖祖玄燁選　(清)徐乾學等編注　清光緒十年至十一年(1884－1885)孔氏刻五色套印本　三十冊

220000－0803－0004002　集2.1/30
古文翼八卷　(清)唐德宜編　清光緒十九年(1893)湖南經國書局刻本　八冊

220000－0803－0004003　集2.1/34
古文啫鳳新編八卷　(清)汪基鈔輯　清刻本　五冊　缺三卷(一、三、七)

220000－0803－0004004　集2.1/35
古文分編集評初集五卷二集五卷三集八卷四集四卷　(清)于在衡叅定　(清)于光華編輯　清末刻本　十六冊

220000－0803－0004005　集2.1/39.1－1
忠雅堂評選四六法海八卷　(清)蔣士銓評選　清末刻朱墨套印本　十冊

220000－0803－0004006　集2.1/39.1－2
忠雅堂評選四六法海八卷　(清)蔣士銓評選　清末刻朱墨套印本　八冊

220000－0803－0004007　集2.1/39.1－3
忠雅堂評選四六法海八卷　(清)蔣士銓評選　清末刻朱墨套印本　八冊

220000－0803－0004008　集2.1/39.1－4
忠雅堂評選四六法海八卷　(清)蔣士銓評選　清末刻朱墨套印本　八冊

220000－0803－0004009　集2.1/41
目耕齋(目耕齋讀本)初集不分卷二集不分卷三集不分卷　(清)徐楷評註　(清)沈叔眉選刊　清道光十八年(1838)李光明莊刻本　六冊

220000－0803－0004010　集2.1/43
全上古三代秦漢三國六朝文七百四十一卷

（清）嚴可均校輯　清光緒二十年（1894）黃岡王氏義莊刻本　一百冊

220000－0803－0004011　集2.1/44

欽定全唐文一千卷總目三卷　（清）董誥等編校　清嘉慶內府刻本　三百六十冊

220000－0803－0004012　集2.1/46

有正味齋駢體文二十四卷　（清）吳錫麒著（清）王廣業箋　清咸豐九年（1859）青箱塾刻本　八冊

220000－0803－0004013　集2.1/48

初級古文選本二編不分卷　（清）陸基編輯（清）沈恩孚校訂　清光緒三十四年（1908）中國圖書公司鉛印本　二冊

220000－0803－0004014　集2.1/49.1

宋四六選二十四卷　（清）彭元瑞定本　（清）曹振鏞編　清宣統二年（1910）南通州翰墨林書局鉛印本　七冊

220000－0803－0004015　集2.1/49.2

宋四六選二十四卷　（清）彭元瑞定本　（清）曹振鏞編　清末刻本　十二冊

220000－0803－0004016　集2.1/50

宋遼金元菁華錄十卷　（清）納蘭常安選評清光緒二十六年（1900）上海書局石印本四冊

220000－0803－0004017　集2.1/51

求是齋墨醇四卷　（清）杜聯選評　清同治三年（1864）刻本　四冊

220000－0803－0004018　集2.1/52

受經堂彙稿十二卷　（清）楊紹文輯　清道光刻本　八冊

220000－0803－0004019　集2.1/53

注釋明文明三卷　（清）路德鑒定　清同治二年（1863）刻本　四冊

220000－0803－0004020　集2.1/54

明文明註釋三卷　（清）路德輯評　清光緒六年（1880）刻本　四冊

220000－0803－0004021　集2.1/55

聞式堂明文小題傳薪八卷　（清）臧岳評釋清末刻本　八冊

220000－0803－0004022　集2.1/56

皇朝文典七十四卷　（清）李兆洛編　清嘉慶刻本　二十冊

220000－0803－0004023　集2.1/57.2－1

御選唐宋文醇五十八卷　（清）高宗弘曆選（清）朱良裘等編修　清光緒三年（1877）刻本　四冊　存十卷（一至十）

220000－0803－0004024　集2.1/57.2－2

御選唐宋文醇五十八卷　（清）高宗弘曆選（清）朱良裘等編修　清末浙江書局刻本　二十冊

220000－0803－0004025　集2.1/57.3

御選唐宋文醇五十八卷　（清）高宗弘曆選（清）朱良裘等編修　清光緒三年（1877）刻本二十冊

220000－0803－0004026　集2.1/59

唐宋十大家全集錄五十一卷首一卷　（清）儲欣輯　清末刻本　二十四冊

220000－0803－0004027　集2.1/60

唐宋八大家類選十四卷　（清）儲欣評　清光緒十八年（1892）湖北官書處刻本　六冊

220000－0803－0004028　集2.1/61

唐宋八家文讀本三十卷　（清）沈德潛評點清末刻本　八冊　存十六卷（十五至三十）

220000－0803－0004029　集2.1/62

唐駢體文鈔十七卷　（清）陳均輯　清同治十二年（1873）刻本　六冊

220000－0803－0004030　集2.1/63

訓蒙草不分卷　（清）路德評述　清刻本一冊

220000－0803－0004031　集2.1/66

桐城吳氏古文讀本十三卷　（清）吳汝綸評選（清）常堉璋編校　清光緒三十二年（1906）上海文明書局鉛印本　四冊

220000－0803－0004032　集2.1/67

時藝綜二卷時藝引三卷 （清）路德輯 清道
光刻本 六冊

220000－0803－0004033 集2.1/68
時藝階四卷 （清）路德輯 清道光刻本
六冊

220000－0803－0004034 集2.1/69
時藝核二卷 （清）路德輯 清道光刻本
四冊

220000－0803－0004035 集2.1/70.1－1
涵芬樓古今文鈔一百卷 吳曾祺編纂 清宣
統二年(1910)上海商務印書館鉛印本 一
百冊

220000－0803－0004036 集2.1/70.1－2
涵芬樓古今文鈔一百卷 吳曾祺編纂 清宣
統二年(1910)上海商務印書館鉛印本 八十
二冊 缺十七卷(四、七、十六、二十二、二十
四、三十七、三十九至四十一、四十五、五十
六、五十九、六十五、七十二、七十九、八十三、
八十七)

220000－0803－0004037 集2.1/72.1－1
國朝文錄八十二卷 （清）姚椿輯 （清）吳仲
倫等校勘 清咸豐元年(1851)終南山館刻本
二十四冊

220000－0803－0004038 集2.1/72.1－2
國朝文錄八十二卷 （清）姚椿輯 （清）吳仲
倫等校勘 清咸豐元年(1851)終南山館刻本
二十四冊

220000－0803－0004039 集2.1/72.2
國朝文錄八十二卷 （清）姚椿輯 （清）吳仲
倫等校勘 清光緒二十六年(1900)掃葉山房
石印本 十六冊

220000－0803－0004040 集2.1/73.1－1
八家四六文鈔九卷 （清）吳鼒輯 清刻本
四冊

220000－0803－0004041 集2.1/73.1－2
國朝八家四六文鈔九卷 （清）吳鼒輯 清紫
文閣刻本 四冊

220000－0803－0004042 集2.1/74.1－1
國朝十家四六文鈔十一卷 王先謙輯 清光
緒十五年(1889)長沙王氏刻本 四冊

220000－0803－0004043 集2.1/74.1－2
國朝十家四六文鈔十一卷 王先謙輯 清光
緒十五年(1889)長沙王氏刻本 四冊

220000－0803－0004044 集2.1/75.1
國朝駢體正宗評本十二卷補編一卷 （清）曾
燠選 （清）姚燮評 清光緒十年(1884)花雨
樓刻朱墨套印本 六冊

220000－0803－0004045 集2.1/75.2
國朝駢體正宗十二卷補編一卷 （清）曾燠選
（清）姚燮評 清光緒十九年(1893)善化章
氏鴻運樓刻本 六冊

220000－0803－0004046 集2.1/76.1
國朝駢體正宗續編八卷 （清）張鳴珂輯 清
光緒二十一年(1895)善化章氏刻本 四冊

220000－0803－0004047 集2.1/76.2
國朝駢體正宗續編八卷 （清）張鳴珂輯 清
光緒十四年(1888)寒松閣刻本 四冊

220000－0803－0004048 集2.1/77
國文教科書并教授法十卷 （清）楊昭楷編述
（清）楊昭樸校訂 清光緒三十二年(1906)
湖南明德學堂出版部鉛印本 二冊

220000－0803－0004049 集2.1/78
崔蘭生遺文三卷 （清）崔國琚撰 能自彊齋
制藝一卷 （清）汪鳴鑾撰 清光緒二年
(1876)芸香館刻本 四冊(合訂爲一冊)

220000－0803－0004050 集2.1/79
國朝常州駢體文錄三十一卷 屠寄輯 清光
緒十六年(1890)刻本 六冊 存十八卷(一
至十八)

220000－0803－0004051 集2.1/80.1－1
湖海文傳七十五卷 （清）王昶輯 清道光十
七年(1837)刻本 十六冊

220000－0803－0004052 集2.1/80.1－2
湖海文傳七十五卷 （清）王昶輯 清道光十

七年（1837）刻本　十六册

220000－0803－0004053　集 2.1/81

湖南文徵一百九十卷姓氏傳四卷目錄六卷首一卷　（清）羅汝懷編纂　清同治十年（1871）刻本　一百册

220000－0803－0004054　集 2.1/83

策學舉隅二卷論學舉隅二卷　（清）兩部鼓吹軒編校　清光緒二十七年（1901）上海書局石印本　四册

220000－0803－0004055　集 2.1/87.1－1

經史百家雜鈔二十六卷　（清）曾國藩纂（清）李鴻章校刊　清光緒三十二年（1906）上海商務印書館鉛印本　十二册

220000－0803－0004056　集 2.1/87.1－2

經史百家雜鈔二十六卷　（清）曾國藩纂（清）李鴻章校刊　清光緒三十二年（1906）上海商務印書館鉛印本　十二册

220000－0803－0004057　集 2.1/87.1－3

經史百家雜鈔二十六卷　（清）曾國藩纂（清）李鴻章校刊　清光緒三十二年（1906）上海商務印書館鉛印本　十二册

220000－0803－0004058　集 2.1/87.1－4

經史百家雜鈔二十六卷　（清）曾國藩纂（清）李鴻章校刊　清光緒三十二年（1906）上海商務印書館鉛印本　十册　存二十二卷（一至七、十至十八、二十一至二十六）

220000－0803－0004059　集 2.1/88

經史百家簡編二卷　（清）曾國藩纂　（清）曾國荃審訂　清同治十三年（1874）傳忠書局刻本　二册

220000－0803－0004060　集 2.1/89

漢文典古文讀本八編　呂清揚撰　清宣統二年（1910）奉天圖書發行所鉛印本　二册

220000－0803－0004061　集 2.1/90

皇甫司農集一卷張太常集一卷段太尉集一卷　（清）張澍纂集　清道光元年（1821）刻本　一册

220000－0803－0004062　集 2.1/91

齊魯講學編初集二卷二集二卷　（清）尹銘綬編　清光緒二十九年（1903）鉛印本　四册

220000－0803－0004063　集 2.1/93.1－1

駢體文鈔三十一卷　（清）李兆洛編選　清同治六年（1867）刻本　八册

220000－0803－0004064　集 2.1/93.1－2

駢體文鈔三十一卷　（清）李兆洛編選　清光緒三十四年（1908）刻本　十册

220000－0803－0004065　集 2.1/93.1－3

駢體文鈔三十一卷　（清）李兆洛編選　清光緒三十四年（1908）刻本　八册

220000－0803－0004066　集 2.1/93.1－4

駢體文鈔三十一卷　（清）李兆洛編選　清光緒八年（1882）滬上刻本　十二册

220000－0803－0004067　集 2.1/93.1－5

駢體文鈔三十一卷　（清）李兆洛編選　清光緒刻本　十册

220000－0803－0004068　集 2.1/94

駢文類纂四十六卷　王先謙纂集　清光緒二十八年（1902）思賢書局刻本　二十四册

220000－0803－0004069　集 2.1/95

簡摩集制藝五卷　（清）司徒修編　清咸豐十一年（1861）刻本　九册

220000－0803－0004070　集 2.1/97

觀善堂取法集初編不分卷二編不分卷觀善堂課藝初集不分卷二集不分卷三集不分卷四集不分卷　（清）吳鴻恩輯注　清同治十三年（1874）刻本　六册

220000－0803－0004071　集 2.1/100

選註六朝唐賦二卷　（清）馬傳庚選註　清光緒十四年（1888）南陵徐氏餘學齋刻本　二册

220000－0803－0004072　集 2.1/101

切問齋文鈔三十卷　（清）陸耀輯　清道光五年（1825）刻本　十册

220000－0803－0004073　集 2.1/102

四書五經義策論正續合編不分卷存我軒偶錄

不分卷 （清）崇實社主人輯 清光緒二十九年(1903)崇實學社石印本 十二冊

220000－0803－0004074 集2.1/103
古文析義十六卷 （清）林雲銘評註 清文選樓刻本 十六冊

220000－0803－0004075 集2.1/112
小題採風(新選小題採風初集)三卷 （清）吳椿編 清道光十七年(1837)刻本 四冊

220000－0803－0004076 集2.1/113.1
小試新學準繩初編四卷 （清）求是齋選輯 清宣統元年(1909)江左書林石印本 三冊 存三卷(二至四)

220000－0803－0004077 集2.1/115
林嚴文鈔四卷 林紓 嚴復撰 清宣統三年(1911)上海國學扶輪社鉛印本 四冊

220000－0803－0004078 集2.1/116
兩漢策要十二卷 （宋）陶叔獻編 清光緒十三年(1887)上海同文書局石印本 八冊

220000－0803－0004079 集2.1/117
便蒙叢書初集十九種二十五卷 （□）□□輯 清光緒二十七年(1901)刻本 六冊

220000－0803－0004080 集2.2/1.1
七家試帖輯註彙鈔九卷 （清）張熙宇輯評 （清）王植桂輯註 清光緒十六年(1890)石渠山房刻本 八冊

220000－0803－0004081 集2.2/1.2－1
七家試帖輯註彙鈔九卷 （清）張熙宇輯評 （清）王植桂輯註 清光緒六年(1880)掃葉山房刻本 八冊

220000－0803－0004082 集2.2/1.2－2
七家試帖輯註彙鈔九卷 （清）張熙宇輯評 （清）王植桂輯註 清同治九年(1870)江左書林刻本 八冊

220000－0803－0004083 集2.2/1.2－3
七家試帖輯註彙鈔九卷 （清）張熙宇輯評 （清）王植桂輯註 清光緒十二年(1886)崇德書院刻本 八冊

220000－0803－0004084 集2.2/4
又玄集選一卷才調集選三卷 （唐）韋莊原本 （清）王士禎刪纂 清刻本 一冊

220000－0803－0004085 集2.2/6
八代詩選二十卷 王闓運撰 清末刻本 三冊 存三卷(十一、十五、十八)

220000－0803－0004086 集2.2/14.1－1
王孟詩評九卷 （宋）劉辰翁評 清末碧琳瑯館刻朱墨套印本 四冊

220000－0803－0004087 集2.2/14.1－2
王孟詩評九卷 （宋）劉辰翁評 清光緒五年(1879)碧琳瑯館刻朱墨套印本 四冊

220000－0803－0004088 集2.2/15
五七言今體詩鈔十八卷 （清）姚鼐定本 清嘉慶十三年(1808)刻本 二冊

220000－0803－0004089 集2.2/16
大小雅堂五言古體詩鈔四十五卷 （清）于胡魯錄 清吉林于胡魯抄本 七冊

220000－0803－0004090 集2.2/21.1
古詩源十四卷 （清）沈德潛選 清光緒十四年(1888)刻本 六冊

220000－0803－0004091 集2.2/21.3－1
評選古詩源四卷 （清）沈德潛選 清光緒二十年(1894)上海圖書集成印書局鉛印本 四冊

220000－0803－0004092 集2.2/21.3－2
評選古詩源四卷 （清）沈德潛選 清光緒二十年(1894)上海圖書集成印書局鉛印本 四冊

220000－0803－0004093 集2.2/22.1－1
古唐詩合解十六卷 （清）王堯衢註 清光緒十一年(1885)刻本 六冊

220000－0803－0004094 集2.2/22.1－2
古唐詩合解十六卷 （清）王堯衢註 清光緒二十六年(1900)刻本 八冊

220000－0803－0004095 集2.2/22.1－3
古唐詩合解十六卷 （清）王堯衢註 清光緒

十一年（1885）刻本　五冊　存十卷（一至六、九至十二）

220000－0803－0004096　集2.2/22.1－4
古唐詩合解十六卷　（清）王堯衢註　清光緒二年（1876）京都文成堂刻本　六冊

220000－0803－0004097　集2.2/22.2－1
古唐詩合解十六卷　（清）王堯衢註　清光緒二十四年（1898）刻本　六冊

220000－0803－0004098　集2.2/22.2－2
古唐詩合解十六卷　（清）王堯衢註　清三益堂刻本　四冊　存九卷（一至六、十至十二）

220000－0803－0004099　集2.2/22.3
古唐詩合解十六卷　（清）王堯衢註　清宣統元年（1909）石印本　八冊

220000－0803－0004100　集2.2/23.2－1
漁洋山人古詩選三十二卷　（清）王士禎選　清同治五年（1866）金陵書局刻本　八冊

220000－0803－0004101　集2.2/23.2－2
漁洋山人古詩選三十二卷　（清）王士禎選　清同治五年（1866）金陵書局刻本　六冊　存二十五卷（五言詩十七卷，七言詩一至四、十二至十五）

220000－0803－0004102　集2.2/24
古謠諺一百卷目錄一卷　（清）杜文瀾輯　清咸豐十一年（1861）杜氏曼陀羅華閣刻本　十二冊　存八十四卷（十八至一百、目錄一卷）

220000－0803－0004103　集2.2/26.1－1
弘正四傑詩集四種七十八卷　（清）張祖同輯　清光緒二十一年（1895）長沙張氏湘雨樓刻本　十六冊

220000－0803－0004104　集2.2/26.1－2
弘正四傑詩集四種七十八卷　（清）張祖同輯　清光緒二十一年（1895）長沙張氏湘雨樓刻本　十六冊

220000－0803－0004105　集2.2/27.2－1
列朝詩集八十一卷　（清）錢謙益選　清宣統二年（1910）上海神州國光社鉛印本　五十

六冊

220000－0803－0004106　集2.2/27.2－2
列朝詩集八十一卷　（清）錢謙益選　清宣統二年（1910）上海神州國光社鉛印本　四十九冊　缺九卷（甲集十六，乙集一至二、八，丙集三至四，丁集四、十五，閏集六）

220000－0803－0004107　集2.2/27.2－3
列朝詩集八十一卷　（清）錢謙益輯　清宣統二年（1910）鉛印本　四十五冊　存七十五卷（乾集一至二，甲前集一至十一，甲集一至二十二，乙集一至八，丙集一至五、九至十六，丁集一至十六，閏集一、三、五）

220000－0803－0004108　集2.2/28
百美新詠一卷題詞一卷圖傳一卷集詠一卷　（清）顏希源編撰　清刻本　二冊

220000－0803－0004109　集2.2/29.1
西崑酬唱集二卷　（宋）楊億編　清邵武徐氏刻本　一冊

220000－0803－0004110　集2.2/29.2
西崑詶唱集二卷　（宋）楊億編　清咸豐四年（1854）南海伍氏刻本　一冊

220000－0803－0004111　集2.2/30.3－1
全唐詩三十二卷　（清）曹寅等編修　清光緒十三年（1887）上海同文書局石印本　三十二冊

220000－0803－0004112　集2.2/30.3－2
全唐詩九百卷　（清）聖祖玄燁編　清光緒十三年（1887）上海同文書局石印本　三十二冊

220000－0803－0004113　集2.2/37
宋詩鈔初集　（清）呂留良等輯　清刻本　二冊　存五種六卷（文公集鈔一卷、詩鈔一卷，石湖詩鈔一卷，西塘詩鈔一卷，廣陵詩鈔一卷，後山詩鈔一卷）

220000－0803－0004114　集2.2/39
吳興詩存初集八卷二集十四卷三集六卷四集二十卷　（清）陸心源輯　清光緒十六年（1890）刻本　十四冊

220000－0803－0004115　集2.2/41

庚辰集五卷唐人試律說一卷　（清）紀昀編
清刻本　六冊

220000－0803－0004116　集2.2/47

明詩紀事一百八十七卷　陳田輯　清光緒二
十五年至宣統三年(1899－1911)貴陽陳氏聽
詩齋刻本　三十八冊

220000－0803－0004117　集2.2/50

明三十家詩選初集八卷二集八卷　（清）汪端
輯　清同治十二年(1873)蕰蘭吟館刻本　六
冊　存十二卷(初集三至八、二集一至六)

220000－0803－0004118　集2.2/51

癸酉消夏詩一卷南苑唱和詩一卷　（清）潘祖
蔭等撰　清同治刻本　一冊

220000－0803－0004119　集2.2/54.1

南宋襍事詩七卷　（清）沈嘉轍等撰　清武林
芹香齋刻本　六冊

220000－0803－0004120　集2.2/54.2

南宋雜事詩七卷　（清）沈嘉轍等撰　清同治
十一年(1872)淮南書局刻本　四冊

220000－0803－0004121　集2.2/59.1－1

唐人萬首絕句選七卷　（宋）洪邁元本　（清）
王士禛選本　清刻本　二冊

220000－0803－0004122　集2.2/59.1－2

唐人萬首絕句選七卷　（宋）洪邁元本　（清）
王士禛選本　清文粹堂刻本　一冊

220000－0803－0004123　集2.2/59.1－3

唐人萬首絕句選七卷　（宋）洪邁元本　（清）
王士禛選本　清刻本　二冊

220000－0803－0004124　集2.2/59.2

唐人萬首絕句選七卷　（宋）洪邁元本　（清）
王士禛選本　清光緒二十三年(1897)金陵書
局刻本　二冊

220000－0803－0004125　集2.2/59.3

唐人萬首絕句選七卷　（宋）洪邁元本　（清）
王士禛選本　清宣統三年(1911)掃葉山房石
印本　二冊

220000－0803－0004126　集2.2/60

唐中興閒氣集二卷　（唐）高仲武輯　**新雕校
證大字白氏諷諫一卷**　（唐）白居易撰　清光
緒十九年(1893)武進費氏刻本　三冊

220000－0803－0004127　集2.2/61.4－1

御選唐宋詩醇四十七卷目錄二卷　（清）高宗
弘曆選　清光緒七年(1881)浙江書局刻本
二十冊

220000－0803－0004128　集2.2/61.4－2

御選唐宋詩醇四十七卷目錄二卷　（清）高宗
弘曆選　清光緒七年(1881)浙江巡撫譚鍾麟
刻本　二十冊

220000－0803－0004129　集2.2/62.1－2

唐詩百名家全集　（清）席啓寓編錄　清光緒
八年(1882)琴川書屋刻本　六十四冊

220000－0803－0004130　集2.2/63.2

唐詩三百首註釋六卷　（清）孫洙編　**唐詩三
百首續選一卷**　（清）于慶元編　清光緒十六
年(1890)寶慶經綸栢記刻本　六冊

220000－0803－0004131　集2.2/64

唐詩三百首補註八卷　（清）孫洙原編　（清）
陳婉俊輯　清光緒十一年(1885)四籐吟社刻
本　四冊

220000－0803－0004132　集2.2/72

唐詩選六卷　王闓運撰　清光緒二年(1876)
成都尊經書局刻本　六冊

220000－0803－0004133　集2.2/74.1－1

孟浩然集四卷　（清）孟浩然撰　**高常侍集十
卷**　（唐）高適撰　**王摩詰集六卷**　（唐）王維
撰　**岑嘉州集八卷**　（唐）岑參撰　清光緒十
年(1884)上海同文書局石印本　八冊

220000－0803－0004134　集2.2/74.1－2

孟浩然集四卷　（清）孟浩然撰　**高常侍集十
卷**　（唐）高適撰　**王摩詰集六卷**　（唐）王維
撰　**岑嘉州集八卷**　（唐）岑參撰　清光緒十
年(1884)上海同文書局石印本　八冊

220000－0803－0004135　集 2.2/75

唐四家詩集二十一卷　（清）胡鳳丹輯　清刻本　五冊

220000－0803－0004136　集 2.2/76.1

唐四家詩集二十一卷　（清）胡鳳丹輯　清刻本　五冊

220000－0803－0004137　集 2.2/78

唐文粹詩選六卷　（清）王士禎纂　清刻本　二冊

220000－0803－0004138　集 2.2/80

評訂浙西六家詩鈔六卷　（清）吳應和　（清）馬洵選　（日本）近藤元粹評訂　清光緒二十九年（1903）嵩山堂鉛印本　三冊

220000－0803－0004139　集 2.2/81

惜抱軒今體詩選十八卷　（清）姚鼐輯　清同治五年（1866）金陵書局刻本　二冊

220000－0803－0004140　集 2.2/82

清尊集十六卷　（清）汪遠孫輯　清道光十九年（1839）錢唐振綺堂刻本　四冊

220000－0803－0004141　集 2.2/85

國朝閨秀正始續集十卷附錄一卷　（清）惲珠選　（清）妙蓮保　（清）佛芸保編校　**國朝閨秀正始續集補遺一卷**　（清）程孟梅輯　**紅香館駢詞一卷**　（清）妙蓮保輯　清道光十六年（1836）紅香館刻本　八冊

220000－0803－0004142　集 2.2/87

湖海詩傳四十六卷　（清）王昶輯　清同治四年（1865）綠蔭堂刻本　十六冊

220000－0803－0004143　集 2.2/90

道咸同光四朝詩史甲集八卷　孫雄輯　清宣統二年（1910）刻本　五冊

220000－0803－0004144　集 2.2/91

載書圖詩一卷　（清）王士禎輯　清刻本　一冊

220000－0803－0004145　集 2.2/92.3

漁洋感舊集小傳四卷　（清）盧見曾輯　（清）扶輪編輯部校印　清宣統二年（1910）上海國學扶輪社鉛印本　二冊

220000－0803－0004146　集 2.2/93

蜀詩十五卷　（清）費經虞輯　（清）孫澍校訂　清道光十三年（1833）古棠書屋刻本　四冊

220000－0803－0004147　集 2.2/96

國朝畿輔詩傳六十卷　（清）陶樑輯　（清）崔旭校　清道光十九年（1839）紅豆樹館刻本　十六冊

220000－0803－0004148　集 2.2/98.1－1

歷朝詩約選九十三卷　（清）劉大櫆纂　清光緒二十一年至二十三年（1895－1897）文徵閣刻本　二十二冊

220000－0803－0004149　集 2.2/98.1－2

歷朝詩約選九十三卷　（清）劉大櫆纂　清光緒二十一年至二十三年（1895－1897）文徵閣刻本　二十一冊　存八十八卷（五至九十二）

220000－0803－0004150　集 2.2/105

西江詩派韓饒二集六卷　沈曾植輯　清宣統二年（1910）姚埭沈氏刻本　二冊

220000－0803－0004151　集 2.2/106.1－1

蘭言詩鈔四卷　（清）李瑞題識　清光緒十七年（1891）上洋文成堂刻本　四冊

220000－0803－0004152　集 2.2/106.1－2

蘭言詩鈔四卷　（清）李瑞題識　清光緒十二年（1886）掃葉山房刻本　四冊

220000－0803－0004153　集 2.2/111

庚辰集五卷　（清）紀昀輯　清嘉慶八年（1803）刻本　五冊

220000－0803－0004154　集 2.2/112

試律標準二卷　（清）何桂清輯　清道光二十六年（1846）刻本　一冊

220000－0803－0004155　集 2.2/116

丙午春正唱和詩二卷　（清）延清等撰　（清）何乃瑩輯　清末京師崇文坊錦官堂石印本　二冊

220000－0803－0004156　集 2.2/120

江左三大家詩鈔九卷　（清）顧有孝　（清）趙

濸輯　清刻本　六冊

220000－0803－0004157　集2.2/121

西河詩錄八卷　（清）李元春輯　清道光十年
(1830)西河書院刻本　四冊

220000－0803－0004158　集2.2/126.1

試律青雲集四卷　（清）楊逢春輯　（清）沈品
華等註　清末江左書林鉛印本　四冊

220000－0803－0004159　集2.2/126.2

試律青雲集四卷　（清）楊逢春輯　（清）沈品
華等註　清道光五年(1825)刻本　四冊

220000－0803－0004160　集2.2/127.1

青雲集分韻試帖詳註四卷　（清）楊逢春輯
（清）沈品華等註　清道光刻本　一冊　存一
卷(二)

220000－0803－0004161　集2.2/127.2

青雲集分韻試帖詳註四卷　（清）楊逢春輯
（清）沈品華等註　清光緒十七年(1891)掃葉
山房刻本　四冊

220000－0803－0004162　集2.2/130

唐詩試帖課蒙詳解十卷　（清）王錫侯編釋
清四賢堂刻本　四冊

220000－0803－0004163　集2.2/136

黔詩紀略後編三十卷　（清）莫庭芝　（清）黎
汝謙輯　黔詩紀略補三卷　陳田輯　清宣統
三年(1911)筱石氏京師刻本　八冊

220000－0803－0004164　集2.2/137

嶺南三大家詩選二十四卷　（清）梁佩蘭等撰
（清）王隼輯　清同治七年(1868)南海陳氏
刻本　五冊

220000－0803－0004165　集2.2/139

詩比興箋四卷　（清）陳沆譔　清光緒九年
(1883)刻本　二冊

220000－0803－0004166　集2.2/143

歷朝名媛詩詞十二卷　（清）陸昶評選　（清）
程琰　（清）宋思敬閱定　清宣統三年(1911)
掃葉山房石印本　四冊

220000－0803－0004167　集2.2/144

應試分月詩賦註釋十二卷　（清）吳肖元選註
清多文堂刻本　六冊

220000－0803－0004168　集2.2/150

批點七家詩選箋註　（清）張熙宇輯評　清道
光十二年(1832)刻本　四冊

220000－0803－0004169　集3(1)/3.1－1

王右丞集（王右丞集箋註）二十八卷附錄二卷
（唐）王維撰　（清）趙殿成箋註　清刻本
六冊

220000－0803－0004170　集3(1)/5

晉司隸校尉傅玄集三卷　（晉）傅玄撰　葉德
輝輯　清光緒二十八年(1902)葉氏觀古堂刻
本　一冊

220000－0803－0004171　集3(1)/6.1

徐孝穆全集六卷　（南朝陳）徐陵撰　（清）吳
兆宜箋註　附徐孝穆備考一卷　（清）徐文炳
輯　清揚州藝古堂刻本　六冊

220000－0803－0004172　集3(1)/6.2

徐孝穆全集六卷　（南朝陳）徐陵撰　（清）吳
兆宜箋註　附徐孝穆備考一卷　（清）徐文炳
輯　清善化經濟書堂刻本　六冊

220000－0803－0004173　集3(1)/8.2－1

庾子山集十六卷首一卷　（北周）庾信撰
（清）倪璠註釋　清道光十九年(1839)善成堂
刻本　十二冊

220000－0803－0004174　集3(1)/8.2－2

庾子山集十六卷首一卷　（北周）庾信撰
（清）倪璠註釋　清道光十九年(1839)善成堂
刻本　十二冊

220000－0803－0004175　集3(1)/8.2－3

庾子山集十六卷首一卷　（北周）庾信撰
（清）倪璠註釋　清大文堂刻本　十二冊

220000－0803－0004176　集3(1)/8.2－4

庾子山集十六卷首一卷　（北周）庾信撰
（清）倪璠註釋　清道光十九年(1839)善成堂
刻本　十二冊

220000－0803－0004177　集3(1)/11.1－2

陶淵明集十卷 （晉）陶潛撰 清光緒二年
(1876)刻本 一冊

220000 – 0803 – 0004178　集3(1)/11.2 – 1
陶淵明集十卷 （晉）陶潛撰 清嘉慶十二年
(1807)京江魯氏刻本 二冊

220000 – 0803 – 0004179　集3(1)/11.2 – 2
陶淵明集十卷 （晉）陶潛撰 清嘉慶十二年
(1807)刻本 四冊

220000 – 0803 – 0004180　集3(1)/11.3 – 1
箋註陶淵明集十卷 （晉）陶潛撰 清宣統三
年(1911)貴池劉氏玉海堂刻本 四冊

220000 – 0803 – 0004181　集3(1)/11.3 – 2
箋註陶淵明集十卷 （晉）陶潛撰 清宣統三
年(1911)貴池劉氏玉海堂刻本 四冊

220000 – 0803 – 0004182　集3(1)/11.5 – 1
陶淵明集十卷 （晉）陶潛撰 清光緒六年
(1880)北京文萃堂刻三色套印本 四冊

220000 – 0803 – 0004183　集3(1)/11.5 – 2
陶淵明集十卷 （晉）陶潛撰 清光緒六年
(1880)北京文萃堂刻三色套印本 四冊

220000 – 0803 – 0004184　集3(1)/11.6
陶淵明集十卷 （晉）陶潛撰 清道光二十一
年(1841)秋柯草堂刻本 四冊

220000 – 0803 – 0004185　集3(1)/11.7
陶淵明集十卷 （晉）陶潛撰 清光緒五年
(1879)廣州翰墨園刻朱墨套印本 一冊

220000 – 0803 – 0004186　集3(1)/11.8
陶淵明集十卷 （晉）陶潛撰 清宣統二年
(1910)上海著易堂石印本 四冊

220000 – 0803 – 0004187　集3(1)/12.3
靖節先生集十卷首一卷末一卷 （晉）陶潛撰
（清）陶澍集注 清光緒九年(1883)江蘇書
局刻本 二冊

220000 – 0803 – 0004188　集3(1)/13
華陽陶隱居集二卷 （南朝梁）陶弘景撰 清
光緒二十九年(1903)長沙葉氏觀古堂刻本
一冊

220000 – 0803 – 0004189　集3(2)/6.1
唐皮日休文藪十卷 （唐）皮日休撰 清光緒
二十一年(1895)李氏蘭雪堂刻本 四冊

220000 – 0803 – 0004190　集3(2)/8.1 – 1
唐丞相曲江張文獻公集十二卷千秋金鑑錄五
卷曲江集續刻十卷 （唐）張九齡撰 清光緒
十六年(1890)鏡芙精舍刻本 十冊

220000 – 0803 – 0004191　集3(2)/8.1 – 2
唐丞相曲江張文獻公集十二卷曲江集續刻十
卷 （唐）張九齡撰 清光緒十六年(1890)鏡
芙精舍刻本 八冊 缺二卷(唐丞相曲江張
文獻公集十一至十二)

220000 – 0803 – 0004192　集3(2)/8.2
唐丞相曲江張文獻公集十二卷千秋金鑑錄五
卷 （唐）張九齡撰 清光緒十八年(1892)刻
本 六冊

220000 – 0803 – 0004193　集3(2)/9.1
沈下賢文集十二卷 （唐）沈亞之撰 清光緒
二十一年(1895)刻本 二冊

220000 – 0803 – 0004194　集3(2)/11
杜工部集二十卷附錄一卷 （唐）杜甫撰
（清）錢謙益箋註 （清）何焯評點 清宣統二
年(1910)鉛印本 八冊

220000 – 0803 – 0004195　集3(2)/12.1
杜工部集二十卷首一卷附錄一卷 （唐）杜甫
撰 （清）鄭澐輯 清同治十一年(1872)致一
齋刻本 十冊

220000 – 0803 – 0004196　集3(2)/13.1 – 2
李太白文集三十卷 （唐）李白撰 清光緒十
四年(1888)湖北官書局刻本 四冊

220000 – 0803 – 0004197　集3(2)/13.2
李翰林集三十卷 （唐）李白撰 李集札記一
卷 劉世珩撰 清光緒三十四年至宣統元年
(1908 – 1909)黃岡陶子麟刻本 六冊

220000 – 0803 – 0004198　集3(2)/15.2
李太白文集三十六卷 （唐）李白撰 （清）王
琦輯註 清光緒三十四年(1908)上海掃葉山

房石印本 二十冊

220000－0803－0004199 集3(2)/17.2
唐人三家集二十七卷 (唐)駱賓王等撰
(清)秦恩復輯 清道光十年(1830)江都石研齋刻本 二冊

220000－0803－0004200 集3(2)/21.1－1
柳柳州外集一卷附錄一卷 (唐)柳宗元撰
清光緒四年(1878)合肥蒯氏刻本 二冊

220000－0803－0004201 集3(2)/21.1－2
柳柳州外集一卷附錄一卷 (唐)柳宗元撰
清光緒十三年(1887)寶章閣刻本 一冊

220000－0803－0004202 集3(2)/26.1
張說之文集二十五卷補遺五卷 (唐)張說著
清光緒三十一年(1905)仁和朱氏刻本 六冊

220000－0803－0004203 集3(2)/28.1
樊川文集二十卷外集一卷別集一卷 (唐)杜牧撰 清光緒二十二年(1896)影蘇園刻本 四冊

220000－0803－0004204 集3(2)/31
劉賓客文集三十卷外集十卷 (唐)劉禹錫撰 清光緒三十一年(1905)仁和朱氏刻本 六冊

220000－0803－0004205 集3(2)/33.2－1
魯公文集十五卷 (唐)顏真卿撰 清刻本 四冊

220000－0803－0004206 集3(2)/33.2－2
魯公文集十五卷 (唐)顏真卿撰 清宣統二年(1910)守政書局刻本 四冊

220000－0803－0004207 集3(2)/34.3－1
昌黎先生集四十卷外集十卷遺文一卷 (唐)韓愈撰 (唐)李漢編 **朱子校昌黎先生傳一卷** (宋)朱熹撰 **韓集點勘四卷** (清)陳景雲撰 清同治八年(1869)江蘇書局刻本 二十八冊

220000－0803－0004208 集3(2)/34.3－2
昌黎先生集四十卷外集十卷遺文一卷 (唐)

韓愈撰 (唐)李漢編 **韓集點勘四卷** (清)陳景雲撰 清同治八年(1869)江蘇書局刻本 六冊 缺二十三卷(昌黎先生集九至十二、二十二至四十)

220000－0803－0004209 集3(2)/34.3－3
昌黎先生集四十卷外集十卷遺文一卷 (唐)韓愈撰 (唐)李漢編 **朱子校昌黎先生傳一卷** (宋)朱熹撰 **韓集點勘四卷** (清)陳景雲撰 清同治八年(1869)江蘇書局刻本 十一冊

220000－0803－0004210 集3(2)/39.1－1
杜工部集二十卷首一卷 (唐)杜甫撰 (清)王士禎等評 清光緒二年(1876)粵東翰墨園刻六色套印本 十冊

220000－0803－0004211 集3(2)/39.1－2
杜工部集二十卷首一卷 (唐)杜甫撰 (清)王士禎等評 清光緒二年(1876)粵東翰墨園刻六色套印本 十冊

220000－0803－0004212 集3(2)/40.2
杜詩鏡銓二十卷年譜一卷 (唐)杜甫撰 (清)楊倫箋註 **讀書堂杜工部文集註解二卷** (清)張溍撰 清同治十一年(1872)刻本 十冊

220000－0803－0004213 集3(3)/8
文信國公集二十卷首一卷 (宋)文天祥著 清同治七年(1868)楚醴景萊書室刻本 十六冊

220000－0803－0004214 集3(3)/10.2－1
王臨川全集一百卷目錄一卷 (宋)王安石著 清光緒九年(1883)聽香館刻本 十六冊

220000－0803－0004215 集3(3)/10.2－2
王臨川全集一百卷目錄一卷 (宋)王安石著 清光緒九年(1883)聽香館刻本 二十冊

220000－0803－0004216 集3(3)/11.3
南豐先生元豐類稿五十三卷 (宋)曾鞏撰 清末影印本 十二冊

220000－0803－0004217 集3(3)/17.2－1

司馬溫公文集十四卷　（宋）司馬光著　清光
緒七年(1881)舊學山房刻本　十冊

220000－0803－0004218　集3(3)/17.2－2

司馬溫公文集十四卷　（宋）司馬光著　清光
緒七年(1881)舊學山房刻本　十冊

220000－0803－0004219　集3(3)/23

余忠宣公文集六卷　（元）余闕撰　清同治六
年(1867)皖江皋署刻本　四冊

220000－0803－0004220　集3(3)/24.1－1

宛陵先生文集六十卷　（宋）梅堯臣著　清宣
統二年(1910)影印本　十冊

220000－0803－0004221　集3(3)/24.1－2

宛陵先生文集六十卷　（宋）梅堯臣著　清宣
統二年(1910)影印本　十冊

220000－0803－0004222　集3(3)/26.3

趙文敏公松雪齋全集十卷外集一卷　（元）趙
孟頫著　（清）曹培廉訂　清光緒八年(1882)
洞庭楊氏刻本　六冊

220000－0803－0004223　集3(3)/35.2

剡源集三十卷　（元）戴表元撰　清刻本　三
冊　存十五卷(十二至二十六)

220000－0803－0004224　集3(3)/35.3

剡源佚詩六卷佚文二卷　（元）戴表元撰　清
光緒二十一年(1895)刻本　一冊

220000－0803－0004225　集3(3)/39.2－1

徐騎省集三十卷補遺一卷附錄一卷　（宋）徐
鉉著　徐騎省集校勘記一卷　（清）李英元撰
清光緒十九年(1893)黔南李氏刻本　八冊

220000－0803－0004226　集3(3)/39.2－2

徐騎省集三十卷補遺一卷附錄一卷　（宋）徐
鉉著　徐騎省集校勘記一卷　（清）李英元撰
清光緒十九年(1893)黔南李氏刻本　八冊

220000－0803－0004227　集3(3)/39.2－3

徐騎省集三十卷補遺一卷　（宋）徐鉉著　校
徐集札記一卷　朱孔彰撰　清光緒十七年
(1891)黔南李氏刻本　六冊

220000－0803－0004228　集3(3)/40

寓庵集八卷　（元）李庭撰　清宣統二年
(1910)刻本　二冊

220000－0803－0004229　集3(3)/41.1－1

淮海集十七卷後集二卷詞一卷補遺一卷
（宋）秦觀著　（清）王敬之等校訂　清道光十
七年(1837)刻本　四冊

220000－0803－0004230　集3(3)/41.1－2

淮海集十七卷後集二卷詞一卷補遺一卷
（宋）秦觀著　（清）王敬之等校訂　清道光十
七年(1837)刻本　三冊

220000－0803－0004231　集3(3)/42

清河集七卷附錄一卷　（元）元明善著　清光
緒二十一年(1895)刻本　二冊

220000－0803－0004232　集3(3)/43.2

清容居士集五十卷目錄二卷　（元）袁桷撰
清道光二十年(1840)上海郁氏刻本　十四冊

220000－0803－0004233　集3(3)/45.2

陸放翁全集一百五十七卷　（宋）陸游著　清
虞山詩禮堂張氏刻本　六十冊

220000－0803－0004234　集3(3)/48.1

宋王忠文公文集五十卷目錄四卷　（宋）王十
朋撰　（清）唐傳鉎編　清光緒二年(1876)梅
溪書院刻本　十六冊

220000－0803－0004235　集3(3)/50

陳同甫集三十卷　（宋）陳亮撰　清刻本　六
冊　存二十二卷(九至三十)

220000－0803－0004236　集3(3)/52

斜川集六卷　（宋）蘇過撰　清道光六年
(1826)刻本　二冊

220000－0803－0004237　集3(3)/53.1－1

湛然居士文集十四卷　（元）耶律楚材撰　清
光緒二十一年(1895)漸西村舍刻本　四冊

220000－0803－0004238　集3(3)/53.1－2

湛然居士文集十四卷　（元）耶律楚材撰　清
光緒二十一年(1895)漸西村舍刻本　四冊

220000－0803－0004239　集3(3)/55.3

絜齋集二十四卷附從祀錄六卷　（宋）袁燮撰

清同治十一年(1872)四明袁氏進修堂刻本
八冊

220000－0803－0004240　集3(3)/66.1－1
歐陽文忠公全集一百五十三卷首一卷附錄五卷　(宋)歐陽修著　清嘉慶二十四年(1819)歐陽衡刻本　二十四冊

220000－0803－0004241　集3(3)/66.1－2
歐陽文忠公全集一百五十三卷首一卷附錄五卷　(宋)歐陽修著　清光緒二十八年(1902)周氏慕濂山房刻本　三十二冊

220000－0803－0004242　集3(3)/66.1－3
歐陽文忠公全集一百五十三卷首一卷附錄五卷　(宋)歐陽修著　清嘉慶二十四年(1819)梅龕書屋刻本　二十四冊

220000－0803－0004243　集3(3)/66.1－4
歐陽文忠公全集一百五十三卷首一卷附錄五卷　(宋)歐陽修著　清嘉慶二十四年(1819)梅龕書屋刻本　二十四冊

220000－0803－0004244　集3(3)/66.2
歐陽文忠公全集一百五十三卷首一卷附錄五卷　(宋)歐陽修著　(清)歐陽衡校　清光緒十九年(1893)澹雅書局刻本　三十二冊

220000－0803－0004245　集3(3)/68
鄱陽集四卷首一卷末一卷　(宋)洪皓著　清同治九年(1870)三瑞堂刻本　二冊

220000－0803－0004246　集3(3)/69
靜軒集五卷附錄一卷　(元)閻復撰　清光緒二十一年(1895)刻本　一冊

220000－0803－0004247　集3(3)/71.1
元遺山先生集四十卷附年譜四卷新樂府四卷續夷堅志四卷　(金)元好問著　(清)張穆校　清光緒八年(1882)京都翰文齋書坊影印本　十六冊

220000－0803－0004248　集3(3)/71.3－1
元遺山先生集四十卷首一卷附新樂府四卷續夷堅志四卷年譜四卷附錄一卷補載一卷　(金)元好問撰　清光緒七年(1881)讀書山房刻本　十九冊

220000－0803－0004249　集3(3)/71.3－2
元遺山先生集四十卷首一卷附新樂府四卷續夷堅志四卷年譜四卷附錄一卷補載一卷　(金)元好問撰　清光緒七年(1881)讀書山房刻本　十九冊

220000－0803－0004250　集3(3)/72.1－1
龍川文集三十卷補遺一卷附錄二卷　(宋)陳亮著　清光緒元年(1875)湖北崇文書局刻本　十冊

220000－0803－0004251　集3(3)/72.1－2
龍川文集三十卷補遺一卷附錄二卷　(宋)陳亮著　清光緒元年(1875)湖北崇文書局刻本　十冊

220000－0803－0004252　集3(3)/72.1－3
龍川文集三十卷辨譌考異二卷附錄二卷　(宋)陳亮撰　清同治七年(1868)刻本　十冊

220000－0803－0004253　集3(3)/72.2
龍川文集三十卷　(宋)陳亮撰　清聚星堂刻本　八冊

220000－0803－0004254　集3(3)/73.1－1
東坡七集(蘇文忠公全集)一百十卷校勘記二卷　(宋)蘇軾著　清光緒三十四年至宣統元年(1908－1909)寶華盦刻本　四十八冊

220000－0803－0004255　集3(3)/73.1－2
東坡七集(蘇文忠公全集)一百十卷校勘記二卷　(宋)蘇軾著　清光緒三十四年至宣統元年(1908－1909)寶華盦刻本　四十七冊

220000－0803－0004256　集3(3)/73.2－1
東坡七集(蘇文忠公全集)一百十卷校勘記二卷　(宋)蘇軾著　清光緒三十四年至宣統元年(1908－1909)石印本　四十八冊

220000－0803－0004257　集3(3)/73.2－2
東坡七集(蘇文忠公全集)一百十卷校勘記二卷　(宋)蘇軾著　清光緒三十四年至宣統元年(1908－1909)石印本　四十八冊

220000－0803－0004258　集3(3)/73.2－3

東坡七集(蘇文忠公全集)一百十卷校勘記二卷 （宋）蘇軾著 清光緒三十四年至宣統元年(1908－1909)石印本 四十八冊

220000－0803－0004259 集3(3)/74
蘇文忠公海外集二十二卷 （宋）蘇軾著 （清）樊庶編註 清得樹軒刻本 八冊

220000－0803－0004260 集3(3)/75.3
蘇學士文集十六卷 （宋）蘇舜欽著 清宣統三年(1911)北京龍文閣書局石印本 六冊

220000－0803－0004261 集3(3)/78
西塘先生文集九卷 （宋）鄭俠撰 清光緒十年(1884)公善堂刻本 四冊

220000－0803－0004262 集3(3)/79
宋謝文節公集六卷 （宋）謝枋得撰 清同治五年(1866)皖城藩署刻本 四冊

220000－0803－0004263 集3(3)/83
謝疊山先生文集九卷首一卷詩傳注疏三卷 (宋)謝枋得撰 （清）陳喬樅編 清光緒二十六年(1900)弋東謝振賢刻本 四冊

220000－0803－0004264 集3(4)/3.1
六如居士全集七卷外集六卷制義一卷畫譜三卷 （明）唐寅撰 清嘉慶六年(1801)刻本 六冊

220000－0803－0004265 集3(4)/4
史忠正公集四卷首一卷末一卷 （明）史可法著 清同治七年(1868)楚醴景萊書室刻本 二冊

220000－0803－0004266 集3(4)/6.1
宋文憲公全集五十三卷首四卷 （明）宋濂著 清嘉慶十五年(1810)吳縣嚴榮刻本 三十二冊

220000－0803－0004267 集3(4)/8.1－1
甫田集三十六卷 （明）文徵明著 清宣統三年(1911)上海千頃堂書莊鉛印本 十二冊

220000－0803－0004268 集3(4)/8.1－2
甫田集三十六卷 （明）文徵明著 清宣統三年(1911)上海千頃堂書莊鉛印本 十二冊

220000－0803－0004269 集3(4)/14.1－2
高子遺書十二卷附錄一卷年譜一卷 （明）高攀龍撰 清光緒二年(1876)刻本 六冊 存十卷(四至八、十至十二,附錄一卷,年譜一卷)

220000－0803－0004270 集3(4)/14.1－3
高子遺書十二卷附錄一卷年譜一卷 （明）高攀龍撰 清刻本 八冊

220000－0803－0004271 集3(4)/16.2
重刊校正唐荊川先生文集十二卷補集五卷外集三卷附錄一卷 （明）唐順之撰 清光緒三十年(1904)江南書局刻本 十冊

220000－0803－0004272 集3(4)/20.4
重刻張太岳先生文集四十六卷 （明）張居正撰 清道光八年(1828)李廷錫刻本 十六冊

220000－0803－0004273 集3(4)/22.3－1
陽明先生集要十五卷年譜一卷 （明）王守仁撰 清光緒三十四年(1908)明明學社鉛印本 四冊

220000－0803－0004274 集3(4)/22.3－2
陽明先生集要十五卷年譜一卷 （明）王守仁撰 清光緒三十四年(1908)明明學社鉛印本 四冊

220000－0803－0004275 集3(4)/23
葛太史公集五卷 （明）葛曦著 清嘉慶八年(1803)樹滋堂刻本 二冊

220000－0803－0004276 集3(4)/25.1－2
誠意伯文集二十卷 （明）劉基撰 清光緒二十六年(1900)浙江書局刻本 十冊

220000－0803－0004277 集3(4)/27
楊升菴外集一百卷 （明）楊慎撰 清道光二十四年(1844)刻本 二十二冊

220000－0803－0004278 集3(4)/28.1
楊忠愍公全集四卷 （明）楊繼盛撰 清光緒十九年(1893)味菜廬刻本 四冊

220000－0803－0004279 集3(4)/28.2
楊忠愍公集六卷首一卷 （明）楊繼盛撰 清

道光三十年(1850)刻本　四册

220000－0803－0004280　集3(4)/28.3

楊忠愍公集五卷首一卷末一卷　(明)楊繼盛撰　清同治七年(1868)楚醴景萊書室刻本　二册

220000－0803－0004281　集3(4)/29.1

遜志齋集二十四卷拾遺一卷附錄一卷　(明)方孝孺撰　清同治十二年(1873)刻本　十六册

220000－0803－0004282　集3(4)/30

熊襄愍公集十卷首一卷末一卷　(明)熊廷弼撰　清嘉慶十八年(1813)刻本　十册

220000－0803－0004283　集3(4)/31.1

樓山堂集二十七卷首一卷　(明)吳應箕撰　清光緒三十四年(1908)劉氏唐石簃刻本　八册

220000－0803－0004284　集3(4)/31.2

樓山堂集二十七卷　(明)吳應箕撰　清刻本　九册

220000－0803－0004285　集3(4)/32

餘姚黃忠端公集六卷　(清)黃炳垕撰輯　清光緒十三年(1887)刻本　二册

220000－0803－0004286　集3(4)/33

嶧桐集二十卷　(清)劉城撰　清光緒貴池劉氏刻本　八册

220000－0803－0004287　集3(4)/35.1

震川文集三十卷別集十卷　(明)歸有光撰　清光緒六年(1880)常熟歸氏刻本　十六册

220000－0803－0004288　集3(4)/36

魏伯子文集十卷　(清)魏際瑞撰　清刻本　六册　缺二卷(五至六)

220000－0803－0004289　集3(4)/37

邊華泉集八卷集稿六卷　(明)邊貢撰　清嘉慶十年(1805)聽雨堂補刻本　六册

220000－0803－0004290　集3(4)/39.1

王文成公全書三十八卷　(明)王守仁撰　清刻本　二十四册

220000－0803－0004291　集3(4)/42

來禽館集十二卷　(明)邢侗撰　清道光刻本　六册

220000－0803－0004292　集3(4)/43

祝枝山全集三十卷　(明)祝允明撰　清宣統二年(1910)中國書畫會鉛印本　八册

220000－0803－0004293　集3(4)/44

貞白遺稿十卷　(明)程通撰　清嘉慶十一年(1806)刻本　三册

220000－0803－0004294　集3(5)/1

小謨觴館詩集八卷詩續集二卷詩餘一卷文集四卷文續集二卷詩餘一卷　(明)彭兆蓀撰　清嘉慶十一年(1806)刻本　四册

220000－0803－0004295　集3(5)/2

小謨觴館詩集註八卷詩餘註一卷詩續集註二卷文集註四卷文續集註二卷　(明)彭兆蓀撰　(清)孫元培輯註　清光緒二十年(1894)觀自得齋刻本　十五册　缺一卷(文集註三)

220000－0803－0004296　集3(5)/3.3

小倉山房文集三十五卷詩集三十一卷外集八卷　(清)袁枚撰　清光緒十八年(1892)鉛印本　十册

220000－0803－0004297　集3(5)/5.1－3

切問齋集十六卷　(清)陸耀撰　清乾隆、嘉慶刻本　八册

220000－0803－0004298　集3(5)/7.1－1

午亭文編五十卷　(清)陳廷敬撰　(清)林佶輯　清刻本　十六册

220000－0803－0004299　集3(5)/7.1－2

午亭文編五十卷　(清)陳廷敬撰　(清)林佶輯　清刻本　十六册

220000－0803－0004300　集3(5)/8

半巖廬遺集二卷　(清)邵懿辰撰　清光緒三十四年(1908)刻本　二册

220000－0803－0004301　集3(5)/9.1

左文襄公文集五卷詩一卷聯語一卷　(清)左宗棠撰　清光緒十八年(1892)刻本　二册

220000－0803－0004302　集3(5)/10

石笥山房文集六卷補遺一卷詩集十二卷補遺四卷　（清）胡天游撰　清宣統二年(1910)上海國學扶輪社石印本　十冊

220000－0803－0004303　集3(5)/11

甘泉鄉人餘稿二卷　（清）錢泰吉撰　**年譜一卷**　（清）錢應溥撰　清同治刻本　一冊

220000－0803－0004304　集3(5)/12.1－1

白茅堂集四十六卷　（清）顧景星撰　清刻本　二十冊

220000－0803－0004305　集3(5)/12.1－2

白茅堂集四十六卷　（清）顧景星撰　清刻本　十冊　存二十三卷(一至二十三)

220000－0803－0004306　集3(5)/13.1－1

白田草堂存稿二十四卷附錄一卷　（清）王懋竑撰　清刻本　十四冊　.

220000－0803－0004307　集3(5)/13.1－2

白田草堂存稿二十四卷附錄一卷　（清）王懋竑撰　清刻本　六冊

220000－0803－0004308　集3(5)/15.1－1

西堂文集二十四卷詩集三十二卷　（清）尤侗撰　**湘中草六卷**　（清）湯傳楹撰　清刻本　二十冊

220000－0803－0004309　集3(5)/15.1－2

西堂文集二十四卷詩集三十二卷　（清）尤侗撰　**湘中草六卷**　（清）湯傳楹撰　清刻本　二十四冊

220000－0803－0004310　集3(5)/17

有正味齋全集六十三卷　（清）吳錫麒撰　清刻本　二十四冊

220000－0803－0004311　集3(5)/18.1

龔定盦全集十六卷　（清）龔自珍著　清光緒二十三年(1897)萬本書堂刻本　六冊

220000－0803－0004312　集3(5)/18.2

龔定盦全集十七卷　（清）龔自珍著　清宣統元年(1909)國學扶輪社鉛印本　六冊

220000－0803－0004313　集3(5)/18.3

龔定盦全集十六卷　（清）龔自珍著　清光緒二十九年(1903)文瑞廔石印本　四冊

220000－0803－0004314　集3(5)/19.1－1

汪子遺書二錄二卷錄後一卷附一卷三錄三卷評三卷汪子文錄十卷詩錄四卷　（清）汪縉著　清光緒八年(1882)刻本　四冊

220000－0803－0004315　集3(5)/19.1－2

汪子遺書二錄二卷錄後一卷附一卷三錄三卷評三卷汪子文錄十卷詩錄四卷　（清）汪縉著　清光緒八年(1882)刻本　四冊

220000－0803－0004316　集3(5)/20

更生齋集二十八卷　（清）洪亮吉著　清光緒三年至四年(1877－1878)授經堂刻本　十二冊

220000－0803－0004317　集3(5)/22

卷施閣文甲集十卷乙集八卷乙集續編一卷詩二十卷　（清）洪亮吉撰　清光緒五年(1879)授經堂刻本　十冊　缺九卷(文甲集一至三、詩一至六)

220000－0803－0004318　集3(5)/23

壯悔堂文集十卷四憶堂詩集六卷　（清）侯方域撰　清同治十一年(1872)刻本　十二冊

220000－0803－0004319　集3(5)/24

芝庭先生集十八卷　（清）彭啓豐著　清刻本　六冊

220000－0803－0004320　集3(5)/25

青草堂集十二卷二集十六卷　（清）趙國華著　清同治十一年至光緒八年(1872－1882)濟南菁衫氏刻本　十冊

220000－0803－0004321　集3(5)/26

青門旅稾六卷　（清）邵長蘅著　（清）王士禎評　清刻本　三冊

220000－0803－0004322　集3(5)/27

青門賸稾八卷　（清）邵長蘅著　清光緒二十二年(1896)刻本　三冊

220000－0803－0004323　集3(5)/33

知養恬齋時文鈔不分卷詩集二十卷　（清）羅

繞典撰　清道光刻本　六冊

220000－0803－0004324　集3(5)/34.1
亭林集二十七卷　(清)顧炎武著　清刻本
八冊

220000－0803－0004325　集3(5)/34.2
亭林文集六卷餘集一卷詩集目錄五卷詩集五
卷　(清)顧炎武著　清宣統二年(1910)掃葉
山房石印本　四冊

220000－0803－0004326　集3(5)/37
春融堂集六十八卷　(清)王昶著　述庵先生
年譜二卷　(清)嚴榮編　清嘉慶十二年
(1807)塾南書舍刻本　十六冊

220000－0803－0004327　集3(5)/40
南畇文稾十二卷詩稾十卷詩續稾十七卷
(清)彭定求撰　清光緒六年(1880)刻本　十
一冊　存十四卷(詩續稾一至十四)

220000－0803－0004328　集3(5)/41.1－1
紀文達公遺集三十二卷　(清)紀昀撰　(清)
紀樹馨編　清嘉慶十七年(1812)刻本　十
八冊

220000－0803－0004329　集3(5)/41.1－2
紀文達公遺集三十二卷　(清)紀昀撰　(清)
紀樹馨編　清嘉慶十七年(1812)刻本　十
六冊

220000－0803－0004330　集3(5)/41.1－3
紀文達公遺集三十二卷　(清)紀昀撰　(清)
紀樹馨編　清嘉慶十七年(1812)刻本　十
六冊

220000－0803－0004331　集3(5)/42.1－1
秋士先生遺集六卷　(清)彭績著　清光緒七
年(1881)刻本　一冊

220000－0803－0004332　集3(5)/42.1－2
秋士先生遺集六卷　(清)彭績著　清光緒七
年(1881)刻本　一冊

220000－0803－0004333　集3(5)/42.1－3
秋士先生遺集六卷　(清)彭績著　清光緒七
年(1881)刻本　一冊

220000－0803－0004334　集3(5)/42.1－4
秋士先生遺集六卷　(清)彭績著　清光緒七
年(1881)刻本　一冊

220000－0803－0004335　集3(5)/43
秋心集不分卷　(清)舒夢蘭著　(清)舒懋熙
輯錄　清嘉慶十九年(1814)硯水齋刻本
一冊

220000－0803－0004336　集3(5)/44
秋笳集八卷　(清)吳兆騫撰　清宣統三年
(1911)順德鄧氏鉛印本　三冊

220000－0803－0004337　集3(5)/46
悔餘庵樂府四卷詩稿十三卷文稿九卷餘辛集
三卷袝蘇集二卷　(清)何栻撰　清同治四年
(1865)鳩江戎幄刻本　十四冊

220000－0803－0004338　集3(5)/47.2
孫淵如先生全集二十二卷　(清)孫星衍著
清光緒二十年(1894)湖南思賢書局刻本
十冊

220000－0803－0004339　集3(5)/48
盍山文錄八卷詩錄二卷　(清)顧雲著　清光
緒十五年(1889)刻本　四冊

220000－0803－0004340　集3(5)/50.1－1
望溪先生全集三十二卷　(清)方苞著　清咸
豐元年(1851)戴鈞衡刻本　十六冊

220000－0803－0004341　集3(5)/50.1－2
望溪先生全集三十二卷　(清)方苞著　清咸
豐元年(1851)戴鈞衡刻本　六冊

220000－0803－0004342　集3(5)/51.1
惜抱軒詩集十卷文集十六卷　(清)姚鼐著
清嘉慶刻本　八冊

220000－0803－0004343　集3(5)/51.2
惜抱軒全集八十八卷　(清)姚鼐著　清光緒
三十三年(1907)上海校經山房刻本　二十冊

220000－0803－0004344　集3(5)/52
淵雅堂全集六十卷　(清)王芑孫著　清嘉慶
九年(1804)刻本　二十冊

220000－0803－0004345　集3(5)/53

翊翊齋遺書四卷 （清）馬翩飛著 清道光十七年(1837)刻本 一冊

220000－0803－0004346 集3(5)/54.2

陳迦陵文集六卷詞全集三十卷儷體文集十卷湖海樓詩集八卷 （清）陳維崧撰 清陳氏患立堂刻本 十六冊

220000－0803－0004347 集3(5)/55

湖海樓詩集八卷陳迦陵儷體文集十卷 （清）陳維崧撰 清陳氏患立堂刻本 六冊

220000－0803－0004348 集3(5)/56.1

梅村家藏稿五十八卷補遺一卷 （清）吳偉業著 梅村先生年譜四卷世系一卷 （清）顧師軾撰 清宣統三年(1911)刻本 六冊 缺十四卷(一至四、十三至二十二)

220000－0803－0004349 集3(5)/58.1－1

移芝室全集二十七卷 （清）楊彞珍著 清光緒十七年(1891)刻本 十冊

220000－0803－0004350 集3(5)/58.1－2

移芝室全集二十七卷 （清）楊彞珍著 清光緒十七年(1891)刻本 十冊

220000－0803－0004351 集3(5)/58.1－3

移芝室全集二十七卷 （清）楊彞珍著 清光緒十七年(1891)刻本 十冊

220000－0803－0004352 集3(5)/59

世宗憲皇帝御製文集三十卷 （清）世宗胤禛撰 清刻本 十二冊

220000－0803－0004353 集3(5)/60.1

曾文正公文集四卷詩集四卷 （清）曾國藩撰 清同治十三年(1874)傳忠書局刻本 五冊

220000－0803－0004354 集3(5)/61

敦艮吉齋文存四卷詩存二卷劫餘小錄一卷 (清)徐子苓著 清光緒十二年(1886)刻本 六冊

220000－0803－0004355 集3(5)/62

尊聞居士集八卷 （清）羅有高著 清光緒八年(1882)彭祖賢刻本 二冊

220000－0803－0004356 集3(5)/63.1

堯峰文鈔五十卷 （清）汪琬著 清林佶刻本 六冊

220000－0803－0004357 集3(5)/64.1－2

道古堂文集四十八卷詩集二十六卷集外文一卷集外詩一卷 （清）杭世駿撰 清光緒十四年(1888)汪氏振綺堂刻本 十三冊 缺十六卷(文集二十四至二十八、詩集一至十一)

220000－0803－0004358 集3(5)/65

義門先生集十二卷附錄一卷何義門先生家書四卷 （清）何焯撰 清宣統元年(1909)平江吳氏刻本 六冊

220000－0803－0004359 集3(5)/66

義門小集不分卷 （清）何焯著 清道光十八年(1838)刻本 二冊

220000－0803－0004360 集3(5)/69

趙恭毅公賸藁八卷 （清）趙申喬著 清光緒十八年(1892)浙江書局刻本 四冊

220000－0803－0004361 集3(5)/70

趙裘萼公賸藁四卷 （清）趙熊詔著 清光緒二十三年(1897)浙江書局刻本 二冊

220000－0803－0004362 集3(5)/71

遜學齋文鈔十二卷文續鈔五卷詩鈔十卷詩續鈔五卷 （清）孫衣言著 清同治十二年(1873)刻本 十二冊

220000－0803－0004363 集3(5)/72

鳴鶴堂文集十卷詩集十一卷 （清）任源祥撰 清光緒十五年(1889)刻本 六冊

220000－0803－0004364 集3(5)/76.1

鄭板橋全集不分卷 （清）鄭燮著 清宣統元年(1909)掃葉山房石印本 四冊

220000－0803－0004365 集3(5)/77.3

樊榭山房全集三十七卷 （清）厲鶚撰 清光緒十年(1884)錢唐汪氏振綺堂刻本 十一冊

220000－0803－0004366 集3(5)/78

攜雪堂文集四卷 （清）吳可讀撰 （清）楊慶生箋注 清光緒二十六年(1900)浙江書局刻本 四冊

220000－0803－0004367　集3(5)/79

樂志堂詩集十二卷文集十八卷文續集二卷
(清)譚瑩撰　清咸豐九年(1859)吏隱園刻本
　十二冊

220000－0803－0004368　集3(5)/80

劉禮部集十二卷　(清)劉逢祿撰　清光緒十
八年(1892)延暉承慶堂刻本　六冊

220000－0803－0004369　集3(5)/82

頻羅庵遺集十六卷　(清)梁同書撰　清嘉慶
二十二年(1817)刻本　十二冊

220000－0803－0004370　集3(5)/83

穆堂初稿五十卷　(清)李紱撰　清道光十一
年(1831)奉國堂刻本　二十冊

220000－0803－0004371　集3(5)/84

穆堂別稿五十卷　(清)李紱撰　清道光十一
年(1831)奉國堂刻本　十六冊

220000－0803－0004372　集3(5)/85

穆堂詩文鈔十一卷　(清)李紱撰　清道光元
年(1821)刻本　六冊

220000－0803－0004373　集3(5)/86

錢南園先生遺集五卷　(清)錢灃撰　清光緒
十九年(1893)浙江書局刻本　二冊

220000－0803－0004374　集3(5)/87

雕菰集二十四卷　(清)焦循撰　**蜜梅花館文
錄一卷詩錄一卷**　(清)焦廷琥撰　清道光四
年(1824)阮福嶺南節署刻本　十二冊

220000－0803－0004375　集3(5)/89

潛菴先生遺稿十六卷　(清)湯斌著　清刻本
　八冊

220000－0803－0004376　集3(5)/90.1－1

霜紅龕集四十卷附錄三卷年譜一卷　(清)傅
山撰　清宣統三年(1911)山陽丁氏刻本　十
二冊

220000－0803－0004377　集3(5)/90.1－2

霜紅龕集四十卷附錄三卷年譜一卷　(清)傅
山撰　清宣統三年(1911)山陽丁氏刻本　十
二冊

220000－0803－0004378　集3(5)/92.1－1

**鮚埼亭集三十八卷首一卷全謝山先生經史問
答十卷鮚埼亭集外編五十卷**　(清)全祖望撰
　清同治十一年(1872)姚江借樹山房刻本
二十四冊

220000－0803－0004379　集3(5)/93

舊學四種六卷　(清)譚嗣同著　清光緒金陵
刻本　四冊

220000－0803－0004380　集3(5)/94

寶綸堂集不分卷　(清)陳洪綬著　清光緒十
四年(1888)會稽董氏取斯堂刻本　八冊

220000－0803－0004381　集3(5)/95.2

**曝書亭集八十卷附錄一卷笛漁小槀十卷曝書
亭集詞註七卷**　(清)朱彝尊著　清光緒十五
年(1889)寒梅館刻本　十六冊

220000－0803－0004382　集3(5)/96

曝書亭集外稿八卷　(清)朱彝尊著　(清)馮
登府　(清)朱墨林編輯　清嘉慶二十二年
(1817)刻本　四冊

220000－0803－0004383　集3(5)/97

韞山堂詩集十六卷文集八卷　(清)管世銘著
　清嘉慶六年(1801)讀雪山房刻本　六冊

220000－0803－0004384　集3(5)/101.1－1

讀書堂綵衣全集四十六卷　(清)趙士麟著
清光緒十九年(1893)浙江書局刻本　十二冊

220000－0803－0004385　集3(5)/101.1－2

讀書堂綵衣全集四十六卷　(清)趙士麟著
清光緒十九年(1893)浙江書局刻本　十二冊

220000－0803－0004386　集3(5)/102

鐵橋漫稿八卷　(清)嚴可均撰　清光緒十一
年(1885)長洲蔣氏心矩齋刻本　四冊

220000－0803－0004387　集3(5)/103

顯志堂稿十二卷　(清)馮桂芬著　清光緒二
年(1876)校邠廬刻本　八冊

220000－0803－0004388　集3(5)/104

鑑止水齋集二十卷　(清)許宗彥著　清咸豐
八年(1858)刻本　十二冊

220000－0803－0004389　集3(5)/110
芳茂山人文集十三卷詩錄十卷 （清）孫星衍撰　清光緒十一年(1885)吳縣朱氏槐廬家塾刻本　八冊

220000－0803－0004390　集3(5)/112
保閒堂集二十五卷 （明）趙士春撰　清光緒九年(1883)常熟趙氏木活字印本　四冊

220000－0803－0004391　集3(5)/113
崇雅堂文鈔二卷駢體文鈔四卷詩鈔十卷應制存稿一卷刪餘詩一卷定鄉襍箸二卷 （清）胡敬撰　清道光二十六年(1846)刻本　四冊

220000－0803－0004392　集3(5)/116.2－1
寒松堂全集十二卷年譜一卷 （清）魏象樞撰　清嘉慶十六年(1811)刻本　十三冊

220000－0803－0004393　集3(5)/116.2－2
寒松堂全集十二卷年譜一卷 （清）魏象樞撰　清嘉慶十六年(1811)刻本　六冊

220000－0803－0004394　集3(5)/118
粵西鴻泥錄一卷 （清）潘江撰　清光緒三十一年(1905)刻本　一冊

220000－0803－0004395　集3(5)/120
養知書屋文集二十八卷詩集十五卷 （清）郭嵩燾著　清光緒十八年(1892)刻本　十六冊

220000－0803－0004396　集3(5)/122
蕉聲館集三十三卷 （清）朱為弼撰　清咸豐刻本　十二冊

220000－0803－0004397　集3(5)/123
牧齋全集一百六十三卷 （清）錢謙益撰　清宣統二年(1910)邃漢齋鉛印本　四十冊

220000－0803－0004398　集3(5)/126
綠野齋前後合集六卷 （清）劉鴻翱著　清道光二十四年(1844)刻本　六冊

220000－0803－0004399　集3(5)/127
太湖詩草一卷 （清）劉鴻翱著　清道光二十四年(1844)刻本　一冊

220000－0803－0004400　集3(5)/128
綠野齋制藝一卷 （清）劉鴻翱著　清道光二

十四年(1844)刻本　一冊

220000－0803－0004401　集3(5)/130
曾文正公批牘六卷 （清）曾國藩撰　清光緒二年(1876)傳忠書局刻本　六冊

220000－0803－0004402　集3(5)/131－1
義門讀書記五十八卷附行狀一卷 （清）何焯撰　清光緒六年(1880)菭溪吳氏刻本　十六冊

220000－0803－0004403　集3(5)/131－2
義門讀書記五十八卷 （清）何焯撰　清刻本　十二冊

220000－0803－0004404　集3(5)/132.1－1
述學內篇三卷外篇一卷補遺一卷別錄一卷 （清）汪中撰　清嘉慶二十年(1815)刻本　四冊

220000－0803－0004405　集3(5)/132.1－2
述學內篇三卷別錄一卷 （清）汪中撰　清刻本　二冊

220000－0803－0004406　集3(5)/132.2
述學內篇三卷外篇一卷補遺一卷別錄一卷 （清）汪中撰　清同治八年(1869)揚州書局刻本　二冊

220000－0803－0004407　集3(5)/140
誦芬詩畧三卷 （清）黃炳垕撰輯　清同治九年(1870)刻本　一冊

220000－0803－0004408　集3(6)/8
曼殊沙館初集五卷 程士經著　清光緒三十三年(1907)武昌刻本　一冊

220000－0803－0004409　集3(6)/11.1－1
邊聲不分卷 宋小濂撰　清宣統三年(1911)黑龍江民政司署石印本　一冊

220000－0803－0004410　集3(6)/11.1－2
邊聲不分卷 宋小濂撰　清宣統三年(1911)黑龍江民政司署石印本　一冊

220000－0803－0004411　集3(6)/11.1－3
邊聲不分卷 宋小濂撰　清宣統三年(1911)黑龍江民政司署石印本　一冊

220000－0803－0004412　集3(6)/11.1－4
邊聲不分卷　宋小濂撰　清宣統三年(1911)
黑龍江民政司署石印本　一冊

220000－0803－0004413　集3(6)/11.1－5
邊聲不分卷　宋小濂撰　清宣統三年(1911)
黑龍江民政司署石印本　一冊

220000－0803－0004414　集3(6)/11.1－6
邊聲不分卷　宋小濂撰　清宣統三年(1911)
黑龍江民政司署石印本　一冊

220000－0803－0004415　集3(6)/11.1－7
邊聲不分卷　宋小濂撰　清宣統三年(1911)
黑龍江民政司署石印本　一冊

220000－0803－0004416　集3(6)/13
靈峯存稿一卷　夏震武撰　清宣統二年
(1910)京師京華印書局鉛印本　一冊

220000－0803－0004417　集3(6)/17
湘綺樓全集三種三十卷　王闓運撰　清宣統
三年(1911)上海國學扶輪社石印本　十二冊

220000－0803－0004418　集3(6)/21.1
賜福廔筆記　程德全撰　宋小濂等輯　清宣
統元年(1909)鉛印本　一冊

220000－0803－0004419　集3.1(1)/1.2
忠武侯諸葛孔明先生全集二十二卷　(三國
蜀)諸葛亮撰　(清)張澍輯　清同治元年
(1862)聚珍齋活字印本　十二冊

220000－0803－0004420　集3.1(1)/1.3
諸葛忠武侯文集六卷首一卷　(三國蜀)諸葛
亮撰　清同治十二年(1873)劉氏述荊堂刻本
四冊

220000－0803－0004421　集3.1(1)/2.2
**蔡中郎集十卷外紀一卷外集四卷附列傳一卷
年表一卷**　(漢)蔡邕撰　清咸豐二年(1852)
楊氏海源閣刻本　六冊

220000－0803－0004422　集3.1(1)/1.4
諸葛武侯集四卷首一卷　(三國蜀)諸葛亮撰
清同治七年(1868)楚醴景萊書室刻本
四冊

220000－0803－0004423　集3.1(2)/8.1
孫可之文集十卷　(唐)孫樵著　清光緒二年
(1876)刻本　二冊

220000－0803－0004424　集3.1(2)/8.2
孫可之文集二卷　(唐)孫樵著　清樹經堂刻
本　二冊

220000－0803－0004425　集3.1(2)/10.1－2
樊南文集詳註八卷　(唐)李商隱著　(清)馮
浩編訂　清醉六堂刻本　四冊

220000－0803－0004426　集3.1(2)/11.1－1
樊南文集補編十二卷　(唐)李商隱著　(清)
錢振倫箋　(清)錢振常注　**玉谿生年譜訂誤
一卷**　(清)錢振倫撰　清同治五年(1866)望
三益齋刻本　四冊

220000－0803－0004427　集3.1(2)/11.1－2
樊南文集補編十二卷　(唐)李商隱著　(清)
錢振倫箋　(清)錢振常注　**玉谿生年譜訂誤
一卷**　(清)錢振倫撰　清同治五年(1866)望
三益齋刻本　四冊

220000－0803－0004428　集3.1(2)/11.1－3
樊南文集補編十二卷　(唐)李商隱著　(清)
錢振倫箋　(清)錢振常注　**玉谿生年譜訂誤
一卷**　(清)錢振倫撰　清同治五年(1866)望
三益齋刻本　四冊

220000－0803－0004429　集3.1(2)/15
讀書堂杜工部文集註解二卷　(唐)杜甫撰
(清)張溍評註　清讀書堂刻本　一冊

220000－0803－0004430　集3.1(2)/16
河東先生文集六卷　(唐)柳宗元撰　清宣統
二年(1910)上海會文堂粹記石印本　六冊

220000－0803－0004431　集3.1(2)/21
唐陸宣公集二十二卷　(唐)陸贄撰　清光緒
二十九年(1903)揚州益智印書社鉛印本
六冊

220000－0803－0004432　集3.1(3)/7.1
東萊先生左氏博議二十五卷　(宋)呂祖謙著
清光緒二十五年(1899)校經山房刻本

六冊

220000－0803－0004433　集3.1(3)/7.2
東萊博議四卷首一卷　(宋)呂祖謙著　清光緒三十四年(1908)吉林官書刷印局鉛印本　四冊

220000－0803－0004434　集3.1(3)/7.3
東萊博議四卷　(宋)呂祖謙著　**左傳博議續編二卷**　(清)王夫之撰　**左傳博議三編二卷**　(清)朱元英撰　清光緒二十四年(1898)掃葉山房鉛印本　四冊

220000－0803－0004435　集3.1(3)/7.4
東萊先生左氏博議二十五卷　(宋)呂祖謙撰　清光緒二十三年(1897)掃葉山房刻本　六冊

220000－0803－0004436　集3.1(3)/7.6
增批輯註東萊博議四卷　(宋)呂祖謙撰　劉鍾英輯註　清光緒二十八年(1902)上海錦章圖書局石印本　四冊

220000－0803－0004437　集3.1(3)/10
鶴山文鈔三十二卷　(宋)魏了翁撰　清宣統二年(1910)望三益齋官印刷局刻本　十冊

220000－0803－0004438　集3.1(4)/4
陳臥子先生刊集十五卷　(明)陳子龍撰　清宣統元年(1909)上海時中書局鉛印本　六冊

220000－0803－0004439　集3.1(4)/6
張楊園先生集二十五卷　(清)張履祥著　清刻本　八冊

220000－0803－0004440　集3.1(5)/1.1－1
二林居集二十四卷　(清)彭紹升著　清光緒七年(1881)刻本　六冊

220000－0803－0004441　集3.1(5)/1.1－2
二林居集二十四卷　(清)彭紹升著　清光緒七年(1881)刻本　六冊

220000－0803－0004442　集3.1(5)/1.2
二林居集二卷　(清)彭紹升著　清光緒六年(1880)刻本　二冊

220000－0803－0004443　集3.1(5)/2.1
三魚堂文集十二卷附錄一卷外集六卷附錄一卷　(清)陸隴其著　**三魚堂賸言十二卷**　(清)陳濟編校　清宣統三年(1911)掃葉山房石印本　八冊

220000－0803－0004444　集3.1(5)/2.2
三魚堂文集十二卷外集六卷　(清)陸隴其著　**年譜一卷**　(清)吳光西編　清同治七年(1868)武林薇署刻本　六冊

220000－0803－0004445　集3.1(5)/3.2－1
大雲山房文槀初集四卷二集四卷言事二卷　(清)惲敬著　清嘉慶二十一年(1816)刻本　九冊　缺一卷(二集四)

220000－0803－0004446　集3.1(5)/3.2－2
大雲山房文槀初集四卷二集四卷言事二卷　(清)惲敬著　清同治二年(1863)刻本　八冊

220000－0803－0004447　集3.1(5)/3.2－3
大雲山房文槀初集四卷二集四卷言事二卷　(清)惲敬著　清光緒十四年(1888)官書處刻本　四冊　存四卷(初集一至二、二集三至四)

220000－0803－0004448　集3.1(5)/3.4
大雲山房文槀初集四卷二集四卷言事二卷　(清)惲敬著　清光緒十四年(1888)官書處刻本　四冊　存四卷(初集四、二集一至三)

220000－0803－0004449　集3.1(5)/6
古微堂內集二卷外集五卷　(清)魏源著　清宣統元年(1909)上海國學扶輪社鉛印本　六冊

220000－0803－0004450　集3.1(5)/7
守身執玉軒遺文不分卷　(清)袁世紀撰　清光緒二十年(1894)刻本　一冊

220000－0803－0004451　集3.1(5)/8.1－1
有正味齋駢體文二十四卷　(清)吳錫麒撰　(清)王廣業箋　清咸豐九年(1859)青箱塾刻本　六冊

220000－0803－0004452　集3.1(5)/8.1－2
有正味齋駢體文二十四卷　(清)吳錫麒撰

（清）王廣業箋　清咸豐九年(1859)青箱塾刻本　八冊

220000－0803－0004453　集3.1(5)/8.1－3
有正味齋駢體文二十四卷　（清）吳錫麒撰
（清）王廣業箋　清咸豐九年(1859)青箱塾刻本　八冊

220000－0803－0004454　集3.1(5)/9.1－1
有正味齋駢體文十六卷補注一卷　（清）吳錫麒撰　（清）葉聯芬箋注　清同治七年(1868)刻本　八冊

220000－0803－0004455　集3.1(5)/9.1－2
有正味齋駢體文十六卷　（清）吳錫麒撰
（清）葉聯芬箋註　清光緒十七年(1891)羊城文寶閣刻本　六冊　存十二卷(一至十二)

220000－0803－0004456　集3.1(5)/10
存心堂稿四卷　（清）余自奎撰　清刻本　二冊

220000－0803－0004457　集3.1(5)/11
地山初薰(移晴堂四六)二卷　（清）曹秀先撰　清刻本　四冊

220000－0803－0004458　集3.1(5)/14
拙尊園叢稿六卷　（清）黎庶昌撰　清光緒十九年(1893)刻本　四冊

220000－0803－0004459　集3.1(5)/15
青門籛藁十六卷　（清）邵長蘅纂　清刻本　三冊　存八卷(九至十六)

220000－0803－0004460　集3.1(5)/16.2
抱經堂文集三十四卷　（清）盧文弨撰　清刻本　八冊

220000－0803－0004461　集3.1(5)/19
冠悔堂駢體文鈔六卷　（清）楊浚著　清光緒二十二年(1896)刻本　六冊

220000－0803－0004462　集3.1(5)/20
桙湖文集十二卷　（清）吳敏樹著　清光緒十九年(1893)思賢講舍刻本　四冊

220000－0803－0004463　集3.1(5)/21
癸巳類稿十五卷　（清）俞正燮撰　清道光十

三年(1833)求日益齋刻本　八冊

220000－0803－0004464　集3.1(5)/22
春酒堂文集不分卷　（清）周容撰　清宣統二年(1910)上海國學扶輪社鉛印本　一冊

220000－0803－0004465　集3.1(5)/23
南澗文集二卷　（清）李文藻撰　清刻本　一冊

220000－0803－0004466　集3.1(5)/24
黃梨洲先生南雷文約四卷　（清）黃宗羲撰　清宣統二年(1910)寧波汲綆齋書局石印本　四冊

220000－0803－0004467　集3.1(5)/25
胡文忠公遺集八十六卷首一卷　（清）曾國荃纂輯　（清）胡鳳丹重編　清光緒二十七年(1901)上海圖書集成印書局石印本　八冊

220000－0803－0004468　集3.1(5)/27
思適齋集十八卷　（清）顧廣圻撰　清文學山房木活字印本　三冊　存八卷(十一至十八)

220000－0803－0004469　集3.1(5)/28
後樂堂文鈔續編九卷附錄一卷　（清）陳玉澍撰　清光緒二十七年(1901)鉛印本　六冊

220000－0803－0004470　集3.1(5)/29
袁文箋正十六卷　（清）袁枚撰　（清）石韞玉箋　清嘉慶十七年(1812)刻本　六冊

220000－0803－0004471　集3.1(5)/30
仁在堂時藝詩賦全集五卷　（清）路德撰　清道光十六年(1836)刻本　六冊

220000－0803－0004472　集3.1(5)/31
格致課藝彙編十三卷　（清）王韜輯　清光緒石印本　十一冊　缺一卷(一)

220000－0803－0004473　集3.1(5)/32
袁太史時文不分卷　（清）袁枚撰　清道光六年(1826)刻本　一冊

220000－0803－0004474　集3.1(5)/35
清芬樓遺稿四卷　（清）任啓運撰　清光緒十四年(1888)家塾刻本　二冊

220000－0803－0004475　集3.1(5)/36

鹿洲全集四十三卷 （清）藍鼎元撰　清同治十一年(1872)刻本　十一冊　存二十三卷（鹿洲初集二十卷、附行述一卷,鹿洲公案二卷）

220000－0803－0004476　集3.1(5)/37

涮嗄存愚二卷 （清）李清植著　清光緒十八年(1892)浙江書局刻本　一冊

220000－0803－0004477　集3.1(5)/38

授堂文鈔八卷 （清）武億撰　清嘉慶六年(1801)刻本　四冊

220000－0803－0004478　集3.1(5)/39.1

晚學集八卷 （清）桂馥撰　清道光二十一年(1841)刻本　四冊

220000－0803－0004479　集3.1(5)/39.2

晚學集八卷 （清）桂馥撰　清道光二十一年(1841)刻本　二冊

220000－0803－0004480　集3.1(5)/39.3

晚學集八卷 （清）桂馥撰　清道光二十一年(1841)刻本　一冊

220000－0803－0004481　集3.1(5)/40

虛受堂文集十六卷 王先謙撰　清宣統二年(1910)上海國學書社石印本　六冊

220000－0803－0004482　集3.1(5)/41.1－2

湛園未定藁六卷 （清）姜宸英撰　清刻本四冊

220000－0803－0004483　集3.1(5)/41.2

湛園未定藁六卷 （清）姜宸英撰　清宣統二年(1910)寧波汲綆齋書局、上海國學扶輪社石印本　六冊

220000－0803－0004484　集3.1(5)/42

渠亭山人半部藁四卷 （清）張貞撰　清刻本八冊

220000－0803－0004485　集3.1(5)/44

越縵堂駢體文四卷附散體文一卷 （清）李慈銘著　（清）曾之撰編次　清光緒二十三年(1897)刻本　四冊

220000－0803－0004486　集3.1(5)/46.1－1

無近名齋文集五種十卷 （清）彭翊著　清光緒十年(1884)刻本　四冊

220000－0803－0004487　集3.1(5)/46.1－2

無近名齋文集五種十卷 （清）彭翊著　清光緒十年(1884)刻本　四冊

220000－0803－0004488　集3.1(5)/48.1－1

煙霞萬古樓文集六卷 （清）王曇撰　清道光二十年(1840)刻本　二冊

220000－0803－0004489　集3.1(5)/48.1－2

煙霞萬古樓文集六卷 （清）王曇撰　清道光二十年(1840)刻本　二冊

220000－0803－0004490　集3.1(5)/49

慎所立齋文集四卷 江瀚撰　清光緒二十六年(1900)鉛印本　一冊

220000－0803－0004491　集3.1(5)/51.3

戴東原集十二卷 （清）戴震撰　**覆校札記一卷戴東原先生年譜一卷** （清）段玉裁撰　清宣統二年(1910)渭南嚴氏孝義家塾刻本　四冊

220000－0803－0004492　集3.1(5)/52.1－1

戴南山文鈔六卷 （清）戴名世撰　清宣統二年(1910)上海國學扶輪社鉛印本　三冊

220000－0803－0004493　集3.1(5)/52.1－2

戴南山文鈔六卷 （清）戴名世撰　清宣統二年(1910)上海國學扶輪社鉛印本　三冊

220000－0803－0004494　集3.1(5)/53

愛吾廬文鈔不分卷 （清）呂世宜著　清刻本一冊

220000－0803－0004495　集3.1(5)/56

儀顧堂集八卷 （清）陸心源撰　清刻本二冊

220000－0803－0004496　集3.1(5)/57

錢牧齋文鈔不分卷 （清）錢謙益撰　清宣統元年(1909)上海國學扶輪社鉛印本　四冊

220000－0803－0004497　集3.1(5)/58.1－1

歸樸龕叢稿十二卷 （清）彭蘊章撰　清道光二十八年(1848)刻本　四冊

220000 - 0803 - 0004498　集 3.1(5)/58.1 - 2

歸樸龕叢稿十二卷續編四卷　(清)彭蘊章撰
清道光二十八年(1848)刻本　五冊

220000 - 0803 - 0004499　集 3.1(5)/60

顯志堂稿十二卷　(清)馮桂芬著　清光緒二
年(1876)吳縣馮氏校邠廬刻本　七冊

220000 - 0803 - 0004500　集 3.1(5)/62

正誼堂文集四十卷　(清)張伯行著　(清)張
師栻　(清)張師載編　清光緒五年(1879)刻
本　二十冊

220000 - 0803 - 0004501　集 3.1(5)/64

刻鵠集三卷　(清)沈同芳撰　清宣統三年
(1911)鉛印本　一冊

220000 - 0803 - 0004502　集 3.1(5)/65

洪北江文集四卷　(清)洪亮吉著　清宣統二
年(1910)上海國學扶輪社鉛印本　二冊

220000 - 0803 - 0004503　集 3.1(5)/66

石笥山房文集五卷補遺一卷　(清)胡天游著
清宣統元年(1909)上海國學扶輪社鉛印本
四冊

220000 - 0803 - 0004504　集 3.1(5)/67

校邠廬抗議不分卷　(清)馮桂芬著　清咸豐
十一年(1861)廣仁堂刻本　二冊

220000 - 0803 - 0004505　集 3.1(5)/68.1 - 1

翁山文外十六卷　(清)屈大均撰　清宣統二
年(1910)上海國學扶輪社鉛印本　十冊

220000 - 0803 - 0004506　集 3.1(5)/69

望溪先生全集三十三卷　(清)方苞撰　清咸
豐二年(1852)刻本　十二冊

220000 - 0803 - 0004507　集 3.1(5)/70.2

御製盛京賦序十二卷　(清)高宗弘曆撰
(清)傅恒等編　清刻朱墨套印本　十二冊

220000 - 0803 - 0004508　集 3.1(5)/71

紫石泉山房文集十二卷　(清)吳定撰　清光
緒十三年(1887)刻本　四冊

220000 - 0803 - 0004509　集 3.1(5)/72

遊道堂集四卷　(清)朱彬撰　清同治七年

(1868)刻本　二冊

220000 - 0803 - 0004510　集 3.1(5)/74

翠巖文會課卷不分卷　(清)朱立燮等寫　清
末寫本　二冊

220000 - 0803 - 0004511　集 3.1(5)/75

養素堂文集三十五卷首一卷　(清)張澍著
清道光十七年(1837)刻本　十六冊

220000 - 0803 - 0004512　集 3.1(5)/76

縵雅堂駢體文八卷　(清)王詒壽著　清光緒
六年(1880)娛園刻本　二冊

220000 - 0803 - 0004513　集 3.1(5)/77

虛受堂文集十六卷　王先謙撰　清宣統二年
(1910)上海國學書社石印本　六冊

220000 - 0803 - 0004514　集 3.1(5)/92.1 - 2

鮚埼亭集三十八卷外編五十卷　(清)全祖
望撰　清刻本　四冊　存十二卷(鮚埼亭
集二至四、八至十三,外編三十四至三十
六)

220000 - 0803 - 0004515　集 3.1(5)/93

胡文忠公遺集八十六卷首一卷　(清)胡林翼
撰　清光緒十四年(1888)上海著易堂鉛印本
八冊

220000 - 0803 - 0004516　集 3.1(5)/94

劉武慎公遺書二十五卷　(清)劉長佑撰　劉
武慎公年譜三卷　(清)鄧輔綸　(清)王政慈
編　清光緒二十六年(1900)鉛印本　二十
八冊

220000 - 0803 - 0004517　集 3.1(5)/96 - 1

胡文忠公遺集十卷首一卷　(清)胡林翼撰
清同治七年(1868)醉六堂刻本　八冊

220000 - 0803 - 0004518　集 3.1(6)/8

鄭齋漢學文編六卷　孫雄撰　清光緒三十四
年(1908)鉛印本　二冊

220000 - 0803 - 0004519　集 3.2(1)/4

琴操二卷首一卷　(漢)蔡邕撰　支遁集二卷
首一卷　(晉)釋支遁撰　支遁集補遺一卷
(清)蔣清翊輯　清光緒十年(1884)邵武徐氏

刻本 一冊

220000－0803－0004520　集3.2(2)/15.2

李長吉歌詩四卷外集一卷首一卷 （唐）李賀撰 （清）王琦彙解 清宣統元年(1909)上海掃葉山房石印本 四冊

220000－0803－0004521　集3.2(2)/16.1－1

李長吉集四卷外卷一卷 （唐）李賀撰 （清）黃淳耀評 （清）黎簡批點 清宣統元年(1909)上海掃葉山房刻朱墨套印本 二冊

220000－0803－0004522　集3.2(2)/18.2

李義山詩集三卷 （唐）李商隱撰 清末石印本 二冊

220000－0803－0004523　集3.2(2)/19.1－1

李義山詩集三卷 （唐）李商隱撰 （清）朱鶴齡箋注 （清）沈厚塽輯評 清同治九年(1870)廣州倅署刻三色套印本 四冊

220000－0803－0004524　集3.2(2)/19.1－2

李義山詩集三卷 （唐）李商隱撰 （清）朱鶴齡箋注 （清）沈厚塽輯評 清同治九年(1870)廣州倅署刻三色套印本 四冊

220000－0803－0004525　集3.2(2)/21.1

玉谿生詩詳註三卷首一卷 （唐）李商隱撰 （清）馮浩編訂 清同治七年(1868)醉六堂刻本 四冊

220000－0803－0004526　集3.2(2)/24.1－1

杜工部集二十卷首一卷 （唐）杜甫著 清道光十四年(1834)刻五色套印本 八冊

220000－0803－0004527　集3.2(2)/24.1－2

杜工部集二十卷首一卷 （唐）杜甫著 清道光十四年(1834)刻五色套印本 八冊

220000－0803－0004528　集3.2(2)/24.1－3

杜工部集二十卷首一卷 （唐）杜甫著 清光緒二年(1876)粵東翰墨園刻六色套印本 十冊

220000－0803－0004529　集3.2(2)/29.2－1

杜詩鏡銓二十卷 （清）楊倫編 **讀書堂杜工部文集註解二卷附諸家論杜一卷** （清）張溍

評註 清同治十一年(1872)望三益齋刻本 十二冊

220000－0803－0004530　集3.2(2)/29.2－2

杜詩鏡銓二十卷諸家論杜一卷年譜一卷 （清）楊倫編 清同治十一年(1872)望三益齋刻本 九冊

220000－0803－0004531　集3.2(2)/31.2

杜工部集二十卷 （唐）杜甫撰 清玉勾草堂刻本 八冊 存十六卷(五至二十)

220000－0803－0004532　集3.2(2)/38

昌黎先生詩集注十一卷 （唐）韓愈撰 （清）顧嗣立刪補 （清）何焯評 清道光十七年(1837)膺德堂刻朱墨套印本 四冊

220000－0803－0004533　集3.2(2)/39

昌黎先生詩增注証訛十一卷 （唐）韓愈撰 （清）顧嗣立刪補 （清）黃鉞增注証訛 清咸豐七年(1857)刻本 四冊

220000－0803－0004534　集3.2(2)/40

柳河東詩集二卷 （唐）柳宗元撰 清宣統二年(1910)時中書局石印本 四冊

220000－0803－0004535　集3.2(2)/43.1－1

韋蘇州集十卷 （唐）韋應物撰 清宣統三年(1911)氷雪山房石印本 六冊

220000－0803－0004536　集3.2(2)/43.1－2

韋蘇州集十卷 （唐）韋應物撰 清宣統三年(1911)氷雪山房石印本 六冊

220000－0803－0004537　集3.2(2)/46

貴池唐人集十六卷 劉世珩輯 清光緒三十一年(1905)貴池劉氏刻本 一冊 存四卷(十三至十六)

220000－0803－0004538　集3.2(2)/49.2

寒山子詩集一卷 （唐）釋寒山撰 清宣統二年(1910)雲陽程氏刻本 一冊

220000－0803－0004539　集3.2(2)/50.1－1

溫飛卿詩集九卷 （唐）溫庭筠撰 （明）曾益注 （清）顧予咸補注 清顧氏秀野草堂刻本 四冊

220000 – 0803 – 0004540　集3.2(2)/50.1 – 2
溫飛卿詩集九卷　（唐）溫庭筠撰　（明）曾益注　（清）顧予咸補注　清光緒八年（1882）泉唐汪氏刻本　二冊

220000 – 0803 – 0004541　集3.2(2)/50.1 – 3
溫飛卿詩集九卷　（唐）溫庭筠撰　（明）曾益注　（清）顧予咸補注　清顧氏秀野草堂刻本　二冊

220000 – 0803 – 0004542　集3.2(2)/50.1 – 4
溫飛卿詩集九卷　（唐）溫庭筠撰　（明）曾益注　（清）顧予咸補注　清顧氏秀野草堂刻本　二冊

220000 – 0803 – 0004543　集3.2(2)/50.3
溫飛卿詩集九卷　（唐）溫庭筠撰　（明）曾益注　（清）顧予咸補注　清宣統二年（1910）上海掃葉山房石印本　四冊

220000 – 0803 – 0004544　集3.2(2)/52
雲臺編三卷　（唐）鄭谷撰　清刻本　二冊

220000 – 0803 – 0004545　集3.2(2)/55.1
樊川詩集四卷外集一卷別集一卷補遺一卷（唐）杜牧撰　（清）馮集梧集注　清嘉慶六年（1801）刻本　六冊

220000 – 0803 – 0004546　集3.2(2)/55.2 – 1
樊川詩集四卷別集一卷外集一卷補遺一卷（唐）杜牧撰　（清）馮集梧集注　清光緒十六年（1890）湘南書局刻本　五冊

220000 – 0803 – 0004547　集3.2(2)/55.2 – 2
樊川詩集四卷別集一卷外集一卷　（唐）杜牧撰　（清）馮集梧集注　清光緒十六年（1890）湘南書局刻本　六冊

220000 – 0803 – 0004548　集3.2(3)/1.1 – 1
山谷詩集注二十卷　（宋）黃庭堅撰　（宋）任淵注　**山谷外集詩注十七卷**　（宋）史容注　**山谷別集詩注二卷**　（宋）史季溫注　清光緒二十一年至二十五年（1895 – 1899）刻本　二十冊

220000 – 0803 – 0004549　集3.2(3)/1.1 – 2
山谷詩集注二十卷　（宋）黃庭堅撰　（宋）任淵注　**山谷外集詩注十七卷**　（宋）史容注　**山谷別集詩注二卷**　（宋）史季溫注　清光緒二十一年至二十五年（1895 – 1899）刻本　二十冊

220000 – 0803 – 0004550　集3.2(3)/2.1 – 1
山谷詩內集注二十卷　（宋）黃庭堅撰　（宋）任淵注　**山谷外集詩注十七卷**　（宋）史容注　**山谷別集詩注二卷**　（宋）史季溫注　**山谷詩外集補四卷別集補一卷**　（清）謝啓昆輯　**重刻山谷先生年譜十四卷附錄一卷**　（宋）黃𥕵編　清樹經堂刻本　二十冊

220000 – 0803 – 0004551　集3.2(3)/2.1 – 2
山谷詩內集注二十卷　（宋）黃庭堅撰　（宋）任淵注　**山谷外集詩注十七卷**　（宋）史容注　**山谷別集詩注二卷**　（宋）史季溫注　**山谷詩外集補四卷別集補一卷**　（清）謝啓昆輯　**重刻山谷先生年譜十四卷附錄一卷**　（宋）黃𥕵編　清光緒二年（1876）刻本　二十四冊

220000 – 0803 – 0004552　集3.2(3)/2.2 – 1
山谷詩集注二十卷　（宋）黃庭堅撰　（宋）任淵注　**山谷外集詩注十七卷**　（宋）史容注　**山谷別集詩注二卷**　（宋）史季溫注　清光緒二十一年至二十五年（1895 – 1899）刻本　二十冊

220000 – 0803 – 0004553　集3.2(3)/2.2 – 2
山谷詩集注二十卷　（宋）黃庭堅撰　（宋）任淵注　**山谷外集詩注十七卷**　（宋）史容注　**山谷別集詩注二卷**　（宋）史季溫注　清光緒二十一年至二十五年（1895 – 1899）刻本　二十冊

220000 – 0803 – 0004554　集3.2(3)/2.2 – 3
山谷詩集注二十卷　（宋）黃庭堅撰　（宋）任淵注　**山谷外集詩注十七卷**　（宋）史容注　**山谷別集詩注二卷**　（宋）史季溫注　清光緒二十一年至二十五年（1895 – 1899）刻本　二十冊

220000 – 0803 – 0004555　集3.2(3)/3
方泉先生詩集三卷　（宋）周文璞撰　清宣統

元年(1909)國光社影印本　一冊

220000－0803－0004556　集3.2(3)/4.1
元遺山詩集箋注十四卷全集傳銘一卷年譜一
卷附錄一卷補載一卷　(金)元好問撰　(元)
張德輝類次　(清)施國祁箋注　清道光二年
(1822)刻本　八冊

220000－0803－0004557　集3.2(3)/4.2
元遺山詩集箋注十四卷全集傳銘一卷年譜一
卷附錄一卷補載一卷　(金)元好問撰　(元)
張德輝類次　(清)施國祁箋注　清道光七年
(1827)刻本　六冊

220000－0803－0004558　集3.2(3)/14
蘇文忠公詩集五十卷目錄二卷　(宋)蘇軾撰
　(清)紀昀評點　清道光十四年(1834)兩廣
節署刻朱墨套印本　十二冊

220000－0803－0004559　集3.2(3)/15.1－1
蘇文忠詩合註五十卷首一卷　(宋)蘇軾撰
(清)馮應榴輯訂　清同治九年(1870)刻本
三十一冊　存四十九卷(一至二十、二十二至
五十)

220000－0803－0004560　集3.2(3)/15.1－2
蘇文忠詩合註五十卷首一卷　(宋)蘇軾撰
(清)馮應榴輯訂　清同治九年(1870)刻本
五冊　存十二卷(七至十八)

220000－0803－0004561　集3.2(3)/16
蘇文忠公詩編註集成五十七卷　(宋)蘇軾撰
　(清)王文誥編　清光緒十四年(1888)浙江
書局刻本　二十四冊

220000－0803－0004562　集3.2(3)/18.2
施註蘇詩四十二卷總目二卷　(宋)蘇軾撰
(宋)施元之註　(清)邵長蘅刪補　蘇詩續補
遺二卷　(宋)蘇軾撰　(清)馮景補註　東坡
先生年譜一卷　(宋)王宗稷編　清刻本　十
五冊

220000－0803－0004563　集3.2(3)/18.3
古香齋鑒賞袖珍施註蘇詩四十二卷總目二卷
　(宋)蘇軾撰　(宋)施元之註　(清)邵長
蘅等刪補　古香齋鑒賞袖珍施註蘇詩續補遺

二卷　(宋)蘇軾撰　(清)馮景補註　東坡先
生年譜一卷　(宋)王宗稷編　清光緒八年至
九年(1882－1883)孔氏三十有三萬卷堂刻本
　十四冊

220000－0803－0004564　集3.2(3)/19.2
蘇詩補註八卷　(清)翁方綱撰　志道集一卷
　(宋)顧禧著　清咸豐元年(1851)刻本
二冊

220000－0803－0004565　集3.2(3)/20
蘇詩續補遺二卷　(宋)蘇軾撰　(清)馮景補
註　清刻本　二冊

220000－0803－0004566　集3.2(3)/23
金淵集六卷　(元)仇遠撰　清刻本　二冊

220000－0803－0004567　集3.2(3)/25
范石湖詩集注三卷　(宋)范成大撰　(清)沈
欽韓注　半氊齋題跋二卷　(清)江藩撰　清
刻本　一冊

220000－0803－0004568　集3.2(3)/33
雁門集十四卷附一卷　(元)薩都剌撰　(清)
薩龍光編注　雁門集倡和錄一卷　(清)薩龍
光輯　清嘉慶十二年(1807)刻本　八冊

220000－0803－0004569　集3.2(3)/42
文山別集十四卷　(宋)文天祥撰　清宣統二
年(1910)東雅社鉛印本　四冊

220000－0803－0004570　集3.2(4)/2
李空同詩集三十三卷附錄一卷　(明)李夢陽
撰　清宣統二年(1910)上海掃葉山房石印本
十冊

220000－0803－0004571　集3.2(4)/5
雪溪漁唱集鈔三卷附錄一卷　(明)蘇平撰
清道光十八年(1838)刻本　三冊

220000－0803－0004572　集3.2(4)/7
華泉先生集選四卷　(明)邊貢著　(清)王士
禎選　睡足軒詩選一卷　(明)邊習著　(清)
徐夜　(清)王士禎選　迪功集選一卷　(明)
徐禎卿著　(清)王士禎選　蘇門集選一卷
(明)高叔嗣著　(清)王士禎選　清刻本

一冊

220000－0803－0004573　　集3.2(4)/8
鈐山堂集十六卷　（明）嚴嵩撰　清抄本
四冊

220000－0803－0004574　　集3.2(4)/11.1－2
疑雨集四卷　（明）王彦泓著　清宣統二年
(1910)上海掃葉山房石印本　二冊

220000－0803－0004575　　集3.2(4)/18.1
王陽明先生全集十六卷目錄二卷　（明）王守
仁撰　清道光六年(1826)刻本　二十四冊

220000－0803－0004576　　集3.2(4)/20.1
升菴外集一百卷　（明）楊慎撰　清道光二十
四年(1844)刻本　二十四冊

220000－0803－0004577　　集3.2(4)/20.2
升菴外集一百卷　（明）楊慎撰　清刻本　五
冊　存十五卷(八十六至一百)

220000－0803－0004578　　集3.2(5)/1
馮舍人遺詩六卷　（清）馮廷櫆撰　鈍吟集三
卷　（清）馮班撰　清光緒三十四年(1908)問
影樓鉛印本　二冊

220000－0803－0004579　　集3.2(5)/2
九梅村詩集二十卷　（清）魏燮均編　清光緒
元年(1875)紅杏山莊刻本　四冊

220000－0803－0004580　　集3.2(5)/3
于湖小集三卷　（清）芳郭鈍叟撰　清光緒二
十年(1894)水明樓刻本　二冊

220000－0803－0004581　　集3.2(5)/4
上海縣竹枝詞不分卷　（清）秦榮光撰　清宣
統元年(1909)鉛印本　一冊

220000－0803－0004582　　集3.2(5)/5
小草庵詩鈔一卷　（清）屠蘇撰　日本金石年
表一卷　（日本）西田直養輯　清光緒十年
(1884)滂喜齋刻本　一冊

220000－0803－0004583　　集3.2(5)/6
山左皇華集不分卷　（清）那興阿撰　清道光
十七年(1837)刻本　一冊

220000－0803－0004584　　集3.2(5)/8
心逸軒詩存不分卷　（清）鶴算著　清咸豐元
年(1851)江陰酉山堂刻本　二冊

220000－0803－0004585　　集3.2(5)/9
未谷詩集四卷　（清）桂馥撰　清刻本　二冊

220000－0803－0004586　　集3.2(5)/10
尹文端公詩集十卷　（清）尹繼善撰　清刻本
六冊

220000－0803－0004587　　集3.2(5)/13
天遊閣集五卷詩補一卷附錄一卷　（清）顧太
清撰　清宣統二年(1910)上海國光印刷所鉛
印本　一冊

220000－0803－0004588　　集3.2(5)/18.1
越縵堂集十卷　（清）李慈銘撰　清光緒十六
年(1890)刻本　六冊

220000－0803－0004589　　集3.2(5)/19
冬青館古宮詞三卷　（清）張鑑撰　清刻本
一冊

220000－0803－0004590　　集3.2(5)/20
安般簃集十卷　（清）芳郭鈍叟撰　清光緒十
六年(1890)小漚巢刻本　四冊

220000－0803－0004591　　集3.2(5)/22
牧齋有學集詩註十四卷　（清）錢謙益撰
(清)錢曾箋註　清刻本　八冊

220000－0803－0004592　　集3.2(5)/23
牧齋初學集詩註二十卷牧齋有學集詩註十四
卷　（清）錢謙益撰　（清）錢曾箋註　清玉詔
堂刻本　十四冊

220000－0803－0004593　　集3.2(5)/24
王孟調明經西鳬草一卷　（清）王星誠撰　唅
敢覽館稿一卷　（清）曹應鐘撰　消夏六味一
卷　（清）潘祖蔭撰　清末刻本　一冊

220000－0803－0004594　　集3.2(5)/25
考功集選四卷　（清）王士祿撰　（清）王士禛
批點　清刻本　一冊

220000－0803－0004595　　集3.2(5)/26
沙河逸老小稿六卷嶰谷詞一卷林屋唱酬錄一

卷焦山紀遊集一卷　（清）馬曰琯撰　清刻本
三冊

220000 – 0803 – 0004596　集 3.2(5)/27

亨甫詩選八卷　（清）張際亮撰　（清）徐幹選
清光緒八年(1882)邵武徐氏刻本　六冊

220000 – 0803 – 0004597　集 3.2(5)/28

冶城遺集一卷補遺一卷　（清）孫星衍著　長
離閣集一卷　（清）王采薇撰　清光緒十一年
(1885)刻本　一冊

220000 – 0803 – 0004598　集 3.2(5)/30.1 – 1

吳詩集覽二十卷　（清）吳偉業撰　（清）靳榮
藩輯　清刻本　十七冊

220000 – 0803 – 0004599　集 3.2(5)/34

定山堂詩集四十三卷詩餘四卷　（清）龔鼎孳
撰　清光緒九年(1883)聖彝書屋刻本　十
六冊

220000 – 0803 – 0004600　集 3.2(5)/36

東洲草堂詩鈔二十七卷詩餘一卷　（清）何紹
基撰　清同治六年(1867)長沙無園刻本
六冊

220000 – 0803 – 0004601　集 3.2(5)/37

兩當軒集二十二卷考異二卷附錄四卷　（清）
黃景仁著　清光緒二年(1876)家塾刻本
六冊

220000 – 0803 – 0004602　集 3.2(5)/38

兩當軒詩鈔十四卷悔存詞鈔二卷　（清）黃景
仁著　清嘉慶二十二年(1817)刻本　二冊

220000 – 0803 – 0004603　集 3.2(5)/39

兩般秋雨庵詩選不分卷　（清）梁紹壬撰　清
道光二十年(1840)刻本　二冊

220000 – 0803 – 0004604　集 3.2(5)/40.1 – 1

松風閣詩鈔二十六卷　（清）彭蘊章撰　清同
治七年(1868)刻本　六冊

220000 – 0803 – 0004605　集 3.2(5)/40.1 – 2

松風閣詩鈔二十六卷　（清）彭蘊章撰　清同
治七年(1868)刻本　六冊

220000 – 0803 – 0004606　集 3.2(5)/40.1 – 3

松風閣詩鈔二十六卷　（清）彭蘊章撰　清同
治七年(1868)刻本　六冊

220000 – 0803 – 0004607　集 3.2(5)/40.1 – 4

松風閣詩鈔二十六卷　（清）彭蘊章撰　清同
治七年(1868)刻本　六冊

220000 – 0803 – 0004608　集 3.2(5)/41

松心詩錄十卷　（清）張維屏撰　清咸豐四年
(1854)刻本　二冊

220000 – 0803 – 0004609　集 3.2(5)/42.1 – 2

鄭板橋集四種六卷　（清）鄭燮撰　清刻本
二冊

220000 – 0803 – 0004610　集 3.2(5)/43

芸香館遺詩二卷　（清）那遜蘭保著　鬱華閣
遺集四卷　（清）盛昱撰　清光緒三十一年
(1905)刻本　二冊

220000 – 0803 – 0004611　集 3.2(5)/44

忠雅堂詩集二十七卷補遺二卷詞集二卷
（清）蔣士銓撰　清道光二十三年(1843)刻本
八冊

220000 – 0803 – 0004612　集 3.2(5)/47

味靈華館詩六卷　（清）商廷煥撰　清光緒三
十二年(1906)石印本　一冊

220000 – 0803 – 0004613　集 3.2(5)/49

金源樂府三卷　（清）許葉芬撰　清光緒二十
年(1894)稿本　三冊

220000 – 0803 – 0004614　集 3.2(5)/50.1 – 1

冬心先生集四卷　（清）金農撰　清宣統二年
(1910)上海京師書業公司石印本　四冊

220000 – 0803 – 0004615　集 3.2(5)/50.1 – 2

冬心先生集四卷　（清）金農撰　清宣統二年
(1910)上海京師書業公司石印本　四冊

220000 – 0803 – 0004616　集 3.2(5)/51

亭林詩集五卷　（清）顧炎武撰　清光緒四年
(1878)掃葉山房石印本　二冊

220000 – 0803 – 0004617　集 3.2(5)/52

神清室詩稿三卷　（清）永憲著　清嘉慶十三
年(1808)刻本　一冊

221

220000－0803－0004618　集3.2(5)/54
南齋集六卷詞二卷　（清）馬曰璐撰　清咸豐元年(1851)刻本　三冊

220000－0803－0004619　集3.2(5)/55
揅經室詩錄五卷　（清）阮元撰　清咸豐五年(1855)刻本　一冊

220000－0803－0004620　集3.2(5)/59
貞復堂集十三卷　（清）黃濬之著　清光緒十七年(1891)黃仁坦刻本　四冊

220000－0803－0004621　集3.2(5)/60
是程堂集十四卷　（清）屠倬撰　清嘉慶十九年(1814)真州官舍刻本　四冊　存十卷(五至十四)

220000－0803－0004622　集3.2(5)/64
香南居士集六卷　（清）崇恩撰　清道光二十二年(1842)刻本　二冊

220000－0803－0004623　集3.2(5)/65
香草齋詩註六卷　（清）黃任著　（清）陳應魁註　清嘉慶十九年(1814)刻本　四冊

220000－0803－0004624　集3.2(5)/67
俞俞齋詩稿初集二卷　（清）史念祖撰　清光緒三十一年(1905)奉天中和山房鉛印本　二冊

220000－0803－0004625　集3.2(5)/70
海峰先生詩集十卷　（清）劉大櫆撰　清光緒二十五年(1899)刻本　二冊

220000－0803－0004626　集3.2(5)/71
海秋詩集二十六卷　（清）湯鵬撰　清道光十八年(1838)刻本　八冊

220000－0803－0004627　集3.2(5)/72
桐城吳先生詩集不分卷　（清）吳汝綸著　清光緒三十年(1904)刻本　一冊

220000－0803－0004628　集3.2(5)/73
退思軒詩集六卷詩集補遺一卷　（清）張百熙著　清宣統三年(1911)武昌刻本　二冊

220000－0803－0004629　集3.2(5)/75.1－1
秣陵集六卷表一卷圖考一卷　（清）陳文述撰

清光緒十年(1884)淮南書局刻本　三冊

220000－0803－0004630　集3.2(5)/75.1－2
秣陵集六卷表一卷圖考一卷　（清）陳文述撰　清道光三年(1823)刻本　三冊

220000－0803－0004631　集3.2(5)/76
倚柁吟遺藁二卷　（清）任塍著　清宣統元年(1909)鉛印本　一冊

220000－0803－0004632　集3.2(5)/79
張家口至烏里雅蘇臺竹枝詞一卷　（清）廓軒氏(志銳)撰　無益有益齋論畫詩二卷　（清）李葆恂撰　清宣統二年(1910)南陵徐乃昌刻本　一冊

220000－0803－0004633　集3.2(5)/80
張都護詩存不分卷　（清）張錫鑾撰　清宣統二年(1910)鉛印本　一冊

220000－0803－0004634　集3.2(5)/82.1
船山詩草二十卷　（清）張問陶撰　清嘉慶二十年(1815)刻本　八冊

220000－0803－0004635　集3.2(5)/82.2
船山詩草二十卷補遺六卷　（清）張問陶撰　清同治十三年(1874)刻本　十二冊

220000－0803－0004636　集3.2(5)/82.3
船山詩草二十卷　（清）張問陶撰　清宣統二年(1910)掃葉山房石印本　五冊　缺三卷(四至六)

220000－0803－0004637　集3.2(5)/83
巢經巢詩鈔九卷後集四卷　（清）鄭珍撰　清光緒二十三年(1897)遵義黎氏刻本　四冊

220000－0803－0004638　集3.2(5)/84
湘綺樓詩十四卷　王闓運著　清光緒三十三年(1907)刻本　四冊

220000－0803－0004639　集3.2(5)/85
敦教堂詩鈔六卷續刻二卷　（清）官文著　清同治二年(1863)刻本　八冊

220000－0803－0004640　集3.2(5)/86
散原精舍詩二卷　陳三立撰　清宣統元年(1909)鉛印本　二冊

220000－0803－0004641　集3.2(5)/87

棟華書屋詩集四卷　（清）程銘著　清道光二十九年(1849)刻本　一冊

220000－0803－0004642　集3.2(5)/88

敝帚集二卷　（清）恩孚著　清同治五年(1866)刻本　二冊

220000－0803－0004643　集3.2(5)/89.1

飲水詩集一卷詞集一卷　（清）性德著　清道光二十五年(1845)刻本　四冊

220000－0803－0004644　集3.2(5)/89.2

飲水詩集一卷詞集一卷　（清）性德著　清咸豐元年(1851)刻本　一冊

220000－0803－0004645　集3.2(5)/90

缾水齋詩集十七卷別集二卷詩話一卷　（清）舒位撰　清光緒十七年(1891)刻本　五冊　缺五卷(詩集一至五)

220000－0803－0004646　集3.2(5)/92

意苕山館詩稿十六卷　（清）陸嵩著　清道光二十三年(1843)刻本　四冊

220000－0803－0004647　集3.2(5)/98

綺雲樓詩草二卷楹聯一卷詞集一卷　（清）寶士鏞著　曇花唅一卷詩餘一卷題詞一卷題詩一卷　（清）杜敬撰　清宣統二年(1910)鉛印本　一冊

220000－0803－0004648　集3.2(5)/102.1－3

漁洋山人精華錄箋註十二卷附年譜一卷（清）王士禛撰　（清）金榮箋註　清刻本　十冊

220000－0803－0004649　集3.2(5)/103.1－1

漁洋山人精華錄訓纂十卷年譜二卷　（清）王士禛撰　（清）惠棟訓纂　清紅豆齋刻本　十二冊

220000－0803－0004650　集3.2(5)/103.1－2

漁洋山人精華錄訓纂十卷年譜二卷　（清）王士禛撰　（清）惠棟訓纂　清紅豆齋刻本　十二冊

220000－0803－0004651　集3.2(5)/105

碧琅玕吟館詩注二卷　（清）錫齡著　（清）鮑蘭生注　清刻本　二冊

220000－0803－0004652　集3.2(5)/108

睡足軒詩選一卷　（明）邊習著　（清）王士禛（清）徐夜選　浯溪考二卷　（清）王士禛撰　清刻本　一冊

220000－0803－0004653　集3.2(5)/109.2

廣雅堂詩集不分卷　（清）張之洞撰　清末石印本　二冊

220000－0803－0004654　集3.2(5)/110

適齋居士集四卷　（清）覺羅舒敏撰　清道光二十二年(1842)刻本　二冊

220000－0803－0004655　集3.2(5)/111.1－1

甌香館集十二卷補遺詩一卷補遺畫跋一卷附錄一卷　（清）惲格著　（清）蔣光煦輯　清刻本　四冊

220000－0803－0004656　集3.2(5)/111.1－2

甌香館集十二卷補遺詩一卷補遺畫跋一卷附錄一卷　（清）惲格著　（清）蔣光煦輯　清道光十八年(1838)刻本　四冊

220000－0803－0004657　集3.2(5)/115

蓮因室詩集二卷詞集一卷　（清）鄭蘭孫撰　清光緒元年(1875)刻本　二冊

220000－0803－0004658　集3.2(5)/116

墨花香館詩存八卷　（清）慶康撰　清光緒二十一年(1895)刻本　二冊

220000－0803－0004659　集3.2(5)/117

賞雨茅屋詩集十六卷外集一卷　（清）曾燠著　清道光三年(1823)刻本　六冊

220000－0803－0004660　集3.2(5)/119

靜觀書屋詩集七卷　（清）章鶴齡撰　清宣統元年(1909)劉氏唐石簃彙刻本　二冊

220000－0803－0004661　集3.2(5)/124

韻山堂詩集七卷補遺一卷　（清）王文誥撰　清光緒十四年(1888)浙江書局刻本　一冊

220000－0803－0004662　集3.2(5)/127.1－1

蘇鄰遺詩二卷　（清）李鴻裔撰　清光緒十四

年(1888)遵義黎氏刻本　一冊

220000－0803－0004663　集3.2(5)/127.1－2

蘇鄰遺詩二卷　(清)李鴻裔撰　清光緒十四年(1888)遵義黎氏刻本　二冊

220000－0803－0004664　集3.2(5)/128

藏園詩鈔不分卷　(清)游智開撰　清光緒十九年(1893)刻本　一冊

220000－0803－0004665　集3.2(5)/130

曝書亭集詩註二十二卷朱竹垞先生年譜一卷　(清)楊謙纂　清刻本　四冊

220000－0803－0004666　集3.2(5)/131

鐫愁山館詩草一卷　(清)唐景垚撰　綠蔭書舍遺詩一卷　(清)曹典藩撰　方壺館遺詩一卷詩餘一卷　(清)劉澤榘撰　退愚野樵詩餘一卷　(清)陳潤湘撰　咀滄山房詩餘一卷　(清)劉澤榘撰　清光緒三十年(1904)刻本　一冊

220000－0803－0004667　集3.2(5)/132

子遷吟草五卷雜著三卷　(清)謝益撰　清道光十九年(1839)刻本　五冊

220000－0803－0004668　集3.2(5)/133

比竹集六卷　(清)董澂鏡撰　清刻本　一冊

220000－0803－0004669　集3.2(5)/136

藏園詩鈔不分卷　(清)游智開撰　清光緒十二年(1886)刻本　一冊

220000－0803－0004670　集3.2(5)/139

王氏漁洋詩鈔十二卷　(清)王士禎撰　(清)邵長蘅選　清宣統二年(1910)上海時中書局鉛印本　八冊

220000－0803－0004671　集3.2(5)/141

全史宮詞二十卷　(清)史夢蘭撰　清咸豐八年(1858)刻本　四冊

220000－0803－0004672　集3.2(5)/144.1

梅村詩集箋注十八卷　(清)吳偉業著　(清)吳翌鳳箋注　清光緒十年(1884)湖北官書處刻本　十二冊

220000－0803－0004673　集3.2(5)/145

妙香齋詩集四卷　(清)趙德懋著　(清)趙嘉肇輯　清光緒十一年(1885)刻本　一冊

220000－0803－0004674　集3.2(5)/146

河間試律矩二卷　(清)紀昀著　(清)林昌評註　清嘉慶十九年(1814)刻本　二冊

220000－0803－0004675　集3.2(5)/147

松壽堂詩鈔十卷　(清)陳夔龍著　清宣統三年(1911)京師刻本　四冊

220000－0803－0004676　集3.2(5)/148

金源紀事詩八卷　(清)湯運泰撰　(清)湯顯業注　清嘉慶十八年(1813)刻本　四冊

220000－0803－0004677　集3.2(5)/150

朗陵詩集十二卷　(清)王士桓著　(清)王熙綱等編校　清道光二十四年(1844)半耕山房刻本　四冊

220000－0803－0004678　集3.2(5)/151

悔蹉跎齋試帖詩初編二卷續編二卷　(清)柳文洙著　清光緒十八年(1892)上海點石齋石印本　四冊

220000－0803－0004679　集3.2(5)/152

晉齋詩存二卷　(清)昇寅撰　清咸豐三年(1853)刻本　二冊

220000－0803－0004680　集3.2(5)/154

問園遺集不分卷　(清)范元亨著　憶秋軒詩不分卷　(清)范淑著　空山夢不分卷　(清)范元亨著　清光緒十七年(1891)范氏良鄉縣官廨刻本　三冊

220000－0803－0004681　集3.2(5)/155

翁山詩外二十卷　(清)屈大均撰　清宣統二年(1910)國學扶輪社鉛印本　十二冊

220000－0803－0004682　集3.2(5)/156

師竹齋集十四卷　(清)李鼎元撰　清嘉慶七年(1802)刻本　二冊

220000－0803－0004683　集3.2(5)/157

增訂寄嶽雲齋試體詩選四卷　(清)聶銑敏著　(清)朱兆鳳評　清蘇州掃葉山房刻本　四冊

220000－0803－0004684　集3.2(5)/158
寄舫試帖初稿二卷律賦初稿一卷　(清)敬和
撰　清咸豐四年(1854)刻本　二冊

220000－0803－0004685　集3.2(5)/159
雪青閣詩集四卷　(清)謝維藩撰　清光緒九
年(1883)開封官廨刻本　四冊

220000－0803－0004686　集3.2(5)/161
御製詩初集二十四卷目錄四卷　(清)宣宗旻
寧撰　清道光九年(1829)刻本　八冊

220000－0803－0004687　集3.2(5)/165
養雲山館試帖四卷　(清)許球著　(清)王榮
緩注釋　清道光二十七年(1847)刻本　四冊

220000－0803－0004688　集3.2(5)/166.1
甌北詩鈔二十卷　(清)趙翼撰　清宣統三年
(1911)掃葉山房石印本　八冊

220000－0803－0004689　集3.2(5)/167
醉墨畫禪詩草不分卷　(清)書紳撰　清咸豐
四年(1854)刻本　一冊

220000－0803－0004690　集3.2(5)/168
蓼蟲吟稿十六卷　(清)蘇加玉撰　清嘉慶十
七年(1812)刻本　二冊

220000－0803－0004691　集3.2(5)/170
寶鐵齋詩錄不分卷續錄不分卷　(清)韓崇著
　清道光二十九年(1849)潯江郡舍刻本
二冊

220000－0803－0004692　集3.2(5)/171
蘀石齋詩集五十卷　(清)錢載撰　清刻本
六冊

220000－0803－0004693　集3.2(5)/172
寄龕詩質十二卷　(清)孫德祖著　清光緒二
十五年(1899)會稽孫氏刻本　三冊

220000－0803－0004694　集3.2(5)/175
御製詩初集四十四卷目錄二卷　(清)高宗弘
曆撰　清刻本　二十冊

220000－0803－0004695　集3.2(5)/176
御製詩二集九十卷目錄十卷　(清)高宗弘曆
撰　清刻本　三十冊

220000－0803－0004696　集3.2(5)/177
御製詩三集四十二卷目錄十二卷　(清)高宗
弘曆撰　清刻本　四十冊

220000－0803－0004697　集3.2(5)/178
御製詩四集一百卷目錄十二卷　(清)高宗弘
曆撰　清刻本　五十冊

220000－0803－0004698　集3.2(5)/179
御製詩五集一百卷　(清)高宗弘曆撰　清刻
本　四十八冊　存九十六卷(五至一百)

220000－0803－0004699　集3.2(5)/180
御製詩餘集二十卷目錄三卷　(清)高宗弘曆
撰　清刻本　十二冊

220000－0803－0004700　集3.2(5)/181
有正味齋試帖詩註八卷　(清)吳錫麒著
(清)吳清皋等註　清道光二十五年(1845)吳
洪鵬刻本　八冊

220000－0803－0004701　集3.2(5)/182
紫石泉山房詩鈔三卷　(清)吳定撰　清嘉慶
十五年(1810)刻本　一冊

220000－0803－0004702　集3.2(5)/183
韻山堂詩集七卷　(清)王文誥撰　清光緒十
四年(1888)浙江書局刻本　一冊

220000－0803－0004703　集3.2(6)/8
可園詩鈔六卷　三多撰　清光緒十八年
(1892)石印本　三冊

220000－0803－0004704　集3.2(6)/13.1
沈觀齋詩不分卷　(清)周樹模著　清宣統二
年(1910)龍江節署石印本　二冊

220000－0803－0004705　集3.2(6)/22
退舟詩稿一卷　周貞亮著　清宣統三年
(1911)寶聚山房石印本　一冊

220000－0803－0004706　集3.2(6)/39
環天室古近體詩類選五卷後集一卷　曾廣鈞
撰　清宣統二年(1910)刻本　一冊

220000－0803－0004707　集3.2(6)/59－2
賜福廬啓事四卷　程德全撰　宋小濂等輯
清宣統元年(1909)鉛印本　四冊

220000－0803－0004708　集 4/2.3－1
文心雕龍十卷　（南朝梁）劉勰撰　（清）黃叔琳注　清道光十三年(1833)兩廣節署刻朱墨套印本　四冊

220000－0803－0004709　集 4/2.3－2
文心雕龍十卷　（南朝梁）劉勰撰　（清）黃叔琳注　清道光十三年(1833)兩廣節署刻朱墨套印本　四冊

220000－0803－0004710　集 4/2.3－3
文心雕龍十卷　（南朝梁）劉勰撰　（清）黃叔琳注　清道光十三年(1833)兩廣節署刻朱墨套印本　四冊

220000－0803－0004711　集 4/2.3－4
文心雕龍十卷　（南朝梁）劉勰撰　（清）黃叔琳注　清道光十三年(1833)兩廣節署刻朱墨套印本　四冊

220000－0803－0004712　集 4/2.3－5
文心雕龍十卷　（南朝梁）劉勰撰　（清）黃叔琳注　清道光十三年(1833)兩廣節署刻朱墨套印本　四冊

220000－0803－0004713　集 4/2.3－6
文心雕龍十卷　（南朝梁）劉勰撰　（清）黃叔琳注　清道光十三年(1833)兩廣節署刻朱墨套印本　四冊

220000－0803－0004714　集 4/2.3－7
文心雕龍十卷　（南朝梁）劉勰撰　（清）黃叔琳注　清道光十三年(1833)兩廣節署刻朱墨套印本　四冊

220000－0803－0004715　集 4/4
文章緣起一卷　（南朝梁）任昉撰　（明）陳懋仁注　（清）方熊補注　清光緒邵武徐氏刻本　一冊

220000－0803－0004716　集 4/9
全浙詩話五十四卷　（清）陶元藻輯　（清）陶廷珍編次　清嘉慶元年(1796)刻本　二十冊

220000－0803－0004717　集 4/12.1－2
洪北江詩話六卷　（清）洪亮吉著　清宣統元

年(1909)上海掃葉山房石印本　二冊

220000－0803－0004718　集 4/13.1－1
眉韻樓詩話六卷續編四卷　孫雄輯　清光緒三十四年(1908)鉛印本　四冊

220000－0803－0004719　集 4/13.1－2
眉韻樓詩話六卷續編四卷　孫雄輯　清光緒三十四年(1908)鉛印本　四冊

220000－0803－0004720　集 4/14.1
昭昧詹言二十一卷　（清）方東樹撰　清刻本　四冊　存十六卷(六至二十一)

220000－0803－0004721　集 4/14.2
昭昧詹言十卷續八卷續錄二卷　（清）方東樹撰　清光緒十七年(1891)刻本　六冊

220000－0803－0004722　集 4/21.1－1
帶經堂詩話三十卷首一卷　（清）王士禎著　清同治十二年(1873)廣州藏脩堂刻本　十冊

220000－0803－0004723　集 4/21.1－2
帶經堂詩話三十卷首一卷　（清）王士禎著　清同治十二年(1873)廣州藏脩堂刻本　十二冊

220000－0803－0004724　集 4/27.1
漁洋詩話三卷　（清）王士禎著　**說詩晬語二卷**　（清）沈德潛著　清刻本　二冊

220000－0803－0004725　集 4/27.2
漁洋詩話二卷　（清）王士禎著　清宣統二年(1910)上海掃葉山房石印本　一冊

220000－0803－0004726　集 4/29
說詩晬語二卷黃山遊草一卷台山遊草一卷南巡詩一卷　（清）沈德潛著　清石印本　一冊

220000－0803－0004727　集 4/32
廣陵詩事十卷　（清）阮元撰　清光緒十六年(1890)揚州會館刻本　二冊

220000－0803－0004728　集 4/35.1
甌北詩話十二卷　（清）趙翼撰　清宣統元年(1909)上海掃葉山房石印本　四冊

220000－0803－0004729　集 4/35.2

甌北詞話十二卷 （清）趙翼撰 清嘉慶七年（1802）刻本 四冊

220000 － 0803 － 0004730 集 4/36

緝雅堂詩話二卷 （清）潘衍桐撰 （清）高保康編次 清光緒十七年（1891）杭州刻本 一冊

220000 － 0803 － 0004731 集 4/37.1

隨園詩話十六卷補遺十卷 （清）袁枚著 清刻本 七冊

220000 － 0803 － 0004732 集 4/37.2

隨園詩話十六卷補遺四卷 （清）袁枚著 清光緒十八年（1892）著易堂鉛印本 四冊

220000 － 0803 － 0004733 集 4/40

靜志居詩話二十四卷 （清）朱彝尊著 （清）扶荔山房編輯 清扶荔山房刻本 十四冊

220000 － 0803 － 0004734 集 4/41

聲調譜三卷 （清）趙執信著 清刻本 一冊

220000 － 0803 － 0004735 集 4/42

聲調三譜五種十一卷 （清）王祖源輯 清光緒二十六年（1900）吉林探源書舫刻本 二冊

220000 － 0803 － 0004736 集 4/44

柳非韓難二卷 （清）趙保靜撰 清光緒二十九年（1903）刻本 二冊

220000 － 0803 － 0004737 集 4/46

讀書作文譜十二卷附父師善誘法二卷 （清）唐彪著 清嘉慶二十四年（1819）華經堂刻本 八冊

220000 － 0803 － 0004738 集 4/52

立德堂詩話一卷 （清）鄔以謙撰 清宣統二年（1910）刻本 一冊

220000 － 0803 － 0004739 集 4/53

賦學正鵠集釋十一卷 （清）李元度輯 清光緒十八年（1892）上海煥文局石印本 一冊

220000 － 0803 － 0004740 集 4/55

南窗漫記一卷龍舟會雜劇一卷 （清）王夫之撰 清同治四年（1865）金陵曾氏刻船山遺書本 一冊

220000 － 0803 － 0004741 集 5/5

宋元名家詞十五種十七卷 （清）江標輯 清光緒二十一年（1895）刻本 四冊

220000 － 0803 － 0004742 集 5/6.1 － 1

宋詞三百首不分卷 朱祖謀編 清刻本 一冊

220000 － 0803 － 0004743 集 5/6.1 － 2

宋詞三百首不分卷 朱祖謀編 清刻本 一冊

220000 － 0803 － 0004744 集 5/7

宋四家詞選不分卷 （清）周濟輯 清道光十二年（1832）刻本 一冊

220000 － 0803 － 0004745 集 5/9

宋七家詞選七卷 （清）戈載輯 清光緒十一年（1885）曼陀羅華閣刻本 四冊

220000 － 0803 － 0004746 集 5/14.1 － 1

四印齋彙刻宋元三十一家詞三十一種三十一卷 （清）王鵬運輯 清光緒十九年（1893）四印齋刻本 四冊

220000 － 0803 － 0004747 集 5/14.1 － 2

四印齋彙刻宋元三十一家詞三十一種三十一卷 （清）王鵬運輯 清光緒十九年（1893）四印齋刻本 四冊

220000 － 0803 － 0004748 集 5/17.2

花間集十卷 （後蜀）趙崇祚編 清光緒十四年（1888）邵武徐氏刻本 二冊

220000 － 0803 － 0004749 集 5/17.3

花間集十卷 （後蜀）趙崇祚編 清光緒十九年（1893）臨桂王氏四印齋刻本 一冊

220000 － 0803 － 0004750 集 5/17.4 － 1

花間集十卷 （後蜀）趙崇祚編 清光緒十九年（1893）京都琉璃廠刻本 二冊

220000 － 0803 － 0004751 集 5/17.4 － 2

花間集十卷 （後蜀）趙崇祚編 清光緒十九年（1893）京都琉璃廠刻朱墨套印本 一冊

220000 － 0803 － 0004752 集 5/20.1

唐五代詞選三卷 （清）成肇麐輯 清光緒十

三年(1887)旌德湯明林刻本　三冊

220000－0803－0004753　集5/20.2

唐五代詞選三卷　(清)成肇麐輯　清刻本
一冊

220000－0803－0004754　集5/23

精選名賢詞話草堂詩餘二卷　(宋)何士信輯
清光緒二十二年(1896)臨桂王氏四印齋刻
本　一冊

220000－0803－0004755　集5/26.1－1

詞學叢書六種二十三卷　(清)秦恩復輯　清
光緒六年(1880)邗江承啓堂刻本　十冊

220000－0803－0004756　集5/26.1－2

詞學叢書六種二十三卷　(清)秦恩復輯　清
光緒六年(1880)邗江承啓堂刻本　十冊

220000－0803－0004757　集5/28.1

詞綜三十卷　(清)朱彝尊　(清)汪森輯　清
初刻本　八冊

220000－0803－0004758　集5/29

詞綜補遺二十卷　(清)陶樑輯　清道光十四
年(1834)刻本　四冊

220000－0803－0004759　集5/30

詞綜三十卷　(清)朱彝尊輯　明詞綜十二卷
國朝詞綜四十八卷二集八卷　(清)王昶纂
清光緒二十八年(1902)金匱浦氏刻本　十三
冊　存七十卷(詞綜四至七、十二至十九、二
十四至二十七，明詞綜十二卷，國朝詞綜五至
九、二十至二十四、二十五至四十八，二集一
至八)

220000－0803－0004760　集5/31.1

詞選二卷　(清)張惠言錄　茗柯詞一卷
(清)張惠言填　立山詞一卷　(清)張琦撰
續詞選二卷附錄一卷　(清)董毅錄　清道光
十年(1830)官書處刻本　二冊

220000－0803－0004761　集5/31.2

詞選二卷　(清)張惠言錄　續詞選二卷附錄
一卷　(清)董毅錄　清末刻本　一冊

220000－0803－0004762　集5/32

陽春白雪八卷外集一卷　(清)趙聞禮撰　清
咸豐三年(1853)粵雅堂刻本　三冊

220000－0803－0004763　集5/34.1－1

絕妙好詞箋七卷　(宋)周密輯　(清)查為仁
(清)厲鶚箋　絕妙好詞續鈔一卷　(宋)周
密輯　(清)余集鈔　清道光八年(1828)錢塘
徐楙刻本　六冊

220000－0803－0004764　集5/34.1－2

絕妙好詞箋七卷　(宋)周密輯　(清)查為仁
(清)厲鶚箋　絕妙好詞續鈔一卷　(宋)周
密輯　(清)余集鈔　清道光八年(1828)錢塘
徐楙刻本　四冊

220000－0803－0004765　集5/34.2

絕妙好詞箋七卷　(宋)周密輯　(清)查為仁
(清)厲鶚箋　絕妙好詞續鈔一卷　(宋)周
密輯　(清)余集鈔　清道光八年(1828)錢塘
徐楙刻本　四冊

220000－0803－0004766　集5/36

詩餘偶鈔六卷　王先謙輯　清光緒十六年
(1890)長沙王氏刻本　一冊

220000－0803－0004767　集5/37

碎金詞一卷詞譜六卷附錄一卷　(清)謝元淮
輯　清道光二十四年(1844)刻朱墨套印本
八冊

220000－0803－0004768　集5/38.1

樂府雅詞六卷拾遺二卷　(宋)曾慥編　清咸
豐三年(1853)粵雅堂刻朱墨套印本　四冊

220000－0803－0004769　集5/39

詞綜一百六卷　(清)朱彝尊　(清)王昶輯
清光緒二十八年(1902)金匱浦氏刻本　二十
四冊

220000－0803－0004770　集5/41

薇省同聲集四種五卷　(清)彭鑾輯　清光緒
十六年(1890)刻本　二冊

220000－0803－0004771　集5/43

曝書亭刪餘詞六卷附曝書亭詞手稿原目一卷
(清)朱彝尊撰　曝書亭詞校勘記一卷　葉

德輝撰　清光緒二十九年（1903）長沙葉氏刻本　一冊

220000－0803－0004772　集5/44
南宋四名臣詞集四卷　（清）王鵬運輯　梅溪詞一卷　（宋）史達祖撰　（清）王鵬運輯　花外集一卷　（宋）王沂孫撰　（清）王鵬運輯　樂府指迷一卷　（宋）沈義父撰　（清）王鵬運輯　清光緒十八年（1892）四印齋刻本　四冊

220000－0803－0004773　集5/45
雙白詞八卷　（清）王鵬運輯　山中白雲詞續補一卷　（宋）張炎撰　（清）王鵬運輯　詞旨一卷　（元）陸輔之述　（清）王鵬運輯　清光緒十四年（1888）四印齋刻本　三冊

220000－0803－0004774　集5.1/1.2－1
山中白雲詞八卷附錄一卷樂府指迷一卷（宋）張炎著　清宣統三年（1911）北京龍文閣書莊石印本　四冊

220000－0803－0004775　集5.1/1.2－2
山中白雲詞八卷附錄一卷樂府指迷一卷（宋）張炎著　清宣統三年（1911）北京龍文閣書莊石印本　四冊

220000－0803－0004776　集5.1/2
比竹餘音四卷　鄭文焯撰　清光緒二十八年（1902）吳興沈氏刻本　一冊

220000－0803－0004777　集5.1/3
水仙亭詞集二卷　（清）項瑅撰　清光緒十二年（1886）刻本　一冊

220000－0803－0004778　集5.1/5
安陸集不分卷　（宋）張先撰　復古編不分卷（宋）張有撰　曾樂軒稿不分卷　（宋）張維撰　清嘉慶刻本　二冊

220000－0803－0004779　集5.1/6
有正味齋詞集八卷　（清）吳錫麒撰　清刻本　四冊

220000－0803－0004780　集5.1/7
百萼紅詞二卷　（清）吳蔚撰　清光緒五年（1879）合肥張氏刻本　一冊

220000－0803－0004781　集5.1/8
冷紅詞四卷　鄭文焯撰　清光緒二十年（1894）耦園刻本　一冊

220000－0803－0004782　集5.1/9
吳梅村詞不分卷　（清）吳偉叢撰　清宣統二年（1910）上海掃葉山房石印本　一冊

220000－0803－0004783　集5.1/11.1
東坡樂府二卷　（宋）蘇軾撰　清光緒十四年（1888）四印齋刻本　一冊

220000－0803－0004784　集5.1/11.2
東坡樂府三卷　（宋）蘇軾撰　朱祖謀編　清宣統三年（1911）吳興朱氏刻本　一冊

220000－0803－0004785　集5.1/12
東山寓聲樂府一卷補鈔一卷　（宋）賀鑄撰　清光緒十八年（1892）四印齋刻本　二冊

220000－0803－0004786　集5.1/13
陽春集一卷補遺一卷　（五代）馮延已撰　清光緒四印齋刻本　一冊

220000－0803－0004787　集5.1/14.1－1
眉綠樓詞八卷　（清）顧文彬撰　清光緒十年（1884）刻本　五冊　存六卷（靈巖樵唱一卷、今雨吟一卷、小橫吹𦱹譜一卷、蟭巢碎語一卷、百衲琴言一卷、跨鶴吹笙譜一卷）

220000－0803－0004788　集5.1/14.1－2
眉綠樓詞八卷　（清）顧文彬撰　清光緒十年（1884）刻本　四冊

220000－0803－0004789　集5.1/17
瓶隱山房詞八卷　（清）黃曾撰　清道光二十七年（1847）刻本　四冊

220000－0803－0004790　集5.1/18.1－1
草窗詞二卷補二卷　（宋）周密撰　朱祖謀輯　清光緒二十六年（1900）無著盦刻本　一冊

220000－0803－0004791　集5.1/18.1－2
草窗詞二卷補二卷　（宋）周密撰　朱祖謀輯　清光緒二十六年（1900）無著盦刻本　一冊

220000－0803－0004792　集5.1/18.1－3
草窗詞二卷補二卷　（宋）周密撰　朱祖謀輯

清光緒二十六年(1900)無著盦刻本　一冊

220000－0803－0004793　集5.1/18.1－4

草窗詞二卷補二卷　(宋)周密撰　朱祖謀輯
清光緒二十六年(1900)無著盦刻本　二冊

220000－0803－0004794　集5.1/19

味梨集不分卷　(清)王鵬運撰　清光緒二十一年(1895)刻本　一冊

220000－0803－0004795　集5.1/22

雪波詞不分卷　(清)蘇汝謙撰　清末鉛印本一冊

220000－0803－0004796　集5.1/24

湘弦離恨譜不分卷　(清)張祖同撰　清光緒七年(1881)刻本　一冊

220000－0803－0004797　集5.1/26.1－1

夢窗詞四卷重校夢窗詞札記一卷補遺一卷
(宋)吳文英撰　清光緒三十四年(1908)朱氏無著盦刻本　三冊

220000－0803－0004798　集5.1/26.1－2

夢窗詞四卷重校夢窗詞札記一卷補遺一卷
(宋)吳文英撰　清光緒三十四年(1908)朱氏無著盦刻本　二冊

220000－0803－0004799　集5.1/26.1－3

夢窗詞四卷重校夢窗詞札記一卷補遺一卷
(宋)吳文英撰　清光緒三十四年(1908)朱氏無著盦刻本　一冊

220000－0803－0004800　集5.1/26.2

夢窗甲乙丙丁稿四卷補遺一卷校勘夢窗詞劄記一卷　(宋)吳文英撰　清光緒二十五年(1899)四印齋刻本　二冊

220000－0803－0004801　集5.1/27

夢窗甲乙丙丁稿四卷補遺一卷校勘夢窗詞劄記一卷　(宋)吳文英撰　清光緒二十五年(1899)四印齋刻本　二冊　存二卷(夢窗甲、乙)

220000－0803－0004802　集5.1/28

稼軒長短句十二卷　(宋)辛棄疾撰　清光緒十四年(1888)四印齋刻本　二冊

220000－0803－0004803　集5.1/30

憶雲詞四卷補遺一卷　(清)項廷紀撰　清光緒二十五年(1899)思賢書局刻本　一冊

220000－0803－0004804　集5.1/31

彊邨詞三卷前集一卷別集一卷　朱祖謀撰
清光緒三十一年(1905)刻本　二冊

220000－0803－0004805　集5.1/32

蕭閑老人明秀集注六卷　(金)蔡松年撰
(金)魏道明注　清光緒二十一年(1895)四印齋刻本　一冊　存三卷(一至三)

220000－0803－0004806　集5.1/33

樵歌三卷補遺一卷　(宋)朱敦儒撰　清光緒二十六年(1900)四印齋刻本　一冊

220000－0803－0004807　集5.1/34

曝書亭集詞注七卷　(清)朱彝尊撰　(清)李富孫注　清嘉慶十九年(1814)刻本　四冊

220000－0803－0004808　集5.1/35

曝書亭詞拾遺三卷志異一卷附刻校訂姓氏一卷　(清)朱彝尊撰　(清)翁之潤輯錄　清光緒二十二年(1896)常熟翁氏刻本　一冊

220000－0803－0004809　集5.1/38

說劍堂集四集　潘飛聲撰　清光緒十四年(1888)刻本　一冊

220000－0803－0004810　集5.1/40

漱玉詞一卷　(宋)李清照撰　**斷腸詞一卷**
(清)朱淑真撰　清光緒十五年(1889)四印齋刻本　一冊

220000－0803－0004811　集5.1/43

湘綺樓詞鈔一卷　王闓運撰　清咸豐七年(1857)刻本　一冊

220000－0803－0004812　集5.2/5.1－1

詞律二十卷　(清)萬樹論次　**拾遺八卷**
(清)徐本立撰　**補遺一卷**　(清)杜文瀾撰
清光緒二年(1876)吳下刻本　十六冊

220000－0803－0004813　集5.2/5.1－2

詞律二十卷　(清)萬樹論次　**拾遺八卷**
(清)徐本立撰　**補遺一卷**　(清)杜文瀾撰

清光緒二年(1876)吳下刻本　十六冊

220000－0803－0004814　集5.2/5.1－3

詞律二十卷 （清)萬樹論次　**拾遺八卷**
(清)徐本立撰　**補遺一卷** （清)杜文瀾撰
清光緒二年(1876)吳下刻本　十六冊

220000－0803－0004815　集5.2/5.1－4

詞律二十卷 （清)萬樹論次　**拾遺八卷**
(清)徐本立撰　**補遺一卷** （清)杜文瀾撰
清光緒二年(1876)吳下刻本　十九冊

220000－0803－0004816　集5.2/7

詞源二卷 （宋)張炎撰　清咸豐三年(1853)
刻本　一冊

220000－0803－0004817　集5.2/8

樂府指迷一卷 （宋)沈義父撰　**詞源二卷**
(宋)張炎撰　**詞旨一卷** （元)陸行直述　清
光緒十三年(1887)刻本　一冊

220000－0803－0004818　集5.2/11

詞林正韻三卷 （清)戈載輯　清光緒七年
(1881)四印齋刻本　一冊

220000－0803－0004819　集5.2/12

詞律二十卷 （清)萬樹論次　**拾遺八卷**
(清)徐本立撰　**補遺一卷** （清)杜文瀾撰
清光緒二年(1876)吳下刻本　一冊　存目次

220000－0803－0004820　集5.3/3

詞苑萃編二十四卷 （清)馮金伯輯錄　清嘉
慶十年(1805)刻本　七冊　存二十二卷(一
至二十二)

220000－0803－0004821　集6/3

太霞新奏十四卷 （明)香月居主人評選　清
刻本　六冊

220000－0803－0004822　集6/9.1－2

繪圖綴白裘十二集 （清)錢德蒼輯　清光緒
二十一年(1895)石印本　六冊　存六集(七
至十二)

220000－0803－0004823　集6/9.2

重訂綴白裘新編二集八卷 （清)錢德蒼輯
清道光三年(1823)共賞齋刻本　八冊

220000－0803－0004824　集6.1/3

江梅夢雜劇一卷 （清)梁廷枏撰　清刻本
二冊

220000－0803－0004825　集6.1/4.2

增補箋註繪像第六才子西廂釋解八卷首一卷
（元)王實甫撰　（清)金人瑞批點　清金谷
園刻本　六冊

220000－0803－0004826　集6.1/4.8

此宜閣增訂金批西廂四卷首一卷末一卷
(元)王實甫撰　（清)金人瑞批點　清刻朱墨
套印本　八冊

220000－0803－0004827　集6.1/4.9

槐蔭堂第六才子書八卷才子西廂文一卷
(元)王實甫撰　（清)金人瑞批點　清槐蔭堂
刻本　六冊

220000－0803－0004828　集6.1/4.10

槐蔭堂第六才子書八卷才子西廂文一卷
(元)王實甫撰　（清)金人瑞批點　清嘉慶二
十一年(1816)槐蔭堂刻本　三冊

220000－0803－0004829　集6.1/5.1

重刊芝龕記樂府六卷 （清)董榕著　清光緒
十五年(1889)湖南道州官廨董氏刻本　四冊

220000－0803－0004830　集6.1/14

缾笙館修簫譜四種四卷 （清)舒位撰　清道
光十三年(1833)刻本　一冊

220000－0803－0004831　集6.1/19

舊劇本一卷 （□)□□撰　清抄本　一冊

220000－0803－0004832　集6.2/2.2

六也曲譜初集不分卷 （清)張芬編輯　清光
緒三十四年(1908)蘇州振新書社石印本
四冊

220000－0803－0004833　集6.2/4

紅樓夢散套十六卷 （清)荊石山民(黃兆魁)
撰　清光緒元年(1875)蟾波閣石印本　六冊

220000－0803－0004834　集6.2/13

南曲譜(南九宮十三調曲譜)二十二卷 （明)
沈璟撰　清末石印本　二冊

220000－0803－0004835　集6.2/15

新編玉鴛鴦五集二十卷二十回　（□）□□撰
　　清宣統元年(1909)益元書局刻本　四冊

220000－0803－0004836　集6.4/3

劇說六卷　（清）焦循撰　清稿本　二冊

220000－0803－0004837　集6.4/4

度曲須知二卷　（明）沈寵綏著　（明）顧允升
　　（明）張培道較鐫　清石印本　二冊

220000－0803－0004838　集6.4/5

新編繪圖三國志鼓詞八卷　（□）□□撰　清
　　光緒三十一年(1905)上海書局石印本　八冊

220000－0803－0004839　集7/1

三星使書牘三卷　廣智書局編輯　清宣統二
　　年(1910)上海廣智書局鉛印本　一冊

220000－0803－0004840　集7/3

女子尺牘指南三卷　（清）林萬里編　清宣統
　　三年(1911)上海益智書社石印本　三冊

220000－0803－0004841　集7/4

湘綺樓箋啓八卷　王闓運撰　清光緒三十三
　　年(1907)長沙墨莊劉氏刻本　四冊

220000－0803－0004842　集7/5

尺牘新編二卷　（清）林萬里編　清宣統二年
　　(1910)石印本　二冊

220000－0803－0004843　集7/7

公言集三卷　（清）沈同芳撰　清光緒三十四
　　年(1908)上海中國圖書公司鉛印本　一冊

220000－0803－0004844　集7/8

增批分類尺牘續集八卷　（清）柴冕英撰　清
　　光緒三十年(1904)上海廣益書局石印本
　　八冊

220000－0803－0004845　集7/12

名賢手剳不分卷　（清）郭慶藩輯　清光緒十
　　年(1884)湘陰郭氏岵瞻堂刻本　四冊

220000－0803－0004846　集7/14.1－1

李文忠公朋僚函稿二十四卷　（清）李鴻章撰
　　（清）吳汝綸編輯　清末鉛印本　七冊

220000－0803－0004847　集7/14.1－2

李文忠公朋僚函稿二十四卷海軍函稿四卷
　　（清）李鴻章撰　（清）吳汝綸編輯　清光緒二
　　十八年(1902)蓮池書社鉛印本　十四冊

220000－0803－0004848　集7/15

蘇東坡尺牘二卷　（宋）蘇軾著　清末鉛印本
　　二冊

220000－0803－0004849　集7/16

秋水軒尺牘四卷　（清）許思湄著　（清）婁世
　　瑞注　（清）寄虹軒主人輯　清宣統元年
　　(1909)石印本　二冊

220000－0803－0004850　集7/17

春在堂尺牘五卷　（清）俞樾撰　清光緒十年
　　(1884)成都志古堂刻本　二冊

220000－0803－0004851　集7/18

昭代名人尺牘續集二十四卷　陶湘輯　清宣
　　統三年(1911)天寶石印局石印本　十二冊

220000－0803－0004852　集7/20

海上鴻泥偶存一卷　（清）羅鳳藻輯　清道光
　　二十八年(1848)聚英堂刻本　八冊

220000－0803－0004853　集7/21.1

惜抱先生尺牘八卷　（清）姚鼐撰　清宣統元
　　年(1909)小萬柳堂刻本　四冊

220000－0803－0004854　集7/21.2

惜抱先生尺牘八卷　（清）姚鼐撰　清宣統二
　　年(1910)國學扶輪社鉛印本　二冊

220000－0803－0004855　集7/22

張江陵書牘二卷　（明）張居正撰　清光緒三
　　十三年(1907)鉛印本　一冊

220000－0803－0004856　集7/23.1

培遠堂手札節存三卷　（清）陳宏謀撰　清光
　　緒二十五年(1899)浙江官書局刻朱墨套印本
　　三冊

220000－0803－0004857　集7/23.2

培遠堂手札節存三卷　（清）陳宏謀撰　清同
　　治三年(1864)射雕山館刻本　三冊

220000－0803－0004858　集7/25

陳文恭公手札節要三卷　（清）陳宏謀撰　清
同治七年(1868)楚北崇文書局刻本　一冊

220000－0803－0004859　集 7/27.1－1

國朝名人小簡二卷　吳曾祺編　清宣統二年
(1910)上海商務印書館鉛印本　二冊

220000－0803－0004860　集 7/27.1－2

國朝名人小簡二卷　吳曾祺編　清宣統二年
(1910)上海商務印書館鉛印本　二冊

220000－0803－0004861　集 7/29.1－1

曾文正公家書十卷家訓二卷　（清）曾國藩撰
　　大事記四卷　（清）王定安著　榮哀錄一卷
　（清）李瀚章編　清光緒三十四年(1908)上
海商務印書館鉛印本　八冊

220000－0803－0004862　集 7/29.1－2

曾文正公家書十卷家訓二卷　（清）曾國藩撰
　　大事記四卷　（清）王定安著　榮哀錄一卷
　（清）李瀚章編　清光緒三十四年(1908)上
海商務印書館鉛印本　七冊　缺二卷(曾文
正公家書五至六)

220000－0803－0004863　集 7/29.3

曾文正公家書十卷家訓二卷　（清）曾國藩撰
　　大事記四卷　（清）王定安著　榮哀錄一卷
　（清）李瀚章編　清光緒二十九年(1903)上
海錦章書局石印本　三冊

220000－0803－0004864　集 7/30.1

曾文正公書札三十三卷　（清）曾國藩撰　清
光緒三年(1877)刻本　八冊　存九卷(二十
五至三十三)

220000－0803－0004865　集 7/30.2

曾文正公書札三十三卷　（清）曾國藩撰
（清）李瀚章編　清宣統元年(1909)上海二金
璽堂石印本　十冊

220000－0803－0004866　集 7/31

普通應用尺牘教科書二卷　（清）啓新書社編
　清宣統二年(1910)上海益智官書局石印本
　二冊

220000－0803－0004867　集 7/33

黃石齋書牘不分卷　（明）黃道周撰　清光緒
三十四年(1908)鉛印本　一冊

220000－0803－0004868　集 7/34

新文牘十卷　（清）□□撰　清宣統三年
(1911)上海南洋官書局石印本　二十冊

220000－0803－0004869　集 7/37

熊襄愍公書牘　（明）熊廷弼著　清光緒三十
四年(1908)上海廣智書局鉛印本　一冊

220000－0803－0004870　集 7/38

鴻雪軒尺牘六卷　（清）瞿澄著　清道光二十
二年(1842)刻本　六冊

220000－0803－0004871　集 7/39

歷代名人小簡二卷　吳曾祺編纂　清宣統元
年(1909)上海商務印書館鉛印本　二冊

220000－0803－0004872　集 7/40.1－1

歷代名人書札二卷　吳曾祺編輯　清宣統元
年(1909)上海商務印書館鉛印本　二冊

220000－0803－0004873　集 7/40.1－2

歷代名人書札二卷　吳曾祺編輯　清宣統元
年(1909)上海商務印書館鉛印本　二冊

220000－0803－0004874　集 7/44

竹報不分卷　（清）□□撰　清抄本　一冊

220000－0803－0004875　集 7/57

盾齋文集八卷　（清）張穆撰　清咸豐八年
(1858)刻本　一冊　存二卷(一至二)

220000－0803－0004876　集 8/3.1

合肥相國七十賜壽圖不分卷壽言一卷　（清）
羅豐錄等編　清光緒刻朱墨套印本　六冊

220000－0803－0004877　集 8/3.2－1

合肥相國七十賜壽圖不分卷壽言一卷　（清）
羅豐錄等編　清光緒刻朱墨套印本　四冊

220000－0803－0004878　集 8/3.2－2

合肥相國七十賜壽圖不分卷壽言一卷　（清）
羅豐錄等編　清光緒刻朱墨套印本　四冊

220000－0803－0004879　集 8/6

味蓼軒詩鐘彙存二卷　（清）吳燾撰　清光緒

三十二年(1906)山東官印書局鉛印本　一冊

220000－0803－0004880　集8/11.1
增廣留青新集二十四卷　(清)馮善長編　清
光緒二十五年(1899)石印本　八冊

220000－0803－0004881　集8/11.2－1
重編留青新集二十四卷　(清)馮善長編　清
光緒三十四年(1908)上海廣益書局鉛印本
十一冊　缺四卷(二十一至二十四)

220000－0803－0004882　集8/11.2－2
重編留青新集二十四卷　(清)馮善長編　清
光緒十六年(1890)上海鉛印本　十二冊

220000－0803－0004883　集8/14.1
梡鞠錄二卷　朱祖謀編　清末小扶風館刻本
四冊

220000－0803－0004884　集8/14.2
梡鞠錄二卷　朱祖謀編　清宣統元年(1909)
南陵徐乃昌刻本　二冊

220000－0803－0004885　集8/27
少嵒賦草四卷附重訂少嵒賦草續集一卷
(清)夏思沺著　清同治六年(1867)掃葉山房
刻本　四冊

220000－0803－0004886　集8/29
得月樓賦四編　(清)張元灝選評　清同治十
年(1871)刻本　八冊

220000－0803－0004887　集8/33
香屑集十八卷　(清)黃之雋撰　(清)陳邦直
校注　清宣統二年(1910)上海文瑞樓刻朱墨
套印本　四冊

220000－0803－0004888　集8/35.1
雲林別墅新輯酬世錦囊書啟合編初集八卷
(清)鄒景揚輯　清大德堂刻本　八冊

220000－0803－0004889　集8/35.2
酬世錦囊全集四集十九卷　(清)鄒景揚輯
清聯墨堂刻本　十六冊

220000－0803－0004890　集8/35.3
酬世錦囊全集四集十九卷　(清)鄒景揚輯
清光緒二十六年(1900)鴻寶齋石印本　六冊

220000－0803－0004891　叢1/1.1－1
二酉堂叢書(張氏叢書)二十一種　(清)張澍
輯　清道光元年(1821)張氏二酉堂刻本　十
二冊

220000－0803－0004892　叢1/1.1－2
二酉堂叢書(張氏叢書)二十一種　(清)張澍
輯　清道光元年(1821)張氏二酉堂刻本　十
二冊

220000－0803－0004893　叢1/2.1
十種古逸書　(清)茆泮林輯　清道光二十二
年(1842)梅瑞軒刻本　六冊

220000－0803－0004894　叢1/3.1
**十萬卷樓叢書初編十六種二編二十種三編十
五種**　(清)陸心源輯　清光緒五年至十八年
(1879－1892)歸安陸氏刻本　一百十一冊

220000－0803－0004895　叢1/6.1
小石山房叢書三十九種　(清)顧湘輯　清同
治十三年(1874)虞山顧氏刻本　二十冊

220000－0803－0004896　叢1/7.1
小萬卷樓叢書十七種　(清)錢培名輯　清光
緒四年(1878)金山錢氏刻本　二十四冊

220000－0803－0004897　叢1/10.1
五經歲徧齋校書三種　(清)翟云升輯　清道
光東萊翟氏刻本　十冊

220000－0803－0004898　叢1/12.1
[壬寅]新民叢報彙編　梁啟超編輯　清光緒
三十一年(1905)鉛印本　一冊

220000－0803－0004899　叢1/13.1－1
半厂叢書初編十一種　(清)譚獻輯　清光緒
仁和譚氏刻本　二十冊

220000－0803－0004900　叢1/13.1－2
半厂叢書初編十一種　(清)譚獻輯　清光緒
仁和譚氏刻本　二十冊

220000－0803－0004901　叢1/14.1
正覺樓叢書二十九種　(清)崇文書局輯　清
刻本　三十六冊

220000－0803－0004902　叢1/15.1－1

正誼堂全書六十八種　（清）張伯行輯　清同
治五年（1866）福州正誼書院刻本　一百六
十冊

220000－0803－0004903　叢1/15.1－2

正誼堂全書六十八種　（清）張伯行輯　清同
治五年（1866）福州正誼書院刻本　一百六
十冊

220000－0803－0004904　叢1/16.1－1

平津館叢書十集三十八種　（清）孫星衍輯
清嘉慶十七年（1812）刻本　一百冊

220000－0803－0004905　叢1/16.1－2

平津館叢書十集三十八種　（清）孫星衍輯
清光緒十一年（1885）白堤八字橋朱氏槐廬家
塾刻本　四十八冊　缺七種二十一卷（甲集：
周書六韜六卷、附逸文一卷、魏武帝註孫子三
卷，吳子二卷，司馬瀧三卷，尸子二卷，燕丹子
三卷，牟子一卷）

220000－0803－0004906　叢1/17

玉簡齋叢書二十二種　羅振玉輯　清宣統二
年（1910）刻本　二十冊

220000－0803－0004907　叢1/18.1

玉函山房輯佚書五百九十四種　（清）馬國翰
輯　清光緒九年（1883）長沙娜嬛館刻本　一
百冊

220000－0803－0004908　叢1/18.2

玉函山房輯佚書五百九十四種　（清）馬國翰
輯　清刻本　六十四冊

220000－0803－0004909　叢1/21.1

古逸叢書二十六種　（清）黎庶昌輯　清光緒
十年（1884）遵義黎氏刻本　十二冊　存七種
四十九卷（爾雅三卷、春秋穀梁傳十二卷、論
語十卷、周易六卷、孝經一卷、老子道德經二
卷、荀子一至十五）

220000－0803－0004910　叢1/27.1

守山閣叢書一百十二種　（清）錢熙祚輯　清
道光二十四年（1844）刻本　二百九十冊

220000－0803－0004911　叢1/29

西學富強叢書七十一種　（清）張蔭桓編輯
清光緒二十七年（1901）上海寶善齋石印本
六十四冊

220000－0803－0004912　叢1/33.1

佚存叢書十五種　（日本）天瀑山人輯　清嘉
慶木活字印本　二十冊

220000－0803－0004913　叢1/35

武英殿聚珍版叢書　（清）紀昀等輯　清同治
十三年（1874）江西書局重修本　一百二十八
冊　存五十四種四百二十卷（郭氏傳家易說
十一卷，易象意言一卷，易緯十二卷，禹貢指
南四卷，融堂書解二十卷，續呂氏家塾讀詩記
三卷，絜齋毛詩經筵講義四卷，儀禮識誤三
卷，儀禮釋宮一卷，春秋傳說例一卷，春秋辨
疑四卷，鄭志三卷，水經注四十卷，五代史纂
誤三卷，魏鄭公諫續錄二卷，宋朝事實二十
卷，直齋書錄解題二十二卷，欽定武英殿聚珍
版程式一卷，漢官舊儀二卷、補遺一卷，鄴中
記一卷，嶺表錄異三卷，麟臺故事五卷，傅子
一卷，帝範四卷，公是弟子記四卷，明本釋三
卷，農桑輯要七卷，孫子算經三卷，海島算經
一卷，五曹算經五卷，夏侯陽算經三卷，五經
算術二卷，墨法集要一卷，雲谷雜紀五卷，甕
牖閒評八卷，攷古質疑六卷，澗泉日記三卷，
敬齋古今黈八卷，老子道德經二卷，涑水記聞
十六卷，南陽集六卷，學易集八卷，文恭集四
十卷，后山詩十二卷，陶山集十六卷，絜齋集
二十四卷，蒙齋集二十卷，茶山集八卷，拙軒
集六卷，金淵集六卷，文苑英華辨證十卷，歲
寒堂詩話二卷，碧溪詩話十卷，浩然齋雅談三
卷）

220000－0803－0004914　叢1/36

花雨樓叢鈔二十九種　（清）張壽榮輯　清光
緒九年（1883）蛟川張氏刻本　四十八冊

220000－0803－0004915　叢1/37.1－1

知不足齋叢書三十集　（清）鮑廷博輯　清乾
隆、道光長塘鮑氏知不足齋刻本　二百三十
一冊　缺一集（二）

220000－0803－0004916　叢1/37.1－2

235

知不足齋叢書三十集 （清）鮑廷博輯 清乾隆、道光長塘鮑氏知不足齋刻本 二百四十冊 缺一集（二）

220000－0803－0004917 叢1/37.2

知不足齋叢書三十集 （清）鮑廷博輯 清乾隆、道光長塘鮑氏知不足齋刻本 二百三十六冊 缺三集（四至六）

220000－0803－0004918 叢1/40

南菁書院叢書八集 王先謙 繆荃孫輯 清光緒十四年（1888）江陰南菁書院刻本 三十二冊

220000－0803－0004919 叢1/42.1－1

春暉堂叢書十二種 （清）徐渭仁輯 清道光、咸豐刻本 十二冊 缺一種一卷（居易堂殘稿一卷）

220000－0803－0004920 叢1/42.1－2

春暉堂叢書十二種 （清）徐渭仁輯 清道光、咸豐刻本 十二冊

220000－0803－0004921 叢1/43

咫進齋叢書 （清）姚覲元輯 清光緒九年（1883）歸安姚氏刻本 二十四冊

220000－0803－0004922 叢1/44.1－1

述古叢鈔四集二十六種 （清）劉晚榮輯 清同治、光緒劉氏藏修書屋刻本 四十冊

220000－0803－0004923 叢1/44.1－2

述古叢鈔四集二十六種 （清）劉晚榮輯 清同治十年（1871）藏修書屋刻本 三十一冊 存十八種一百卷（藏書紀要一卷、裝潢志一卷、繪事津梁一卷、清秘藏二卷、傷寒百證歌五卷、昭代名人尺牘小傳二十四卷、靈棋經二卷、御覽書苑菁華四至二十、無聲詩史七卷、遼詩話二卷、馬氏南唐書一至八、陸氏南唐書七至十八、玉臺書史一卷、玉臺畫史一、詒晉齋集八卷、芳堅館題跋四卷、太乙照神經三卷、月波洞中記一卷）

220000－0803－0004924 叢1/44.1－3

述古叢鈔四集二十六種 （清）劉晚榮輯 清同治十年（1871）藏修書屋刻本 二十二冊

存十一種六十六卷（藏書紀要一卷、裝潢志一卷、繪事津梁一卷、清秘藏二卷、傷寒百證歌五卷、昭代名人尺牘小傳二十四卷、靈棋經二卷、獸經一卷、虎苑二卷、書苑菁華二十卷、無聲詩史七卷）

220000－0803－0004925 叢1/45

昭代叢書十集 （清）張潮 （清）張漸輯 清光緒刻本 一百六十九冊 缺二十四卷（乙集一至三，戊集續編一，己集廣編一至二，辛集別編一至七，壬集補編一至五，癸集萃編一至二、別集一至四）

220000－0803－0004926 叢1/46.1

重栞拜經樓叢書七種 （清）吳騫輯 清光緒十一年（1885）會稽章氏刻本 八冊

220000－0803－0004927 叢1/46.2

重校拜經樓叢書十種 （清）朱記榮輯 清光緒二十年（1894）朱氏校經堂刻本 八冊

220000－0803－0004928 叢1/47

愚谷叢書（拜經樓叢書）二十六種 （清）吳騫輯 清乾隆、嘉慶刻本 二十四冊

220000－0803－0004929 叢1/48

後知不足齋叢書四十七種 （清）鮑廷爵輯 清光緒常熟鮑氏刻本 三十二冊

220000－0803－0004930 叢1/51.1－1

海山仙館叢書五十六種 （清）潘仕成輯 清道光、咸豐刻本 一百二十一冊

220000－0803－0004931 叢1/51.1－2

海山仙館叢書五十六種 （清）潘仕成輯 清道光、咸豐刻本 一百十九冊 缺一種（四溟詩話）

220000－0803－0004932 叢1/53

校經山房叢書二十八種 （清）朱記榮輯 清光緒三十年（1904）孫谿朱氏槐廬家塾刻本 三十二冊

220000－0803－0004933 叢1/55

邵武徐氏叢書二十三種 （清）徐榦輯 清光緒刻本 二十冊

220000 – 0803 – 0004934　　叢 1/60

惜陰軒叢書三十五種　（清）李錫齡輯　清道光刻本　一百冊

220000 – 0803 – 0004935　　叢 1/62

連筠簃叢書十五種　（清）楊尚文輯　清道光二十八年（1848）靈石楊氏刻本　三十六冊

220000 – 0803 – 0004936　　叢 1/63.1 – 1

吉林探源書舫叢書二十一種　（清）盛福輯　清光緒刻本　三十八冊

220000 – 0803 – 0004937　　叢 1/63.1 – 2

吉林探源書舫叢書二十一種　（清）盛福輯　清光緒刻本　二十一冊　存十一種五十四卷（北溪字義二卷、補遺一卷、嚴陵講義一卷,程氏家塾讀書分年日程三卷、綱領一卷,李忠定公別集靖康傳信錄三卷、建炎進退志四卷、建炎時政記三卷、圖民錄四卷,三十五舉一卷、附校勘記一卷,續三十五舉一卷,再續三十五舉一卷,論學三說一卷,蘇齋唐碑選一卷,聲調三譜然燈記聞一卷、律詩定體一卷、小石帆亭著錄五卷、聲調前譜一卷後譜一卷續譜一卷、談龍錄一卷,理學正宗十五卷）

220000 – 0803 – 0004938　　叢 1/64

問經堂叢書二十五種　（清）孫馮翼輯　清嘉慶承德孫氏刻本　十六冊

220000 – 0803 – 0004939　　叢 1/65.1 – 1

晨風閣叢書二十三種　沈宗畸輯　清宣統元年（1909）番禺沈氏刻本　十六冊

220000 – 0803 – 0004940　　叢 1/65.1 – 2

晨風閣叢書二十三種　沈宗畸輯　清宣統元年（1909）番禺沈氏刻本　十六冊　缺七種九卷（戲曲攷原一卷,香山九老會詩一卷,古洋遺響集一卷,南唐二主詞一卷、補遺一卷、校勘記一卷,平園近體樂府一卷,後村別調一卷,眉庵詞一卷）

220000 – 0803 – 0004941　　叢 1/67.1 – 1

國粹學報　鄧實　黃節主編　清光緒三十一年至宣統二年（1905 – 1910）上海國粹學報館鉛印本　四十二冊

220000 – 0803 – 0004942　　叢 1/69

國粹叢編　上海國粹叢編社編　清光緒三十三年（1907）上海國學保存會鉛印本　九冊

220000 – 0803 – 0004943　　叢 1/70.1 – 1

國粹叢書三集二十八種　國學保存會輯　清宣統上海國學保存會鉛印本　五十九冊

220000 – 0803 – 0004944　　叢 1/70.1 – 2

國粹叢書三集二十八種　國學保存會輯　清宣統上海國學保存會鉛印本　五十四冊

220000 – 0803 – 0004945　　叢 1/71

湖海樓叢書十二種　（清）陳春輯　清嘉慶蕭山陳氏刻本　三十二冊

220000 – 0803 – 0004946　　叢 1/72

詒經堂藏書七種　（清）金長春輯　清嘉慶十八年（1813）當塗金氏刻本　八冊

220000 – 0803 – 0004947　　叢 1/75

粟香室叢書五十八種　金武祥輯　清光緒、民國江陰金氏刻本　二十二冊

220000 – 0803 – 0004948　　叢 1/78.1 – 1

粵雅堂叢書三編三十集　（清）伍崇曜輯　清道光、光緒刻本　三百九十七冊　缺一集二十卷（第七集虎鈐經二十卷）

220000 – 0803 – 0004949　　叢 1/78.1 – 2

粵雅堂叢書　（清）伍崇曜輯　清咸豐刻本　二十四冊　存九種五十一卷（焦氏筆乘一至四、五代詩話二至十、聲類三、石洲詩話五至七、詩書古訓五、宋季三朝政要三至五、周官新義四至十六、爾雅新義六至二十、南雷文定詩歷三至四）

220000 – 0803 – 0004950　　叢 1/79.1 – 1

滂喜齋叢書五十種　（清）潘祖蔭輯　清同治、光緒吳縣潘氏京師刻本　三十冊　缺二種五卷（稽瑞樓書目四卷、鮑臆園丈手札一卷）

220000 – 0803 – 0004951　　叢 1/79.1 – 2

滂喜齋叢書五十種　（清）潘祖蔭輯　清同治、光緒吳縣潘氏京師刻本　五冊　存十一

種十九卷(徐元歎先生殘槀一卷;二茗詩集萬卷書屋詩存一卷、楸花盦詩劫餘草二卷、附錄一卷、外集一卷;石氏喬梓詩集聽雨樓詩一卷、葵青居詩錄一卷、附夢蜨草一卷;張文節公遺集二卷;越三子集亢藝堂集三卷,陳比部遺集纂喜堂詩稿一卷、青芙館詞鈔二卷、二韭室詩餘別集一卷)

220000－0803－0004952　叢1/79.1－3

滂喜齋叢書五十種　(清)潘祖蔭輯　清同治、光緒吳縣潘氏京師刻本　三十二冊　缺五種七卷(京畿金石考二卷,唅敢覽館稿一卷,壬申消夏詩一卷,非石日記鈔一卷,陳簠齋丈筆記一卷、手札一卷)

220000－0803－0004953　叢1/79.1－4

滂喜齋叢書五十種　(清)潘祖蔭輯　清同治、光緒吳縣潘氏京師刻本　三十二冊　缺二種五卷(稽瑞樓書目四卷、鮑臆園丈手札一卷)

220000－0803－0004954　叢1/80

新學界叢編十四卷　(清)□□輯　清光緒三十年(1904)石印本　八冊

220000－0803－0004955　叢1/82.1－1

榆園叢刻十六種　(清)許增輯　清同治、光緒刻本　十六冊　缺一卷(賞延素心錄一卷)

220000－0803－0004956　叢1/82.1－2

榆園叢刻十六種　(清)許增輯　清同治、光緒刻本　十六冊

220000－0803－0004957　叢1/82.1－3

榆園叢刻十六種　(清)許增輯　清同治、光緒刻本　十六冊

220000－0803－0004958　叢1/84

經韻樓叢書一百四十一卷　(清)段玉裁撰　清刻本　八冊　存八卷(一至八)

220000－0803－0004959　叢1/86

漸學廬叢書第一集　(清)胡祥鑅輯　清光緒元和胡氏石印本　五冊　存三種三卷(塞北紀行一卷、西北域記一卷、寧古塔紀略一卷)

220000－0803－0004960　叢1/90

槐廬叢書五編　(清)朱記榮輯　清光緒十三年(1887)吳縣朱氏槐廬家塾刻本　八十冊

220000－0803－0004961　叢1/91.1－1

聚學軒叢書第一集　劉世珩輯　清光緒貴池劉氏刻本　二十冊

220000－0803－0004962　叢1/91.1－2

聚學軒叢書第一集　劉世珩輯　清光緒貴池劉氏刻本　二十冊

220000－0803－0004963　叢1/92

碧琳琅館叢書四十五種　(清)方功惠輯　清光緒十年(1884)刻宣統元年(1909)印本　一百二十冊

220000－0803－0004964　叢1/95.1－1

龍威秘書十集　(清)馬俊良輯　清世德堂刻本　八十冊

220000－0803－0004965　叢1/95.1－2

龍威秘書十集　(清)馬俊良輯　清嘉慶元年(1796)刻本　八十冊

220000－0803－0004966　叢1/95.1－3

龍威秘書十集　(清)馬俊良輯　清嘉慶元年(1796)刻本　五十六冊　缺三集(六至七、十)

220000－0803－0004967　叢1/96

隨庵徐氏叢書十種　徐乃昌輯　清光緒南陵徐氏刻本　十二冊

220000－0803－0004968　叢1/98.2

學津討原二十集　(清)張海鵬輯　清嘉慶虞山張氏照曠閣刻本　二百四十冊　缺二種九卷(詩地理攷六卷、屈宋古音義三卷)

220000－0803－0004969　叢1/99

學海堂集初集十六卷二集二十二卷三集二十四卷四集二十八卷　(清)阮元等輯　清道光啓秀山房刻本　二十四冊　存四集五十四卷(初集十六卷,二集一至二十,三集四至十七,四集十二至十四、二十二)

220000－0803－0004970　叢1/100.1－1

積學齋叢書二十種　徐乃昌輯　清光緒南陵徐乃昌刻本　十六冊

220000－0803－0004971　叢1/100.1－2

積學齋叢書二十種　徐乃昌輯　清光緒南陵徐乃昌刻本　九冊　存九種三十六卷（周易考占一卷,尚書伸孔篇一卷,韓詩內傳徵四卷、敘錄二卷、補遺一卷、疑義一卷,周禮故書考一卷,周官禮經註正誤一卷,冕服考四卷,孟子七篇諸國年表一卷、說一卷,爾雅註疏本正誤五卷,輶軒使者絕代語釋別國方言箋疏十三卷）

220000－0803－0004972　叢1/106

咫進齋叢書　（清）姚覲元輯　清同治十三年（1874）川東刻本　六冊　存六種九卷（咽喉脈證通論一卷、古今韻考四卷、春艸堂遺稿一卷、姚氏藥言一卷、瘞鶴銘圖考一卷、前徵錄一卷）

220000－0803－0004973　叢1/107

雙楳景闇叢書　葉德輝輯　崑崙碨詠集二卷　葉德輝撰　清光緒三十四年（1908）長沙葉氏郋園刻本　三冊　存六種十一卷（板橋雜記三卷,吳門畫舫錄一卷,觀劇絕句三卷,木皮散人鼓詞一卷、附萬古愁曲一卷,乾嘉詩壇點將錄一卷,東林點將錄一卷）

220000－0803－0004974　叢1/108

麗廔叢書九種　葉德輝輯　清光緒三十三年（1907）長沙葉氏刻本　七冊　缺一種七卷（三教源流搜神大全七卷）

220000－0803－0004975　叢1/109

藕香零拾二十一種　繆荃孫輯　清光緒刻本　十六冊

220000－0803－0004976　叢1/110

藝海珠塵八集一百四十種　（清）吳省蘭輯　清吳氏聽彝堂刻本　五十四冊

220000－0803－0004977　叢1/111.1－1

鐵華館叢書五種三十八卷　（清）蔣鳳藻輯　清光緒十年（1884）茂苑蔣氏刻本　六冊

220000－0803－0004978　叢1/111.1－2

鐵華館叢書五種三十八卷　（清）蔣鳳藻輯　清光緒十年（1884）茂苑蔣氏刻本　十冊

220000－0803－0004979　叢1/112

續知不足齋叢書二集十七種　（清）高承勳輯　清渤海高氏刻本　十六冊

220000－0803－0004980　叢1/114

讀畫齋叢書八集四十六種　（清）顧修輯　清嘉慶四年（1799）桐川顧氏刻本　六十四冊

220000－0803－0004981　叢1/115

靈鶼閣叢書六集五十五種　（清）江標輯　清光緒元和江氏湖南使院刻本　四十七冊

220000－0803－0004982　叢1/116

小堂四種　（清）程沆輯　清道光二十九年（1849）潁上縣署刻本　二冊

220000－0803－0004983　叢1/119

功順堂叢書十八種　（清）潘祖蔭輯　清刻本　三十二冊

220000－0803－0004984　叢1/120

娛園叢刻十種　（清）許增輯　清光緒十五年（1889）刻本　十四冊

220000－0803－0004985　叢1/121

張氏適園叢書初集十種　張鈞衡輯　清宣統三年（1911）上海國學扶輪社鉛印本　十冊

220000－0803－0004986　叢1/122

澤古齋重鈔十二集七種三十一卷　（清）陳璚輯　清道光四年（1824）上海陳氏刻本　一百十九冊

220000－0803－0004987　叢1/130

西域輿地三種匯刻一百十四種　（清）徐崇立輯　清光緒三十二年（1906）盍簪行館刻本　一冊

220000－0803－0004988　叢1/131

屑玉叢譚四集六卷　（清）錢徵　（清）蔡爾康輯　清光緒六年（1880）鉛印本　一冊　存一卷（一）

220000－0803－0004989　叢2/3

金華叢書七種　（清）胡鳳丹輯　清同治永康

胡氏退補齋刻本　三十八冊

220000 - 0803 - 0004990　叢 2/4
常州先哲遺書四十三種　盛宣懷輯　清光緒
武進盛氏刻本　六十四冊

220000 - 0803 - 0004991　叢 2/5
紹興先正遺書四集十五種　(清)徐友蘭輯
清光緒會稽徐氏鑄學齋刻本　四十冊

220000 - 0803 - 0004992　叢 2/6
貴池先哲遺書十三種　劉世珩輯　清光緒、
民國貴池劉氏唐石簃刻本　二十一冊

220000 - 0803 - 0004993　叢 2/7
畿輔叢書二十一種　(清)王灝輯　清光緒五
年(1879)定州王氏謙德堂刻本　五十四冊

220000 - 0803 - 0004994　叢 2/9
嶺南遺書六集五十九種　(清)伍元薇　(清)
伍崇曜輯　清道光、同治南海伍氏粵雅堂文
字歡娛室刻本　八十冊

220000 - 0803 - 0004995　叢 3/1.1 - 1
二思堂叢書六種五十一卷　(清)梁章鉅撰
清光緒元年(1875)福州梁氏刻本　十六冊

220000 - 0803 - 0004996　叢 3/1.1 - 2
二思堂叢書六種五十一卷　(清)梁章鉅撰
清光緒元年(1875)福州梁氏刻本　十六冊

220000 - 0803 - 0004997　叢 3/2.1
二程全書七種六十六卷　(宋)程顥　(宋)程
頤撰　(宋)朱熹輯　清光緒三十四年(1908)
澹雅局刻本　十六冊

220000 - 0803 - 0004998　叢 3/3.1 - 1
王文成公全集八種十六卷目錄二卷　(明)王
守仁撰　清道光六年(1826)刻本　二十冊

220000 - 0803 - 0004999　叢 3/4.1 - 1
船山遺書(重刊船山遺書)二百八十八卷
(清)王夫之撰　清同治四年(1865)湘鄉曾國
荃金陵刻本　一百冊

220000 - 0803 - 0005000　叢 3/4.1 - 2
船山遺書(重刊船山遺書)二百八十八卷
(清)王夫之撰　清同治四年(1865)湘鄉曾國

荃金陵刻本　一百冊　缺二卷(四書考異一
卷、噩夢一卷)

220000 - 0803 - 0005001　叢 3/4.1 - 3
船山遺書(重刊船山遺書)二百八十八卷
(清)王夫之撰　清同治四年(1865)湘鄉曾國
荃金陵刻本　一百冊　缺四十二卷(周易內
傳一、詩經稗疏一至二、春秋家說一至二、讀
四書大全說九至十、說文廣義一、讀通鑑論一
至十、宋論八至十五、永曆實錄一至十六)

220000 - 0803 - 0005002　叢 3/4.1 - 4
船山遺書(重刊船山遺書)二百八十八卷
(清)王夫之撰　清同治四年(1865)湘鄉曾國
荃金陵刻本　一百冊　缺七卷(薑齋詩編年
藁一卷、薑齋詩分體藁四卷、薑齋文集補遺一
至二)

220000 - 0803 - 0005003　叢 3/5
王船山經史論八種　(清)王夫之撰　清光緒
二十七年(1901)吳門公學石印本　十六冊
缺三十卷(讀通鑑論十一至三十、宋論六至十
五)

220000 - 0803 - 0005004　叢 3/8.1 - 1
西河合集一百十七種　(清)毛奇齡撰　清嘉
慶元年(1796)刻本　一百冊

220000 - 0803 - 0005005　叢 3/8.1 - 2
西河合集一百十七種　(清)毛奇齡撰　清刻
本　一百冊

220000 - 0803 - 0005006　叢 3/11
石林遺書十三種　(宋)葉夢得撰　清光緒、
宣統長沙葉德輝觀古堂刻本　十一冊　缺二
種六卷(避暑錄話二卷,石林遺事三卷、附錄
一卷)

220000 - 0803 - 0005007　叢 3/12.1 - 1
安吳四種三十六卷　(清)包世臣撰　清同治
十一年(1872)包誠刻本　十六冊

220000 - 0803 - 0005008　叢 3/12.1 - 2
安吳四種三十六卷　(清)包世臣撰　清光緒
十四年(1888)刻本　十六冊

220000 – 0803 – 0005009　叢 3/12.1 – 3
安吳四種三十六卷　（清）包世臣撰　清光緒
十四年(1888)刻本　十六冊

220000 – 0803 – 0005010　叢 3/12.1 – 4
安吳四種三十六卷　（清）包世臣撰　清光緒
十四年(1888)刻本　十三冊　存三十卷(一
至七、十至三十、三十五至三十六)

220000 – 0803 – 0005011　叢 3/12.1 – 5
安吳四種三十六卷　（清）包世臣撰　清光緒
十四年(1888)刻本　十六冊

220000 – 0803 – 0005012　叢 3/12.1 – 6
安吳四種三十六卷　（清）包世臣撰　清光緒
十四年(1888)刻本　十六冊

220000 – 0803 – 0005013　叢 3/13.1 – 2
御纂朱子全書二十種六十六卷　（宋）朱熹撰
清末江西書局刻本　四十冊

220000 – 0803 – 0005014　叢 3/13.1 – 3
御纂朱子全書二十種六十六卷　（宋）朱熹撰
清同治八年(1869)刻本　四十冊

220000 – 0803 – 0005015　叢 3/13.4
**古香齋新刻袖珍御製朱子全書二十種六十六
卷**　（宋）朱熹撰　清光緒十年(1884)南海孔
氏刻本　三十六冊

220000 – 0803 – 0005016　叢 3/15
洪北江全集二十六種　（清）洪亮吉撰　清光
緒洪用懃授經堂刻本　六十四冊

220000 – 0803 – 0005017　叢 3/16.1 – 1
亭林先生遺書彙輯二十七種　（清）顧炎武撰
（清）朱記榮輯　清光緒朱氏校經山房刻本
二十四冊

220000 – 0803 – 0005018　叢 3/16.1 – 2
亭林先生遺書彙輯二十七種　（清）顧炎武撰
（清）朱記榮輯　清光緒朱氏校經山房刻本
二十四冊

220000 – 0803 – 0005019　叢 3/17.1 – 1
春在堂全書　（清）俞樾撰　清同治、光緒刻
本　一百二十七冊　缺十五種八十五卷(俞

樓雜纂二十四至五十,賓萌集一至三,春在堂
詩編二十至二十一,春在堂隨筆五至十,春在
堂尺牘六卷,楹聯錄存五卷,四書文一卷,右
台仙館筆記十五至十六,茶香室續鈔二十一
至二十五,茶香室三鈔一至二、八至十二,茶
香室經說一至八,經課續編八卷,金剛般若波
羅蜜經注二卷,太上感應篇纘義二卷,春在堂
輓言一卷)

220000 – 0803 – 0005020　叢 3/17.1 – 2
春在堂全書　（清）俞樾撰　清同治、光緒刻
本　一百冊　缺十種三十一卷(經課續編八
卷、九九銷夏錄十四卷、東瀛詩記二卷、東海
投桃集一卷、曲園墨戲一卷、曲園三耍一卷、
瓊英小錄一卷、驪山傳一卷、梓潼傳一卷、春
在堂輓言一卷)

220000 – 0803 – 0005021　叢 3/17.2
春在堂全書　（清）俞樾撰　清同治、光緒石
印本　三十二冊

220000 – 0803 – 0005022　叢 3/19
脩本堂叢書十一種　（清）林伯桐撰　清刻本
十六冊

220000 – 0803 – 0005023　叢 3/20.1 – 1
紀慎齋先生全集二十三種　（清）紀大奎撰
清嘉慶至咸豐刻本　四十冊

220000 – 0803 – 0005024　叢 3/20.1 – 2
紀慎齋先生全集二十三種　（清）紀大奎撰
清嘉慶至咸豐刻本　四十冊

220000 – 0803 – 0005025　叢 3/20.1 – 3
紀慎齋先生全集二十三種　（清）紀大奎撰
清嘉慶刻本　二十八冊

220000 – 0803 – 0005026　叢 3/22
郝氏遺書三十一種二百二十三卷　（清）郝懿
行撰　清嘉慶、光緒刻本　八十冊　缺一種
四卷(梅臾閒評四卷)

220000 – 0803 – 0005027　叢 3/23
芳茂山人詩錄　（清）孫星衍撰　清光緒十一
年(1885)長沙王氏刻本　四冊　存六種十卷
(澄清堂詩稿二卷、續稿一卷,濟上停雲集一

卷,租船詠史集一卷,冶城絜養集二卷,岱南閣集二卷,平津館文稿二)

220000－0803－0005028　叢3/25

徐氏雜著　(清)徐大椿撰　清光緒二十二年(1896)珍藝書局鉛印本　一冊　存四種五卷(道德經註二卷、陰符經註一卷、樂府傳聲一卷、洄溪道情一卷)

220000－0803－0005029　叢3/27

左海全集　(清)陳壽祺撰　清嘉慶、道光福州陳氏刻本　十四冊　存四種十七卷(絳跗草堂詩集四至六、左海文集十卷、左海乙集駢體文三卷、東觀存稿一卷)

220000－0803－0005030　叢3/28.1－1

師伏堂叢書十五種　(清)皮錫瑞撰　清光緒善化皮氏師伏堂刻本　二十九冊　缺二種三卷(古文尚書冤詞平議二卷、師伏堂咏史一卷)

220000－0803－0005031　叢3/28.1－2

師伏堂叢書十五種　(清)皮錫瑞撰　清光緒善化皮氏師伏堂刻本　十三冊　存七種二十卷(經學通論五卷,經學歷史一卷,尚書中候疏證一卷,鄭志疏證八卷、附鄭記攷證一卷、答臨孝存周禮難一卷,六藝論疏證一卷,魯禮禘祫義疏證一卷,王制箋一卷)

220000－0803－0005032　叢3/29.1－1

清白士集六種二十八卷　(清)梁玉繩撰　清嘉慶、道光刻本　二十四冊

220000－0803－0005033　叢3/29.1－2

清白士集六種二十八卷　(清)梁玉繩撰　清嘉慶、道光刻本　八冊　存四種十八卷(人表攷九卷,呂子校補二卷,元號略四卷,補遺一,誌銘廣例二卷)

220000－0803－0005034　叢3/31

惜抱軒遺書三種十二卷　(清)姚鼐撰　清光緒五年(1879)桐城徐宗亮刻本　四冊

220000－0803－0005035　叢3/34.1－1

授堂遺書八種七十九卷　(清)武億撰　清道光二十三年(1843)偃師武氏刻本　十四冊

220000－0803－0005036　叢3/34.1－2

授堂遺書八種七十九卷　(清)武億撰　清道光二十三年(1843)偃師武氏刻本　十六冊

220000－0803－0005037　叢3/35

象山先生全集三十六卷　(宋)陸九淵撰　清宣統二年(1910)江左書林鉛印本　八冊

220000－0803－0005038　叢3/36

陸子全書十八種一百十六卷　(清)陸隴其撰　清康熙至同治刻本　三十六冊

220000－0803－0005039　叢3/37.1－1

陶廬叢刻初集二十種二集十種　王樹枬撰　清光緒、民國新城王氏刻本　七十三冊

220000－0803－0005040　叢3/37.1－2

陶廬叢刻初集二十種二集十種　王樹枬撰　清光緒、民國新城王氏刻本　十一冊　存四種二十九卷(費氏古易訂文四至十二、陶廬文集四至二十、說文建首字義三至四、詩十月之交日食天元細草上)

220000－0803－0005041　叢3/37.1－3

陶廬叢刻初集二十種二集十種　王樹枬撰　清光緒、民國新城王氏刻本　十冊　存五種二十六卷(文莫室詩八卷、陶廬箋牘四卷、文莫室駢文一卷、陶廬外篇一卷、陶廬詩續集十二卷)

220000－0803－0005042　叢3/40

湯文正公全集五種三十九卷　(清)湯斌撰　清同治九年(1870)蘇廷魁刻本　二十八冊　缺一卷(湯子遺書首一卷)

220000－0803－0005043　叢3/41.1

曾文正公全集　(清)曾國藩撰　清光緒二十九年(1903)鴻寶書局石印本　三十八冊　缺六卷(曾文正公奏稿三至八)

220000－0803－0005044　叢3/41.2

曾文正公全集　(清)曾國藩撰　清同治、光緒傳忠書局刻本　七冊　存五種十卷(經史百家簡編二卷、曾文正公詩集一至三、曾文正公文集一至二、求闕齋日記類鈔二、求闕齋讀

書錄一至二)

220000－0803－0005045　叢3/42
黎洲遺著彙刊二十七種五十七卷　（清）黃宗羲撰　清宣統二年（1910）上海時中書局鉛印本　二十冊

220000－0803－0005046　叢3/43.1－1
黃黎洲遺書八種四十三卷　（清）黃宗羲撰　清光緒三十一年（1905）杭州聾學社石印本　十二冊

220000－0803－0005047　叢3/43.1－2
黃黎洲遺書八種四十三卷　（清）黃宗羲撰　清光緒三十一年（1905）杭州聾學社石印本　十二冊

220000－0803－0005048　叢3/44
焦氏叢書　（清）焦循撰　清刻本　二十冊　存三種五十七卷（雕菰樓易學象上傳章句五至十二、易通釋三至二十,孟子正義三十卷、附通儒揚州焦君傳一卷）

220000－0803－0005049　叢3/49.1－1
揅經室集一集十四卷二集八卷三集五卷四集十三卷續集九卷再續集六卷外集五卷　（清）阮元撰　清道光三年（1823）文選樓刻本　二十四冊

220000－0803－0005050　叢3/49.1－2
揅經室集一集十四卷二集八卷三集五卷四集十三卷續集九卷再續集六卷外集五卷　（清）阮元撰　清道光三年（1823）文選樓刻本　二十六冊　缺三卷（再續集四至六）

220000－0803－0005051　叢3/49.1－3
揅經室集一集十四卷二集八卷三集五卷四集十三卷續集九卷再續集六卷外集五卷　（清）阮元撰　清道光三年（1823）文選樓刻本　八冊　缺六卷（再續集六卷）

220000－0803－0005052　叢3/50.1－1
重刻楊園先生全集五十四卷年譜一卷　（清）張履祥撰　清同治十年（1871）江蘇書局刻本　十六冊

220000－0803－0005053　叢3/50.1－2
重刻楊園先生全集五十四卷年譜一卷　（清）張履祥撰　清同治十年（1871）江蘇書局刻本　十冊　存三十五卷（二十至五十四）

220000－0803－0005054　叢3/52
董氏叢書十六種五十四卷　（清）董金鑑輯　清光緒三十二年（1906）會稽董氏取斯家塾刻本　十二冊

220000－0803－0005055　叢3/56.1－1
甌北全集七種一百七十五卷　（清）趙翼撰　清光緒三年（1877）壽考堂刻本　六十冊

220000－0803－0005056　叢3/56.1－2
甌北全集七種一百七十六卷　（清）趙翼撰　清乾隆、嘉慶湛貽堂刻本　四十八冊

220000－0803－0005057　叢3/57
儆季雜著七種二十五卷　（清）黃以周撰　清光緒二十一年（1895）江蘇南菁講舍刻本　十冊

220000－0803－0005058　叢3/58
劉子全書四十卷　（明）劉宗周撰　清刻本　十二冊　存十八卷（二十三至四十）

220000－0803－0005059　叢3/59.1
隨園三十二種　（清）袁枚撰　清乾隆、嘉慶刻本　八十冊

220000－0803－0005060　叢3/59.2
隨園三十六種二百五十八卷　（清）袁枚撰　清光緒十八年（1892）上海圖書集成印書局鉛印本　五十冊

220000－0803－0005061　叢3/60
隨園三十八種　（清）袁枚撰　清光緒十八年（1892）勤裕堂鉛印本　三十冊　缺四種五十八卷（新齊諧二十四卷、續十卷、隨園食單一卷、續同人集十七卷,隨園八十壽言六卷）

220000－0803－0005062　叢3/61
隨園全集四十種　（清）袁枚撰　清光緒十八年（1892）石印本　五十冊　缺一種十卷（續新齊諧十卷）

220000－0803－0005063　叢 3/62

錢氏四種八卷　（清）錢坫撰　清嘉慶七年(1802)擁萬堂刻本　八冊

220000－0803－0005064　叢 3/63.1－1

嘉定錢氏潛研堂全書二十二種　（清）錢大昕撰　清光緒十年(1884)長沙龍氏家塾刻本　七十四冊　缺一種一卷(風俗通逸文一卷)

220000－0803－0005065　叢 3/63.1－2

嘉定錢氏潛研堂全書二十二種　（清）錢大昕撰　清光緒十年(1884)長沙龍氏家塾刻本　六十二冊　缺一種四卷(三統術衍三卷、鈐一卷)

220000－0803－0005066　叢 3/64

龍莊遺書四種十五卷　（清）汪輝祖纂　清光緒十五年(1889)江蘇書局刻本　六冊

220000－0803－0005067　叢 3/66

頤志齋叢書二十五種四十四卷　（清）丁晏撰　清同治元年(1862)彙印本　十二冊

220000－0803－0005068　叢 3/67.1

顏李遺書二十種九十一卷　（清）顏元　（清）李塨撰　清刻本　二十四冊

220000－0803－0005069　叢 3/69.1－1

㲲軒孔氏所著書七種六十卷　（清）孔廣森撰　清嘉慶二十二年(1817)儀鄭堂刻本　十冊

220000－0803－0005070　叢 3/69.1－2

㲲軒孔氏所著書七種六十卷　（清）孔廣森撰　清嘉慶二十二年(1817)儀鄭堂刻本　十冊

220000－0803－0005071　叢 3/71

竹柏山房十五種　（清）林春溥撰　清嘉慶至咸豐刻本　四十冊　缺一種一卷(滅國五十考一卷)

220000－0803－0005072　叢 3/72.1－1

呂子遺書四種二十七卷　（明）呂坤撰　清道光七年(1827)刻本　二十四冊

220000－0803－0005073　叢 3/72.1－2

呂子遺書四種二十七卷　（明）呂坤撰　清道光七年(1827)開封府署刻本　二十二冊

220000－0803－0005074　叢 3/76

洪北江全集二十三種二百二十二卷　（清）洪亮吉撰　清光緒洪用懃授經堂刻本　八十冊

220000－0803－0005075　叢 3/79

懷豳雜俎叢書十二種十八卷　徐乃昌輯　清光緒、宣統南陵徐氏刻本　九冊　缺三十九葉(第九冊一至三十九)

220000－0803－0005076　叢 3/83

問影樓輿地叢書第一集十五種　胡思敬輯　清光緒三十四年(1908)鉛印本　六冊　存八種三十六卷(黑韃事略一卷、附校勘記一卷，峒谿纖志三卷，雲緬山水記一卷，長河志籍攷十卷，關中水道記四卷，水地記一卷，遊歷記存一卷，滇海虞衡志十三卷、附校勘記一卷)

書名筆畫字頭索引

247

九畫

十畫

十二畫

253

十六畫

書名筆畫索引

三畫

261

四畫

五畫

六畫

七畫

280

八畫

九畫

十畫

十一畫

302

十二畫

十三畫

十四畫

十五畫

十六畫

十七畫

十八畫

二十畫

二十一畫